国際家族法新論

補 訂 版

笠原俊宏著

文眞堂

補訂版はしがき

近年、欧州連合加盟諸国を中心として、国際私法の改正ないし法典化、そして、その顕著な展開には目を見張るものがある。密接関連性の原則と弱者保護の理念に導かれ、漸く、諸国の国際私法が同一の方向に歩み出したと見られるや、渉外私法関係の規律は、それを連結問題として実質審査する方向から、相互の法文化の尊重の下に、それを承認問題として処理しようとする傾向が、西欧諸国の立法及び実務に明瞭になってきたように思われる。そのような国際私法事情を背景として、本書第一版を上梓してからさして間もないが、補訂することが望ましいため、今般、本書の全体に亘り、加筆・修正を施すこととした。また、この機会に、付録の外国国際家族法立法へも、最近の諸国国際私法立法の中、講学上、参考となすべきものを補充することとした。今回の補訂作業においてもまた、株式会社文眞堂常務取締役前野眞司氏の御助力を賜った。末筆乍ら、ここに感謝の意を記したい。

平成二二年六月二〇日

東京六本木マリタックス法律事務所にて

笠　原　俊　宏

はしがき

本書は、大戦後、半世紀余りに亘るわが国の渉外家事事件を想定し、そこに見られた多種多様な法律問題に関して、その解決のための根拠となる実定法についての基礎理論を解説すると共に、特に比較法的観点から、欧米国際私法等の動向を踏まえて、わが国の国際家族法を巡る解釈論、更には、立法論を試みようとするものである。

一九世紀末以来、わが国における国際家族法の主たる法源は、「法例」という名称の法律であったが、それは、幾度かの改正を経て、その内容も制定の当時のそれと比べて大幅な変更が加えられて、現在に至っている。国際私法総則及び家族法関係の諸規定については、ドイツ国際私法に倣い、平成元年に大きな改正が行なわれた。又、その後、ＥＣローマ条約等に倣い、平成一八年に財産法関係の諸規定を中心とする大改正が実行され、その際には、内容ばかりか、片仮名文語体から平仮名口語体へ改められ、従来の法律の名称も「法の適用に関する通則法」へと一新されている。従って、本書が論及の対象とする家族法関係の諸規定の多くは、平成元年に改正されて現在に至っているものであり、施行されてから、未だ二〇年に達していない規定が少なくない。それにも拘わらず、弱者保護の理念の深化や新しい婚姻形態の出現等を背景に、諸国国際家族法における改革は更なる進展を続けており、わが国国際家族法との距離を拡大している感がある。又、平成元年の改正法例には、当初から、その妥当性に疑問が抱かれるべき点が随所に見られたというのが、卑見からの率直な感想である。本書において数多くの提言が試みられた所以である。

又、単なる基礎知識に止まらず、本書には著者の研究の成果に基づく論及も少なくない。しかし、何よりも、大学法学部で学ぶ初学者をも対象とした国際家族法の体系書として編集されているため、内外の学説については、その主張の骨子を紹介するに止め、その詳細な出典等について明示することは省略した。しかし、後日、本書を改訂する機会が得られたならば、

その際には、その点の当否についても再考することとしたい。

尚、本書の特徴の一つであるが、巻末付録として、著者が邦訳した外国国際家族法立法を収録した。それらは、本書における論述の理解を高めるための参考資料とすることを主たる目的とするものであるが、国際私法学における外国立法例の研究については、学術研究者が比較立法的研究を行なうための不可欠な参考資料となるということのほかに、他の法分野とは異なる特別な意義が存在することを指摘しなければならない。すなわち、わが国際私法が準拠法として指定した事件当事者の本国法である外国法上の国際私法が日本法を指定する場合、つまり、反致する場合には、日本法が準拠法となることが、わが国際私法中の明文規定によって定められており、その場合には、当該外国国際私法規定はわが国国際私法規定と同等の資格の下に実定法規として機能することになる。その意味において、外国国際私法規定は、時としてわが国際私法の一部を構成すると言っても決して過言ではない。本書に収録された諸国立法は、それぞれ、特別な意義を有する立法例として選定されたものである。その点については、本文の随所において言及されているところである。

最後に、本書の発刊に際し、その刊行を快諾して下さった株式会社文眞堂社長前野弘氏、並びに、編集作業の過程において、数々の貴重な御助言と御助力を賜った同社常務取締役前野眞司氏に対して、ここに記して深謝の意を表したい。

平成二〇年一二月八日

東洋大学白山校地の研究室にて

笠　原　俊　宏

目　次

第一章　国際家族法総説

第一節　国際家族法の意義

家事問題を規律する実体法として、わが民法には親族及び相続に関する諸規定が置かれているが、それらは渉外事件を想定したものではなく、従って、当面の家事問題が何らかの渉外的要素を有すると見られる場合には、直ちにわが民法に依ってその解決を図ることは正当ではない。諸国の実質家族法がその内容を異にしている現状にあっては、いずれの国の法律に依るべきかが、事案の如何に従って判断されなければならない。そのような特別の考慮が要されるべき場合としては、いずれかの当事者が、外国の国籍とか、住所とか、常居所を有する場合のように、人的に渉外的要素を有する場合のほか、何らかの身分行為が外国において行なわれる場合のように、空間的に渉外的要素を有する場合がある。例えば、日本人と外国人との婚姻締結の場合のほか、外国人同士のわが国における婚姻挙行とか、日本人同士の外国における婚姻挙行の場合もまた、国際家族法が規律の対象とする法律関係の中に含まれる。従って、今日のように、日本人の外国への進出が飛躍的に増加している情況下にあって、国際家族法の重要性もまた、それに比例して増加していくことは必至である。

このように、何らかの渉外的要素を有する家事問題の解決が国際家族法の目的であるが、わが国の現行制定法の中に国際家族法という名称の法律が存在しているわけではない。それは、単に、渉外的要素を有する家族関係を規律することを目的とする法規であるという意味から、講学上、便宜的に使用されている名称であって、その実体の中心を成すものは国際私法であり、具体的には、「法の適用に関する通則法」（以下、通則法とする）という法律の中の関連規定、「扶養義務の準拠法に関する法律」、「遺言の方式の準拠法に関する法律」、民法中の諸規定、及び、いくつかの国際条約が、総体として国際家

族法を構成していると言うことができる。従って、国際家族法は、国際私法から家族法の分野を規律する規定及び総則的規定を区分し、それらを独立したものとして把握することによって観念的に存在する法律に過ぎないとも言えるであろう。従って、国際家族法は国際私法の属性をそのまま帯有している。すなわち、当面の問題の解決のための準拠法の選定がその主要な役割であって、実質的にいかように解決されるべきかの判断基準までも提供するものではないというように、その役割の範囲として一般的に考えられている。しかし、実質的判断にも立ち入った渉外私法というものが制定されている場合には、国際家族法はそれをも包含すべきものであり、その点から、国際家族法は、本来、国際私法を部分的に含むものではあっても、その一部に止まるものではないと言うことができる。そして、その目的もまた、汎く、渉外的要素を有する家族法関係の規律にあるものとして、柔軟に考えられるべきであろう。

第二節　国際家族法の歴史

国際家族法を基本的に支えているのが属人法の理論であるということは、今日においても異論のないところであろう。よく知られた一八〇四年のフランス民法典第三条第三項が、「人の身分及び能力に関するフランス法は同国人が外国にあってもその者を規律する。」と定める立場は、ルクセンブルグ民法典第三条第三項、ベルギー民法典第三条第三項、そして、オランダ王国の立法のための総則に関する法律第六条にも見られるものであるが、それは、端的には、家族法・人事法関係についての属人法主義、より厳密には、本国法主義を定めているものである。人がどこへ赴こうともその者に随伴してその者を支配すべき法として、その者の本国法が最適であるというのが本国法主義を原則とする属人法の理論に見られる理念にほかならない。その起源を辿るならば中世ヨーロッパにおける部族法主義に至るものであり、人はその者が属する部族の法によって支配されるという伝統的な立場が、近代、そして、現代の国家が形成された後も継受されていると見ることができる。今日もなお大きく異なる各国の風俗、習慣、宗教、道徳、倫理等を反映した家族法関係については、人が属する国の法がそ

の者に最も馴染むものであり、また、その者もその法の適用を期待しているばかりか、特に本国法は恒久的に人を支配するものであって、とりわけ家族法関係のように、解決における法的安定性が要請される法律関係については、それを保障することができると考えられてきた。これが属人法の理論の内容である。

それに対して、法律行為の成立及び効力をも含め、それが行なわれる地の法によるべきとする立場から論じられてきたのが属地法の理論である。これはいわば郷に入れば郷に従え風の考え方であるとも言えるであろう。今日においても、特に、法律行為の方式とか、財産法関係について採られている立場である。これまで、家族法関係への導入はむしろ否定的に考えられてきたが、従来より、英米法系の諸国において、自国に裁判管轄権があれば自国法を適用するという立場が採られる限りにおいて、結果的に、属地法が家族法関係をも支配していることを否定できない。

いずれの考え方を採るにしても、当面の問題に最も密接な関係を有する地の法を適用すべきとする密接関連性の理論によって説明されることでもあるが、その場合、いかなる要素に着目して密接関連性を判断すべきかが正に問題である。蓋し、密接関連性についての判断基準も決して不変なものではありえないからである。

しかし、近代国際私法の祖といわれるドイツのサヴィニー（Savigny）によって築かれたそれらの理論が、果たして今日においても国際私法の揺るぎない基礎として固持されるべきかは、次のような理由から、大いに疑問がある。すなわち、今日、諸国の国際家族法においては、客観的な事実認定に基づく機械的な問題解決よりも、より多くの幸福と満足が得られる解決へと、その視点の転換が急速に行なわれていることが看取される。これは、解決の具体的妥当性の確保への傾斜として理解することもできるであろう。しかるに、通則法にあっては、平成元年の法例改正において両性平等実現のための共通属人法主義を採用したため、それが得られないときの補充法として、苦し紛れに密接関連性の理論をそのまま条文化しており、通則法における理念を混乱させているのが実状であると言わざるをえない。本書においては、通則法上の立場に対するそのような批判的な視点に立ちつつ、新しい国際家族関係とその規律法のあり方について、随所において検討しようとするものである。

第三節　国際家族法の範囲

何らかの渉外的要素を有する家族法関係について、いずれの国の法に依って規律すべきか、すなわち、準拠法選定の問題が国際家族法の主たる役割であって、国際私法の関連規定が国際家族法の範囲に含まれることは前述した。具体的には、通則法第二四条ないし第四三条、及び、前記の二つの特別法が主たる法源であるということになる。これらのうち、通則法第三五条は後見、保佐及び補助に関する規定であり、それらは人の行為能力に関わる事項であることから、厳密には家族法関係に限られた事項ではないが、講学上、一緒に論じられることが少なくない。その理由として、通則法第三五条が置かれている位置関係により、家族法関係とともに論じることが便宜であること、家庭裁判所の所轄事項であること、父母を有しない未成年者の後見の場合も想定されうることなどが考えられる。本書においても通例に従い、人事全般についても論ずるべき範囲に含められている。具体的には、行為能力（通則法第四条）、成年後見開始、保佐開始及び補助開始の審判（同第五条）、失踪宣告（同第六条）がそれらであり、本来、それらは財産法関連の事項であるというべきであるが、本書においても言及される。

いわゆる渉外家事事件においては、いかなるときにわが国の裁判所によって受理されるべきかの問題、すなわち、国際的裁判管轄権の問題も国際家族法の重要な関心事であり、現在では、その問題を規律する国際民事訴訟法もまた、当然に、国際家族法の主要な研究領域の一つとなっている。それが対象とする法律問題の中には、外国において裁判上又は裁判外で形成された身分関係問題のわが国における承認及び執行に関する問題も含まれている。

渉外家事事件の当事者がいずれの国の国籍を保有しているかということは、当面の問題を本国法に依らしめるべきとされているとき、重要な問題となるため、日本国籍の取得について規定している国籍法は、国際家族法にとって重要な関連法となるものである。しかし、国際家族法は当事者が有する一定の国籍の存在を前提として家族法問題の解決を目的とするもの

であり、元来、公法上の紐帯である日本国籍の有無やその取得に関する問題を直接の規律の対象とはしていないので、それは国際家族法から除外して考えても良いであろう。それに対して、戸籍法は、渉外家事事件における実体法上の解決の結果を直截的に反映させる身分登録について規律するものであり、国際家族法に密接な分野に属すると考えるのが妥当であろう。戸籍問題は多分に実務的問題であることから、国際家族法について論じられる際、あまり深く論及されることはないようであるが、身分変動に伴う氏の変更に関する実体法規や、日本人と婚姻したり、養子縁組を締結した外国人についての記載の取扱いなど、検討されるべき点は少なくない。

第四節　国際家族法の変革

かつて、「国際私法の危機」ということが叫ばれた時期があった。これは、アメリカ国際私法の柔軟な立場からの影響を受けて、わが国の国際私法をも含めた大陸型国際私法について、その伝統的な構造を保持することに対する疑念が高まり、その新たな進路を模索した時代であった。渉外的私法関係を単位法律関係に分断して、それぞれに最も密接な関係を有する地の法を適用することを国際私法の使命と考えて、ひたすらその規則の定立に打ち込んで来たところ、アメリカ国際私法という異質の規則によって構成された抵触法に接した結果、自らの努力の成果である国際私法が、形骸化した規則の機械的適用にも甘んじなければならない構造を有するものであり、国際私法の本来の目的から融離してしまっていることを気付くに至った混迷の時期であった。

アメリカ国際私法について、特徴的に言えば、それにおいては、予め一定の準拠法選択規則は定立されることなく、個別の具体的事件の解決に際し、様々の関連要素を探究するとともに、適用される可能性がある実質法の基礎にある法目的を考慮した上で、いかなる解決がその事案に最も相応しいか、換言すれば、解決の具体的妥当性が確保できるかという観点が優先されている。従って、そこでは、当面の問題がいずれの抵触規定の事項的範囲に含まれるかを決定するための法律関係の

性質決定は重要性を有せず、また、外国法も内国実質規定の枠内における所与として顧慮されるに過ぎないというように言われることもある。言うまでもなく、大陸型国際私法が俄にこのような立場を採用することは考えられない。しかし、それが、従来から志向された解決の法的安定性ないし当事者による判決の予測可能性を保持しつつ、アメリカ国際私法に見られる解決方法における柔軟性をも顧慮し、伝統的構造の枠組の中で、可及的に改革を促進しようとする気運は今日なお衰えてはいない。このような動向については、本書において更に具体的に述べられるところである。

第五節　わが国国際家族法の改正の背景

わが国国際私法の現在の主たる法源は、平成一八年六月二一日に公布された「法の適用に関する通則法」（平成一八年法律第七八号）であり、同法は平成一九年一月一日から施行されている。通則法は、明治三一年七月一六日に施行された法例（明治三一年法律第一〇号、明治三一年六月二一日公布）の流れを汲む法律である。法例の改正は、平成一八年以前においても、昭和一七年、昭和二二年、昭和三九年、昭和六一年、平成元年、平成一一年に実施されている。これらの改正の中、前四回の改正はいずれも部分的な改正に過ぎないものであったが（以下、「旧法例」とする）、それらの改正に対して、平成元年においては、両性平等の見地から、主として婚姻及び親子に関する諸規定が大きく改正され、改正前の全文三〇箇条から三四箇条に補充された（以下、「改正法例」とする）。また、平成一八年の改正においては、法律の名称が変更されると共に、弱者保護の見地から、主として財産法関係の諸規定の充実が図られ、全文四三箇条へと補充されている。さらに、ハーグ国際私法条約の批准の結果、法例の特別法として国内立法化された「遺言の方式の準拠法に関する法律」（昭和三九年法律第一〇〇号）及び「扶養義務の準拠法に関する法律」（昭和六一年法律第八四号）等がわが国国際私法の主要な法源を成していることは、すでに前述したところである。

わが国における国際私法の改正の必要性は比較的に早い時期から論じられていたところであり、その公的な作業はすでに

昭和三〇年代初めから着手されていた。しかるに、その後の進捗は決して順調なものであったとは言えない。直接的には、わが国がいくつかの重要な国際条約に署名し、それを批准したことが、国際私法規定を含めた関連諸法の改正を促したと言うことができるであろう。それらの立法の多くは、今日、支配的になりつつある両性の平等、未成年者の保護、個人の尊重の思想に立脚したものであり、従って、法例の改正においても、それらの思想が指導理念として一定の方向付けの役割を果たしたことは否定できない。

まず、両性の平等については、国連の「女子に対するあらゆる形態の差別の撤廃に関する条約」（一九七九採択）にわが国も署名し、それを批准したことが、それを原則として、関連する諸法の改正を促進させた。旧法例の改正に先立ち、父系血統主義を採っていた国籍法の父母両系血統主義への改正もまたこのような流れの一端を成すものである。しかし、かなり早い時期から、学説においては、夫ないし父の法を優先する抵触規定の違憲を論じるドイツの判例・学説を紹介するとともに、その立場に賛同する見解が散見されていた。

次に、未成年者の保護の実現については、わが国の場合、特に扶養を巡り、それを必要とする者の保護を図るという形において展開されてきた。それが明文上の理念として明確にされるようになったのは、一九七七年に、わが国が「子に対する扶養義務の準拠法に関するハーグ条約」を批准したときからであろう。しかし、子の保護の思想は、それ以前からも、公序則の発動をもって、いくつかの判例において示されていた。例えば、強制認知の規定を欠くとか、死後認知を認めないとか、離縁を認めないアメリカ法や、離婚の際の親権者を父に限定するかつての韓国法などの適用が公序に反するとした一連の判例に存在するのは、紛れもなく子の保護という観点である。

そして個人の尊重の思想については、当事者の意思の尊重として、国際私法においては準拠法の選定における当事者自治の導入によって実現されている。もともと、その法理は契約の分野において発展してきたものである。契約自由の原則が支配すべき問題であるという考えを背景として、決定的な「本拠」となる連結点を確定し難い分野であるということがその原則の出発点をなしている。

第六節　わが国国際家族法立法改革の概要

法例が明治三一年六月二一日法律第一〇号として、同年七月一六日に施行されて以来、その家族法関連規定に最も大きな改正が加えられたのは前記平成元年改正によってである。平成一一年一二月八日、民法典における成年後見制度の導入に伴い、平成一一年法律第一五一号によって一部の関連規定が改正されたほか、従前の立場は殆どそのまま維持されている。通則法により、改正法例は大幅な改正が実施されているが、家族法事項について見る限り、特記すべき改革は殆ど見られない。従って、ここにおいて言及されるべきわが国国際家族法の改革とは、結局、平成元年における旧法例の改正である。より具体的に言えば、旧法例の改正によって成立した改正法例第一三条ないし第二六条の家族法事項に関する各論規定、及び、同第二七条ないし第三一条の総則規定の改正及び課題が、ここにおいて、わが国国際家族法立法の改革として論及されるべきものである。

改正法例の特徴としてしばしば指摘されているのは、次に掲げる三点である。すなわち、第一に、婚姻関係について、旧法例が夫の本国法主義を採用していたのに対して、改正法例においては、本則として夫婦の同一本国法、補則として夫婦の同一常居所地法、そして、夫婦の最密接関係地法を採用した段階的連結の規則が導入され、それにより、両性平等の原則が実現された点である。婚姻の身分的効力に関する改正法例第一四条、夫婦財産制について、同条を準用する同第一五条第一項本文、離婚について、同じく、右第一四条を準用する同第一六条本文がそれに該当する。第二に、制限的ながら、身分法事項について、当事者自治が導入された点である。夫婦財産制に関する同第一五条第一項但書がそれに該当する。その規定も、やはり、旧法例において採用されていた夫の本国法主義の立場に替わるものである。そして、第三に、子の実質的保護のため、準拠法の択一的連結という連結方法が採用された点である。嫡出親子関係の成立に関し、嫡出保護（favor legitimitatis）を定める同第一七条第一項、及び、準正に関し、準正保護（favor legitimitationis）を定める同第一九条

第一項がそれに該当する。旧法例においては、前者については母の夫の本国法主義の立場が採用されており、また、後者については規定されていなかった。

その他にも、改正法例の各論規定中には、次のようにいくつかの改革が認められた。まず、親子間の法律関係に関する第二一条が挙げられる。父の本国法主義を本則とし、母の本国法の適用を補則としていた旧法例の立場は、同条において子の保護が顧慮された結果、子の法を軸とした段階的連結の規則へと変更されている。また、認知について、旧法例における父又は母の本国法と子の本国法との累積的連結の立場は、改正法例第一八条第二項において、子の出生当時の認知する者の本国法又は認知当時のその者若しくは子の本国法に依るとする選択的連結の立場へと改正された。同条項も、連結の多元化により、子の保護の一態様としての認知保護が顧慮されている規定である。同条第一項後段におけるいわゆる保護条項（セーフガード条項）の新設も子の保護のためであることは明白である。その一方、養子縁組の成立につき、養親及び養子の双方の本国法の配分的連結の規則を採用していた旧法例の立場は放棄され、改正法例第二〇条第一項前段においては、養親の本国法主義の立場へと改正された。そのような立場は、子の保護の観点から見て、同項後段におけるいわゆる保護条項の存在を考慮したとしても、全体的には、むしろ後退するものではないかとの疑問が残るところである。

総則規定の中、改正法例の特徴として最も注目されたのは、その第三二条（旧法例第二九条）へ新規に追加された但書である。いわゆる狭義の反致を定める同条本文における立場は維持されながら、同第一四条、第一五条第一項、第一六条本文、第二一条により、本国法、つまり、同一本国法として外国法が指定されたときは、「此限ニ在ラズ」として、反致の成立を制限したのが同但書の内容である。そして、その制限については、但書に該当する限り、常に反致の全面的禁止を定めるものであると解するのが通説である。その立法趣旨として、反致を認めれば、両性平等原則に則った準拠法指定が損なわれる場合があるとか、但書に掲げられた各条に従って指定された法は厳選・精選された準拠法であるから、その通用が貫かれるべきであるとか、段階的連結の規則の場合には、反致させるよりも次位の法へ送致すべきであるというように説明されている。後述のように、比較立法上、反致の全面的禁止の立場や一定の場合にそれを禁止する立場は諸国立法例においても見ら

れるが、改正法例第三二条但書に見られるような立場は、改めて論及されるように、極めて異例と言うべき内容を有するものである。

以上における改革に加えて、改正法例中の総則及び各論規定に亘る注目すべき特徴として指摘することができるのは、随所において、「密接関連性」の原則による基本的な支配が明確にされ、最密接関連法への送致が連結規則としても明文化されるに至った点である。前出改正法例第一四条、並びに、同条を準用する同第一五条第一項及び同第一六条本文は、同一本国法、同一常居所地法、最密接関連法をもって、その段階的連結の規則を構成しており、また、重国籍者及び場所的不統一法国国籍保有者の本国法の決定（同第二八条第一項及び第三項）、多数住所保有者の住所地法の決定（同第二九条第二項）、人的不統一法の場合の適用法の決定（同第三一条第一項及び第二項）においても「密接関連性」が基準とされている。しかし、最密接関連法の指定の前提となる「密接関連性」の有無及びその程度に関する判断の困難さは、すでに、多くの学説による指摘を受けているところであり、そして、実際に、その困難さがいわゆる日本人条項（同第一六条但書）を新規に追加しなければならなかった原因となっていることも、立法趣旨として率直に説明されていたところである。

わが国国際家族法立法の改革については、さらに、特別法にも言及しなければならない。前述の通り、ハーグ国際私法条約の批准を機縁として国内立法化された「遺言の方式の準拠法に関する法律」及び「扶養義務の準拠法に関する法律」の二つの法律が、わが国際私法の法源となる特別法である。それぞれ、前者は、一九六一年一〇月五日の「遺言の方式に関する法律の抵触に関するハーグ条約」に基づき、また、後者は、一九五六年一〇月二四日の「子に対する扶養義務の準拠法に関するハーグ条約」及び一九七三年一〇月二日の「扶養義務の準拠法に関するハーグ条約」の両条約の内容を組み合わせて国内立法化されたものであり、それらの内容もハーグ条約のそれと基本的に一致することは言うまでもない。従って、遺言の方式及び扶養義務については、わが国際私法は、諸国の国内国際私法立法の牽引役を果たしているハーグ国際私法条約に倣っている意味において、改正法例に先駆けて、一先ず、然るべき「柔軟な抵触規則」の水準に到達していると言うことになるであろう。「危機」の回避に向けられたそれらの条約及び二つの法律が到達した「柔軟を抵触規則」は、次のような多元的

連結の規則である。

まず、「遺言の方式の準拠法に関する法律」中の主たる準拠法選定規則は第二条であり、その立場は、遺言の方式が列挙された多数の法のいずれか一つに適合するときは、方式に関し、有効とするものである。これは、方式の面における遺言の成立を可及的に保護しようとするものであり、択一的連結の方法を採用するものである。遺言の撤回の方式に関する第三条は、さらに連結対象となる法の数を増やして、連結の多元化のより一層の充実を図っている。多元化に徹しようとするその立場は、方式の準拠法を法律行為の実質的成立要件の準拠法、又は、行為地法のいずれかに限定する改正法例上の多元化の立場に比して極めて顕著である。また、右法律は、連結点として、国籍及び住所とともに、わが国際私法上初めて、ハーグ国際私法条約において採用された常居所を採用した。その後、家族法事項の連結点として、改正法例にも見られた立場となっている国籍及び常居所の併用の立場に先鞭を付けるものとして位置付けることができる。

一方、「扶養義務の準拠法に関する法律」中の主たる準拠法選定規則は第二条であり、その立場もまた、段階的連結をもって多元的連結の規則を定めている。同法律施行前の旧法例第二一条における扶養義務者の本国法主義の立場に対して、同法律第二条は、扶養権利者の常居所地法の適用を本則とすることにより、扶養権利者の保護、すなわち、弱者の保護を図っている。しかし、国際私法上の利益衡量の観点から見て、同条の特徴として指摘されるべき点は、むしろ、弱者の法を準拠法とするという国際私法の次元における単なる形式的利益ではなく、実際に扶養の権利が認められるという実質的利益の保護が可及的に図られようとしている点である。本則の適用から補則の適用への移行の事由が、同一法等の一定の法が存在しないことではなく、本則によって定まる法に依っては弱者の実質的利益が確保できないことである点において、決定的に、改正法例中の段階的連結の規則と異なっていることが銘記されるべきであろう。さらに、同条のいま一つの特徴として指摘されるべき点は、属人法の決定基準として国籍主義を原則としているわが国際私法の中にあって、常居所主義が本則とされている点である。

以上において指摘された諸点が、それらの法律の基礎となっているハーグ国際私法条約から継受されたものであって、わ

が国国際私法として自律的な立法ではないことから、わが国国際私法が、頑なに本国法主義への依拠を原則的として堅持していること、そして、それが全ての属人法事項について一律に適用される立場がとられていることが改めて浮き彫りにされる結果となっている。今後、改革されるべきその他の点は、本書の随所において論及されるところである。

第二章　国際家事事件概況

第一節　総　説

今日、わが国においても国際結婚はさほど珍しいものではなくなったが、統計的に見て、それが急増したのはやはり第二次世界大戦後のことである。それ以前においては、わが国の場合、国際結婚ばかりか、渉外家事事件そのものが、欧米諸国の場合と比べて著しく少数であった。その数字を増加させるために欠くことができないのは日本人と外国人との交流であるが、その活性化の先鞭を付けたのは、敗戦による米軍の駐留であったと言うことができるであろう。それによって発生した渉外私法関係の最も多くの例が、米軍駐留基地を中心として見られた日本人と米国人との間の結婚であったことは言うまでもない。その後、わが国における渉外家事事件は増加の一途を辿ることとなるが、本章においては、特に日本人の国際結婚という法律関係に的を絞り、ある程度、今日的特徴を有すると見られる婚姻を類型的に整理した上で、そこに顕在的若しくは潜在的に存在する法律問題を指摘することにより、戦後のわが国における渉外家事事件の展開の一端を明らかにすることとしたい。

第二節　戦後時代の国際結婚

戦後、暫くの間は、日本人女子と米国人男子との間の婚姻という類型の婚姻が数多く形成された結果、それから生じる付随的問題が渉外家事事件の多くの割合を占めていた。その原因は、前述のように、米国が日本を占領・統治したという大き

な歴史の流れの陰で、わが国に駐留した多数の軍人や軍属である米国人男子と日本人女子とが男女関係を持つ機会が生じたからである。今日における日本人の国際結婚のいくつかの類型の先駆けとして位置付けられるそのような婚姻が格別に多く見られた時代は、日本が経済的復興とその飛躍的な成長を遂げた一九六〇年代の半ばまで続いたと見ることができるであろう。しかし、その時代も一九七二年の沖縄の日本復帰をもって、ほぼ終了したと考えられる。

以上は、戦後の一時期における日本人の国際結婚について、社会現象として極く簡略に論じたことであるが、それを国際私法の視点から眺めると、例えば、次に挙げるような数々の解決されなければならない問題が提起された。まず、米国が不統一法国であるため、米国法が本国法とされた場合には、いずれの州法がそれとして適用されるべきであるか。又、米国法がコモン・ローに属する法体系であるため、大陸法系の日本法とは異なる法制度が設けられていることがあり、それをわが国において実現することが不可能であるか、又は、著しく困難である場合にはいかように対処すべきか。更に、又、米国法において住所主義が採用されているため、準拠法の決定・適用の際に、住所（ドミサイル）の概念の確定、住所地法の決定をいかように行なうべきか。一方、国籍に目を転ずれば、わが国が一九八四年に父母両系血統主義に改正する以前には、わが国の父系血統主義と米国の生地主義という両国の相異なる国籍立法の狭間で、日本人女子と米国人男子との間に生まれた婚外子が無国籍者となるという社会問題をもたらし、それが長い間に亘って戦後日本社会情況の象徴の一つとなった。

第三節　在日朝鮮人・在日中国人との婚姻

わが国の敗戦は、朝鮮人及び中国人が関連する身分問題にも重大な影響を及ぼした。戦前、わが国の植民地であった朝鮮半島及び台湾の出身者は、一九五二年のサンフランシスコ平和条約の発効により、その日本国籍を喪失した。しかし、その後も、それらの者のわが国における在留については特別永住資格が認められ、現在も、多数の朝鮮半島出身者や台湾出身者及びその子孫がわが国に居住して現在に至っている。その結果、恐らく、戦後の時代から現在に至るまでを通じて、わが国

における渉外身分事件に見られる最大の特徴は、それらの者に関連した身分問題が極めて大きな割合を占めているということであろう。わが国際私法は、常に、それによって惹起された数々の問題に直面させられ、それらから完全に解放されることなく今日に至っている。

まず挙げられるのが、分裂国家法の適用に関する問題である。戦後、朝鮮も中国も共に、国家が資本主義圏と社会主義圏とに分断され、そして、それぞれの領域に異なる理念に基づいた法体系が施行されたため、いずれの法体系をもって、それらの領域の出身者の本国法とすべきかという問題が惹起されることとなった。すなわち、在日朝鮮人の本国法として、大韓民国法と朝鮮民主主義人民共和国法の中のいずれを適用すべきか、また、在日中国人の本国法として、中華民国（台湾）法と中華人民共和国法の中のいずれを適用すべきか、というのがその問題である。また、この問題と関連して論じられたのが、かつての北ベトナム法や東ドイツ法をも含めた未承認国家の法の指定・適用の可否の問題である。もっとも、この問題については、後に述べられているように、一定の領域において現に有効に行なわれている法体系は、国際私法の観点からは、いずれも同等に適用される資格を有するというのが今日における通説である。

かつて、北朝鮮法や中共法が準拠法として決定された場合には、その内容が不明であるため、判断の基準を得ることができないという困難がしばしば生じた。その結果、申立を棄却した判決（静岡地裁昭和四六年二月一二日判決）や内国法を適用した判決（京都地裁昭和六二年九月三〇日判決）も見られるが、多くは、条理によるか、又は、近似法として、韓国法の適用をもって北朝鮮法のそれに代えたり（大阪家裁昭和三七年八月二二日審判、福岡地裁昭和三三年一月一四日判決、大阪地裁昭和三九年三月一七日判決）、また、中共法の内容を同じ社会主義法としてソビエト法等から類推するという危うい解決が行なわれたこともある（名古屋家裁昭和五八年一一月三〇日審判）。しかし、その後、両国の立法化作業が進捗するとともに、それに関する情報の入手もかなり容易になったため、両国の実定法の内容を知るについては、かつてのような困難は今やなくなった。それでも、重要な身分形成における未解決の問題は、今なお散見される。例えば、離婚手続に関連する問題などがそれとして挙げられる。離婚準拠法が韓国法若しくは中共法である場合に、わが国の実務上、家庭法院や婚姻登

録所における協議離婚当事者の意思確認を必要とするそれらの法の忠実な適用が行なわれていると言えるか、すなわち、そのような意思確認は離婚の方式に関する問題であるとし、方式の準拠法である日本法に従い、それを求めないことの適法性が問題点として指摘されている。また、日本人と結婚した朝鮮人や中国人の称氏の如何についても、それを婚姻の効果の問題と見るか、人格権に関する問題と見るか、その性質決定についての立場の相違により、夫婦同姓制を採用している日本法と夫婦別姓制を採用している韓国法及び中国法（中共法ないし台湾法）との適用関係における問題が未解決のまま残されているように思われる。

また、属人法における本国法主義を採用しているわが国際私法上、在日外国人の身分問題については、その準拠法の選定において朝鮮法ないし中国法が指定されることが多いが、すでに本国との密接な関連性を有していない在日朝鮮人及び在日中国人について、それらの者たちが有する国籍を連結点として機械的に本国法を決定し、それを適用することの妥当性については、兼ねてより疑いが抱かれてきた。すでにわが国に同化していると見られる在日韓国人及び在日中国人に限って言えば、それらの者の本国法が適用されるべきと定められている場合にも、そのような規則に依ることなく、むしろ、より密接な関係のある地の法、つまり、日本法を適用すべきではないかという意見がわが国における判例（例えば、富山家裁昭和五六年二月二七日審判）及び多くの学説においてばかりか、それらの国々においてさえ表明されている。今日、多くの支持を得るようになってきた「実効的国籍の理論」は正にそのような見地から構成された理論であるが、近時、例えば、オランダ離婚抵触法第一条第二項のように、諸国の立法上においても採用されるに至り、その理論上の立場はいよいよ不動のものとなりつつある。

第四節　フィリピン人との婚姻

上述のような国際私法情況とはまた別に急増したのがフィリピン人との婚姻である。渉外身分問題の側面から見る限り、

いつの間にか、フィリピンはわが国と極めて縁の深い国になったと言うことができるであろう。その傾向が顕著になり始めたのは、わが国の経済が順調に発展し続けていた頃である。温泉地の観光ホテルのショーによく見られた出し物に出演するために、多くのフィリピン人が歌い踊る芸能人として来日したため、相当数のフィリピン人男子と日本人女子との婚姻が締結され、また、それらの一部が破綻する結果をもたらした。わが国際私法上、平成元年の法例改正前においては、離婚については夫の本国法主義の立場が採用されており、また、夫の本国法であるフィリピン法が離婚を一般的に禁止していると解されるため、旧法例第三〇条（改正法例第三三条、通則法第四二条）が定める公序則の発動という手段をもって、夫による遺棄等を原因として離婚を望む日本人妻を救済しなければならないという判断が多くの判決において示された。カトリック教に基づく婚姻不解消主義を採用していた西欧や中南米の諸国においてそれが放棄された現在においても、フィリピンにおいてはその立場がなお保持されており、その意味において、わが国は特異な法律を有する国と密接な関係を有していると言うことができるであろう。

また、同時に、日本人男子とフィリピン人女子との内縁関係も多いが、それらの者たちの間から生まれた婚外子が日本国籍を取得できず、その結果、子の福祉の面からみて不都合な数々の問題が発生している。これは、わが国の旧国籍法第二条第一号が父母両系血統主義を採用していながら、出生による日本国籍の取得のための親子関係の存在を子の出生時を基準としているからである。胎児認知という制度を知るか知らないか、いずれにせよ、日本人男子がその届出を懈怠した場合には、出生後の認知によってもそれを補完することはできない。子の日本国籍の取得のため、差し当たり残された途は両親の婚姻締結であるが、それがままならないケースが多いというところに日本人男子とフィリピン女子との男女関係の特徴としての社会的歪みが存在すると言わねばならない。

同様のケースの問題は、日本人男性がフィリピンへ渡航し、時には将来における結婚の約束の下に、フィリピン人女性との間に婚外子を儲けながら、認知することもなく、音信を絶って、扶養料も渡さないという形態をもって噴出した。「フィリピーノ」と呼ばれ、フィリピン人母の許での生活を余儀なくされている子たちの数の多さを見るならば、やはり、そのよ

うな事態も今日のわが国における渉外的身分関係の特徴となる類型のひとつとして指摘されるべきであろう。近時、人道的な見地から、ボランティアのような第三者による日本人父の探索、そして、その義務の履行の追求が徐々に開始されている。当然のことながら、父と見られる者が判明した場合には、通則法第二九条による非嫡出父子関係確認の問題、及び、「扶養義務の準拠法に関する法律」の下における扶養料請求権の問題は避けることができないものである。

第五節　出稼ぎ労働者との婚姻

在日朝鮮人及び在日中国人に関連する諸問題が敗戦直後から恒常的に存在し続けて来たのに対して、わが国の経済的発展に伴い、人的交流が著しく増加・拡大した結果からもたらされたのが、日本人女子と米国人男子との婚姻の時代に続く新たな類型の国際結婚の時代である。この時代を更に細分するならば、積極的に海外への経済進出を推進していた成長期の時代と、その成功によって高度の経済的安定を得たわが国へ向けて、諸外国から夥しい数の出稼ぎ労働者が流入した時代とに区分することができるであろう。前者の時代は、海外に駐在した日本人男子と外国人女子との間の国際結婚が急増した時代に当たる。統計的にみた日本人女子と外国人男子との間の婚姻数と日本人男子と外国人女子との間の婚姻数とが逆転したのも一九八〇年代の初め頃である。そして、その時代における日本人の国際結婚のいま一つの特徴として指摘することができるのは、従前、日本人男子の国際結婚の相手の多くがアジア諸国出身の女子であったのに対して、欧米のいわゆる白人女子との婚姻の急増へと転じたことである。一方、後者の時代は、前者における類型の婚姻に加え、様々な形態における労働力の提供を目的として来日し、かなり長期間に亘って滞在する外国人（いわゆる在日外国人）と日本人との間の婚姻の締結が特に顕著となった時代である。それだけに、このような時代は一九九〇年代における日本のバブル経済の破綻とともに衰退し、日本人の国際結婚についても、一つの時代が画されたと見ることができるであろう。それでは、いかなる婚姻がその時代を特徴付けていたか。それについては、以下の通りに整理することができる。

その特徴の一つは風俗営業に従事する外国人女子が極めて多いことである。その結果、日本人男子とそれらの女子との婚姻関係が多発したが、同時に、滞在資格を取得するための偽装婚に関する問題も浮上した。例えば、日本人の配偶者等の資格で入国した韓国人妻が成田空港に到着したとたん行方不明になったり、また、中国の蛇頭等が絡んだ組織的な偽装婚のために、日本人男子が戸籍を貸す事件は今でも後を絶たない。これらは、出入国管理及び難民認定法違反のほか、本来の婚姻共同体を形成する意思を有しない者の間における婚姻締結の有効性が国際私法の次元において問題となる事例である。

わが国への出稼ぎ労働者としては、風俗営業に従事する外国人女子のほかにも、中国、イラン、パキスタン、バングラデシュ等々の国々から、単純労働ないし肉体労働に従事する多数の外国人男性が来日し、不法就労者となってわが国に留まろうとするそれらの者たちと、低賃金をもってそれらの者たちを雇用しようとする日本の中小企業経営者の利害関係が噛合った結果、不法滞在者と出入国管理局とのイタチゴッコが繰り返された。不法滞在中に届け出でられた日本人女子との婚姻届は、しばしば市町村役場の戸籍係によって受理されないという事態が発生したため、外国人男子は、一旦、外国へ退去するか、又は、内縁関係に甘んじることを余儀なくされた。その結果、滞在資格の取得を目論んだ婚姻が締結されたことも決してなかったとは言えないであろう。尚、一つの典型的なわが国への出稼ぎ労働者はブラジルを始めとする中南米諸国からの日系人であるが、それらの者は、合法的に在留資格を付与され、就労することが認められた者たちである。

第六節　結婚紹介所の国際結婚

フィリピン人の女性のわが国への定住は、一時期、いわゆる「農村の花嫁」の受入れとして、あちこちの地方公共団体により、役場を挙げて積極的に推進され、そのために、いわゆる「お見合いツアー」が頻繁に行なわれた。その背景には、農村部における慢性的な嫁不足という今日的現象が存在していたことは言うまでもない。わが国の農家へ嫁いだ女子の出身国は、フィリピンの他にも、韓国、中国、タイ、スリランカ等、アジアの広い範囲に亘るが、花嫁たちの本来的に有していた

堅実な資質やわが国への順応に向けた努力が、嫁不足に悩み、また、子孫の誕生を熱望する農家による好意的な受入れ態勢に支えられたからであろうか、それらの婚姻が破綻した例は少なく、特に困難な法律上の問題が発生しているとは見られない。因みに、その後、人種の相違を好まない一部の農家からは、中国出身の女子を日本にとって「本家」である国からの「花嫁」として、その他の国々からの「花嫁」よりも歓迎する傾向が見られるようである。

「お見合いツアー」はもともと嫁不足の解消の手段として催行されたものであったが、見方によっては、いわゆる「金と女」が絡む事柄であるだけに、その周辺には何かと卑俗な問題が生じがちである。例えば、農家の嫁欲しさという弱みが業者の手数料等の相場を吊り上げる結果となり、その利権をめぐり、業者間の国際的な競争にまで発展したこともある。中国上海市が結婚紹介業を登録制とし、事実上、日本業者の閉め出しを計ったことなどはその一例と言えるであろう。また、形態によっては、嫁売買ないし人身売買としての危険性が問われるべき場合もあり、公序良俗の面から問題があるとする批判が生じたのも当然のことであった。

外国での見合いの結果、両当事者が婚姻を合意し、現地で有効に婚姻が挙行されたときは、通例、それらの婚姻が日本法上も有効であることは言うまでもない。従って、その場合には、日本人男性は在外日本大使館へ届出でるか、又は、市町村役場へ届出（報告的届出）を行なう義務がある。しかし、それを怠るか、又は、故意にそれを行なわず、さらに、別の婚姻を重ねるケースがかつて見られた。これは正しく重婚に該当する行為である。外国において有効に挙行された婚姻は、仮にそれが戸籍に記載されなくとも、その実体は有効なものとして存在し、従って、すでに一切の婚姻の効力が発生していると考えるべきであり、婚姻届を市町村役場へ提出しない限り、法律婚としての効力が発生しない日本国内での婚姻の届出（創設的届出）とは異なるものであることの認識が時として欠如し、それが問題となる場合がある。

また、「お見合いツアー」との関連においても論じることができるが、共産主義の崩壊という政治的・経済的変動がわが国における国際結婚を様変わりさせる要因となっている。とりわけ隣国ロシアとの関係が、今日、益々密接になっており、日本人男子とロシア人女子との婚姻が急増するであろうと予測されるが、そのような傾向はすでに早くから現れている。結

婚斡旋業者が中国の市場から追われた結果、現在、最も活況を呈しているのはロシア市場である。ウラジオストック、ハバロフスク、イルクーツク等の極東の都市を中心として業者の数は着実に増加している。しかし、このような傾向の背景に存在するのもまた経済的要因、すなわち、わが国とロシアの経済格差であり、「お見合いツアー」はわが国の経済的繁栄の副産物の一つであることは明らかである。将来、ロシアがわが国と対等な経済水準に到達したときには、いかに隣国であるとはいえ、上述のような類型の婚姻をもって特徴付けられる時代は終了することになるであろう。

第七節　宗教的婚姻

かつてのギリシャ法のように、特定の宗教的儀式を婚姻成立の要件として定めている立法例は殆ど見られなくなった。実際には、民事婚の締結のほかに、しばしば教会での挙式が行なわれているが、それは宗教上、習俗上のものであって、法律上の成立要件とは別個のものである。しかし、人がいかなる宗教籍を有するかによって適用される法律も異なるという規則を採用している国は、今日でも少なくない。いわゆる人的不統一法国がそれであり、通則法第四〇条が想定する法の適用関係に関する問題は日本人にとっても決して無縁のものではない。

近年、若い日本人女性が反復的に旅行する地の一つにインドネシアのバリ島がある。現地の青年の情熱的で木目細やかな接待に心を奪われ、いわゆるリピーターとなって通い詰め、そして、婚姻にまで発展するという事例は珍しいことではない。インドネシアは、婚姻については宗教（ないし民族）によって適用される法律が異なる国であり、相手方男子がいかなる宗教（ないし民族）に帰属しているかが日本人女子にも重大な影響を及ぼすことが考えられる。まず、法の適用関係においては、インドネシア民法典、インドネシア人キリスト教徒婚姻令、慣習法（アダット法）の適用の区別がある。多くのインドネシア人は慣習法によって規律されるが、慣習法には多くの異なる内容のものが存在している。従って、インドネシア慣習法の適用は、往々にして、日本人女子が暗闇へ飛び込むことを強いることを意味する。適用法によっては、妻は無能力であ

り、妻が婚姻中に取得した財産は勿論のこと、妻の婚姻前の固有財産でさえ、全てが共有財産となる上に、夫がそれを管理・運営する、つまり、事実上、夫の所有財産となることがある。このような状態について卑属的な表現をするならば、日本人女子の国際結婚は、準拠法の如何によっては、金目当ての夫の喰いものにされる場合もあるということになるであろう。

また、イスラム法との関連では、同法上における離婚制度の特異性について言及しなければならないであろう。日本法上にもかつて「三行半」という離婚制度が存在したが、それに酷似した「タラク」と呼ばれる専制離婚が夫にのみ認められているということはかなり知られていることである。インドにおいても、「クーラ」とか「ムバラー」と呼ばれるイスラム教離婚制度がある。わが国判例においてもパキスタン法をそのまま適用したものがあり（名古屋地裁昭和六二年一二月二三日判決、また、パキスタン回教共和国離婚法を適用した先例として、浦和地裁昭和五八年一二月二一日判決）、そうすると、同国のムスリム家族法令は日本人女子にとっても決して無縁のものではない。

主として、イスラム教徒である外国人男子と婚姻を締結した日本人女子の場合について言及すべきいま一つの問題は、国籍の変動に関する問題である。非イスラム教徒である女子がイスラム教徒と婚姻することによってイスラム教に改宗させられることがあるが、これは宗教上の問題であって、ここにおける視野の外の問題である。それに対して、婚姻の締結の効果として国籍変動が生じて、日本人女子の本国法がいずれかのイスラム国家の法となったとしたならば、国際私法の観点からも看過することはできないであろう。アラブ諸国には、婚姻と同時に、妻が当然に夫の国籍を取得するとか、国民と看做すという国籍法を有する国があり（例えば、一九五四年のサウジ・アラビア国籍法第一六条、一九三六年のアフガニスタン国籍法第一二条、一九三五年のイラン民法典第九七六条第一項第六号、一九二五年のレバノン国籍令第五条等）、枚挙するに暇がないほどである。そのような国からの出稼ぎ労働者と婚姻した日本人女子の本国法の決定においては、わが国の国籍法、夫の本国の国籍法、通則法第三八条第一項等に従った慎重な判断が必要となるであろう。

さらに、新興宗教が国際家族法上の問題を孕んでいることもある。例えば、それとして、韓国の統一教会による合同結婚式が挙げられる。結婚相手の選定を教祖に委ね、それに従って婚姻を締結することが、当事者の自発的な合意を欠くものと

して、あるいは、公序良俗に反するものとして無効であるという見解も決して的外れとは言えないであろう。婚姻生活が順調である場合には、教祖の決定が当事者の意思でもあるとされることができるが、しかし、不和が生じた場合、離婚という方法もあるが、むしろ、婚姻無効という構成をもって婚姻が解消される方が実態に即していると考えられる。離婚原因の有無が問われるという面倒を経ることなく、婚姻意思の欠如という簡明な一事をもって婚姻は解消されることとなり、さらに、離婚経験者たるレッテルを貼られることもないからである。そのような構成は、近時の判例において実際に採られているものにほかならない（福岡地裁平成五年一〇月七日判決及び同地裁平成八年三月一二日判決が挙げられる）。

第八節　その他の家事事件

社会現象としての日本人の国際結婚については、上述のほかにも、いくつもの異なる類型のものが挙げられる。例えば、中国残留日本人孤児の場合がある。それらの「孤児」が日本人であることが確認され、国籍が回復した場合には、すでに締結されていた中国人との間の婚姻は国際結婚に一変することになるであろう。そうすると、当然に、国際結婚から生じる一連の諸問題はそのような当事者の間にも生じることとなる。戦後、朝鮮人である夫の帰国に随伴して朝鮮半島に渡った日本人妻が、その後の朝鮮半島における政治的混乱の中で消息不明となり、ようやく、最近、その生存や所在が判明することによって、相続問題を始めとする家族法上の諸問題が惹起されることも考えられる。また、フィリピンとの関係においても、日本による占領時代に日本人男子とフィリピン人女子との間の婚姻から生まれながら、終戦後、日本人であることを秘して現地に留まった子が、今日に至り、父を探索しようとするいくつかのケースも見られる。それを国際私法の次元において考えれば、探索の結果、親子関係が判明した場合には、恐らくすでに死亡した父の遺産相続が実行されていて、それに関連した問題が浮上する可能性があると思われる。端的には、相続回復請求、遺産分割のやり直し等の問題がそれである。これらは、不幸な戦争の産物であり、戦後五〇年以上を経た今もなお払拭されることなく、尾を引いているのが現実である。

その一方、新しい婚姻形態が国際家族法上の問題として登場することも考えられる。例えば「自由な結合」や登録パートナーシップがそれである。これらの新しいカップルの形態は、フランスやスウェーデンなどに見られる男女関係ないし同性関係であり、法律上の婚姻を締結していないという点において内縁ないし事実婚と同様である。しかし、後者が、わが国においては、いわゆる準婚理論により、相続権や子の嫡出性等のいくつかの例外を除き、法律婚と殆ど同様の婚姻効果ないし保護が与えられているのに対して、「自由な結合」は、当事者間の法律関係が一般法の適用によって規律されるべきであると言われる生活共同体であり、その当事者もまた、婚姻法による規律よりも、寧ろ、一般法の適用による規律を期待していることは明らかである。従って、日本法が準拠法とされた場合、従来の準婚理論の適用が当事者意思に反することになるという乖離をいかように調整すべきであるかは、今後の課題とされる問題と言えるであろう。

また、パソコンの普及と国際結婚も無縁ではない。インターネットを介した国際的な出会いが非常に容易で身近なものになったことにより、日本に居ながら、極めて広範な地域から結婚相手ないしパートナーを選ぶということが可能となった。最近、再び、日本人女子が外国人男子と婚姻を締結することが割合的に増加の兆しが見られることの原因も、そこに存在していると考えられる。

幸か不幸か、バブルが弾けたことにより、わが国における社会的・経済的状況は一変し、それが日本人の国際結婚の動向にも顕著な影響を与えたと言うことができる。それまでの数々の婚姻類型は徐々に衰退し、確かに一つの時代が終了しようとしているというのが現状であろう。今後、日本人の国際結婚も、これまでのような政治的変動や経済的格差がもたらすものではなく、いわゆるグローバル化に伴い、個々人の自由な交流によってもたらされる多様なものとなって行くであろう。まだまだ「世界は一つ」とはいかないのに対して、人々の個人的な次元における国際的交流が、いよいよ本格化され、国際結婚が決して特別な婚姻類型ではない日はすでに到来している。

第三章　国際私法の構造

第一節　総　説

国際私法は渉外的私法関係の規律を目的とする法律であるが、その規定の多くは、問題の実質的な解決のための法としていずれの国の法に依るべきかを定める規定、すなわち、法選択規定であると言うことができる。例えば、わが国の主たる法源である通則法について見ても、第四条以下、第四三条まで、準拠法選択に関わる規定のみによって構成されている。但し、それらの規定も、その内容を見れば、端的に法選択について定めている規定と、法選択に関連しながらも、むしろ間接的に法選択の際のいわば補正的役割を果たしている規定とがある。国際私法規定（抵触規定）という場合、通常、前者が想起されるが、後者もまた、国際私法の講学上、各個規定とともに顧慮されるべき総論（総則）規定として、国際私法上、極めて重要なものであることは言うまでもない。総論規定については、次章以下において言及されるので、ここでは、前者、すなわち、直接的に法選択について定めている狭義の抵触規定について、その構造を説明することとする。

国際私法規定（抵触規定）は、一定の単位法律関係を設定して、それをいずれかの国の法に依らしめるという構造を有している。その構造については、そこに掲げられた一定の単位法律関係に言及している法文、すなわち、指定部分と、他方、それをいずれかの国の法に依らしめている法文、すなわち、連結部分とに区分することができる。例えば、通則法第四条第一項「人の行為能力は、その本国法によって定める。」という規定の場合について言えば、「人の行為能力は」が指定部分であり、「その本国法によって定める」が連結部分ということになる。この場合、「人の行為能力」とは何であるかが指定概念の確定の問題として、又、「その本国法」とは何であるかが連結概念の確定の問題として、国際私法規定（抵触規定）につ

いて明らかにしなければならない最も重要な問題である。これらの問題は、通則法のそれぞれの各論条項につき、第一〇章ないし第二一章において詳しく論じられるので、本章では、抵触規定の適用の前提となる問題、いわゆる法律関係の性質決定の問題について述べることとする。この問題は、国際私法の理論上、指定概念の確定の問題と密接な関係を有するものである。指定概念の確定の問題が、その概念の中にどのような法律関係を含むか、つまり、それぞれの抵触規定がいかなる法律関係をその規定の対象としているかの問題であるのに対して、法律関係の性質決定の問題は、具体的には、特定の事実関係に基づく法律関係、又、抽象的には、一定の単位法律関係が国際私法上いかなる性質を有するものと考えられるべきかの問題である。

又、抵触規定には、一定の単位法律関係を、内国関連の有無に拘わらず、いずれかの国の法へ連結することを定めている規定と、内国関連を有する法律関連を内国法へ連結することのみを定めている規定とがある。前者は双方的（両面的）抵触規定又は完全抵触規定と呼ばれるものであり、わが国の国際私法規定の殆んどがこの形態を採っている。後者は、一方的（片面的）抵触規定と呼ばれるものであり、良く知られた例として、フランス人の身分及び能力につき、常にフランス法を適用すべきとするフランス民法典第三条第三項を挙げることができるが、わが国の国際私法規定は、原則として、このような形態を採っていない。

第二節　法律関係の性質決定

第一款　法律関係の性質決定の意義

準拠抵触規定の決定の前提となる法律関係の性質決定をいかなる基準で行なうべきかについては、従来、いくつかの立場が見られた。その一つがいわゆる法廷地法説（lex fori）であり、いま一つがいわゆる準拠法説（lex causae）と呼ばれる

ものである。前者は、国際私法規定をも含めて、一国の法体系は統一的な解釈が行なわれるべきとして、法廷地の実質法における と同様に性質決定すべきとする立場である。これに対して、後者は、適用される準拠法の体系における と同様に性質決定すべきとする立場である。しかし、これらの立場は今日、理論的に採りえないものとして支持されていない。すなわち、準拠法説は、法律関係の性質決定が準拠法の決定以前のものでなければならない点で、論理的に矛盾していることから、採りえない立場であることは明白であり、他方、法廷地法説についても、それは決して根拠に欠ける立場ではないが、国際私法の次元における法律関係の性質決定が実質法の次元におけるそれと統一的な基準で行なわれなければならない必然性はなく、その根拠は乏しいと言うべきである。実質法が、本来、一国内での法律関係の規律を想定して規定されているのに対して、国際私法規定（抵触規定）は、国内法と異なる概念を有する法律関係を定める外国法の適用を想定するものであり、従って、実質法における基準に拘束されなければならないものではない。アメリカのラーベル（Rabel）により、国際私法独自の立場から性質決定が行なわれるべきとする立場（国際私法独自説）が唱えられ、その立場が多くの支持を得るに至ったのも当然のことであろう。現在、わが国においては、国際私法独自説が通説とされている。しかし、この立場にも難点がないわけではない。すなわち、その基本的理念は理解できるとしても、一体、どのような基準のもとにそれを実践すべきかが明らかにされていないからである。比較法的方法をもって諸国に共通の概念を設定すべきことを主張する見解も見られたが、実際には、容易なことではない。そのため、法廷地の実質法を基準としながら、若干、比較法的考察も加味するという現実的な立場を真向から否定することができないということになるのである。

より現実的な立場に立つならば、各国の国際私法規定（抵触規定）における指定概念は、その国の実質法上の用語・概念と同一の内容を有するものとして定立されていることが多いため、国際私法独自の立場からその概念を決定するといっても、自ら限界があると言わざるをえない。硬直的な言い方をすれば、各国の国際私法規定（抵触規定）は、その対象として、その国の実質法に定められている法律関係しか規定していないとさえ言える場合もあるであろう。それにも拘わらず、自国の国際私法規定（抵触規定）の完結性を前提として、あらゆる渉外的私法関係をその規律の対象とするならば、無理が生じること

は必至であると言うほかはないであろう。かように、国際私法規定（抵触規定）の指定概念の内容の確定は、専ら、問題となる一定の法律関係がいずれの抵触規定の適用を受けるべきものかの決定において論じられるべきものである。その際、問題となる法律関係を可及的にいずれかの抵触規定の規律対象の範囲に入れようとするか、はたまた、普遍主義の立場から性質決定するか、そのいずれの立場に立脚するかにより、法廷地国際私法上の抵触規則が異なるものとなることがある。すなわち、後者の場合には、条理による新しい規則の定立が求められることとなるからである。例えば、登録パートナーシップの準拠法の決定において、それを婚姻の問題であるとして、通則法第二四条の規律を受けるべきものとするか、それとも、同条の規律対象の範囲外の問題として、それに相応しい規則を定立すべきかということが論じられることがある。同条の規則が妥当な法へ連結しているならば、実際には問題はないが、一般の婚姻制度と登録パートナーシップとがかなり異質なものであり、異なる連結規則に依ることが妥当ではないかと考えられるため、問題が生じることとなる。これに対して、別居の問題などは、多くの国々で採用されている制度であるが、わが国の民法典にはその制度がなく、また、それと呼応して、通則法にもそれに関する規定がない。そのため、実務上も学説上も、通則法第二七条における離婚に類例する法律問題として、同条を準用すべきものとしている。しかし、この場合も、厳密に言えば、同条の準用ではなく、通則法の諸原則を顧慮した条理による別個の規則の定立と考えるべきである。これらのほか、しばしば論じられてきた問題として、離婚の際の親権者の指定は、離婚の効果の問題であるか、親子間の法律関係の問題であるか、また、離婚の際の慰謝料の請求は、離婚の効果の問題であるか、不法行為の問題であるか、等々があるが、これらの論議も、結局は、通則法のいずれかの規定の適用によって準拠法を選定しようとすることから生ずる問題であり、離婚の際の親権者の指定や慰謝料の請求の問題に相応しい規則の定立の可能性は、そこでは全く考慮されていない。これに対して、妻の氏の問題を婚姻の効果の問題とせず、人格権に関する問題として、旧法例において属人法として原則的に採用されていた本国法主義に則り、妻本人の本国法に拠って解決すべきとした判例があるが（第一九章第三節参照）、当面の法律関係の本質を考慮した性質決定が行なわれた一例として、まさに傾聴すべきものがあると言うべきである。

法律関係の性質決定の問題に関する論議は、上記したところに尽きるものではない。実体を実質と方式とに区分することができる法律行為については、その成立の保護のため、少なくとも方式の面から無効となることがないよう、その準拠法の選定規則が設定されていることが、今日の国際私法立法の比較検討からも容易に知ることができる。立法上、法律行為の要式性が重視される度合いが高くなればなるほど、その方式の有効性の保護が図られていると言っても過言ではないであろう。その格好の例として挙げることができるのが遺言の方式の場合である。「遺言の方式の準拠法に関する法律」第二条は徹底した連結の多元化を明文化している点において注目される規定である。通則法においては、同条ほどではないにしても、身分行為全般に亘り、方式の準拠法については、次のように、実質の準拠法の場合に比してより広い範囲の法からの選定が認められている。まず、婚姻の方式については、通則法第二四条は、その第二項において婚姻挙行地法を規定するとともに、その第三項において婚姻当事者の一方の本国法に依ることもできると定めており、また、通則法第三四条は、第二四条以下、第三三条までに規定されている身分行為の方式について、その成立の準拠法（同条第一条）とその行為地法（同条第二項）のいずれに依ることもできると定めている。以下のように、身分行為の方式のみが明らかに連結の多元化によって保護されているため、当面の問題が実質に関するものか、方式に関するものかにより、その身分関係の成否に決定的な影響を与えることがあることは否めない。そのため、可及的に、当面の問題を方式に関する問題であると性質決定することにより、身分行為を保護すべきであると考えることにも、相当の理由があると言わざるをえない。

　裁判例を見ると、具体的に性質決定しているものは少なくないが、いずれの立場に拠ったかを明らかにしたものとしては、僅かに、法廷地法説の立場に拠るべきことを明言した京都地方裁判所昭和三一年七月七日判決が公表されているのみである。国際私法独自説が通説であるとしても、性質決定の具体的な基準については、必ずしも確立しているとは言えない。裁判実務においては、ともすれば法廷地実質法上の概念に押し流され兼ねないのが現実であるが、ともかくも、この問題については、国際私法独自説の立場が、一応、確立された規則として支持されていると言うことができるであろう。

　因みに、わが国学説上の通説が国際私法独自説であるのに対して、法律関係の性質決定のための明文規定を有する諸外国

国際私法の多くが採用しているのは、次に掲げる近時の立法例に見られるように、むしろ法廷地法説の立場である。例えば、スペイン民法典（一九七四年五月三一日命令）第一二条第一項、ハンガリー国際私法（一九七九年幹部会法規命令）第三条第一項、スーダン民事法典（一九八四年二月一四日施行）第一〇条、キューバ民法典に関する法律（一九八七年七月一六日法律第五九号）第一八条、ウズベキスタン民法典（一九九七年三月一日）第一一五九条第一項、チュニジア国際私法典（一九九八年一一月二七日）第二七条第一項、カナダ・ケベック民法典（一九九一年一二月一八日）第三〇七八条第一項、ルーマニア国際私法（一九九二年九月二二日）第三条、キルギスタン民法典（一九九八年一月五日）第一一六八条第一項、カザフスタン民法典特別編（一九九九年七月一日施行）第一〇八五条第一項、ベラルーシ民法典（一九九九年七月一日施行）第一〇九四条第一項、ロシア連邦民法典第三部（二〇〇一年一一月二六日）第一一八七条第一項等がそれらである。これらの諸立法を見る限り、改めて法廷地法説が極めて現実的な立場であることが窺われる。僅かに、前出チュニジア国際私法典第二七条第三項が、「性質決定の際には国際的な異なる法的範疇及び国際私法の特性が顧慮される」と定めている。しかし、法廷地法説の立場を原則としながらも、同時に、法廷地法上知られていない法概念や法制度の性質決定の場合には、外国法上の法概念も考慮されることができるとする規定が、前出ハンガリー国際私法第三条第二項、前出チュニジア国際私法典第二七条第二項、前出ウズベキスタン民法典第一一五九条第二項、前出キルギスタン民法典第一一六八条第二項、前出カザフスタン民法典特別編第一〇八五条第二項、前出ベラルーシ民法典第一〇九四条第二項、前出ロシア連邦民法典第三部第一一八七条第二項等に見られる。いずれにせよ、わが国際私法上、国際私法独自説が支持される限り、より実用性のある立場としてその具体化が図られなければならないという難題から逃れることはできない。

第二款　法性決定論の動向

国際私法において法律関係の性質決定が殊の外重要である理由は、概して抵触規定が概括的でその規律対象の範囲が極めて広いことにある。そのために、ある法律問題がいずれの抵触規定の適用範囲に入るかという問題が、実質法とは比較にな

らないほど多く生じることとなる。しかも、いずれの抵触規定に依るかにより、準拠法も決まるというのがわが国の国際私法を含む大陸型国際私法の構造である。それだけに、法律関係の性質法定は最も重要な出発点であるというのが、従来、共通の認識であった。ところが、近時、多角的な観点から、右に述べたような機械的な準拠法の決定に対する反省が求められている。それと関連して、法性決定論においても注目すべきいくつかの動向が見られる。それらを大きく分けると、法律関係の性質決定が関連する抵触規定の事項的な適用範囲の画定の問題であることを前提として、解決の具体的妥当性の確保のため、より柔軟に性質決定を行なうべきとする立場と、既存の抵触規定の適用範囲に拘束されることなく性質決定を行ない、いかなる抵触規定にも属しない法律関係の存在を肯定しようとする立場とがある。前者は、国際私法上の利益衡量ないしは政策考慮を一般的・抽象的又は個別的・具体的に法性決定にも導入し、より妥当な解決を図ることができる抵触規定の適用範囲の拡大を考慮しようとするものである。これは、準拠法の決定を法性決定の過程において操作しようとするものにほかならない。後者についてもまた、若干の分野で新しい抵触規則の創造が試みられていることは、すでに前述した通りである。

　このような動向とともに、法律関係の性質決定の問題そのものの存在意義を減少させるような動向も見られる。例えば、アメリカ合衆国では、伝統的な法選択方法に拠らず、問題と関連性を有する多様な要素を考慮し、解決の具体的妥当性を追求するという立場が採られているが、このような立場からは、法性決定論は無用のものとなる。わが国の国際私法の立場からは、これに倣うことはできないが、それでも、法性決定論の重要性を減少させるいくつかの現象が認められる。まず、その一つとして、ハーグ国際私法条約の批准、そして、それに基づく国内立法の制定に見られるように、抵触規定における指定概念（法律関係）が細分化されることによって、各個の抵触規定の適用範囲が狭く限定された結果、そこにおける指定概念が明確になり、少なくとも、それらの抵触規定との関係においては、法性決定の余地は少ないものになっている。また、いま一つには、従来のように、法律関係の性質決定の如何が機械的に特定の準拠法の決定と連動するという構造は、連結の過程における何らかの操作により、修正・是正されることがある。例えば、連結概念を弾力的に解釈したり、連結点の確定を柔軟にしたり、公序条項や反致条項を活用することにより、法性決定が直ちに準拠法の決定をもたらすという構図は解消

されることとなる。いずれにしても、伝統的国際私法において法性決定が過度に重要な役割を果たしていたことに対する反省から、それを是正しようとする試みが行なわれているのが現状である。

何らかの法律関係の性質決定が確定し難いという事態が生じることを完全に防止することは、まず、現行法の下においては不可能に近いと言って良いであろう。従来、そのような場合にも、準拠法の選定のために、何らかの結論を出すことが至上の任務とされてきた。すなわち、いずれの法律関係も、最終的には一定の法律関係として性質決定されるべきというのがこれまでの姿勢であった。しかし、何らかの画一的な法律関係として性質決定することができない場合もあることを率直に認め、それに対処する方がより良い解決をもたらすことになる場合もあることを認識すべきであろう。例えば、離婚の際の慰謝料請求権に関する問題をその一例として挙げることができるであろう。後に述べられるように、その問題については、それを離婚に伴う夫婦財産の清算の一端を成すものとして、夫婦財産制の準拠法に依るべきと見ることも可能であり、また、それを離婚の効果として離婚の準拠法に依るべきと見ることも可能である。このような場合、無理にいずれか一方の性質決定を強行するのではなく、いずれのものとして性質決定することが当事者利益の保護になるかという観点から、連結の可能性を拡大することがより良い解決へ導くこととなることは明らかである。その見地からしても、準拠法の最終的な決定は、いずれか一つの立場から行なわれることとなるのであって、一定の法律関係が二通りに法性決定されることにはならない。何よりも、以上のように考えようとすることの意義が、連結の多元化を図ることにより、当事者利益を保護できる法を探求しようとすることにあることを銘記すべきであろう。

第三節　法選択規則の変容

近代国際私法が形成された時代は世界協調が叫ばれた時代でもあった。各国の法は対等であり、いずれの法が適用されるべきかに関する規則は、国際主義の立場を実現することのできる双方的抵触規則の形態が当然のこととされ、その内容も単

純明確であることが求められた。例えば、指定部分は広汎で多くの事項を包括し、連結部分もまた、単一の明確な連結点を採用するものが殆んどである。法廷地の立場から、公序良俗違反を根拠とする公序則の発動によって外国法の適用を排除することが、各国が執りえた唯一の国際主義の例外となる手段であった。その場合を除いて、準拠法の選択は、ひたすら最も密接な関係のある地の法への連結を理念とし、諸国の実質法制度に見られる様々な法目的ないし指導理念は、間接的にしか判決基準の役割を果たさない国際私法には無用のことと考えられていた。しかし、今日、国際私法を取り巻く情況は一変し、益々多様化する中にあって、特定の価値判断を国際私法の次元においても行なおうとする傾向が加速的に顕著になっている。国際社会の発展を背景に、国際私法的経験の蓄積を基盤とするその成熟が、より緻密な構成を求めるに至ったと見ることもできる。

法選択規則の変化は、その指定部分及び連結部分の双方に生じている。まず、前者について言えば、かつて単一の法律関係としてまとめられていた法律問題が、さらに緻密に分析され、それらを同一の上位概念の下に同一の準拠法に依らしめることが無理であることが確認され、包括準拠法の細分化の必要性が指摘されるようになった。この場合、どのような法律問題が独立した単位法律関係として細分化されうるかが今後の課題である。また、一律的・固定的連結の硬直性に対する反省は、単一の連結点を媒介とする従来の単一的連結の形態から段階的連結、選択的連結、択一的連結などの多元的連結への移行を促がしている。これらのうち、特に択一的連結の方法は、いずれかの当事者の利益又は何らかの法律関係（身分関係）の成立を保護する実質法の内容及び法目的の実現を優先させようとする立場にとって、最も都合が良いものであると言うことができる。他方、準拠法の適用関係を複雑にするその累積的連結や配分的連結の立場の採用は減少する傾向にあることが認められる。今後、連結の多元化が促進されたとして、どのような法律問題がどのような連結方法によることが適当か、また、どのように連結点が組み合わされるべきか、その際、連結点の集中ということが重視されるべきかなどの問題が未解決である。特に、属人法主義における本国法と常居所地法の優先関係は、後者の本来的・補充的機能ないし属人法としての位置付けの問題とも相俟って、検討されなければならない重要な問題である。

最も密接な関係を有する地の法の適用という伝統的国際私法の理念を一般条項として掲げた場合、柔軟な解決が期待されると同時に、その実際の運用上、困難な問題が生じることも推測される。しかし、今日、すでに、密接関連性の原則をもって国際私法の目的を説明しようとすることには無理があるように思われる。問題解決の具体的妥当性が確保できる法の選択を国際私法の使命と考える立場からは、一般条項の定立についても、発想の転換が求められることとなる。

内国実質法上の法目的の実現のみに限ってみれば、それを一方的抵触規則の制定をもって実現しようとする近時の立法が散見される。私法の公法化という現象もまた公法の属地性による特定の法（内国法）の適用の立場へ導くものであると言えるであろう。しかし、これらの立場は、いずれも従前の一時期にみられた国家主義からの内国法志向の立場ではなく、当事者のためのより良い法の適用を目指すものであることを看過してはならない。

第四節　連結の態様

抵触規定の連結部分において使用されている連結素は、必ずしも単一のものであるとは限らない。単一の連結素のみの使用は単純・明確であるが、一つの抵触規定が複数の連結素を使用することにより、きめ細かな規則を定立することが可能となる。複数の連結素の使用は、抵触規定の指定部分がいかなるものであるかに従い、その形態についても自ら異なった考慮を必要とする。そこで、主として通則法において採られている連結の態様について言及することにより、国際私法の構造をいま少し詳細に解析することとしたい。

まず、配分的連結は、一個の法律関係の準拠法として、当事者ごとに区別して別個の法を適用するものである。例えば、通則法第二四条第一項は、婚姻成立の要件について、各当事者ごとにその者の本国法に依ると定めており、従って、相手方当事者の本国法の如何に拘わらず、その者の本国法上の要件を具備すれば良いこととなる。尤も、当事者の一方のみについて要求される一方的要件については、上述したことは妥当するが、相手方当事者についても要求される双方的要件について

は、各当事者の本国法が累積的に適用されることとなる。後者の場合、判断が複雑になることは否めない。従って、子の認知についても、旧法例においては、各当事者の本国法に依るという立場が採られていたが、改正法例以後においてはそのような立場は斥けられている。

次に、累積的連結は、一つの法律問題に、同時にいくつかの法を適用し、いずれの法も認める法律効果のみが発生する、言い換えれば、最も少ない法律効果の発生を認める立場であると言うことができる。例えば、養子縁組に関する通則法第三一条は、夫婦のいずれか一方の本国法が夫婦共同縁組を求める場合、両者の本国法の累積的連結を行なったと同様になる。このような加重な規律は、国際主義の観点からは、時として好ましいものではなく、従って、立法例としても減少しつつあるのが現状である。旧法例でも、離婚原因について、夫の本国法と日本法とが累積的に適用されるべきものとされていたが、改正法例以後、日本法の加重的な適用は行なわれない。しかし、非嫡出子及び養子の保護という新たな理念の下に、非嫡出子ないし養子の本国法の加重的な適用が定められている。

さらに、選択的連結ないし択一的連結は、数個の連結素を介して指定されるいくつかの異なる法のうち、いずれか一つの法を適用する立場である。より厳密にいえば、前者は、当事者がいずれの法に依るかについて選択できるとする立場であり、後者は、裁判官が、それらの法の中から、法律関係の成立のため、実質的内容からみて最も有利な法を適用しなければならないという立場である。例えば、夫婦財産制に関する通則法第二六条第二項は夫婦による準拠法選択を認めており、いわば当事者意思を連結点とする多数の法からの選択的連結を定めるものであって、それらは前者の立場を採るものであると言える。また、後者の例として、婚姻の方式に関する同第二四条第二項及び第三項本文、嫡出親子関係に関する同第二八条第一項、準正の成立に関する同第三〇条第一項、親族関係の法律行為の方式に関する同第三四条、遺言の方式の準拠法に関する法律第二条及び第三条が挙げられる。それらは、それぞれ、婚姻の保護、嫡出性の保護、準正の保護、身分関係の保護、遺言の保護という実質的利益を顧慮するものであると言うことができるが、このような立場を明文をもって定めているのが、扶養義務の準拠法に関する法律第二条である。この規定が弱者の保護を目するものであることは言うまでもない。

また、代用的連結は本来の連結素に代わるそれに依拠した連結であり、また、補充的連結は主たる連結に代わる副次的な連結を行なうものである。例えば、無国籍に関する通則法第三八条第二項、無常居所に関する同第三九条のほか、当事者に共通の連結素をもって主たる連結として段階的連結を定める同第二五条（婚姻の効力に関する規定）、同条を準用することを定める同第二六条第一項（夫婦財産制に関する規定）及び同第二七条（離婚に関する規定）、同第三二条（親子間の法律関係に関する規定）を挙げることができる。特に段階的連結の場合に、両性平等の原則又は子の保護の思想が指導理念となっていることが看過されてはならない。

第五節　連結概念の決定

国際私法の本来の目的は、渉外的私法問題をいずれかの法秩序へ送致つまり連結することであるが、各法秩序はそれぞれ画定された空間を有している。すなわち、各法秩序はそれが行なわれている場所から切り離しては考えられないものである。従って、抵触規定における連結素も、夫婦財産制の準拠法の決定の基礎となる当事者意思のような特別のものを除いて、一定の場所を指示するものが採用されている。通則法において採用されているものを例示すれば、国籍、常居所、行為地、目的物の所在地、結果発生地、婚姻挙行地、密接関連地などがある。これらの中、例えば、密接関連地法は伝統的国際私法の理念そのものであるが、いずれの地が問題となる法律関係と最も密接な関係を有しているかの探求は必ずしも容易なことではない。例えば、婚姻挙行地法について、在外日本人がその者の婚姻届を送付したその本籍地又は住所地の法である日本法が最密接関係法であると言えるかは疑問である。また、連結点である国籍や住所のような法律概念の確定も困難な問題である。その他の連結点が事実概念として、事実の認定の如何により、具体的に確定されるのに対して、法律概念は、文字通り、法律上の根拠をもって決定されるものであるため、いずれの法に基づくかにより、具体的な確定も異なるものとなる可能性がある。

国籍は、人が特定の国家の国民であるための資格であり、また、人と特定の国家との間の法律的紐帯であるが、ある者がいずれかの国家の国籍を有するか否かは、その国家の国籍に関する立法に従って判断される。ところが、国籍立法は各国の独自の立法であるため、国により、その立場を異にすることがある。特に、出生地や父母の国籍の如何が子の国籍の取得に必要とされる要件として諸国国籍法の立場が違うため、無国籍や重国籍を発生させる結果を招くこととなる。そのため、通則法第三八条第一項は、当事者が二個以上の国籍を有する場合には、その者が国籍を有するとされる国の中、その者が常居所を有する国の法律をもってその者の本国法とし、また、そのような国がないときは、その者が最も密接な関係を有する国の法律をもってその者の本国法としている。但し、同項但書は、それらの国籍の中に日本の国籍が含まれているとき、それを優先させ、日本法をその者の本国法とする日本人条項を定めている。また、同条第二項は、当事者が国籍を有しないときは、その者が常居所を有する地の法律をもってその者の本国法に代えることを定めている。通則法が属人法における本国法主義の立場を採用しているため、本国法の決定の問題は、わが国の国際私法において殊の外重要な問題である。

これに対して、住所は、債権譲渡に関する改正法例第一二条のみにおいて採用されていたが、通則法においては排除されており、遺言の方式の準拠法に関する法律第二条、難民の地位に関する条約第一二条におけるほかは、現在、わが国の国際私法において連結点として採用されていない。それにも拘わらず、今でも、その概念の確定の重要性は失われていない。一般的・抽象的には、住所とは人と特定の地域との間の法律的紐帯である。しかし、実際には、住所の有無の認定は、わが国のいくつかの立法においても必ずしも統一的に行なわれているわけではなく、また、国際私法上の住所概念が実質法上のそれと異なる内容を有するものであっても、決して法的に矛盾するものではない。むしろ、国際私法独自の立場から住所概念を決定することの方が妥当であると言うべきである。尤も、遺言の方式の準拠法に関する法律第七条第一項は、住所の有無をその住所地の法律によって定めるべきものと規定している。これはいわゆる領土法説の立場を採るものである。このような立場を採る限り、各国における住所の得喪の要件が異なることから、無住所や二重住所の発生を招くこととなる。そのため、改正法例第二九条第一項は、当事者の住所地法に依るべき場合にその者の住所が知れないときは、その者の居所地法に

依るとし、また、同条第二項は、当事者が二個以上の住所を有するときは、それらの住所地の中、当事者に最も密接な関係を有する地の法律をその者の住所地法としていた。

いずれにしても、国籍及び住所は法律概念であり、しかも、多くの場合、外国法上の概念に基づいてそれらの有無を判断しなければならないという困難を伴うため、近時、国籍及び住所とともに、又は、特に住所に代わる連結点として、常居所(habitual residence)が採用されるようになった。わが国の国際私法においても、夫婦財産制に関する通則法第二六条第二項、扶養義務の準拠法に関する法律第二条、遺言の方式の準拠法に関する法律第二条が基本的連結点として、また、婚姻の身分的効力に関する通則法第二五条、夫婦財産制に関する同第二六条第一項、離婚に関する同第二七条、親子間の法律関係に関する同第三二条が補充的連結点として常居所を採用するに至っている。常居所は事実概念として把握することができ、国籍や住所に見られるような困難を生じないことが多くの支持を得ている理由である。しかし、常居所の概念は必ずしも確立しておらず、各国におけるその概念の決定は不統一であると言わざるをえない。立法例としては、前出ハンガリー国際私法典第一二条第一項が、「常居所とは人がそこに定住の意思なく長期に亘って居住する地をいう。」と定め、永続性又は定住の意思が求められる住所概念との違いを法文によって明らかにしている。単なる一時的な居所ではないという点において居所とも区別される。尚、通則法第三九条前段は、当事者の常居所地法に依るべき場合において、その者の常居所が知られないときは、その者の居所地法に依るべきものと定めている。因みに、常居所が本来の意義における属人法の決定基準として機能しているかは疑問であり、常居所地法をもって本国法の補充法とする立場は再検討されるべき余地があると言うべきであろう。蓋し、後に詳述するように、両者は、それらが適用される際の理念を異にしているからである。

第六節　常居所の認定基準

わが国の学説は、常居所の取得のためには、単なる一時的な居所ではなく、相当長期間の居所という客観的事実が必要で

あるという点において一致している。しかし、いかなる程度の期間をもってその要件を充たすかについては明らかに一致した立場はなく、また、右の要件のほか、常居所の取得の意思を要するかについても必ずしも定かではない。

これに対して、形式的・画一的処理が求められる戸籍実務のため、法例改正に伴う戸籍事務の取扱いに関する平成元年一〇月二日付第三九〇〇号民事局長通達により、事件本人の常居所の認定について基準が示されている。それによれば、わが国における常居所については、日本人の場合には、住民票の写しが提出されたとき、また、国外に転出し、住民票が消除された場合には、出国後一年以上五年内であるとき、それがあるものとして取り扱われる。外国人の場合には、出入国管理及び難民認定法による在留資格等及び在留期間に応じて、引き続き一年以上又は五年以上在留しているとき、それがあるものとして取り扱われる。すなわち、通常は引き続き五年以上の在留を必要とするが、日本での永住資格を有している者又は日本人の配偶者若しくは子の場合には、引き続き一年以上の滞在をもって足りる。わが国で出生し、出国していない者等は、常にわが国に常居所があるものとして取り扱われ、他方、観光や興行目的の滞在者、外交官、不法入国者等は、常にわが国に常居所がないものとして取り扱われる。外国における常居所については、日本人の場合には、一年以上の滞在をもって足りる特別な場合を除き、旅券その他の資料で当該国に引き続き五年以上滞在していることが判明したとき、当該国に常居所があるものとして取り扱われる。外国人の場合には、その国籍国における常居所の認定については、わが国における日本人の場合に準じ、また、それ以外の外国における常居所の認定については、わが国における外国人の場合に準じて取り扱われる。右の基準によっていずれの国にも常居所がない場合には、原則として居所地法による（改正法例第三〇条）が、疑義がある場合には、監督局の指示を求めるべきものとされている。他方、常居所は、連結概念を統一するためにハーグ国際私法会議で取り入れられたものであるから、できる限り国際的に統一されることが望ましい。少なくとも遺言の方式の準拠法に関する法律及び扶養義務の準拠法に関する法律における常居所の概念は、ハーグ国際私法条約におけるそれと同一であるべきであり、同条約批准国における解釈等が参考にされるべきであろう。立法論としていえば、常居所地法に依るべきとする規定に、その期間をも併せて明記することによって、無用の混乱は避けられると思われるが、現行法の下においては、前記

通達における立場をも顧慮して、一先ず、現在における一年以上の継続的滞在の事実をもって、常居所の認定の基準として良いであろう。その要件を充たす現在的滞在が存在しないときは、常居所がないものとして、居所がその資格において常居所を代替すべきである。その場合、すでに過去のものとなっている従前の常居所に依拠すべきではない。また、時として主観的要素をも考慮すべきとする立場が有力であるが、そもそも常居所という連結点の採用は、その客観的事実概念という特性に着目したことに由来するものであり、その趣旨は徹底されるべきであると思われる。

第七節　実効的国籍の理論

平成元年法律第二七号によって法例が大幅に改正される以前、法例においては、人の身分及び能力について押し並べて本国法主義が採られていたので、あらゆる身分事件において機械的に本国法を決定し、そして、それを適用することには、多くの批判が見られた。改正法例以後、常居所も連結素として採用されることにより、連結の多元化が導入され、ある程度きめ細かな準拠法の決定が行なわれるようになった。しかし、国籍が本来有する固定性のため、それは時として人の現実の生活との密着性を有せず、従って、かような国籍を連結点とする本国法が当面の事案と最も密接な関係を有する法とは考えられない場合もありうる。このような場合に、その国籍を連結素とすべき合理性に欠けるとして、別個の連結を提唱するのが実効的国籍の理論と呼ばれる考え方である。例えば、オランダ離婚抵触法第一条第二項において、実効的な社会的紐帯を欠く国籍を連結点とすることが斥けられているが、わが国の国際私法においては明文規定はない。従って、解釈論上、直ちにこの理論を導入することは困難であるが、わが国に特有な国際私法事情として多数の在日韓国人に関連する事件があり、しかも、その本国法の決定に際し、韓国法が本国法として形骸化していると考えられる場合が少なくない。そのような場合に、この理論に依拠して本国法の決定に柔軟に対処することは、必ずしも不当とは言えないであろう。

第八節　法律回避論

連結点を介して準拠法を決定する国際私法の構造を利用して、より有利な法律の適用を目論む、すなわち、都合の悪い法律が適用されることを回避しようとして、意図的に連結点となる要素を変更する行為を法律回避とか、連結点の詐欺的取得として、法律詐欺と呼び、そのような行為に基づく連結点の変更を有効とするか、無効とするかについて、特にフランスを中心として論じられてきた。例えば、国籍や住所を変更して別個の法律を本国法や住所地法としたり、税制面において会社を優遇する政策を行なっている国に形式だけの本拠を置いた場合（租税回避）や、船主を優遇している国に船舶登記する場合（便宜置籍船）などが問題とされた。

確かに、連結点の意図的変更は国際私法構造の弱点を巧みに突いた行為であり、好ましいと言えるものではないが、より有利な法律の適用を受けたいと願うことは人間の本性として当然のことであり、あながち不法であるとは断言できない。しかも、特定の法律の回避を目的としない国籍や住所の変更の場合もあり、果たして意図的な変更であるかは、客観的には判断し難い場合も少なくないであろう。同じく、特定の法律の適用を受けようとして、法廷地の選択が直ちに準拠国際私法の決定、そして、準拠実質法の決定へと連動する伝統的な大陸型国際私法の構造を利用するいわゆる法廷地漁り（forum shopping）が、国際裁判管轄権の基礎となる要素の適正な限定によって防止されることができると同様に、連結を一定時の法に特定する、つまり、不変更主義を採ることにより、斥けられるべき法律回避行為に充分に対処することができる。従って、実定法上そのような限定が定められていない限り、私生活ないし商業活動の自由は最大限に尊重されるべきであろう。わが国の学説には、一律的に論ずることは困難であるとする見解も見られるが、抵触規則において、不変更主義が採用されていない限り、連結点の変更を無効とすべきでないとする立場が通説となっている。連結点の確定に際し、当事者の意思や動機等の主観的要素を問題とすることは、準拠法の決定を不明確かつ不安定にするということがその理由である。もとより、

明文規定がない通則法の解釈としては、形式的理由からも法律回避を問題とすべきではないという見解もある。法例中、そして、通則法中に法律回避に関する規定が存在しないのは、法律回避論を一般的に否定しているからであると見るのが妥当であるとも言われている。一方、わが国の裁判例として、それを論じたものは見られないが、この問題については、一応、通説の通り、確立されたと見られる規則が存在すると言うことができるであろう。

それに対して、法律回避を無効と定める外国の立法例は極めて多い。例えば、オーストリア国際私法典（一九七八年六月一五日連邦法）第七条、及び、同法典に倣ったリヒテンシュタイン国際私法（一九九六年九月一九日法律）第七条が、「ある特定の法秩序への連結の基準とされる要件の後発的変更は、すでに完成した事実に影響を与えない。」と定めているほか、ポルトガル民法典（一九六六年一一月二五日法規命令）第二一条、ブルキナファソ人事・家事法典（一九八九年一一月一六日法令第〇〇一三号）第一〇一一条、前出ハンガリー国際私法第八条、前出ルーマニア国際私法第八条第一項b号、前出ウズベキスタン民法典第一一六二条第一文、前出キルギスタン民法典第一一七一条、前出チュニジア国際私法典第三〇条第一項及び第二項、前出カザフスタン民法典特別編第一〇八八条第一文、前出ベラルーシ民法典第一〇九七条第一文、マカオ民法典（一九九九年八月三日マカオ政府法令）第一九条、アゼルバイジャン国際私法（二〇〇〇年六月六日成立）第八条、ベルギー国際私法（二〇〇四年七月一六日法律）第一八条等が、同様に無効の立場を定めている。また、内国法の回避の場合に限り、それを無効とするのが、前出スペイン民法典第一二条第四項、旧ユーゴスラヴィア国際私法（一九八二年七月一五日法律）第五条、メキシコ民法典（一九八七年一二月一一日法規命令第一条）第一五条第一号等、いくつかの立法例に見られる立場である。因みに、ドイツ、イタリア及び英米等においても、法律回避を問題とすることには消極的なようである。

第四章　国際私法における利益衡量

第一節　国際私法における利益衡量の意義

近代国際私法の生成以来、基本的には、その祖と呼ばれるドイツのサヴィニー（Savigny）によって構築された国際私法の理論が、今日まで踏襲されてきたと言うことができるであろう。すなわち、当面の問題である法律関係にとってその「本拠」（Sitz）がいずこに存在しているか、換言すれば、それがいずれの地と「密接な関係」を有しているかを探求し、その地において行なわれている法をもって、その準拠法とするというのが伝統的に採られてきた立場である。そのような立場に立ちつつ、実際には、「本拠地」ないし「密接な関係を有する地」の決定において、数々の政策的配慮が行なわれていると見られる。いずれの抵触規則も何らかの政策目的を実現する使命を負っているが、そのような連結政策の前提を成しているのが利益衡量である。その意味において、国際私法における利益衡量という観点そのものは決して目新しいものではない。

国際私法における利益衡量について論ずるとき、常に対比的に言及されるのが実質法における利益衡量との相違である。その相違は、国際私法的正義の観念と実質法的正義の観念の違いに由来するものであり、本来的に、後者が、個別的・具体的な権利義務の決定に関する正義であるのに対して、前者は、そのような権利義務とは係わりのない準拠法の決定に関する正義である。国際私法的利益とはかような国際私法的正義を実現することであり、その衡量もまた、個別的・具体的な権利義務とは別個の観点から行なわれるべきこととなる。しかるに、国際私法が一般的・抽象的に機能するに止まらず、一面において、私法の公法化という意味における「政治化」（Politisierung）、また、一面において、大陸型国際私法に見られるような抵触規則を前もって定立しようとはしないアメリカ国際私法の影響を受けた「実質化」（Materialisierung）という

変容を来しているということが、ドイツのノイハウス（P. H. Neuhaus）によって指摘されてすでに久しい。それらはいずれも、一定の価値判断の結果を国際私法の次元において積極的に導入しようとするものである。それによって、法律関係の「本拠」を探求することを最も重要な目的とした近代国際私法の立場とは訣別し、新たな指導理念の下にその与えられた役割を担わされているのが今日の国際私法である。

第二節　国際私法上の利益の分類

国際私法の次元において考慮されている利益は、必ずしも国際私法に特有のものばかりではなく、その中には、解決の法的安定性や具体的妥当性なども含まれており、法の解釈・適用に一般的な政策目的も国際私法規則において顧慮されている。しかし、それとともに、国際私法の特性に相応したそれに固有の利益と言うべき国際私法的利益の存在も認められ、それらが同時に考慮されている場合もある。そのような観点から、ドイツの国際私法学者ケーゲル（Kegel）は、国際私法的利益についてある程度具体的に分類しているが、それについては、わが国においても、既に次のように紹介されている。

まず、当事者利益である。これは、当事者自身にとって最も密接な関係に立つ法、すなわち、自己が熟知し、行動の規準と考えている法によって裁判されるべきであるという利益である。次に、取引利益である。これは、取引が容易に確実に行なわれるべきであるという利益である。更に、秩序利益である。これは、法規が相互に矛盾しないで整然たる秩序を保つことが必要であり、そのための国際的判決調和及び国内的判決調和の利益である。内国法適用の利益、判決の現実性ないし実効性の利益もそれに属するものとされる。多くの場合、何らかの法律関係ないし身分関係の準拠法の選定規則において、考慮されるべき利益は必ずしもいずれか一つに限られるものではなく、いくつかの利益が同時に考慮されることがある。例えば、国際的判決調和の要請とか国内的判決調和の要請を満たそうとすれば、当事者利益が蔑ろになるというような場合である。そのような場合には、いずれかの利益が優先されることとなるが、今日、特に重視されているのは当事者利益であると

言えるであろう。蓋し、問題となる法律関係の当事者にとって、それらの者の利益が何よりの関心事であり、また、私法上の権利義務関係においては、それらの者を中心に据えて国際私法的利益を考慮することが妥当であると考えられるからである。以下に言及される改正法例の当時における理念もまた、そのような視点に立脚するものである。

わが国における国際私法の改正の必要性は比較的に早い時期から論じられていたところであり、その公的な作業はすでに昭和三〇年代初めから着手されていた。しかるに、その後の進捗は決して順調なものであったとは言えない。その作業は漸く近時に至って急速に進展し、平成元年における法例の改正等により、通則法の諸規定のように結実するに至った。その背景には、特に欧州諸国における活発な国際私法の改正ないし立法化があり、それらが刺激となったことも指摘されるべきであろうが、やはり、直接的には、わが国がいくつかの重要な国際条約に署名し、それを批准したことが、国際私法規定を含めた関連諸法の改正を促したと言うことができるであろう。それらの立法の多くは、今日、支配的になりつつある両性の平等、子の保護、個人の尊重の思想に立脚したものであり、従って、法例の改正においても、それらの思想が指導理念として一定の方向付けの役割を果たしたことは否定できない。

それでは、一体、改正法例以後、上記の理念はいずれの規定にいかように実現されているか。その点については、次のように整理することができるであろう。まず、両性平等の原則を端的に表現していると言えるのが婚姻の身分的（一般的）効果に関する通則法第二五条第一項（改正法例第一四条第一項）である。それは、夫婦の同一法の段階的適用の立場であり、まず、その同一本国法に依り、それがないときはその同一常居所地法に依り、それもないときは夫婦にとって最も密接な関係がある地の法に依るとするものである。すなわち、そこにおいては、夫婦の同一法を軸として、それに連結するという立場が採られている。この立場は、婚姻の財産的効果（夫婦財産制）に関する通則法第二六条（改正法例第一五条第一項）、離婚に関する通則法第二七条第一項（改正法例第一六条本文）によっても準用すべきものと定められている。

次に、子の保護についてである。その概念は広義であるが、改正法例以後、嫡出保護及び準正保護として、それぞれ通則法第二八条及び第三〇条（改正法例第一七条及び第一九条）において徹底されている。すなわち、前者は、父母の本国法の

中から、また、後者は、父母及び子の本国法の中から、それが実現されることができるいずれか一方の法の選定を命じている。従って、それに反する準拠法の適用は違法であるということとなる。更に、婚外親子関係に関する通則法第二九条第一項（改正法例第一八条第一項）及び養子縁組に関する通則法第三一条第一項（改正法例第二〇条第一項）は、その成立につき、子の本国法上の一定の要件が充足されることを求めて子の保護を図ろうとしている。いわゆるセーフ・ガード条項（保護条項）と呼ばれるものがそれである。そして、親子間の法律関係に関する通則法第三二条（改正法例第二一条）に至っては、子の法を軸とする段階的連結の立場が採られており、それは、まず、子の本国法が父又は母の本国法と同一であるときは同法に依り、それがないときは子の常居所地法に依るとして、子の法を中心とした規則を定めるものである。

そして、当事者自治の法理を導入しているのが、すでに明らかなように、夫婦財産制に関する通則法第二六条第二項（改正法例第一五条第一項）である。同項は、一定の限定された範囲の法ながら、その中から、当事者が準拠法を選択することを許している。ハーグ国際私法条約や諸外国の立法においてその法理が優勢化している情況に鑑みれば、同条は、わが国際私法における当事者自治の原則の支配の拡大の突破口となる可能性を含んだ規定であると評することができるであろう。

改正法例における両性平等の理念は、反致との関連においても貫かれようとしている。すなわち、通則法第四一条本文（改正法例第三二条本文）はいわゆる狭義の反致の立場を採り、本国法としていずれかの外国法が指定される場合において、当該外国法上の国際私法規則が日本法に依るべきとするときは、日本法に依ると定めているが、同条但書は、通則法第二五条、第二六条第一項、第二七条、第三二条（改正法例第一四条、第一五条第一項、第一六条、第二一条）によって外国法が指定される場合には、その限りにあらずとして、日本法への反致が成立する場合から除外している。そこにおいて除外されている諸規定は、改めて指摘されるまでもなく、同一法を本則とする段階的連結の立場に立っているものである。従って、同但書が目論むところが、同一法として指定された外国法の適用の確保であることは明白である。そして、同一法の適用が確保されなければならない理由は、それが準拠法として優れていると考えられているからである。そのことを、婚姻関係について言えば、優先されるべき夫婦間の両性平等がそれによって実現されるからにほかならない。逆に言えば、改正法例以

後、両性平等の理念の実現は同一法主義を採用することによって行なわれようとしていると言うことができるであろう。好ましい同一法として指定された外国法が両性平等原則に反する形で日本法に反致したとしたならば、同一法主義に基づいて厳選された準拠法を指定しようとした折角の立法の目的が達成されないこととなるというのが同条但書の主たる趣旨である。そうであるとしたならば、外国法が夫婦の同一（共通）常居所地法として日本法へ反致しているようなときにまで、その反致を否定する必要はないと言うべきであろう。しかも、そこにおける同一法主義を貫くことによってもたらされる両性平等という国際私法的利益は、国際私法の次元におけるそれであって、実質法上のそれではない。従って、例えば、離婚に関する通則法第二七条によって指定された外国法は、それが離婚を禁止しているとか、又は、厳格な離婚要件を定めている場合であっても、通則法第四二条の公序則が発動されない限り、適用されなければならない。結局、通則法第四一条但書について、通説のように、それを一定の場合における反致の全面的禁止を定めているものと解する限り、反致によってより良く離婚の保護に適う法の選定を考慮することはできないと言わざるをえない。それゆえに、同但書は日本法への必須的な反致を否定しているに過ぎないという解釈の方が当事者利益に寄することができるであろう。

また、かような同一法主義の優先の立場は、同一法として適用された外国法の適用の結果への公序則の発動の可否の判断にも影響を与えることが考えられる。そして、外国法の通用が排除された場合における準拠法の選定において、従来のように日本法上の立場が基準とされることに代えて、次順位の連結方法としての同一法の適用の可否が考慮されるのも、同一法至上主義を採る限り、当然に導かれるべき結論であると言えるであろう。

第三節　国際私法の実質化

国際私法における利益衡量と言われる場合の利益は、国際私法的利益であって、実質法的利益とは異なることは前述した通りである。従って、両性の平等ということも、国際私法上は、準拠法の選定の方法が両当事者に不平等でない限り、本来

ならば問題がないということになる。しかし、それだけでは不満足であるとする立場が抬頭し、忽ち、諸国の立法・学説を席捲し、この立場から、国際私法もまた当面の問題が如何ように解決されるかについて関心を有すべきであると考えられている。すなわち、それが国際私法の実質化と呼ばれる現象であり、実質法的利益の国際私法への導入を図ろうとするものである。従って、それは、すでに抵触規則中に実現されるべき解決への方向付けが指示されている点において、最終的な解決の内容にまでは立ち入らない立場を採っていた伝統的な国際私法とは大きく異なっている。その意味において、実質法的利益をも表現している抵触規則を採用することは、国際私法にとって画期的な変革である。

それでは、実質法的利益の伝統的国際私法への導入はいかなる形で実現されているであろうか。その出発点をなすのが、伝統的国際私法において多用されてきた単一的連結という連結の形態の放棄である。それは、一定の単位法律関係について常に同一の連結を行なう立場であり、そこには、いずれの法を適用した方がより望ましい結果が期待できるかというような考慮は本来的には行なわれる余地はない。そのため、従来、前述のように、法律関係の性質決定において工夫したり、連結点の決定を弾力的に行なうなどの操作によって対処されてきた。それに対して、多元的連結が認められたならば、いくつかの法の中から、より望ましい結果が期待できる法を準拠法として選定することの可能性が与えられることになる。かような多元的連結と呼ばれる形態の連結方法として、次の三つが挙げられる。

まず、段階的連結である。これは、本則と補則によって構成された抵触規則に依る連結の形態を有するものである。すなわち、まず、本則に従って準拠法を選定するが、それによる準拠法が得られないときは、補則に従って準拠法を選定するというものである。通則法にその例を求めれば、第二五条、それを準用する第二六条第一項及び第二七条、並びに、第三二条、更に、扶養義務の準拠法に関する法律第二条がそのような連結の形態を採っている。

次に、選択的連結である。これは、いくつかの法の中から、いずれか一つの法を準拠法として選択することを認める形態を採るものである。規定の文言上は、そのいずれに依るべきかは命じられておらず、従って、当事者は、法律行為ないし身分行為を行なうに際して、一定の範囲の法の中から、その者の意思によって自由に準拠法を選定することができ、また、

裁判官は当面の問題についての判断にあたっては、当事者が準拠した法に基づかなければならない。通則法にその例を求めれば、夫婦財産制について当事者による準拠法の指定を認める第二六条第二項などがそれに該当する。

そして、択一的連結である。これは、一定の範囲の法の中からいずれか一つの法を選択・適用する形態を採っている点において、前記の選択的連結と似ているが、そのいずれに依るべきかについて、すでに、規則上、特定の法の適用が命じられている点において異なる。特定の法とは、当事者の実質的利益を確保できる法のことである。通則法にその例を求めれば、できるだけ嫡出保護を実現できる法の適用を定める第二八条第一項、同じく、準正保護を顧慮した第三〇条第一項、婚姻の方式に関する第二四条第三項本文、身分行為の方式に関する第三四条、遺言の方式の準拠法に関する法律第二条及び第三条などが挙げられる。尚、婚姻の方式に関する同第二四条第三項但書、離婚に関する第二七条但書も、一定の要件の下に日本法の適用を義務付けているが、それらは戸籍実務の便宜を顧慮するものであり、従って、そこにおける日本法の通用にはそれなりの政策的考慮は認められても、当事者のための実質法的利益が顧慮されたものではない。

このように、わが国際私法においても、準拠法の選定において実質法的利益を顧慮すべきとする立場が明確に導入されるに至っている。しかしながら、平成元年の法例改正後の新しい抵触規則にみられる利益衡量は、必ずしも同一の次元のものではない。つまり、国際私法の次元における利益衡量と実質法の次元における利益衡量とが混在していることが看取される。例えば、前記の通則法第二八条や第三〇条が、嫡出保護や準正保護が実質的に実現されるよう、抵触規則において徹底されているのに対して、第二五条は段階的連結をもって形式的な両性平等を確保することに腐心しており、そのため、それを準用している第二七条においても、離婚保護を実質的に実現することは全く顧慮されていない。しかし、わが国際私法においては、すでに、同じく段階的連結の立場を採用しつつ、実質法的利益をも考慮する抵触規則が存在している。すなわち、扶養義務の準拠法に関する法律第二条がそれである。同条によれば、扶養義務については、扶養権利者の常居所地法、扶養権利者と扶養義務者の共通本国法、日本法を段階的に適用すべきものとされている。その場合、本則から補則、更に、次の補則の適用へと移行するための事由は、扶養権利者の権利が認められないことである。これは、扶養権利者の実質的な利益の

確保のために、それが実現できる法の通用を可及的に行なおうとする立場にほかならない。それに対して、通則法第二七条において、補則の適用へと連結を変更することの事由は、単に同一法の適用の確保である。しかし、本来、同一法主義の採用と離婚保護の理念とは決して矛盾するものではなく、同一法主義に立ちつつ、離婚保護をも実現することは、現に、多くの欧州諸国の国際私法において採られている立場である。例えば、アルバニア国際私法第七条第三項、オーストリア国際私法第二〇条第二項、スイス国際私法第六一条第二項、ハンガリー国際私法第四一条a号、ルーマニア国際私法第二二条第二項、旧ブルガリア家族法第一三四条第三号、旧ユーゴスラヴィア国際私法第三五条第三項など、枚挙するに暇がないほどである。より具体的な内容の一例をわが国際私法の母法であるとされるドイツ国際私法の場合に求めれば、その第一七条第一項は、離婚は婚姻の効力の準拠法に依るべきとしながら、同法に依れば離婚できない場合には、離婚を求める者が離婚請求時又は婚姻締結時にドイツ人であるときは、ドイツ法に依るべきと定めている。

しかるに、改正法例以後、専ら同一法主義を徹底することによって、抵触規定における形式的な両性平等の実現のみが顧慮されるに止まっている。しかも、そのことのしわ寄せが、明確な判断基準を有しない密接関連法の採用となっていると見られる。通則法第二七条但書（改正法例第一六条但書）が、いわゆる日本人条項をもって政策的にその困難を回避しようとしているが、その条項が妥当性を欠くものであることはしばしば指摘されているところである。

又、より最近では、北朝鮮国際私法第三八条は、段階的連結の規則に従った準拠法の選定のほか、同国に住所を有する同国人の場合には、同国法の選択的連結を認める立場を採用するに至っている。これは、事実上、当事者の意思に委ねるという形で離婚保護の立場を表明したものと言えるであろう。国際離婚法への当事者自治の規則の導入は、オランダ離婚抵触法第一条第二項但書及び第四項においては早くから採られてきた立場である。

第五章　密接関連性の原則

第一節　総　説

わが国際私法をも含めた大陸型国際私法にとって、この半世紀は、一九六〇年代にドイツのケーゲルによって叫ばれたいわゆる「国際私法の危機」の克服のための立法改革に向けて、大きな努力が払われた歳月であった。「柔軟な抵触規則」によって解決の具体的妥当性の確保を優先しようとするアメリカ国際私法からの影響を受けて、大陸型国際私法の側から、「明確な抵触規則」による解決の予測性ないし法的安定性の確保を優先させた伝統的立場に固執することに疑いが抱かれるに至った。しかし、それでもなお、基本的には伝統的な立場を保持しつつ、解決の具体的妥当性の確保をも顧慮した抵触規則を定立すべく、一九八〇年代以後、特に西欧諸国を中心として、その国際私法の改正ないし立法化が諸国において相次いで実行されている。

国際私法におけるそのような立法改革の動向の一つとして指摘することができるのは、密接関連性の原則ないし親近の原則（principe de proximité）による支配が法文上においても端的に表現されるようになったことである。もとより、それと近似した概念を有する法律関係の本拠（Sitz）の探求こそが国際私法の使命であることは、サヴィニー以来、一貫して唱えられてきたことであり、殊更、密接関連性の原則による支配ということは革新的なことではない。そして、密接関連性と本拠とが、概念上、必ずしも一致するものではないとしても、それらは決して互いに大きく乖離するものでもない。従って、翻って言えば、近時、密接関連性の原則による支配の必要性が改めて強調されることは、従来の実定法規がその原則の支配から逸脱し、形骸化していたことを如実に物語るものでもあろう。

また、それと同時に、価値中立的立場から価値促進的立場への転換も、近時の国際私法の重要な動向として指摘されなけ

ればならない点である。これは、準拠法の決定を役目とする国際私法が、それに至る過程において、問題解決のための実質的判断にも関わることを意味するものである。すなわち、一定の単位法律関係ごとにその本拠の存在を想定し、その準拠実質法の内容の如何に拘わらず、その所在地法の指定をもって国際私法の役割は終了したと考えるかつての立場から、多くの場合には、特に弱者保護という指導理念の下に、対立する諸利益を比較衡量し、優先的に顧慮すべき利益が保護される結果をもたらす準拠法の選定へと導くことまでをも国際私法に課せられた役割であると考える立場へ、大陸型国際私法がその立場の重心を移行させようとする傾向は、今日、益々明瞭となっている。

わが国際私法は、その成立から今日に至るまで、一貫して、密接関連性を重要な基本原則としてきた。そして、個別の抵触規定に定められている準拠法は最密接関連法が具体的に示されたものに他ならないとも考えられる。しかし、抵触規定上において、「最も密接な関係がある地の法」とか「より密接な関係がある地の法」のように、いずれかの法が特定されておらず、準拠法の決定に際し、密接関連性に関する判断が求められる場合に、一体、何を基準とすべきかについては、通則法の制定前、一切、明文をもって明らかにされたことはなかった。密接関連性の概念、ないし、最密接関連法の決定基準を明確にすることがないまま、最密接関連法を準拠法として適用すべきことを規則として定めることが、その規則の運用に携わる者に困難を強いることになるということは、立法者によっても知悉されていたであろう。離婚に関する改正法例第一六条但書において導入され、そして、通則法第二七条但書においてもそのまま受け継がれているいわゆる日本人条項が、それらの本文において定められている最密接関連法の決定のための判断が困難であることを認識した上での規定であることは、すでによく知られているところであり、そして、形式的審査を前提として離婚の届出の処理に当たる戸籍吏による実質的審査の必要性を除去するという意味における戸籍実務の便宜のために、日本法の通用が優先されていることが多くの批判を浴びていることについても改めて述べるまでもない。密接関連性の判断基準が明確にされない限り、最密接関係地法は、単に立法指針の範疇に止まるものでしかありえないという見解は、その本質を的確に突いていると言うことができるであろう。改正法例の時代における危うい密接関連性の判断を経て、漸く、通則法において、財産法関係の諸規定に密接関連性の推定に

関する判断基準が部分的に導入されるに至っているが、その限りにおいて、漸く、最密接関係地法の適用の規則は実定法としての実効性を有するものになっている。このように、密接関連法を統一的・画一的に決定することに対しては反対論も少なからず見られながら、その一方、場当たり主義に不安を覚えるのも、大陸型国際私法の宿命であることを認めざるをえないであろう。しかし、許される範囲内において可及的に明確な基準を設定することは退けられるべきではないと思われる。

第二節　総則における密接関連性の原則

戦後におけるわが国渉外家事事件に見られる特徴の一つは、在日朝鮮人（ないし在日韓国人）及び在日中国人（ないし在日台湾人）を当事者とする事件が極めて多いということである。それにより、分裂国家の国民の本国法の決定、未承認国家法の指定・適用の可否、韓国家族法の一定の規定の適用の際における公序則の発動の当否、そして、特に、北朝鮮法及び中華人民共和国法の内容の不明の場合の補充法等に関する諸問題が少なくなかった。しかし、現在、それらの諸問題の多くは、国際私法の基本原則ないし本旨や条理に則った解釈、韓国家族法自体の改正、北朝鮮法及び中華人民共和国法の闡達な立法作業とそれに関する情報伝達の拡大等により、一先ず、解決されている。それに対して、年月の経過に従い、世代を重ねた在日朝鮮人及び在日中国人にとって密接関連性に乏しい国籍を連結点として、それらの者の本国法が決定されることの当否が問題とされるべき情況が呈されている。このような情況を想定して、それに応えているのが実効的国籍（effective nationality）の理論である。その理論とは、いずれかの者の本国法が指定された場合に、本国法の連結点となるその者の国籍がその者と稀薄な関係しか認められず、連結点として形骸化していると考えられる情況にあるときは、その国籍をその者の本国法の決定基準とすべきではないと考えるものである。そして、その場合には、それに代えて、より密接な関連性があると認められる住所や常居所等の補充的連結点に基づいて、その者の属人法が決定されるべきことになる。このような実効的国籍の理論を採用している立法例としては、一九八一年のオランダ離婚抵触法第一条第二項がよく知られている。同項

は、離婚の準拠法の決定において、「当事者の一方にとって、共通国籍国との実効的な社会的紐帯が明らかに欠ける場合は、共通本国法は存在しないものと見做される。」と定めている。

改めて指摘するまでもなく、この理論の基盤を成しているのは密接関連性の原則であり、基本的には合理性を有する理論であると評すべきであろう。わが国際私法においては、改正法例第二八条第一項以後、重国籍者の本国法の決定につき、まず、常居所が所在する国の国籍、そして、それがないときには、最も密接な関係を有する国の国籍をもって、その者の本国法の決定基準とすることを規定しているが、単一の国籍のみを有する者がその国籍が帰属する国と最も密接な関係を有しない場合についての規定は置かれていない。それに対して、無国籍者について、その常居所地法に依るべきとする同条第二項は、難民の場合に止まらず、明らかに形骸化している国籍を有する者についても、その国籍に代えて、その常居所を属人法の決定基準とすべきことが考えられている。しかし、明文規定が存在しないわが現行国際私法において、右の理論を実践することは難しいと言わざるをえない。また、いかなる場合に国籍が本国法決定の基準として形骸化していると判断すべきかについては、難民の場合を除き、必ずしも十分に明確な判断基準が存在しているとも言えない。実務上、僅かに、富山家庭裁判所昭和五六年二月二七日審判が「実効的国籍の理論」に則っているとの指摘も見られるが、現行実定法の解釈としては、在日朝鮮人又は在日中国人を当事者とする場合に、実効性に乏しいと見られる本国法であっても、その適用の結果が著しく具体的妥当性に欠ける等の特別な事情が認められない限り、それに依らざるをえないであろう。実定法規として依拠することが可能な明文規定の制定が待たれるところである。

前述のように、重国籍者の本国法について、改正法例第二八条第一項本文は、「当事者ガ二箇以上ノ国籍ヲ有スル場合ニ於テハ其国籍ヲ有スル国中当事者ガ常居所ヲ有スル国若シ其国ナキトキハ当事者ニ最モ密接ナル関係アル国ノ法律ヲ当事者ノ本国法トス」と定めていたが、この片仮名文語体を平仮名口語体に改めたのが、通則法第三八条第一項本文であり、両者の定める内容は全く同一である。従って、改正法例第二八条第一項本文と通則法第三八条第一項本文との解釈については、特に異なる点は存在しない。ここにおいて問題となるのは、最密接関連国の決定基準の如何である。まず、立法の趣旨とし

て、改正法例が第一四条（婚姻の効力）等で段階的連結方法による場合、密接関連法よりも常居所地法の方を優先させているので、その思想的一貫性から常居所地国を優先させるのが適当であること、この方が本国法の決定が明確となること、法的安定性の点で優れていること、（ドイツ民法施行法第五条のように、常居所地国と密接関連国とを並列的に置くべきであるとする考え方もあるが）並列にすると最後に取得した国籍と常居所のいずれを優先させるべきか判断に困難を伴うこと等を理由に優先劣後を定めたと説明されている。そこにおいて、最密接関連法からは常居所地法が排除されていること、仮に常居所地法も密接関連法の一つであるとしても、密接関連法としてよりは、常居所地法というように特定する方が決定が明確であり、法的安定性の要請に適うと考えられていることが明らかにされている。しかし、その一方、法例の一部を改正する法律の施行に伴う戸籍事務の取扱いについての基本通達（平成元年一〇月二日法務省民二第三九〇〇号）第一の一の（二）の（イ）の②のⅱにおいては、「いずれの国籍国からも居住証明書の発行が得られない場合は、その旨の申述書の提出を求めた上で、婚姻要件具備証明書を発行した国を当該外国人に最も密接な関係がある国と認定し、その本国法を決定する。」とされている。当事者はその者にとって最も密接な関係がある国に要件具備証明書の発行を求めるのが通常であり、また、本人側の意思とそれに対応する国家の行為という要素があることから、類型的に密接関連性があると判断されるからであると説明されている。更に、これらの証明書が得られない場合は、個別の判断を要するものとし、この場合は、国籍取得の経緯、国籍国での居住状況、国籍国での親族居住の有無、国籍国への往来の状況、現在における国籍国との関わり合いの程度等が参考となる要素であるとされている（平成元年一二月一四日第五四七六号法務省民事局第二課長通達参照）。同様に、学説においても、考慮される要素として、それぞれの国籍取得の経緯、取得の先後、過去の常居所、父母の常居所等が挙げられている。国際法上における二重国籍者の外交的保護に関する一九五五年四月六日の国際司法裁判所判決（ノッテボーム(Nottebohm) 判決）において援用された真正結合理論ないし実効的国籍の基準、すなわち、個人と国家との間のより強固な結合関係を示す重要な要素として、本人の住所、財産関係の中心地、家族との結付き、公的生活への参加、その国家への帰属意識等が、この場合にも有用であるとする見解も見られる。結局、最密接関連国の認定は、それらの諸事情を総合的に

勘案した上で決定されることになり、何らかの基準によって一律的に決定することはできないというのが支配的な立場であると見られる。

以上のほか、不統一法国国民の本国法の決定においても密接関連性の原則が貫かれている。まず、場所的不統一の場合については、通則法第三八条第三項（改正法例第二八条第三項）が、原則として当該国家の準国際私法によって規律されるべきとする間接指定主義に立ちながら、そのような規則がないときは、直接指定すべきものとし、そして、本人と最も密接な関連性を有する地の法を基準としてその者の本国法を決定している。また、人的不統一の場合については、通則法第四〇条（改正法例第三一条）が、同様に、間接指定主義に拠りつつ、本人と最も密接な関連性を有する法をもって、その者の本国法としている。

時として硬直な「明確な抵触規則」によって指定された本来の準拠法の適用が妥当性を欠くと見られる場合に、それをより妥当な準拠法の指定へと是正する作用を果たす規定が広義の例外条項ないし是正条項である。これについても、次のように、二つの種類に分類することができる。その一つは、準拠実質法の決定の段階における是正であり、いま一つは、準拠実質法の適用の段階における是正である。前者は、具体的な事実関係との兼ね合いにおいて、準拠法指定における密接関連性の原則に忠実を期するものであり、例えば、一九七八年六月一五日のオーストリア国際私法第一条に表明されている「最も強い関係」(starkste Beziehung) の原則のような狭義の例外条項がそれである。それに対して、後者は、具体的な事実関係との兼ね合いにおいて、法廷地の公序に反する結果をもたらす外国法の適用の排除を目するものであり、例えば、通則法第四二条に定められた公序条項がそれである。後者においても、法廷地との内国関連性 (Inlandsberuhrung, Binnenbeziehung) がその適用の前提とされており、その限りにおいて、密接関連性の原則が支配していると言うことができる。わが国際私法においては、通則法中に、一定の契約当事者の保護を目指して、最密接関連法上の強行法規の優先的適用を定めた規定が導入されたほかは、いわゆる例外条項に該当する明文規定が存在しないため、密接関連性を欠くと考えられる法が準拠法として指定された場合であっても適用されなければならない。

第三節　各論規定における密接関連性の原則

第一款　婚姻関係

改正法例の特徴の一つは段階的連結の規則を導入したことである。婚姻の一般的（身分的）効力に関する第一四条を中心として、同条を準用しているのが、夫婦財産制に関する第一五条第一項本文、及び、離婚に関する第一六条本文である。その規則の内容は、夫婦の同一本国法、その同一常居所地法、最密接関連法の段階的連結であり、夫婦の本国法は最密接関連法の具体的表現として定められているのかは、必ずしも明らかではない。夫婦の常居所地法は密接関連性において次位の法として位置付けられるものである。しかし、右規則は同一法を軸としたものであり、最も優先されている指導理念は、夫婦にとって同一法（共通法）が適用されること、すなわち、形式的な両性平等の原則であり、密接関連性の原則はその陰へと後退している。そして、形式的な両性平等の原則の遵守にのみ腐心した結果、当事者の実質的利益に対する配慮は全く払われていないのが実状である。

婚姻の一般的（身分的）効力の準拠法について、改正法例第一四条は、「婚姻ノ効力ハ夫婦ノ本国法ガ同一ナルトキハ其法律ニ依リ其法律ナキ場合ニ於テ夫婦ノ常居所地法ガ同一ナルトキハ其法律ニ依ル其何レノ法律モナキトキハ夫婦ニ最モ密接ナル関係アル地ノ法律ニ依ル」と定めていたが、この片仮名文語体を平仮名口語体に改めたのが通則法第二五条であり、両者の定める内容は全く同一である。従って、通則法第二五条の解釈について、改正法例第一四条と特に異なる点は存在しない。そこにおいては、段階的連結の最後の補充法として、最密接関連法の適用が定められている。このような場合、まず、問題となるのは、本則である夫婦の同一本国法、及び、上位の補則である夫婦の同一常居所地法が、密接関連法の例示として定められているのか、それとも、属人法における本国法主義を原則とし、常居所地法を補則とする立法政策に従い、それ

らの法が密接関連性の原則の支配とは無関係に定められているのかという点である。しかし、少なくとも、夫婦の同一本国法も同一常居所地法もないときは、それら以外の法に、夫婦との密接関連性の存在が求められていると言うことになるであろう。果たして、何をもって、その判断基準と考えられているのであろうか。学説においては、過去の共通本国法とか共通常居所地法というように画一的に決定すべきではなく、夫婦の双方又は一方の国籍、常居所、居所等、当事者と関係のある種々の要素を過去のものも含めて、総合的に考慮しつつ、具体的な事件に応じて、個別的に判断するほかはないという立場が有力である。しかし、その一方、最後の同一常居所地や夫婦の一方が未成年の子と同居している地等を重視した上で、夫婦の婚姻共同生活の中心地を求めるべきであるとして、ある程度、一般的・抽象的に個々の連結素の間に一定の序列の存在を想定する見解のほか、密接関連法が段階的連結の一段階として規定されており、他の段階の準拠法が婚姻の一般的効力の問題について、統一的かつ全面的に適用すべきものとされる趣旨に鑑みて、密接関連法も統一的・画一的に決定すべきとする見解もある。

夫婦財産制の準拠法について、改正法例第一五条第一項本文は、「前条ノ規定ハ夫婦財産制ニ之ヲ準用ス」と定めていたが、この片仮名文語体を平仮名口語体に改めたのが通則法第二六条第一項であり、両者の定める内容は全く同一である。従って、改正法例第一五条第一項本文と通則法第二六条第一項との解釈については、特に異なる点は存在しない。また、段階的連結について、婚姻の身分的効力の準拠法の場合と基本的に同一であるが、最密接関連法の認定における重心の置き方が異なる身分的効力との差異を考慮した上で、婚姻の身分的効力に関する規則が「準用」されている点も同じである。しかし、夫婦財産制の場合には、婚姻の効力の場合とは別に独自に夫婦の密接関連法を決定することを認めるのが適当であると考える立場が支配的である。最密接関連法の決定に際し、夫婦財産制という法律関係の特性が考慮された結果は、婚姻生活を実質的に営んでいる地、ビジネスを営んでいる場合にはそれに関係する地、財産所在地などの要素が重視されるべきであるとか、財産所在地のほか、婚姻挙行地が特に考慮されるべきとする見解もある。なお、ここにおいても、婚姻の身分的効力の場合と同様に、一般的・抽象的に、個々の連結素の間に一定の序列の存在を想定すべきか、それとも、個別的・具体的に、

夫婦財産の所在地を中心として、個々の連結素の集中の程度如何をもって密接関連性を判断すべきかということが問題とされる余地があるであろう。

離婚の準拠法について、改正法例第一六条本文は、「第一四条ノ規定ハ離婚ニ之ヲ準用ス」と定めていたが、この片仮名文語体を平仮名口語体に改めたのが、通則法第二五条を準用することを定める同法第二七条本文であり、両者の定める内容は全く同一である。従って、改正法例第一六条本文と通則法第二七条本文との解釈については、特に異なる点は存在しない。また、段階的連結について、婚姻の身分的効力の準拠法の場合と基本的に同一である。しかし、婚姻の身分的効力と離婚では重点の置くべき事情が異なり、その結果、最密接関連法も異なることがありうるため、身分的効力の準拠法が「準用」という形で定められていることは、夫婦財産制について指摘されたのと同様である。従って、ここに言う密接関連法とは離婚に関して夫婦と最も密接な関係のある場所の法ということになるであろう。そして、最密接関連法の決定に当たっては、夫婦にとって共通の地である過去の婚姻生活地の中、直近のそれであって、今なお、夫婦の一方が居住しているものに重きを置くべきとする立場が有力になっている。しかし、ここにおいても、婚姻の身分的効力や夫婦財産制の場合と同様に、一般的・抽象的に、個々の連結素の間に一定の序列の存在を想定すべきか、それとも、個別的・具体的に、離婚原因発生地、離婚地等の連結素をも視野に入れた上で、いずれかの要素を重視するとか、又は、個々の連結素の集中の程度の如何に注目して密接関連性を判断すべきかという問題が生ずるであろう。

上述のような二つの観点を踏まえつつ、ドイツの裁判例及び学説の検討の結果、個別具体的な事案における諸事情の総合的な衡量に基づいて判断がなされることを前提としつつも、共同生活の実態のあった婚姻の解消については、夫婦の最後の同一常居所を夫婦の最密接関連地とし、さもなければ夫婦の最後の（一時的な）同一居所を最初の手がかりとするか、共同生活の実態が一度もなかった婚姻の解消については、夫婦の居住計画か、さもなければ婚姻締結地を最初の手がかりとして、夫婦の最密接関連法の可及的な類型化を提唱する見解もある。

離婚の準拠法に関して、一九五三年四月一七日のフランス破棄院のリヴィエール（Rivière）判決によって判示されたと

言われる規則、すなわち、夫婦の共通本国法、その共通住所地法、法廷地法の段階的連結の規則は、現在、夫婦の共通（同一）本国法、その共通（同一）常居所地法、その最密接関連法の段階的連結の規則として変容され、ケーゲルの梯子と呼ばれている規則の原型であるが、両者はその基本的構造の点において同一であり、多くの立法において採用され、すでに確立した立場となっている。従って、改正法例がそれに倣ったことは当然のことであり、特に批判されるべき点は見出しがたい。しかし、諸国の立法に一歩立ち入って、その規則の内容を比較検討してみれば、明らかに大きく異なる点が存在している。例えば、法例の母法であると言われる一九八六年のドイツ国際私法第一七条第一項は、両性平等の原則に立脚しながら、同時に、そこに当事者の実質的利益の保護、すなわち、離婚保護（favor divortii）の立場が顧慮されている。すなわち、同条第一項第一文において、婚姻の一般的効果の準拠法に関する第一四条を準用するとして、段階的連結の規則が原則とされながら、同条第一項第二文においては、第一文の規則により、婚姻の解消が不可能であるとき、離婚請求配偶者がドイツ人である限り、離婚の成否はドイツ法に依るべきとされている。同様の立場は、前出スイス国際私法第六一条第三項、及び、一九九二年のルーマニア国際私法第二二条第二項においても採られている。このような立場は、すでに、一九六四年のアルバニア国際私法第七条において一早く採用されていたものであり、決して、漸く、一九八六年に至って、ドイツ国際私法が先駆的に採用したものではない。その他にも、離婚の許容のため、一九七九年のハンガリー国際私法第四一条は離婚準拠法に対するハンガリー法の優先的適用を定めている。前出オーストリア国際私法第二〇条第二項が、そのような場合に依拠すべきとするのは、法廷地法ではなく、より一般的に原告配偶者の属人法であり、同国国際私法に倣っている一九九六年のリヒテンシュタイン国際私法第二一条第二項の規定も同一の内容である。一九八五年のブルガリア家族法典第一二四条第三項に至っては、共通本国法がないときは、夫婦の本国法の中、「離婚を許容する法が通用され、また、離婚の効果については、子、又は、子が婚姻から生まれていないときは、無責配偶者にとってより有利である法」が準拠法であると定められている。これは、言うまでもなく、実質的利益を考慮した択一的連結の規則にほかならない。わが国際私法において右のような観点が全く欠如していることは改めて指摘するまでもない。公序条項の適用により、一般的・抽象的に離婚を全面的に禁止する

外国法の適用が排除され、補充法の適用により、離婚は許容されることになるが、離婚制度を置きながら、一定範囲内の厳格な離婚原因を規定する外国法の通用までをも退けることが困難なため、その場合には、時として、離婚は許容されないことにならざるをえないという矛盾した結果の発生も想定される。離婚保護の理念を支持するならば、やはり、その実現を可能とする特別規定の存在が必要であろう。

第二款　親子関係

改正法例以後のわが国際私法の特徴は、子の保護のための規定が整備されたことである。子の嫡出保護及び準正保護のための択一的連結の規則については、すでに前述の通りである。更に、改正法例第一八条第一項後段が認知による親子関係の成立について、また、同第二〇条第一項後段が養子縁組の成立について、婚外子ないし養子の本国法上の一定の要件の累積的連結を求める保護条項（セーフ・ガード条項）を導入したこと、及び、同条第二項において、認知保護のため、選択的連結の導入による連結の多元化が図られていることも、認知が基本的には子の保護に適うことを前提とした規定であることは言を俟たない。また、親子間の法律関係について、子の法を軸とした段階的連結の規則が採用されていることが、子の保護のためであることについても異論は見られない。

かように、親子関係における指導理念は子の保護であり、その理念の下においては、密接関連性の原則の発現は必ずしも明確ではない。そして、その場合の子の保護が、嫡出保護及び準正保護を除いて、子の法を通用することに止まるものであり、実質的な利益について、何ら考慮が払われていないことは、婚姻の身分的効果の準拠法選定規則の場合と同様である。いずれかの者にとって、その者の法が適用されることがその者の利益になるという従来からの形式的利益に止まる考え方が、その者の実質的利益の保護とは無関係であること、そして、いずれかの者の利益を保護しようとする場合に、その実質的利益が優先的に考慮されるべきであることは、今日、すでに共通した認識となっていると言うべきであろう。この点については、実質的利益の次元から、前出ハンガリー国際私法第四六条が、子がハンガリー国民又は居住民であって、ハンガリー法

が子にとってより有利であるときは、同法が子の属人法として適用されるとして、有利性の原則の採用を明らかにしていることはよく知られている。しかし、早くから、子の保護の立場を定めていたのは、またしても、前出アルバニア国際私法第九条である。同条は、子がアルバニアに居住しており、かつ、アルバニア法が「子の利益に合致する場合」、同法が子の本国法に優先することを定めている。更に、一九八五年のブルガリア家族法典第一三七条は、より一般的に、子の本国法主義を原則としながら、父母の共通本国法が子にとってより有利である場合には、その例外的適用を認めている。更に、また、婚外子が重国籍者であるときは、その者にとってより有利な法を適用すべきことを定めているのが一九九二年のルーマニア国際私法第二八条である。そして、「子の福祉が危ういとき」は、子の常居所地法に従い、保護措置が執られることができるとして、父母の婚姻の一般的効力の準拠法の通用の例外を定めているのが、前出ドイツ国際私法第一九条第三項である。

第三款　相続関係

兼ねてより改正が求められていた相続の準拠法については、改正法例以後においては全く改革の手は着けられておらず、通則法上においても、実効性に乏しい被相続人の本国法主義の立場のまま、他の諸規定から取り残された形となっている。しかしながら、わが国際私法において、相続が速やかな改革を要する問題であるとの認識が抱かれてから久しい。相続の準拠法については、全面的又は部分的にハーグ相続準拠法条約に倣い、主観的連結（当事者自治）及び客観的連結（属人法主義）の併用という画期的な改革が実行されている立法例が多く見られるに至っている。既に、前出二〇〇一年の韓国国際私法第四九条第一項においては、わが国際私法と同様に、被相続人の本国法主義が原則とされながら、同条第二項においては、被相続人が、遺言により、その常居所地法又は不動産所在地法を指定することが認められている。また、同年のフィンランド相続法典中の諸規定にも、ハーグ条約からの影響を見て取ることができる。しかし、その場合においても、準拠法の実効性を顧慮するならば、遺産を構成する財産権の種類に従い、その相続準拠法の指定も異なる規則に依らざるをえないであろ

う。特に、不動産又は債権（記名債権ないし無記名債権）の場合には、準拠法の実効性という観点から、それらの遺産自体の準拠法の優位性を否定することはできない。当事者自治の原則の導入とともに、従来の相続統一主義から相続分割主義への改革が検討されなければならないであろう。そして、そのことが意味するのも、遺産を構成する種々の財産法上の権利が、不動産相続については不動産所在地法とか、債権相続については債権の準拠法というように、それぞれ、それに最も密接な関連性を有する法を有しているということである。

第四節　密接関連性の原則の例外

以上において通観したところからも知られるように、密接関連性の原則は、わが国際私法において既に確立した原則となっている。しかし、それと同時に、改正法例以後、準拠法指定の趣旨により、また、政策により、その例外と見られるいくつかの規定が存在している。まず、前者の一つとして挙げられるのが、当事者自治による準拠法指定の場合である。蓋し、その規則は、本来的に、当面の法律関係といずれかの地との密接関連性よりも当事者意思の尊重を優先させることにその規則の本旨が存するからである。但し、通則法第二六条第二項（改正法例第一五条第一項但書）が定めている制限的当事者自治の規則が指定可能であるとする法については、密接関連性を有する法として列挙されているものと解する余地もあるであろう。さらに、準拠法指定の趣旨による密接関連性の原則に対する例外となるのが、いくつかの法に関し、それらの実質的利益の衡量を行なった上で、択一的連結により、一定の法が指定される場合である。必ずしも、最も密接な関連性を有しないと見られるときであっても、一定の当事者利益の保護のため、密接関連性の原則の完全な支配を退けようとするのがその例外であり、嫡出保護を目する通則法第二八条第一項（改正法例第一七条第一項）、及び、準正保護を目する通則法第三〇条第一項（改正法例第一九条第一項）が、それとして挙げられる。

次に、政策による密接関連性の例外として挙げられるのが、改正法例以後に導入されたいわゆる日本人条項である。すな

わち、婚姻の方式に関する改正法例第一三条第三項但書（通則法第二四条第三項但書）、離婚に関する同第一六条但書（通則法第二七条但書）、更には、重国籍者の本国法の決定の基準となる国籍に関する同第二八条第一項但書（通則法第三八条第一項但書）である。尚、これらの日本人条項について、密接関連性の原則との関連においてそれらの意義を検討すれば、次のように、それぞれ、異なるものであることが知られる。

まず、婚姻の方式に関する通則法第二四条第三項但書は、同項本文が婚姻当事者のいずれか一方の本国法に従った方式を認めるのに対して、婚姻がわが国において挙行される場合であって、当事者の一方が日本人であるときは、それを認めず、原則としての婚姻挙行地法に依るべきことを定めている。これは、結局、婚姻挙行地法として日本法に依るべきことを定めるものである。その立法趣旨は次の通りである。すなわち、外国の方式に従い、それが婚姻の届出という方式でなかった場合には、婚姻が有効に成立しているにも拘わらず、報告的届出の懈怠により、婚姻締結は戸籍上に反映されず、身分変動を忠実に記録することを本旨とする戸籍制度にとって好ましくない。従って、日本法上の方式である届出（創設的届出）により、身分形成と戸籍へのその記載とが同時に行なわれることとなる日本法上の方式に拠るべきとしたものである。また、わが国の方式である届出によって行なわれることを要求しても、当事者に格別の困難を強いるものではないということがその立法趣旨として説明されている。このような立場、そして、その立法趣旨に対しては、学説上、多くの批判が加えられてきた。しかし、密接関連性の原則との関連において言えば、わが国において挙行される婚姻であって、その当事者の一方が日本人である場合には、当該婚姻について最も密接な関連性を有する地は日本であると言うことができる場合が多いであろう。このように考える限り、婚姻の方式に関する通則法第二四条第三項但書（改正法例第一三条第三項但書）の日本人条項は密接関連性の原則に適った規定であると言うべきこととなる。

次に、離婚に関する通則第二七条但書は、同条本文が、夫婦の同一本国法、その同一常居所地法、最密接関連法への段階的連結の立場を採用しているのに対して、夫婦のいずれか一方がわが国に常居所を有する日本人であるときは、日本法をもって離婚の準拠法とすると定めている。その立法趣旨は、次の通りである。まず、夫婦のいずれか一方がわが国に常居所を有

する日本人である場合には、同一本国法が存在するときも、同一常居所地法が存在するときも、いずれも、準拠法は日本法となるため、右但書はその存在意義は認められない。それに対して、同但書が意味を有するのは、密接関連法に依らなければならないときである。そうであるとして、戸籍窓口へ協議離婚の届出がなされた場合、果たして、協議離婚の許否の判断が依拠すべき密接関連法がいずれの国の法であるかの決定について、戸籍窓口において判断することの困難を回避するため、つまり、戸籍実務の便宜のため、右但書に定められた場合には、政策的に日本法に依るべきものとされた、というように説明されている。しかし、夫婦の一方である日本人が単身でわが国へ戻ったような事案においては、わが国が最も密接な関連性を有する地であるとは認められないというように、右但書の立場に対しては、学説上、数々の批判が加えられている。確かに、夫婦の一方のみがわが国に常居所を有する日本人であって、わが国裁判所へ離婚請求が提起されたとしても、それらの事由のみをもって、わが国が夫婦にとって最も密接な関連性を有する国であるとするには無理がある場合が少なくないであろう。結局、そこにおける日本人条項は、最密接関連法の決定、すなわち、密接関連性の判断が時として非常に困難であることを証明していると言うべきであろう。密接関連性の原則は、極めて合理性を有する基準ではあるが、それによって、直ちに一定の法が準拠法として決定されることを導くものではなく、常に、具体的な事案・事実との関連において、不確実とも言える判断を経由しなければならない宿命を背負った準拠法であることを率直に認めなければならないであろう。かくして、その判断基準の可及的な明確化が求められる所以である。

尚、重国籍者の本国法の決定の基準となる国籍に関する通則法第三八条第一項但書との関連における日本人条項について付言すれば、日本国籍が本人との密接関連性を欠く場合にもそれを基準とすることが、法廷地法としての日本法の適用へと導くことになるとしても、やはり、内国国籍の優先には、合理的な根拠を見い出すことは困難である。実効的国籍の理論の明文規定を有しないわが国際私法にとって、同条本文においてこそ、その理論の理念が生かされる余地が認められることを認識すべきであろう。

第五節　密接関連法の決定基準

それでは、最密接関連法の具体化のために、一体、いかなる決定基準を設定することができるか。その点について考察するに際し、最密接関連法が準拠法となる場合について、それを次のように二つの場合に分けることができるであろう。すなわち、その一つは、密接関連法が補充法として準拠法とされる場合であり、そして、いま一つは、最密接関連法が、端から本則として準拠法とされる場合である。具体的に言えば、前者は、婚姻の身分的効力、夫婦財産制、離婚の準拠法として、夫婦の同一本国法及びその同一常居所地法がないときのそれらの補充法とされる場合とか、更には、重国籍者に常居所がないときの密接関連性が問題とされる場合である。他方、後者は、場所的又は人的不統一法国国民の本国法の決定において、その国に準国際私法又は人際法がないため、直接指定が行なわれる場合である。これらの中、前者の場合には、本位ないし上位の準拠法選定規則に倣って最密接関連法を決定すべきことが考えられる。すなわち、共通法を軸とした段階的連結においては、やはり、婚姻挙行地法や離婚地法のような共通法がそれとして決定されるべきであろう。また、当事者の常居所がないときは、通則法第三九条の規定の類推適用により、その居所が決定基準の要素として検討されるべき余地もあると思われる。他方、後者の場合には、人的なそれについては、自ら密接関連性は明白であり、また、場所的なそれについても、殆どがドミサイル（domicile）を基準とすることが、英米法が本国法となる場合には妥当であろう。しかし、それ以外の場合については、必ずしも明らかではない。

改正法例第一六条但書における日本人条項の立法趣旨説明により、改めて強く認識されることとなった密接関連法の決定ないし密接関連性の概念の確定における困難に対しては、これまでも、学説上及び実務上、解決の予測性ないし法的安定性の確保のための提言として、数々の見解が見られる。それらを整理すれば、まず、大きくは二つの立場に分類することができるであろう。すなわち、以下に引用されるいくつかの見解に見られるように、一つは、密接関連法を地域的密接関連法と

して、その決定基準を探求する立場であり、いま一つは、必ずしも地域的関連性に拘わるべきではないとする立場である。

まず、前者について言えば、当初、最密接関連法の決定は、具体的な事件に応じて判断することが立法者の意図するところであったと見られる。例えば、改正法例第一四条における最密接関連法とは、従来の共通本国法、従来の共通常居所地法、夫婦の一方がその夫婦の子と居住している場合は、その居住している地の法などが、それであると考えられていた。近時、最後の同一常居所地法を重視する傾向が、学説ばかりか、立法にも増えているが、同第一五条第一項本文における密接関連法については、それが夫婦財産制の準拠法であることを考慮し、財産所在地というような要素をも重要視すべきであるとか、同第一六条本文における密接関連法については、婚姻共同体がすでに破綻しているのであるから、過去の同一常居所を考慮すべきであると唱える学説もある。また、実務の取扱いとしては、平成五年に、行政通知により、夫婦の一方が日本人の場合であっても、夫婦のいずれも日本に常居所を有せず、かつ、外国に共通常居所を有しないとき、並びに、夫婦の双方が外国人の場合であって、その本国法が同一でなく、かつ、日本及び外国に共通常居所を有しないときについて、一定の指針が示されている。しかし、いずれにしても、今なお、完成された明確な判断基準は設定されていないと言わざるをえないであろう。近時にも、そのような状況からの脱却を計るべく、密接関連法の認定における可及的な統一化・画一化のため、特に離婚の場合について、改正法例の母法である前出ドイツ国際私法第一七条、そして、第一四条に倣い、同条におけるよりきめ細かな規則を最密接関連法の決定における拠り所として、類型に従った判断基準の明確化に向けた提言が試みられている。

それに対して、後者の見解は、地域的関連性の枠内に留まることなく、より多角的な視点から密接関連性を考慮すべきとする立場である。近時、益々、抵触規定自体が実質法化しつつある状況下において、準拠法の選定に当たり、実質的な利益考量を避けることができない事案が増大しており、その際に、最適準拠法の選択という国際私法本来の目的や存在理由に照らせば、文化的・社会的・宗教的関連性をも考慮する余地があるというのがその立場からの主張の骨子である。そして、改正法例における準拠法選定の原理的規準として、地域的関連性のみではなく、内国取引の保護（改正法例第三条第二項、第一五条第二項及び第三項）、当事者の意思の尊重（改正法例第七条第一項）、法律行為の保護・有効化あるいは関係成立の容

易化（改正法例第八条第二項本文、第二二条但書、第一三条第三項、第一七条第一項本文、第一八条第一項本文、第一九条第一項本文）、両性の平等（改正法例第一四条、第一五条第一項本文、第一六条本文）、子の保護（改正法例第一八条第一項後段、同第二項後段、第二〇条第一項後段）などが例示されている。そのような観点から、改正法例第一七条第一項や遺言の方式の準拠法に関する法律第二条などは、地域的密接関係地法と考えられる複数の法律をまず明示し、それらの中から、子の保護や遺言保護の政策に基づいて、更に具体的に絞り込んだ選択を行なうことを許す二段階の法選択構造を採っている、というように分析されている。

相対的な概念に基づく最密接関連法ないし密接関連法の決定基準の明確化に向けた提言が行なわれる一方において、準拠法の選定において地域的関連性のみに捉われるべきではないとの指摘にも傾聴すべき点が少なくない。しかしながら、いずれの法もそれが施行されている一定の地域的範囲を有するものであることに鑑みれば、やはり、地域的関連性を基盤として最密接関連性を探求せざるをえない。属人性を重視すれば、わが国際私法のように、国籍、住所、常居所、居所が決定基準であり、また、属地性を重視すれば、夫婦財産制の場合には夫婦財産の所在地が考慮されるべきであるとか、身分行為ないし身分関係の場合には、例えば、中華人民共和国民法通則第一四七条のように、行為地（婚姻挙行地、離婚地等）が考慮されるべきことになる。そして、それらの連結点のいずれをいかなる形で採用し、それらをいかなる序列をもって組み合わせるか、一概に決定することは困難であり、結局、政策的な判断に委ねるほかはないであろう。

わが国際私法について見れば、国籍及び常居所を決定基準の要素として採用し、前者を主たる基準とし、後者を従たるそれとしていると言うことができる。しかし、両当事者に共通する国籍や常居所がないとか、重国籍者が常居所を有しないときには、確たる決定基準はないというのが実情であろう。その場合の準拠法選定が、地域的な密接関連性のみではなく、例えば、子の福祉や弱者保護あるいは当事者による指定等の別個の原理に依拠すべきという主張は、右に見たところである。比較立法的に見れば、当事者利益の保護に適った法の選定を優先しようとする観点が、明文規定に導入されてからすでに久しい。例えば、前述のごとく、一九六四年のアルバニア国際私法第七条は、離婚当事者が共通国籍を有する場合であっても、

「夫婦双方の立法が離婚による婚姻の解消の可能性を定めないか、又は、同法が特別に重大な原因が存在する場合にのみそれを許」すときは、アルバニア法の通用が考慮されるべきであると定めて、離婚保護の立場を表明しており、また、一九八五年のブルガリア家族法典第一三四条は、夫婦の同一本国法がないとき、それらの中、離婚を許容する法が適用され、また、離婚の効果については、子、又は、子がないときは、無責配偶者にとってより有利である法に従うべきことを定めて、離婚保護のほか、一定の当事者利益の保護の立場を表明している。さらに、子にとってより有利な法律の適用に関する一九七七年のハンガリー国際私法第四六条も、子の保護をいち早く表明した規定としてよく知られている。このような動向は、密接関連性の判断における客観的関連性（地域的関連性）から主観的関連性（当事者利益）への重点の移行として理解されるものであろう。大陸型国際私法の要となる密接関連性の原点であったサヴィニーにおける本拠の探求が最も大きく、かつ、決定的修正を受けた点である。

それに対して、二〇〇四年のベルギー国際私法典において、その支配原理の一つとなっているのが親近の原則であるが、属人法の連結点としての常居所の国籍に対する優位が特徴として指摘されている。離婚の準拠法に関する同法典第五五条第一項は、夫婦の共通常居所地法（第一号）、それがないときは、夫婦の一方が常居所を有することを条件として、夫婦の最後の共通常居所地法（第二号）、それもないときは、夫婦の共通本国法（第三号）、そして、それもないときは、ベルギー法（第四条）、という段階的連結の規則を採用している。このような規則とともに、同条第二項は、夫婦の共通本国法かベルギー法のいずれかの選択を許容する制限的当事者自治の立場を定めている。このような立場が導入されるに至った趣旨は、外国人夫婦の本国法上、共通本国法主義が採られている場合において、ベルギー離婚が承認されることの保証を顧慮したものであり、また、属人法の決定基準に関する常居所主義と国籍主義の調和を目したものであると見られる。属人法の決定基準として、常居所主義の優先に拘ることなく、随所、国籍にも主たる役割を分担させている右ベルギー国際私法典上の立場は、原則として本国法主義一辺倒のわが国際私法にとって、反省を促す格好の参考資料となっている。国籍も、常居所も、そして、住所も、いずれも属人法事項の連結点として決定的であるとか、優位的ではなく、それらの連結点のいずれもが、同等

の資格において、選択の対象とされることができる余地があることを示唆している点において、同法典の存在意義は極めて大きいと言うべきであろう。

わが国際家族法の戦後の半世紀以上の年月は、地域的関連性としてのサヴィニーの本拠の探求が密接関連性の探求へと変容する過程でもあったと言えるであろう。そして、また、密接関連性の原則自体も、実質的利益の考慮により、割合と簡明な地域的関連性から、何らかの利益保護のための最適法の決定基準としての密接関連性へと修正されている。従って、当面の問題の判断において、如何なる利益保護が求められているかという点を顧慮することが、今後における準拠法選定規則を決定することになるであろう。すなわち、何らかの実質的利益の保護が求められている場合には、それを保証する択一的連結の規則が採用されるべきであり、他方、何らの実質的利益の保護も求められていない場合には、専ら当事者意思に委ねるという方向を目指すことになるであろう。換言すれば、今後の抵触規則は、一定の実質的利益の保護に向けられた択一的連結の規則、及び、当事者意思の尊重を優先する当事者自治（選択的連結）の規則という二つの規則へと整理・編成されていくであろうと思われる。比較立法的に見て、密接関連性を有すると見られる一定範囲の法から、当事者が準拠法を選択することを許す制限的当事者自治の立場が漸増しているが、そのような傾向が物語っているものは、正に、右に述べたような準拠法選定規則の二極分化そのものであると考えられる。

第六章　両性平等の原則

第一節　総説

わが国をも含め、東アジア諸国においては伝統的に男尊女卑の思想が支配的であったが、近年、経済的発展が女性の社会進出を促進し、女性の社会的地位が向上した結果、両性平等の思想が急速に普及し、あらゆる面における男女間の不平等の是正が推進されている。法律の面においても、それを原則とする理念に基づく整備が行なわれている。その背景として、とりわけ国連の「女子に対するあらゆる形態の差別の撤廃に関する条約」（一九七九年採択）が諸国に与えた影響は大きい。先駆的立法としては、シンガポールの婦人憲章（一九六一年）がよく知られているが、より最近の立法としては、中華人民共和国女性権益保障法（一九九二年）、儒教の色彩が強かった韓国民法における一連の家族法の改正等が挙げられる。わが国においても、一九八五年に上記国連条約を批准し、それに呼応した法律の整備が推進されてきた。一九八六年のいわゆる男女雇用機会均等法が代表的な男女平等立法として挙げられるが、そのほかにも、国籍法における父系血統主義から父母両系血統主義への改正（一九八四年）、そして、近時における民法典中の家族法関係規定の改正のための諸提案等がある。

かような両性平等の思想は実質法の分野に止まるものではなく、今日、国際私法においても支配的になってきており、「法例の一部を改正する法律」（平成元年法律第二七号）の成立を見たわが国をも含め、諸国における趨勢はその方向にある。もとより、両性平等原則の理念が国際私法の分野においても存在しなかったわけではない。しかし、上位規範として、当面の問題の直接的な判断規準にはならないという国際私法規定が有する特性のため、夫ないし父の属人法の優先的適用の立場が採られていたとしても、実質法上、必ずしも妻ないし母に不利になるとは限らない。そのような事情も一因となって遅滞

していたのがわが国際私法の改正作業であったが、上記国連条約による支配のほか、特に欧州を中心とする諸外国における夥しい数の国際私法の改正ないし法典化、就中、わが国際私法の母法といわれるドイツ国際私法の一九八六年における改正が法例の改正を促進したと言えるであろう。同国国際私法は、両性平等原則を実質法の分野に止まらず、準拠法の選定においても貫かれるべきとの考え方を採っている。つまり、実質的にも形式的にも両性平等が原則であるというのがその立場である。

まず、通則法第二五条（改正法例第一四条）について、それを分析的に見れば、前述したように、次のようないくつかの点をその特徴として指摘することができるであろう。第一に、当事者の同一法（共通法）主義を採用していること、第二に、同一法（共通法）主義を維持するめに連結の多元化を図っていること、第三に、準拠法として本国法主義及び常居所地法主義を採用していること、そして、第四に、本国法の適用を常居所地法の適用に優先させているなどの点である。ここで注目すべき点は、同一法（共通法）の適用が何よりも優先されている点であって、本国法がそれでないときは、他の同一法（共通法）に依るべきとされている点である。このように、同一法（共通法）主義を偏重するあまり、婚姻法関係の多くの部分を画一的に同じ規則に拠らしめようとするのが改正法例以後の立場であるが、その妥当性については、次のような理由から疑問であると思われる。

本来、本国法と常居所地法とでは、それが準拠法として選択され、そして、適用される際の理念を異にしていると言うべきである。いみじくも指摘されているように、前者が国家を軸とした主権の原則によって支配されているのに対して、後者は個人の現実の生活を重視した親近の原則によって支配されていると考えられる。従って、同一法（共通法）の適用を優先させる余り、本国法を原則法とし、常居所地法を補充法とした場合は、全体的に見て、それぞれの法の本来的な理念が規律すべき対象となる法律関係と合致しないことがありうるであろう。それぞれの法は、婚姻法関係が身分の成立に関するものであるか、身分的効果に関するものであるか、それとも、財産的効果に関するものであるかにより、その理念上、それに最も相応しい準拠法というものがあると考えるべきであろう。従って、個々の法律関係の特性に従った木目細かな規則の定立

の要請は、ここにおいても例外とは言えない。かつて、ドイツのノイハウス（Neuhaus）が家族法関係の準拠法としての共通的属人法に言及して、その理想と現実が益々背反的関係にあると指摘したが、そこにおいては、早くから、身分設定的行為と日常生活上の法律行為との区別、そして、家族の対世的関係と対内的関係との区別が考えられていた。準拠法の選定もまた、そのような区別とは無関係ではありえないとの帰結に至ることは言うまでもない。このことは、正に、通則法第二五条（改正法例第一四条）に見られる段階的連結の規則を押し並べて婚姻の身分的効力、その財産的効力、そして、離婚に関する問題全般について一律的に採用した改正法例の妥当性に対する疑念へと導くものであるように思われる。

かように、改正法例以後、両性平等の原則を顧慮した同一法（共通法）主義への偏重の結果、明らかに適用上の理念を異にする本国法と常居所地法から成る段階的連結の規則に拠ることとされ、しかも、その規則が婚姻法関係に汎用されて現在に至っている。そのため、それぞれの法律関係の特質に応じた準拠法の選定ということは、必ずしも重視されていない情況がもたらされたように思われる。その意味において、両性平等の原則の実現と引換えに重要なものが失われていると言わざるをえない。

果たして、法例の改正において両性平等の原則の実現が何よりも優先されるべき課題であったとしても、それは同一法（共通法）への連結によってしか行ないえなかったものであろうか。共通法に拠らずとも両性平等の原則に反することのない準拠法の選定が決して不可能ではないことは、すでに諸外国の立法及び判例が実証しているところである。離婚の準拠法を例に取るならば、一九八五年のブルガリア家族法典第一三四条は、当事者間に同一本国法がないときは、各当事者の本国法の中、離婚を許容する法が適用されるとして、離婚保護に価値をおいた本国法主義を維持して、共通法主義を断念している。かつて、スイス判例法上、離婚の準拠法の選定における原告の本国法主義が一九六八年七月一一日のカルド（Cardo）判決以後確立され、また、前出オーストリア国際私法第二〇条第二項においても、離婚保護の思想の下における原告配偶者の属人法が離婚の準拠法とされることが規定されている。このような立場は、共通法主義に拠るものではないが、両性平等の原則に反するものとは言えないと考えられる。原告属人法主義の妥当性が問題とされることはありえても、当事者のいず

れの一方も原告となる機会が平等に与えられている限り、両性平等の原則そのものに反するものとは言えないからである。同じく離婚の準拠法の選定に例を求めれば、前出オランダ離婚抵触法第一条第四項は両当事者による制限的当事者自治を許容しており、また、当事者の一方による法選択についても、相手方当事者による異議のないことを条件として、それを許容している。このような連結の形態も両性平等の原則に反することにはならないと考えられる。更に、中華人民共和国民法通則第一四七条後段における受理裁判所所在地法のように、当事者の属人法主義に拠らない立場を採用すれば、共通属人法主義の存在意義が減少することは言うまでもない。

かつて、属人法における本国法主義と住所地法主義が対峙した時代があった。そこでは、住所は法律概念として把握され、国によっては、国籍に準ずる固定性が与えられ、従って、共通本国法がないときには共通住所地法に依るとする規則にもそれなりの根拠を認めることができた。蓋し、それらの法が有する理念に相通ずるものが存在していたからである。しかし、一般的に、住所が常居所に取って替えられた現在、共通常居所地法が共通本国法を補充することには無理な点があると見られる場合もあるであろう。単純に共通法であるということのみを軸とする段階的連結の立場には再検討されるべき余地があるように思われる所以である。

第二節　国際私法における両性平等の原則の生成

国際私法における両性の平等が問題となるのは、主として国際婚姻法における諸問題、取り分け離婚の準拠法の選定においてである。旧西ドイツ国際私法上、婚姻の成立の準拠法の選定においては、従来より、各当事者につき、その者の本国法を適用するといういわゆる配分的連結の立場が採用されており（旧西ドイツ民法典施行法第一三条第一項）、それは、一九八六年七月二五日の「国際私法の新規則のための法律」（同年九月一日施行）によって改正された新しい第一三条第一項においても原則として採られている立場である。従って、そこにおいては両性平等原則の違反の問題は生じていない。それに

対して、離婚の準拠法に関する旧西ドイツ民法典施行法第一七条第一項は、次のように定めていた。すなわち、「離婚については、訴えの提起の当時において夫が属する国の法律が適用される。」というのがそれである。この規定を巡って、それが基本法違反であるとして、論議が展開されてきたのが旧西ドイツの裁判例においてである。

西ドイツ国際私法における両性平等の実現の出発点となったのは同国連邦憲法裁判所の一九七一年五月四日決定である。それまでは、同国においても前記の規定は頑に遵守されていた。例えば、同国連邦通常裁判所一九六四年二月一二日決定及び同一九六六年七月一四日決定は、同国人の婚姻の相手方である外国人の本国における承認の確保を顧慮し、婚姻障害の存否について双方的障害という構成に拠っていた。これは、当時、申立人の本国法であるスペイン法に従って適用される教会法によれば、婚姻不解消の原則が採られていたため、同法上、申立人の相手方である旧西ドイツ人女性については、同女がその本国において有効に離婚していても、その者の前婚はなお有効なものとして存在しており、従って、同女の婚姻締結及び同女を相手とする婚姻締結は、双方的禁止として婚姻当事者双方に及ぶとする立場からの理論構成である。それは、また、当時の学説における通説の立場でもあった。それに対して、「スペイン人事件」又は「スペイン人の結婚事件」と呼ばれる上記一九七一年連邦憲法裁判所決定は、西ドイツ基本法上の基本権が西ドイツ抵触規定のみならず、それが指定した準拠外国法の合憲性をも審査することができるという立場を判示した画期的な裁判である。すなわち、同決定は、当事者によって求められたスペイン法上の離婚者の再婚の禁止についての合憲性の判断において、基本法第六条第一項が定めた婚姻締結の自由の基本権の渉外的妥当範囲に関する解釈の結果、スペイン法によるその禁止が違憲であると判示し、当事者に婚姻の締結を許容したものである。かようにして、同決定の特色は、一国に固有の国家的基本権を直接的に援用して外国法の違憲性を宣言したところにあり、その点において、同決定は、その後の連邦裁判所判決とは異なるものであるが、次に掲げるように、一連の連邦裁判所判決における両性平等を主眼とした立場の判示へと連係する重要な役目を果たしたものと評価されるべきであろう。

しかし、前記スペイン人事件における決定に対しては、スペイン法上における離婚者の再婚禁止という立場が排除される

べきか否かは、抵触法的公序に関する問題であるという批判が加えられた。事実、同決定以後、同国連邦通常裁判所における判断は、結果的には、そのような批判の立場と同一の立場から外国法の適用を排除して、当事者の婚姻を許容するという構成を採るものである。例えば、一九七二年四月一九日の同裁判所決定は、先決問題である前婚の離婚の有効性に関する問題については法廷地法説に拠りつつ、準拠外国法の適用を公序則の発動によって排除し、再婚を可能とする立場へと変更したが、それは、一九七七年二月二三日の同裁判所決定においても同様に採られた立場である。しかしながら、それらの決定においては、旧西ドイツ民法典施行法中の規定そのものについては、それが違憲であるとはされていない。漸く、それらの規定が違憲であると明言されるに至ったのが、一九八二年一二月八日の連邦通常裁判所決定においてである。それは、離婚準拠法としての夫の本国法主義を規定する当時の民法典施行法第一七条第一項を基本法第三条第二項の同権命令に違反するものとした。同法第一七条第一項に依れば、同権違反の法律は一九五三年三月三一日の経過とともに失効すべきものとされている。それにも拘わらず、同裁判所が民法典施行法第一七条第一項をもって違憲であると判断するまでには、相当に長期間を要したが、右決定をもって、一先ずの決着がなされたこととなる。一九八二年決定は、次のように、他の抵触法規定にも波及している。例えば、一九八三年二月二二日の連邦憲法裁判所決定は、夫婦財産制に関する民法典施行法第一五条第一項及び第二項前段について、それが夫の国籍が属する国の法に連結していることを基本法第三条第二項違反であると判示した。その結果、国籍が異なる夫婦間の離婚について、各々の配偶者による離婚請求はその者の本国法によると判示したのが、一九八三年六月八日の連邦通常裁判所決定である。それに続いて、一九八四年一月一一日の同裁判所判決は、同じく国籍が異なる夫婦間の離婚について、夫婦の共通本国法、夫婦の共通常居所地法、配偶者の一方が引き続いて常居所を有している限りにおいて、夫婦の最後の共通常居所地法という段階的連結の立場を採っている。そして、再び、一九八五年一月八日の連邦憲法裁判所決定は、民法典施行法第一七条第一項は基本法第三条第二項と相容れないものであって無効であると判示したが、そこにおいて注目されるべき点は、そのようにして適用される実質法の内容の如何に拘わらず、抵触法上、妻を劣位に置くことがすでに憲法に違反する不利な取り扱いとなるとして、抵触法の次元における両性平等について、その立場が表

明されている点である。

かくして到達された立場は、次のごとくである。すなわち、ドイツ現行民法典施行法第一七条第一項は、「離婚は、離婚訴訟の係属の開始の当時において婚姻の一般的効力について規準となる法に服する。婚姻が同法に従って離婚されることができないときは、離婚を求めている配偶者がその時点においてドイツ人であるか、又は、婚姻締結の際にドイツ人であったとき、離婚はドイツ法に服する。」と定め、そして、婚姻の一般的効力に関する同第一四条は次のように定めている。「婚姻の一般的効力は、次の各号に掲げる法に服する。一、夫婦の双方が属する国の法、又は、夫婦の一方がなお夫婦の双方が婚姻中最後に属した国の法、さもなければ、二、夫婦の双方がその常居所を有する国の法、又は、一方がなおその常居所を有するときは、夫婦の双方が婚姻中最後にその常居所を有した国の法、補助的に、三、夫婦がともに別の方法で最も密接に結び付けられている国の法」というのがそれである。これは、いわゆるケーゲル梯子と呼ばれる抵触法規則の立場であり、当事者の同一法ないし共通法の段階的連結の立場である。この立場は、夫婦間の財産的法律関係についても行なわれているものであり、これにより、旧西ドイツにおいては、夫婦間の平等ないし両性平等の立場が明文化され、そして、現在のドイツにおける立場として維持されている。その立場は、西ドイツ連邦憲法裁判所の一九八五年三月一二日決定においても同じく判示されている。

第三節　わが国における展開

平成元年における法例の改正の以前、永い間に亘り、夫婦間及び親子間の多くの法律問題について、わが国際私法において採られていたのは夫ないし父の本国法主義であった。例えば、婚姻の身分的効果に関する旧法例第一四条、婚姻の財産的効果に関する同第一五条、離婚に関する同第一六条においては夫の本国法、また、子の嫡出性に関する同第一七条においては母の夫の属した国の法律、親子間の法律関係に関する同第二〇条においては父の本国法が基準とされるべき法であった。

一方、母の本国法の適用が認められていたのは、父がない場合であった（同第二〇条後段）。

かような国際私法事情の下において、国際私法における両性の平等に関する問題については、早くから論議が重ねられていた。それらの主張を極く要的すれば、憲法が保障する法の下の平等の要請は、適用されるべき準拠実質法における実質的な両性平等とは別に、国際私法の次元においても、連結規則における両性の平等という形で実現されるべきであるというものである。その論拠とするところは、凡そ次の如くである。すなわち、第一に、人は自分がよく知っている自らの属人法を適用されることが、その内容の如何に拘わらず有利である。第二に、人は国籍や住所の変更により、ある程度まで自由に自らの属人法を選択できる。従って、夫又は父の本国法主義は夫や父にとって有利である。そして、第三に、抵触法上の正義は実質法上のそれとは異なるものである。このような立場からの主張は、わが国においても当然の如く支持された。しかしながら、わが国においては、判例上、旧法例の規定を正面から違憲性という観点から論じたものは見当たらない。その原因として考えられるのは、実務における関心が未だ希薄であったことに加えて、次のようなわが国際私法事情である。すなわち、異国籍の夫婦について、夫の本国法の適用が問題となった事例では、反致又は公序則の援用により、夫の本国法の適用が最終的には避けられた場合が多く、又、夫の本国法が実際に適用された事例の多くは、妻の本国法が適用されたとしても結果的に殆ど差が生じなかった場合であった。かくして、実務上、平成元年における法例の改正まで、旧法例が判例によって事実上の修正を施されるということはなかった。そのような一般的情況の中にあって、次に掲げる二つの判例は、わが国際私法の当時の立場をよく物語るものとして挙げることができるであろう。

まず、第一に、妻の氏の問題の準拠法について、夫婦の身分関係に関する旧法例第一四条の下に夫の本国法に依るとする多数説に対し、抵触法上の両性平等の問題に言及し、それを人格権に関する問題として性質決定することにより、妻本人の本国法に依って判断した判例が散見される。すなわち、静岡家庭裁判所熱海出張所昭和四九年五月二九日審判がそれである。同様の立場は京都家庭裁判所昭和五五年二月二八日審判、同家庭裁判所同年三月三一日審判においても採られている。これらの審判例においては同条が違憲であるとは判示されてはいないが、同条が採っていた夫の本国法主義の援用は、上記のよ

うに性質決定されることにより、結果的に回避されている。やはり、そのような立場の背後に、妻自身の問題について夫の法に依ることが不合理であるという考えが存在していることは否めないであろう。

第二に、両性平等原則に反する外国法の適用を排除したと見られる判決がある。最高裁判所昭和五二年三月三一日第一小法廷判決がそれである。これは、子の親権者を自動的に父とする当時の韓国民法第九〇九条（その後、一九九〇年改正）が準拠規定として選定されることになるが、未成年者たる子の親権者としてその母がより好ましいと考慮される場合には、同条の適用を排除すべきとするものである。そこにおいては、明確に両性の平等についての言及はなされていないが、その平等の意識を前提としない限り、そのような立場は採り難いと思われる。かくして、公序則の発動による準拠外国法の排除という形における両性平等原則の支配もまた、広い意味において、わが国際私法上におけるその実現の一端として理解することができるだろう。

かくして、わが国際私法においては、必ずしも両性平等に関する論議は大きく盛り上がらないまま、平成元年法律第二七号により、旧法例における夫ないし父の本国法主義は改正され、そして、当然の如く、改正法例に見られたように両性平等の立場が抵触法上も実現されている。このような改正は、国際私法における利益として両性平等が顧慮された結果であることは言うまでもない。これにより、わが国際私法上の両性平等に関する問題は一先ず決着したと言って良いであろう。しかしながら、その立場が実現されたことにより、却って浮き彫りにされることとなった新たな問題があるように思われる。それこそが、以下において検討されるべき問題である。

第四節　両性平等の原則と共通属人法主義

平成元年の法例改正における両性の平等の実現は全般に亘るものであるが、最も特徴的であるのは、やはり婚姻に関連する諸規定である。端的には、婚姻の身分的効果に関する改正法例第一四条に見られるように、夫婦にとって同一ないし共通

の法の適用という立場の採用にほかならない。すなわち、それは、まず、夫婦の同一本国法（共通本国法）に依り、それがないときは、夫婦の同一常居所地法（共通常居所地法）に依り、それもないときは、夫婦にとって最も密接な関係がある地の法（最密接関連法）に依るとする立場である。その立場は、夫婦の財産的効果に関する同第一五条第一項本文及び離婚に関する同第一六条本文においても準用され、従って、婚姻の成立に関する問題を除き、婚姻関係についてほぼ全面的に採用されて、現行通則法に至っている。

右のような立場は、今日、欧州諸国を中心として、世界の多くの国々において採用されているものであって、決してわが国際私法に特徴的なものではない。同様の立場は、同じくアジアの国々を眺めても、北朝鮮の対外民事関係法中の諸規定（例えば、婚姻の効果に関する同第三六条、離婚に関する同第三七条）や韓国国際私法中の諸規定（婚姻の身分的効力に関する第三七条、夫婦財産制に関する第三八条、離婚に関する第三九条）にも見られるものである。このような段階的連結の立場は、国際婚姻法の分野においては支配的な立場となっているものであるが、その起源を辿るならば、異国籍夫婦間の離婚の準拠法の選定について判示した前記一九五三年四月一七日のフランス破棄院リヴィエール判決に至ることとなる。そこにおいて採られた立場は、共通本国法、共通住所地法、法廷地法の段階的連結の立場であるが、それは、一九五五年三月一五日の同国破棄院ルヴァンドフスキ判決によって踏襲されて確立された判例法理となった。その法理は多くの国々の国際私法において、特に離婚の準拠法の選定規則として採用されてきたが、近時においては、国際私法における国際主義の優勢化とともに、国家主義的な法廷地法主義は夫婦の密接関連法の立場に取って代わられるようになり、また、連結点として常居所の採用の普及とともに、困難な法律概念に基づく住所地法は事実概念に基づく常居所地法に取って代わられている。改正法例において採られた立場もまた、そのように修正されたものにほかならない。それでは、夫婦の同一本国法（共通本国法）、同一常居所地法（共通常居所地法）、密接関連法の段階的連結という連結の形態の本質はいかなるものであるか。それが、夫婦に同一ないしは共通の法へ連結させることにより、準拠法の選定において夫婦のいずれの者の不平等にもなることがないよう配慮された立場であることは明らかである。その目的の達成のために、同一法（共通法）を軸として、本則が働かな

いときは、補則に拠り、それも働かないときには、さらなる補則に拠るべきとする立場である。換言すれば、本則である夫婦の同一本国法（共通本国法）が得られないときは、同一法主義ないし共通法主義は放棄されることなく、この場合に放棄されるのは本国法主義である。すなわち、飽くまでも、同一法主義ないし共通法主義は維持されるという点にその立場の特色があると言うことができる。立法者においてそのような立場が採られているのも、結局は、両性平等の実現が至上の使命であると考えられているからであり、また、そのようにすることにより、抵触法上の両性平等が理想的な形で実現できると考えられたからであろう。

改正法例第一四条において採られている立場に対する立法者の自信の程は、同条が同第一五条第一項本文及び第一六条本文において準用されていることからも窺い知ることができようが、最も端的にそれを顕示していると見られるのはいわゆる狭義の反致に関する改正法例第三二条但書において採られた立場であろう。すなわち、それは、当事者の本国法として外国法が指定される場合であっても、同第一四条又はそれを準用する第一五条第一項及び第一六条によって指定されている場合には、日本法への反致は成立しないとするものである。もとより、狭義の反致のみを認めるという立場は国家主義に立脚した内国法志向の立場であるという批判が浴びせられるべきものであるが、その一方、同一法ないし共通法としての本国法の適用を徹底させようとする立場からは、両性平等の実現に対する熱意と、それが右但書のような抵触規則によってこそ実現され得るという強い信念が感知されるであろう。同様に、同一法ないし共通法として適用された外国法に対しては、同第三三条に定められた公序則の発動も自ら減少することになるであろうという指摘もなされていた。

しかし、かような同一法主義ないし共通法主義を軸とした段階的連結の形態を採用することによって両性平等を実現しようとする立場に対しては、前述のように、幾つかの疑問点を指摘することができる。すなわち、まず、第一に、同一法ないし共通法を追求する余り、当事者の本国法にそれを得ることができないとき、常居所地法にそれを求めようとすることの妥当性についての疑問である。すなわち、本国法と常居所地法とでは、それぞれが本来的に有している理念が異なっており、前者において主権の原則が働いているのに対して、後者においては親近の原則が働いていると見られている。一方が、いず

れかの国家に帰属していることを前提として与えられる国籍を連結点として決定される法であるのに対して、他方は、日常の生活の本拠地を連結点として決定される法である。このように、両者には大きな隔たりがあるにも拘わらず、同一法ないし共通法の優先的適用の立場から、異質な両者をそれぞれ本則と補則の連結法としたことには少なからぬ無理があるのではないかという疑問である。次に、第二に、抵触法上の両性平等を実現しようとした結果、それが形式的な両性平等、つまり、準拠法として選定される機会の平等に止まり、離婚保護などの実質的利益の確保、つまり、準拠法の適用の結果の利益が全く顧慮されていないことについての疑問である。確かに、実質法上の両性平等とは別に、抵触法上のそれも顧慮されなければならないものであるが、そればかりが顧慮されることをもって足りると言うことはできないであろう。今日、国際私法上においても実質的利益が考慮されることが一般的になってきた情況においては、抵触規定における両性平等の観点とともに、例えば、離婚保護のような当事者の一定の実質的利益の保護という観点も重要なものとなっている。従って、抵触規定のあり方もまた、形式的な両性平等を表現しつつ、一定の実質的な利益の実現に向けられた内容のものでなければならないであろう。更に、以上のほか、法例における段階的連結の立場に対しては、認定することが困難であることが少なくない密接関連法への連結が定められているなど、同一法主義のしわ寄せの一端が日本人条項となって表面化しており、立法論上の疑問もないわけではない。このようにして考えてみると、わが国際私法における両性の平等の理念は、必ずしも理想的な形で導入されているとは言い難いのではないかと思われる。

第五節　国際私法における両性平等の原則の展望

実質法上の両性平等とは別に、国際私法上の両性平等もまた顧慮されなければならないということは、既に、異論のないところとなっている。しかしながら、両性平等の理念を抵触規定へ導入する場合には同一法主義ないし共通法主義が採られなければならないという論理的な必然性は認められないであろう。蓋し、改正法例以後、同一法主義の採用をもって両性平

等の理念の当然な発現として考えられているが、抵触規定において、その目的のために採られ得る連結は、本来、それに限られないからである。例えば、中華人民共和国国際私法規定である同国民法通則第一四七条後段は、離婚について、事件を受理した裁判所の所在地法を適用すると定めている。そこにおいては、離婚についての属人法主義が採られていないため、両性平等に関する問題は直接的には生起することはなく、従って、両性平等の理念を侵害していないことも明らかである。これは、夫婦間の法律問題を不可避的に同一属人法ないし共通属人法へ連結しなければならないという固定的観念を揺がす一例であると言うことができるであろう。そのほか、同じく離婚について、属人法に拠るとしても、旧法当時におけるスイス連邦裁判所判決において確立されたのが、原告の本国法主義という立場である。すなわち、一九六八年七月一一日のいわゆるCardo判決は、当事者双方の本国法の累積的連結を原則とする当時の制定法上の立場を修正して、右の立場を判示している。同様に、オーストリア国際私法第二〇条第二項においても、離婚を成立させるため、補則としてながら、原告配偶者の属人法主義が採用されており、リヒテンシュタイン国際私法第二一条第二項がその立場に追随している。これらの立場は、原告属人法主義と被告属人法主義との対立として論ずるならばともかく、夫も妻も原告たり得る機会を潜在的に平等に与えられることからすれば、明らかに両性平等の理念に反するものではない。寧ろ、それは、人が自己の運命を自らの属人法によって決定することができるという当事者の利益を保護するものであると言うことができるであろう。当事者意思の尊重は、オランダ離婚抵触法第一条第二項及び第三項においても明文化されているところである。

また、いま一つ、無視できないのが、国際私法上の身分関係の保護という要請である。すなわち、抵触規定上、両性平等の立場に立脚しつつ、実質法上の利益の確保をも同時に保障しなければならないという傾向は、益々、優勢化していることが看取される。今日、夫婦間の何らかの法律関係を規律するための準拠法の選定において、両性平等原則が形式的に表現されている立法例は、わが国をも含めて、益々多くなってきている。それと同時に、何らかの実質的な利益の保護を顧慮しているると見られる立法例もまた、最近は少なくない。従って、現在、比較法的に見て、抵触規定への両性平等原則の導入は、概括的には、次のように二つの異なる立場に分類することができるであろう。すなわち、一つは、その理念が形式的な機会

の平等として抵触規定に表現されているものであり、いま一つは、その理念が実質的な結果の利益として抵触規定に表現されているものである。再び、それを離婚の準拠法の選定に関する抵触規定を例にとって見るならば、そこに両性平等原則が表現されているか、また、離婚保護の観点が顧慮されているか、という二つの点が着目されるべき点となるであろう。このような観点から見て、通則法第二七条は前者に属するものとして分類されるべきものである。同条但書には、特別公序として、実質的な観点から定められたと見ることもできる日本人条項もあるが、それは、離婚保護という当事者利益の保護の立場ではなく、寧ろ、日本法秩序に基づくことを求める離婚の制限と見られる立場である。それに対して、前記の北朝鮮法は、右の分類において、後者に属するものとして分類されるべきものである。すなわち、同国国際私法もまた、その第三七条において離婚当事者の同一本国法、同一住所地法、密接関連法の段階的連結の立場を採っているが、同時に、それに続く第三八条において、離婚当事者の一方が北朝鮮に住所を有する北朝鮮人である場合には、第三七条の定めに拘わらず、選択的に同国法を適用することができると定められている。それには、当事者の一方が同国人であることの条件が付せられてはいるが、その限りにおいて、結局は、離婚保護へと導くこととなる連結の多元化が図られていると見ることができるであろう。それをより明確に表明しているのが前記ドイツ民法典施行法第一七条第一項である。それは、婚姻の一般的効力について基準となる法によって離婚できない場合であって、離婚を求めている配偶者がドイツ人であるときは、離婚はドイツ法に服すると規定している。同様の立場は、ルーマニア国際私法第二二条第二項においても採用されている。更に、自国法の適用に依る離婚の許容を国内に居住する外国人にまで拡大するのが、アルバニア国際私法第七条第三項が早くから採ってきた立場であり、また、より近時においては、旧ユーゴスラヴィア国際私法第三五条第三項であり、そして、スイス国際私法第六一条第三項である。

かくして、国際私法における両性平等の理念は常に顧慮されなければならないことに異論はないとしても、その次元に止まる立場をもって満足されてはならず、また、抵触規定におけるその理念の実現が、専ら同一法主義ないし共通法主義に基づく連結形態に依るほかはありえないという固定的な考え方が間違いであることも明らかである。むしろ、今日においては、

当事者の実質的利益の保護が最も優先されるべき利益として位置付けられるようになり、例えば、離婚を希求する当事者の利益の実現のため、抵触規定中にそれに向けられた法の適用を裁判官に義務付けるとか、又は、離婚の当事者にとって都合の良い法の選択を許容することが、今後、益々、必要とされる立場となるであろうと思われる。その場合、同一法主義ないし共通法主義の意義もまた、次のように変容されたものとして理解されることとなるであろう。すなわち、何らかの身分関係の可及的な形成のため、選択的連結又は択一的連結により、当事者の双方の属人法のうち、いずれか有利な法への連結を許容しようとするのがそれである。そこにおいては、両性平等の理念は、いずれの当事者も自らの属人法と相手方の属人法に依ることができるという点において活かされることとなるであろう。

以上から、次のように結論することができるであろう。すなわち、特に婚姻や離婚に関する問題を中心として、国際私法の次元においても両性平等の理念は定着しており、当然、抵触規定にも反映されるべきであるが、それだからといって、当事者の同一属人法主義ないし共通属人法主義に固執すべきではなく、離婚保護等の実質的な利益も顧慮されなければならない。確かに、同一属人法主義ないし共通属人法主義の立場は、両性平等の原則に適う連結形態であるが、しかし、そのための唯一のものではない。立法例をみる限り、共通属人法を基軸としながらも、実質的な利益の確保を図ろうとするもののほか、共通属人法主義に拠ることなく、しかも、両性平等の理念にも反することなく実質的利益を顧慮しているものが少なくない。しかも、今日、多元的連結という立場は、益々、支配的になっている。実質法上の妥当な解決を目指す場合に、準拠法の決定が固定的な単一的連結の立場に拠ることが妥当でないことは明白である。

翻って、わが国際私法上、夫婦間の法律関係について主として採られている夫婦の同一法主義は、全く実質的利益の観点を欠いたものであって、比較法上、平成元年における改正時には、既に不満足な抵触規定であったと言わざるをえない。立法論としては、上述したような観点からの修正が求められるべきものと思われるが、差し当たり、現行規定の解釈において実質的利益について考慮するとしたならば、それができる余地は、殆ど夫婦の密接関連法の認定におけるほかはないであろう。すなわち、夫婦にとって最も密接な関係のある地の認定において、相異なる双方の国籍及び常居所の全てに可能性を有

した連結点としての資格を与え、そして、当事者が求める身分の成立を許容する法をもって、それを夫婦にとって最も密接な関係のある地の法と見做すべきではないか。確かに、立法者が想定した密接関連性とは、当事者本人といずれかの地との客観的な地域的紐帯を意味するものであったことは否定できない。しかし、当事者にとって、主観的には、当事者の利益を最もよく保護する法こそが密接関連性を有する法、すなわち、主観的密接関連法であるということについては、前述したところである。時として、その認定が困難であるといわれてきた密接関連法も、そのように方向付けられることによって、必ずしも困難なものではなくなるばかりか、多元的連結の充実に供することができる可能性を有した適用法たり得るという点において、今後の密接関連性という判断基準は意義深いものとなるであろう。

第七章　国際家族法における弱者保護

第一節　総　説

近代私法における三大原則として、所有権絶対の原則、契約自由の原則、過失責任の原則が挙げられる。しかし、戦後、それらのいずれもが修正を受けるに至っていることは周知の通りである。まず、所有権絶対の原則については、公共の福祉のために制限することができるとされ（民法第一条第一項参照）、また、契約自由の原則については、経済的弱者に不利を強いる契約は制限され（借地借家法、建物保護ニ関スル法律等参照）、さらに、過失責任の原則については、特別法における無過失責任の法理の導入により、被害者保護が図られている。これらの修正はいずれも民法の範疇において行なわれているものであるが、その理念は国際私法においても決して無縁のものではない。例えば、契約自由の原則は、国際私法上においては当事者自治、すなわち、契約当事者による準拠法選択を原則的に許容する立場として、また、過失責任の原則は不法行為地法主義の立場として発現していると見られるが、民法上におけると同様に、近時、それらの立場も修正を受ける傾向にあることが看取される。そのような傾向は、今日、私法全般に亘って益々強くなる弱者保護の思想による影響として理解されるものであるが、国際私法におけるそれは、戦後間もなく、シャルル・クナップ（Charle Knapp）によって唱えられ、その後、契約や不法行為責任に止まらず、子や扶養権利者の保護等、家族法の分野にまで及んでおり、すでに確立した考え方として定着している。しかし、抵触規則に見られる弱者保護の一般的傾向も、細かく見れば、その実現のためには多様な形態が取られており、いまだ流動的である。そこで、本章では、特に比較立法的観点から最近の諸外国国際私法立法を概観すると共に、わが国際私法上における弱者保護の立場について論及することとする。

第二節　子の保護

国際私法上における子の保護は、具体的には、実質的な嫡出保護、準正保護、認知保護を目論んだ連結規則、及び、認知や養子縁組等における保護条項（セーフ・ガード条項）として表明されている。それとして、早くから、より一般的・総括的な規定として知られているのは一九七九年のハンガリー国際私法第四六条である。同条は、「ハンガリー国民、又は、ハンガリーに居住している子の家族法上の地位、ないしは、その者とその親との間に存在している関係、並びに、子に対する扶養には、ハンガリー法が子にとってより有利であるときは、これが適用される。」と定めるものである。又、余り知られていないが、既に、一九六四年のアルバニア国際私法第九条が、父性又は母性の認知又は否認並びに他の全ての親子間の関係は、子の本国法に依るとした上で、子の利益に合致する場合には、アルバニア法に従って規律することができるという立場を表明していた。

わが国際私法上、まず、嫡出保護の立場については、改正法例第一七条第一項において、「夫婦ノ一方ノ本国法ニシテ子ノ出生ノ当時ニ於ケルモノニ依リ子ガ嫡出ナルトキハ其子ハ嫡出子トス」と定められ、同項は通則法第二八条第一項に受け継がれている。この規定は、夫又は妻のいずれか一方の本国法に依れば嫡出性が認められる限り、同法が必須的に適用されなければならず、それにより、可及的に子は嫡出子とされること（嫡出保護）を定めるものである。子が嫡出子であるか否かは、夫及び妻の本国法である実質法の内容に従って判断された結果であり、準拠法の決定に先立ち、実質的判断を行なうことが求められている。同様の立場としては、一九七八年のオーストリア国際私法第二一条及び一九九六年のリヒテンシュタイン国際私法第二二条が、子の嫡出性について、子の出生の当時の夫婦の属人法に依るとしながら、夫婦の属人法が異なるときは、子の嫡出性にとってより有利な属人法が適用されるべきことを定めている。それに対して、一九八四年のペルー民法典第二〇八三条は、婚姻挙行の準拠法又は子の出生の当時の夫婦の住所地法の中、子の嫡出性にとってより有利な法に

依るべきと定めている。

同様のことは、改正法例第一九条第一項についても言うことができる。同項においては、「子ハ準正ノ要件タル事実ノ完成ノ当時ノ父若クハ母又ハ子ノ本国法ニ依リ準正ガ成立スルトキハ嫡出子タル身分ヲ取得ス」と定められ、そして、通則法第三〇条第一項に受け継がれており、同項は、父の本国法、母の本国法、子の本国法の三つの法の中、いずれかの法が準正の成立を認める限り、同法が必須的に適用されなければならず、それにより、同項は可及的に非嫡出子が嫡出の身分を取得すること（準正保護）を定めるものである。いずれの法が準正の成立を認めるかは、三つの実質法の内容に従って判断された結果であって、同項もまた、準拠法の決定に先立ち、実質的判断を求めるものである。同様の立場としては、前出オーストリア国際私法第二二条及び前出リヒテンシュタイン国際私法第二三条が、準正について、父母の属人法によるとしながら、それが異なるときは、子の準正にとってより有利な属人法に依るべきことを定めている。

また、認知についても、親子関係の成立により、子の扶養料請求権や相続権が認められることになることから、一般的には、認知保護が子の保護に帰するものと考えられている。そのような観点から、改正法例第一八条第二項前段も、父による認知についてはその当時の父の本国法、また、母による認知についてはその当時の母の本国法に依るほか、「認知ノ当時ノ認知スル者又ハ子ノ本国法ニ依ル」と定めていたが、やはり、この規定も通則法第二九条第二項前段に受け継がれている。これは、連結の多元化により、認知による親子関係の可及的な成立を配慮したものである。法文上、一定の法の適用は義務付けられてはいないが、やはり、選択的連結による準拠法の決定に先立ち、右に挙げられた個々の実質法の内容が検討され、そして、認知の成立へと導く法が適用されることになるであろう。

しかし、また、子の意思に反した認知が行なわれることを避けるため、改正法例第一八条第一項後段は、「子ノ認知ニ因ル親子関係ノ成立ニ付テハ認知ノ当時ノ子ノ本国法ガ其子又ハ第三者ノ承諾又ハ同意アルコトヲ認知ノ要件トスルトキハ其要件ヲモ備フルコトヲ要ス」として、子の本国法が部分的に父の本国法ないしは母の本国法と累積的に適用されるべきことを求めていた。また、同条第二項後段においても、「認知スル者ノ本国法ニ依ルトキ」に関して、同様のことが定められて

いた。そして、それらの条項上の立場は、そのまま、通則法第二九条第一項後段及び第二項後段に受け継がれている。一般的に、累積的連結という抵触規則は身分行為の成立を困難にするものであり、旧法例に見られたそれは平成元年の法例改正においては退けられているが、現行法においては、子の保護という新たな理念の下に制限的な形で前向きに導入されている。このような立場が前記の保護条項（セーフ・ガード条項）と呼ばれるものであり、養子縁組における養子の保護を顧慮した改正法例第二〇条第一項後段においても採用されていた。すなわち、「若シ養子ノ本国法ガ養子縁組ノ成立ニ付キ養子若クハ第三者ノ承諾若クハ同意又ハ公ノ機関ノ許可其他ノ処分アルコトヲ要件トスルトキハ其要件ヲモ備フルコトヲ要ス」とするのがそれである。その立場も、そのまま、通則法第三一条第一項後段に受け継がれている。親子関係の創設については、さらに、一九九八年のチュニジア国際私法第五二条が、被告の本国法又は住所地法、子の本国法又は住所地法の中、そのために最も有利な法律の適用を定めており、又、一九九一年のカナダ・ケベック州民法典第三〇九一条が、子の出生の当時の子又は父母の一方の住所地法若しくは本国法であって、子にとって最も有利である法律によって規律されるべきことを定めている。

第三節　被後見人の保護

改正法例第二四条第一項は、「後見ハ被後見人ノ本国法ニ依ル」と定めていた。通則法第三五条第一項においても、保佐又は補助をも含め、後見等とし、また、被保佐人又は被補助人をも含め、被後見人等として、その本国法に依ると定められている。この規定については、本国法に依るべきではなく、寧ろ生活に密着した常居所地法に依るべきであるというように指摘されることがある。しかし、常居所地法の内容によっては、被後見人等の保護が重視されていない場合も考えられる。従って、単なる被後見人等の常居所地法主義によっては、被後見人等の保護が確保されるとは言い難い。しかし、いずれにしても、被後見人等の属人法が準拠法とされている点において、弱者である被後見人等の保護が顧慮されていると言うこと

ができる。但し、その保護は形式的保護であり、実質的保護という観点から考慮されていないことは言うまでもない。

解釈上、被後見人等の実質的保護が顧慮されていると考えることができるのは、同条第二項第一号においてである。すなわち、わが国に住所又は居所を有する被後見人等については、日本法により、後見開始の審判等がなされることができるが（通則法第五条）、外国人がその本国法に依れば後見等が開始する原因がある場合であっても、日本における後見等の事務を行なう者がいないときには、日本法に従って後見等が開始されることになる。そのような属地的後見の必要性の観点から、実効的な後見等が確保されないような場合についても、後見等の事務を行なう者がいないと考えるべきとする見解に被後見人等の保護の立場を垣間見ることができる。単に、属地的後見であることをもって被後見人等の保護とせず、より実質的に判断した上でその立場に拠るべきことを表明しているのが前出ハンガリー国際私法第四八条である。すなわち、同条第三項は、後見人選任官庁が帰属する国の法の適用を原則としながら、被後見人がハンガリーに居住しているときは、ハンガリー法が被後見人にとって有利である限り、同法が適用されるべきことを定めている。

第四節　扶養権利者の保護

扶養義務の準拠法に関する法律第二条第一項は、「扶養義務は、扶養権利者の常居所地法によって定める。ただし、扶養権利者の常居所地法によればその者が扶養義務者から扶養を受けることができないときは、当事者の共通本国法によって定める。」と規定し、さらに、同条第二項は、「前項の規定により適用すべき法律によれば扶養権利者が扶養義務者から扶養を受けることができないときは、扶養義務は、日本の法律によって定める。」と規定している。これらの規定が、扶養権利者が可及的に扶養を受けられることを目した段階的連結の規則であることは明らかである。しかも、そこにおいては、形式的保護と実質的保護の両方が顧慮されていると言うことができる。すなわち、扶養権利者の常居所地法主義が本則とされている点において形式的保護が図られており、又、それぞれの法に従い、扶養権利者が扶養を受けることができるか否かを考慮

すべきとしている点において実質的保護が図られている。

因みに、子の法を軸とした段階的連結の規則は親子間の法律関係に関する改正法例第二一条においても採用され、通則法第三二条に受け継がれているが、そこにおいては形式的保護が顧慮されているに過ぎない。同様のことは、夫婦の同一法主義に立って両性平等の原則を実現したと言われる改正法例第一四条、第一五条第一項、第一六条、及び、それらの規定を受け継いだ通則法第二五条、第二六条第一項、第二七条についても言うことができる。すなわち、そこに見られる両性平等はあくまで形式的なものであって、それらの諸規定によって指定された準拠法が実質法上の平等を実現することまでをも保証するものではない。

外国立法例としては、前出チュニジア国際私法第五一条第一項もまた、扶養権利者の本国法又は住所地法、扶養義務者の本国法又は住所地法の中、「裁判官は扶養権利者にとって最も有利な法律を適用するものとする。」というように、明らかに扶養権利者を優遇する立場を定めている。

一九九五年のロシア連邦家族法典第一六三条は、両親と子の権利及び義務につき、子に対する両親の扶養義務を含め、共通住所地法、子の本国法の段階的連結を規則としながら、原告の要求に従い、子の住所地法に依ることもできることを定めている。前出カナダ・ケベック州民法典第三〇九四条は、扶養権利者の住所地法と扶養義務者の住所地法の段階的連結の規則である。更に、より緩やかには、一九九四年のエストニア国際私法第一五〇条は、請求者の住所地法と被請求者のそれの中から、請求者による選択を認めている。

第五節　今後の課題

前述の通り、国際私法における弱者保護が唱えられたのは、必ずしも近時のことではない。しかし、かつて考えられていた保護と最近の諸立法に見られる保護とには明らかな相違が見られる。すなわち、かつては、保護されるべき本人の法（本

国法、住所地法、常居所地法等）の適用という程度の肩入れをもって、すでにその者のための保護が行なわれていると考えられたのに対して、最近では、実質的な観点からその保護が行なわれているかが当然の基準とされている。蓋し、子にとって馴染みが深く、従って、密接な関連がある法律と考えられるその者の本国法や常居所地法によっても、実質的な意味における子の利益の保護が十分に実現されるかは疑わしいからである。このように、かつての形式的保護から実質的保護へと視点の転換が急速に進んでおり、その徹底が図られるようになっている。そのような観点から言えば、通則法第三二条において、何らの実質的判断も行なわれることなく、子の法（本国法、常居所地法）が段階的に適用されるとか、通則法第三五条第一項において、被後見人等の本国法が基準とされるという規則は、それだけでは、決して現代的な意義における弱者保護にはなっていない。従って、実質的な判断の結果として行なわれる択一的連結、及び、弱者本人に準拠法の選択を認める当事者自治の規則が、弱者保護のために採られるべき抵触規則として、更に徹底されなければならないであろう。すでに例を挙げるまでもないが、前出チュニジア国際私法第五〇条のように、離婚後における子の監護について、婚姻関係の解消が依拠した法律、又は、子の本国法若しくは住所地法の中、子にとって最も有利な法律を適用すべきことを定めることが、今後の抵触規則のあり方であると言えるであろう。

尚、このような実質的利益を考慮する抵触規則についても、それを次の二つに区分することができる。すなわち、「内容志向の抵触法規則」（content-oriented choice-of-law rules）と「結果志向の抵触法規則」（result-oriented choice-of-law rules）がそれらである。前者は、準拠法を選定する前に、抵触するいくつかの実質法の内容を考慮することを要求している規則であり、他方、後者は、経験的に望ましいと考えられる一定の実質的な結果を実現することが意図されている規則である。右の区分に従い、上述の改正法例の諸規定について見るならば、認知の準拠法に関する第一八条第二項前段は「内容志向の抵触法規則」であり、第一七条第一項及び第一九条第一項は「結果志向の抵触法規則」であるということになるであろう。言うまでもなく、扶養義務の準拠法に関する法律第二条も後者である。両者の差異は、価値衡量において客観的に優劣を付けることに馴染むか否かということにあると考えられる。今後、被後見人等や被害者の保護等をも含め、弱者保護の

ための抵触規則は、押し並べて、これら二つの規則、取り分け、「結果志向の抵触法規則」に統合される方向に邁進するものと見て良いであろう。

前述のように、今後における抵触規則は、一つには、一定の実質的利益の実現を多元的連結の規則によって行ない、いま一つには、当事者意思を尊重するという意味における当事者自治の法理の採用の拡大を図るという方向で整序されて行くであろうと思われる。そして、少なくとも弱者保護を実現する規則として見る限り、すでに、抵触規則はその二つの規則によって整理・統合される時代になったと言えるであろう。従って、実質的利益の考慮に不可欠な外国法の内容に無関心のまま、「暗闇への跳躍」は許されない時代にもなったことを認識しなければならない。

第八章　当事者意思の尊重

第一節　総　説

国際私法が規律する領域は国際財産法問題と国際家族法問題とに二分されることがある。このような分類は、大陸型国際私法の抵触規則の構造上、指定部分における財産的法律関係と身分的（家族的）法律関係との概念区分に相応するものであるが、また、同時に、連結部分における連結規則の相違としても把握することができる。すなわち、前者の問題の場合においては、契約の準拠法の選定における当事者自治、契約外債務の準拠法についての行為地法主義又は法廷地法主義、物権の準拠法についての目的物の所在地法主義が主要な立場として支持されてきたのに対して、後者の問題については、属人法の決定基準として国籍主義と住所主義とのいずれに拠るべきかが永きに亘って争われたり、更に、近時、常居所主義への急速な傾斜が見られるにせよ、いずれにしても、属人法主義が伝統的に支配してきた。一八〇四年のフランス民法典第三条第三項が、「フランス人がどこに在ろうとも、その者の身分及び能力についてはフランス法に依る。」と謳う立場は、今なお、国際家族法（及び国際人事法）における準拠法決定についての規則を提示しているばかりか、属人法理論の象徴的な存在であると言うことができる。わが国においてもまた、平成元年に成立した「法例の一部を改正するための法律」（平成元年法律第二七号）によって旧法例第一三条以下の諸規定が改正されたが、それについて、各論規定に注目すれば、婚姻法及び親子法に限定されたものであった。そのことからも推知されるように、国際財産法と国際家族法とは一線を画するものであるという認識が当然の前提となっている。指導的理念から見た財産法と家族法との相違もまた、民法についてのみならず、国際私法についても言えることである。

その一方、国際私法における当事者自治、すなわち、当事者の意思という主観的連結素を準拠法の選定における決定基準としようとする立場は、主として、契約の分野において発展し、そして、原則とされている立場であるが、今日、それは契約の分野に止まらず、益々、その支配領域を拡大する傾向にあることが看取される。それとして挙げられるのは、まず、不法行為に因る債権債務関係であり、また、物権法関係であり、更に、夫婦財産制や相続等の家族法関係に及んでいる。契約の分野を超えて加速する当事者自治の拡大の傾向の要因については、不法行為法が契約法と同じく債権法関係であると理解することが可能であり、また、物権についても、特に担保物権などは、被担保債権が派生する契約と表裏一体の財産法関係にあると把握することができることにある。それに対して、夫婦財産制や相続等は、それらが財産的側面が強い法律関係であるとは言え、身分法関係を基盤として、寧ろ家族法の分野に属すると見られる法律関係である。従って、本来、債権法上の契約とは異なる理念が支配するものと考えられてきた家族法関係への当事者自治の導入は、やはり革新的な規則の採用として注目されることであろう。しかも、以下において言及されるように、その導入は、今日、財産的側面の有無に拘わらず拡大されようとしている。果たして、そのような傾向については、当事者自治という準拠法選定規則の一般的な拡大傾向として理解すべきか、それとも、国際家族法における独自の理念や必要性のもとに、特別な意図をもって展開されている準拠法選定規則であると見るべきか。その点に関して、最近の諸国国際私法立法及びハーグ国際私法条約を中心として概観することとしたい。

第二節　国際家族法立法における当事者自治

第一款　夫婦財産制

諸国の国際私法立法において、選択可能な準拠法の範囲について制限的ながら、家族法事項として当事者自治の立場が最

も早く導入され、また、その立場がほぼ確立されているのが夫婦財産制についてである。その点は、改正法例第一五条第一項において導入し、通則法第二六条第二項において引き継いでいるわが国際私法についても例外ではない。比較法的に見れば、夫婦財産制について、その法律関係の性質を契約と見るか、それとも、婚姻の効果と見るかの相違はあるが、いずれにしても、当事者の意思が原則的連結素であり、客観的連結素が補充的連結素である点においては同様である。例えば、先駆的な立法として挙げられるべき一九七八年三月一四日の「夫婦財産制の準拠法に関するハーグ条約」（以下、「ハーグ夫婦財産制条約」とする）第三条に依れば、まず、夫婦は両者のいずれか一方の本国法か、住所地法か、常居所地法を選択することが認められており、明示の意思表明がない場合には、準拠法は二つの連結素の中の一つに基づく客観的規則によって決定されることになる。デュムーラン（Dumoulin）の「遺産」に忠実なフランス判例は、意思自治に対してより広範に肩入れしており、当事者の意思が明瞭に表明されていない場合であっても、当事者の意思に縋ろうとしている。当事者の利害関係の所在（場所付け）の探求がそれである。しかし、伝統を辿れば、夫婦の住所がその所在（場所付け）の優越した指標として最も多く考慮されており、また、判例においても、当事者の意思は目的についての所在（場所付け）を有しており、直接的に当事者の意思から派生する法律ではないと判断されている。一九七八年四月五日破棄院民事部判決及び一九八四年一月二四日同判決がそれである。かくして、フランスにおける解決は、ハーグ夫婦財産制条約に接近するものであるが、同条約はより明確に当事者意思の分野を客観的連結の分野から分離し、当事者意思の不存在の場合には客観的連結に依拠することにより、諸国における解釈の相違を避けることを図ったものである。ハーグ夫婦財産制条約と似た解決は、一九八六年のドイツ国際私法第一五条や一九九五年のイタリア国際私法第三〇条のように、夫婦財産制を婚姻の効果として分類し、原則的には身分的効果と同一の法に服せしめる立場をとる国々の法律にも見ることができる。すなわち、その立場によれば、夫婦は、婚姻の身分的効果に関する客観的連結の規則に反して、夫婦の一方の本国法又は常居所地法（夫婦の一方が国籍又は常居所を有する国の法律）、また、時には不動産の所在地法の適用のために、婚姻の身分的効果の準拠法を退けることができるとするのがそれである。改正法例第一五条第一項以後、わが国際私法において採られている立場も同様である。しかし、

実際には、当事者自治が原則であろうが、補則であろうが、結果的には同一である。いずれの場合においても、採用されている抵触規則は、主観的連結素と客観的連結素という二つの連結素の一方のために常に他方を排除することができる夫婦の国籍か、住所か、常居所に基礎を置いているからである。

第二款　婚姻の身分的効果

夫婦財産制の準拠法の決定において、当事者自治が果たす役割の重要性が益々増加し、それが原則にさえなろうとしているのに対して、一般的には、婚姻の身分的効果の準拠法の決定に関しては、夫婦の意思はいまだ副次的存在である。しかし、近時、比較立法的には、寧ろ急進的とも言える立場を採用した外国立法が見られるに至った。以下においては、前者の例として一九八六年のドイツ国際私法第一四条について、そして、後者の例として一九九〇年のスペイン法（性別による不差別の原則の適用における民法典の改正に関する一九九〇年一〇月一五日法律第一一号）第一条に論及することとしたい。因みに、より早く当事者自治を導入しているオランダ離婚抵触法については、後に論及されるところであるが、同抵触法との比較において言えば、右のドイツ法及びスペイン法においては、外国法と法廷地法とは平等に位置付けられており、また、法廷地法への優先的連結が、最密接関連法及び意思自治の利益のため、副次的連結としても遠ざけられていることが指摘されるべきであろう。

婚姻の身分的効果について「ケーゲルの梯子」と呼ばれる段階的連結の規則を組み立てている上記ドイツ法第一四条は、先ず、夫婦の共通本国法に依り、それがないときは、夫婦の共通常居所地法に依り、それもないときは、夫婦が共に最も密接な関係を有する国の法に依るとする規則である（第一項）。しかし、同条は、それと同時に、最密接関連法に依るべき場合にも、夫婦がその一方の本国法を選択することを認めており（第二項）、また、異なる国籍を有する夫婦が同一国に常居所を有する場合にも、夫婦のいずれも同国の国籍を有しないときは、同様の選択を認めている（第三項）。夫婦によるかような選択により、まず、第一四条第一項第三号が根拠を置く密接関連性の規則を駆逐し、その結果、最密接関連法の探求・

適用に伴う不確実性・予見不可能性の危険の発生を避けることができる。また、夫婦の共通常居所地法が婚姻の効果の所在として余り意味がないときは、同法の適用が排除され、夫婦のいずれか一方の本国法の適用が可能とされている。同条第二項及び第三項が定める当事者自治が果たす役割について見れば、前者の場合には、意思自治は柔軟で不確実な連結を補正するものであり、また、後者の場合には、夫婦の希望と一致しない不十分な所在（場所付け）を調整するものである。しかし、婚姻の効果の準拠法の決定のために夫婦の意思に帰属した役割は、ドイツ法の改正においては、国籍による連結に与えられた優位性によって制限されていると言うことができる。すなわち、準拠法の選択のための基準となる共通国籍を事後に取得したときは、法選択の効力は終了することになると定められているからである（第一四条第三項参照）。しかも、選択が実行される場合においては、夫婦の一方の本国法に対してしか実行されることはできず、その住所地法に対しても、常居所地法に対しても実行されることはできないという限界がある。一方、同じく婚姻の身分的効果の事項における意思自治へ開かれた門がかなり拡大されている前出スペイン一九九〇年一〇月一五日修正法第一条中の民法典第九条第二項においては、ドイツ法と同様、婚姻の効果は先ず夫婦の共通本国法への送致を本則とする。しかし、同法がないときは、ドイツ法と異なり、準拠法の指定は直ちに夫婦の意思に委ねられ、夫婦はそれらの者の一方の本国法と同様に一方の常居所を選択することもできる。夫婦の共通常居所地法が適用されるのは、夫婦による選択がないときに限られる。そして、共通常居所がないときは、婚姻挙行地法の適用が導かれている。国籍の異なる夫婦によって選択されることができる準拠法の範囲がより広範である点について見ても、スペイン法はドイツ法に見られたような制限を取り払っており、ドイツ法とは異なる立場をとっている。実際には、スペイン法上、夫婦の意思は連結規則における第一順位を占めていると見ることができるものであり、スペイン法上のかような解決は比較立法的にも革新的なものである。事実、婚姻の効果や離婚に関する従来の抵触規則においては、補則として本国法と住所地法若しくは常居所地法との間の補充関係について定められていることが少なくないが、それによれば、最初の法が主たる準拠法として適用される国においては、二番目の準拠法は主たる準拠法が首尾一貫した規律を行なうことができない場合にそれに代わることが求められるに止まるものである。このような現状からは、リヴィエール判決に

従ったフランス判例によって確立された制度、すなわち、共通本国法、共通住所地法、法廷地法の段階的適用の規則が、フランスにおいては一九七五年七月一一日の民法典第三一〇条によって覆されたとは言え、今なお多くの諸国に強い影響を与えていることが看取される。しかし、今日、その規則も、最密接関連法の採用のような柔軟な連結形態の展開や例外条項の援用の増加により、重大な変容が加えられている。そして、そのような規則がともすれば有する不確実性や予見不可能性のバランス調整のために、当事者自治が駆使されていることはすでにドイツ法において見られたところである。右のようなスペイン法の改正は、その形態において、柔軟な連結の調整に比して夫婦の特別な事情に応える可能性を提供しており、意思自治をさらに進歩させるものであると評されている。なお、夫婦の意思の沈黙の場合には、婚姻直後の共通常居所や婚姻挙行地に基づく一定の抵触規則が定められており、当事者自治と組み合わされている。

第三款　離婚

ここにおいて取り上げられるべき立法は、オランダの一九八一年三月二五日の「婚姻の解消及び別居についての法律抵触規則に関する法律」（いわゆるオランダ離婚抵触法）である。同法律は、その第一条第二項において「実効的国籍の理論」が謳われている点においても注目された立法であるが、それにも増して瞠目されたのは、離婚という家族法上の身分形成に関する事項について、同条第四項に当事者自治が導入されている点である。しかし、同項における当事者自治は、法廷地法であるオランダ法に優越性が与えられることによって妥協されたものになっている。すなわち、同項は、第一項において定められた共通本国法、共通常居所地法、オランダ法への段階的連結の規則に拘わらず、オランダ法に限り、常に外国人夫婦が同法を選択することを許している点に特色を有している。このように、一見、内国法の適用を優先する国家主義に立つと見られる同項であるが、それはまた別の目的をも有していることが指摘されている。すなわち、まず、オランダの裁判官はその者に固有の法を適用する方が「質の高い」裁判を行なうことができることになり、また、オランダ法がしばしば住所地法とも一致する結果、夫婦によるオランダ法の選択は、生活の本拠地の法の適用のために共通本国法の適用を退けることを

意味するというのがそれである。尤も、当事者による法選択に真の意味における意思自治が存在するということができるためには、法廷地法と同様に、外国法に対しても平等にそれが認められなければならない。しかし、オランダ法においてかような平等が確立しているのは、僅かに、同一外国国籍の夫婦がその本国と「実効的な社会的紐帯」を欠いている場合、すなわち、同条第二項において規定されている場合に限られている。同項上、かような場合には共通国籍は存在せず、従って、連結は共通常居所地法に譲られることになるが、それにも拘わらず、夫婦は密接関連性ないし実効的紐帯の欠ける本国法を選択することができる。そこにおいては夫婦の意思が優先されていることになる。それに対して、国籍を異にする夫婦の場合には、その共通常居所地法の適用を退けるためには、オランダ法を選択するほかはない。その意味において、オランダ法と外国法との間には平等性は存在しない。

第四款　相続

国際私法における当事者自治の導入という傾向の優勢は、相続に関して、取り分け一九八九年八月一日の「死因相続の準拠法に関するハーグ条約」（以下、「ハーグ相続準拠法条約」とする）第五条及び第六条、一九九五年のイタリア国際私法第四六条、一九八七年のスイス連邦国際私法第九〇条において証明されている。二〇〇一年に改正された韓国国際私法第四九条において採られている立場もまた同様である。そこでは、「準拠法宣言」（professio juris）は、被相続人が死因処分（遺言）の方式によって排除することができる客観的連結と併存している。すなわち、主観的連結を主たる規則としつつ、客観的連結を補充的な規則とする立場、又は、客観的連結を原則としつつ、主観的連結を例外とする立場がそれであるが、いずれの立場によっても、同じ結果を導くことができる。尚、そのような立場は、国内的に被相続人に認められた遺言の自由が国際的関係において敷衍されたものとして是認されているが、多くの場合、その自由は、例えば、イタリア国際私法第四九条第二項の規定に見られるように、処分者の近親者の保護のための遺留分に関する規則の遵守の下においてしか実行されることはできない。問題となるのは、被相続人による準拠法の指定がない場合に適用される本来の準拠法として、被相続人の

本国法へ連結することの当否である。しかし、被相続人の保護の観点からは、国際私法上、被相続人の本国法が論理的にその者の住所地法又は常居所地法と同様に妥当であることが主張されている。蓋し、被相続人の国籍はその者の常居所のように相続の身分的、家族的な同化のための要素を構成するものであり、就中、それらが一致して、いずれかの同一国法の適用が導かれるときは、被相続人の「生活の中心」であることが明確になるからである。従って、ハーグ相続準拠法条約や今日のいくつかの国内立法によって定められた客観的連結の規則が、相続の準拠法を決定するために、客観的連結素の集中又は補完に支えられているにせよ（ハーグ相続準拠法条約第三条第一項参照）、また、いくつかの要素の一つだけを採用しているにせよ（スイス国際私法第九〇条、イタリア国際私法第四七条参照）、それらの要素に基づいている「準拠法宣言」は、実質的には、客観的連結の代替及び補正措置としての機能を果たしている。特に、相続が本国法及び常居所地法の二つの法の中のいずれかに服するときは、そこにおける当事者自治は被相続人が他方の法を選択することを認めることを意味するものである。

それに対して、遺産の所在地法の選択は、逆に制限された立場へ導くものであり（ハーグ相続準拠法条約第六条、ドイツ国際私法第二五条第二項参照）、従って、今日の国際私法が実現しようとする相続の帰属法制度の統一性を時として危険に晒すものであるが、これもまた、準拠法の実効性の確保に対する配慮に応える一面を有するものとして、退けることは難しいと考えられる。

第三節　立法の動向の分析

契約法の分野においては、かつて、質的制限論、量的制限論、法律回避論から、当事者自治に関する制限論が主張されたが、実際には、契約と全く関連性がない法であっても、当事者の明示の指定による選択が許され、また、当事者による明示の指定がない場合であっても、「黙示意思探求の理論」の立場に立ち、契約成立の全体的情況から契約により適した法の選

定が促進されるようになっている。法例中の行為地法とか、通則法中の特徴的給付を行なう一方当事者の常居所地法等の客観的連結素に基づく準拠法の適用は、当事者による意思の表明がなかった場合のみに限られている。当事者自治の制限についても、かつて、現代的な利益考量の結果を踏まえて、端的には、労働者保護、消費者保護、借地・借家人保護等の弱者保護の観点から、「公法理論」、「公序説」、「強行法規の特別連結理論」等の構成をもって、一定の法の優先的適用の立場が確立されようとし、そして、通則法への「強行法規の特別連結理論」の導入をもって、一先ず実現されているが、その一方、より一般的な制限論は影を潜めている。それに対して、国際家族法における当事者の意思は、主たる連結素として、あるいは、副次的な連結素として客観的連結に干渉するが、いずれにしてもその形態は制限的である。すでに言及された諸立法からも知られるように、前者の場合が家族の財産法関係である夫婦財産制及び相続であり、また、後者の場合が婚姻の身分的効果及び婚姻の解消であるが、現在の立法としては、それらの法律関係以外に見ることはできない。さらに、当事者による準拠法の選択の範囲としても、それが家族と密接な関連性を有する法が指定されたときか、又は、国籍のような生来の国家共同体の法とか、住所若しくは常居所が表現する生活共同体の法とかに関わるときしか許されていない。確かに、国際家族法への当事者自治の導入が注目され出した当初、いずれにしても、当事者の意思による連結の範囲は当事者の本国法か、住所地法か、常居所地法に限定されており、僅かに、ハーグ夫婦財産制条約第三条及びハーグ相続準拠法条約第六条のみが、財産の所在地法の選択を許していたに過ぎない。オランダ離婚抵触法に見られたような法廷地法（オランダ法）への連結は、今日、一般論からいっても国家主義的であり、密接関連法への連結の前においては退けられるべきものであろう。その意味において、家族法事項として、当事者による選択が許されているのは、やはり、不動産に関する問題でない限り、それらの者の本国法、住所地法、常居所地法に限られていると考えるのが正解であろう。

しかし、右に見られたように制限的な範囲ではあっても、当事者の意思に割り当てられた役割の正当性及び必要性を裏付けるかの如く、今日、当事者の意思を重視した理論的趨勢はさらに歩を進めようとしていることが看取される。すなわち、婚姻の効果及びその解消の分野において、共通国籍を有する夫婦であっても、その国籍と異なる国に住所を有するか、常居

所を有する者に準拠法の選択が許されることが求められている。例えば、万国法学会（Institut de Droit International）は、その趨勢に敏感に反応した結果、カイロ会期におけるフランスのルッスアルン（Loussouarn）教授の報告に基づき、婚姻の身分的効果及び離婚に関し、夫婦が共通国籍及び共通住所を有する場合であっても、本国と住所地国とが異なるときは、本国法及び住所地法からの夫婦による選択を許すべきことを諸国に勧告するという注目すべき決定を採択している。また、条約の解釈との関連において国内法の解釈に論及する判例について言えば、新たな理論構成をもって、家族法事項への当事者自治の導入を根拠付けるに至ったものとして注目されているのが一九九七年二月二七日のオランダ最高裁判所判決である。本件において問題とされたのは、離婚当事者が扶養義務の準拠法を選択することが許されるかという点である。その問題に対して、オランダ最高裁判所は、離婚後扶養を離婚の準拠法に服せしめる一九七三年の「扶養義務の準拠法に関するハーグ条約」（以下、「ハーグ扶養条約」とする）第八条は本国法によって取り消されることができると判示した。そこにおいては、当事者自治のために、扶養義務と離婚における有責性との連鎖を絶つことにより、ハーグ扶養条約の規定は覆されていると見られる。オランダ最高裁判所は、次のように、それが採った立場がハーグ扶養条約と一致することを詳細に論証している。すなわち、当面の問題は条約の解釈に属するものであり、従って、一九六九年の「条約に関するウィーン条約」第三一条及び第三二条の基準に従って答えられなければならない。扶養義務について、当事者自治に関するいかなる規定もハーグ扶養条約中に存在しないということは条約の目的に反するものではない、つまり、当事者自治が許される扶養契約はハーグ扶養条約の規律の範囲に入らない。一九八一年のオランダ国際離婚法の下において、離婚当事者が離婚準拠法を指定することができるゆえに、それら当事者がその扶養義務の準拠法を指定する自由をも有すると考えるべきである。これがオランダ最高裁判所によって判示された内容である。この解釈はオランダの概念に基づくものであることが認められなければならないが、従来より、ハーグ扶養条約第八条が極めて敏感な問題であり、多くの事件において、最も便宜な離婚法を選択することにより、扶養義務の準拠法は「操作」されているのが実状である。さらに、同条約第八条は、実務上、あまりにも厳重であると感じられているが、その変更が安易には許されない条約上の厳重な規則であるため、一般的に非常に慎重に適

用されるべきと理解されている公序条項による場合を除いて、例外は不可能であると考えられている。このような情況を背景として、オランダ最高裁判所の見解に拠れば、同条約第八条は家族法における当事者自治の発展について不知であるものとして解釈されなければならない。当事者自治は主観的抵触法規則であり、離婚当事者が離婚の準拠法と異なる法を指定することが許されるときは、ハーグ扶養条約上の客観的抵触法規則は変更されたことにはならない。つまり、当事者自治は当事者が準拠法の合意に達した事件における先決問題と見做されるべきものであり、かような合意がない場合においてのみ、同条約上の規則が適用されることになる。ハーグ扶養条約は、それが採択されてからすでに二五年（当時）も経過しており、そして、同条約上の規則の起草以来、離婚法、夫婦財産制及び相続法のような多くの法律分野において、益々、多くの学説や判例が当事者自治を優遇するようになっていることに鑑みて、同条約第八条は、近い将来、国際私法に関するハーグ条約により、新たに改訂された条約又は追加議定書という形式において改正されるべきであるというのが、オランダ学説における有力な見解であり、また、オランダの立法者が、最近準備されているオランダ国際私法典中に、オランダ最高裁判所が判示した規則と一致する規則を含ましめる可能性があるとも言われている。

　ここにおいて検討されるべき課題は、すでに見られたような国際家族法における当事者自治の拡大の傾向について、それを、債権法上の契約の準拠法の選定における原則の他の法分野への波及という一般的傾向と見るべきか、それとも、国際家族法における独自の理念や必要性に基づく準拠法選定規則として展開されているものとして理解すべきかという問題である。しかし、この点については、これまでの論及からもほぼ明らかであろうが、当事者の意思による連結の範囲が当事者の本国法、住所地法、常居所地法に限定されている現状に鑑みるならば、当事者の意思を認めることの目的ないし利点は、本国法主義と住所地法主義ないしは常居所法主義との対立を克服する点においてこそ見い出されるものと考えざるを得ない。そのような理解は、家族法関係が国家ないし社会の全体の構造及び基礎と深く関わっていることの当然の帰結であると言うべきであろう。このように、婚姻の財産的・身分的効果、離婚、相続の分野への当事者自治の導入という近時の現象も本国法と住所地法ないし常居所地法の適用関係の調整という側面から理解することが可能である。すなわち、抵触規則が指定するい

ずれか一方の法も、他方の法が適切であると見られるときは、当事者の意思によって退けることができることが、近時における当事者自治の拡大の要因となっていると見ることができるであろう。しかし、本国法主義と住所地法主義ないし常居所地法主義との対立は、いずれか一方の放棄によって解消することは不可能であり、また、望ましいことではないと考えられている。蓋し、両者は互いに補完し合う関係にあるものとして理解されるべきであるからである。確かに、最近の国際条約及び国内立法を概観すれば、その多くにおいて、国籍、住所、常居所という連結素は様々な情況に応じた複合的な組み合わせをもって併用されている。その一例として挙げられるのは、離婚及び別居の準拠法に関するベルギー国際私法典第五五条である。その第一項における夫婦の共通常居所地法、一方の常居所の存在を条件とする最後の共通常居所地法、共通本国法、ベルギー法の段階的連結の規則は、その第二項において、当事者による共通本国法又はベルギー法の選択の前において後退している。

右のような観点から見て、当事者自治が現実性を帯びる場合として想定されるのは、外国移住者の家族法問題の規律の場合であり、外国移住者の生来の家族法とその者の住所又は常居所が所在する国の家族法との間における文化的衝突が存在する場合である。より具体的にいえば、イスラム教徒がイスラム諸国からヨーロッパ諸国へ移住・定住した場合におけるヨーロッパ社会の世俗法とイスラム社会の宗教法との対立がそのような衝突として挙げられるであろう。それらの法の対立を減少させることが実際には殆ど不可能であるという現実に直面し、しかも、夫婦の保護をも顧慮した結果として、ヨーロッパ諸国の学説及び判例が辿り着いた解決は、いずれかの婚姻法への依拠をイスラム人夫婦の意思に拠らしめることによって正当化することであったと考えられる。同様な傾向は離婚及び専制離婚に関しても指摘されることができる。フランスにおいては、それらの事項に関する外国判決の承認要件が軽減されることにより、事実上、外国からの移住者がフランス法とそれらの者の本国法からの選択が許されることとなり、その結果、異なる文化を基盤とする法制度の併存が促進されていると見られている。

このように、当事者による意思自治の許容は、家族法事項に関する限り、属人法における本国法主義と住所地法主義ない

し常居所地法主義との対立の中にあって、解決の国際的調和を実現するために特別な役割を担っているということになるであろう。翻って、在日韓国人（在日朝鮮人）及び在日中国人（在日台湾人）を当事者とする家事事件の件数が圧倒的に多いことがわが国における渉外事件の特徴となっているが、形骸化したそれらの者の本国法の機械的な適用を退けるために提唱されてきたいくつかの理論的構成の中にあって、当事者自治の導入は最も当事者の利益に適う法の選定を可能とするものであると思われる。

前述のように、今日の国際私法規則の動向を分析した上で、そこに、「内容志向の抵触法規則」及び「結果志向の抵触法規則」という実質的判断を基盤とした二つの規則が存在することが指摘されている。それによれば、二十世紀の最後の四半世紀の国際私法立法において圧倒的な数をもって出現したのが前者、すなわち、準拠法を選定する前に、抵触するいくつかの実質法の内容を考慮することを要求している諸規則である。他方、後者は、経験的に望ましいと考えられている一定の実質的な結果を実現することが意図されている諸規則である。両者の中、特に後者について整理すれば、次のように述べることができる。遺言、婚姻、通常の契約のように、法律行為の形式的又は実質的な有効性を優遇するもの、準正、嫡出性、夫婦の（婚姻の解消を含めた）身分のように、一定の身分を優遇するもの、不法行為の被害者、消費者、労働者、扶養権利者、又は、弱者ないしはその利益が保護に値すると考えられる者のような特定の一方当事者を保護しようとする規則がそれである。前二者は裁判所による択一的連結を定める抵触規則によって遂行されるのに対して、最後のものは択一的連結によるか、又は、保護されるべき一方当事者に準拠法の選択を許すか、又は、潜在的に強制若しくは統一された抵触法とは反対の結果から当事者を保護することによって遂行されることになる。これらの諸規則の中、一方当事者による準拠法の選択を許す規則は「結果志向の抵触法規則」であり、また、必然的に「内容志向の抵触法規則」でもあるそれに対して、通常の契約、又は、婚姻における合意のように、双務的若しくは敵対的な関係にある両当事者に準拠法の選択を許す規則は「内容志向の抵触法規則」であり、主として実質的正義の価値考慮に基づく「結果志向の抵触法規則」であるとは限らない。法制度の視野から見て、当事者自治の規則は当事者による法選択の自由の享受に重点を置いており、特定の実質的結果の発生を意図した

ものではない。そこにおいて意図されているのは、寧ろ、連結の多元化、準拠法決定の確実性、解決の予測性、裁判所及び当事者にとっての訴訟便宜のような国際私法の次元における利益に対する配慮であると考えられる。その点については、当事者の視点からも同様である。例えば、債権契約においては、契約当事者は、選択された法律の熟知、完全性、確実性のような多くの理由から準拠法条項に合意するが、選択された法律の下において常に有利な結果が保証されるものではない。また、一方当事者に有利な結果が必然的に他方当事者の不利となるという場合も少なくない。かようにして、双務関係にある当事者に予め準拠法を選択することを許す規則の多くは、「内容志向の抵触法規則」ではあっても、当然に「結果志向の抵触法規則」であるというわけではない。また、当事者自治を許しながら、その自治を制限する強行的な規則の中には、選択された法律の適用の結果から、消費者、労働者、扶養権利者のような弱者の保護の要請のような実質的考慮に基づくものがある。一九八〇年六月二九日のＥＣ契約債務準拠法条約（いわゆるローマ条約）において採用されていると見られる「強行法規の特別連結の理論」によって根拠付けられた規則がそれであるが、そのような規則は内容志向であると同時に結果志向である。結果志向の規則は強行的連結を意味することになるが、ある規則が強行的規則であるか否かは、その内容又は目的を検討することによってのみ決定されることができる。以上のように導かれている結論からも知られるように、内容志向である当事者自治において相抵触する実質法の内容は重要な要素となるが、一定の実質的な内容を有する解決までをも保証するものではない。

それでは、当事者自治が国際家族法において果たす役割は何であるか。法的安定性と具体的妥当性の要請の狭間で揺れる今日の国際私法において、当事者自治の導入は、紛れもなく、解決の具体的妥当性の要請の顧慮の下における抵触規則の柔軟化を促進する手段として位置付けられるであろう。まず、それにより、制限的ではあっても、当事者の双方又は一方がそれらの者にとって最も有利な法を選択することが可能となる。しかし、そこにおいて求められている当事者の利益・正当な期待の保護は、債権契約における当事者自治と同様であり、特に家族法事項に限られたことではない。一定の実質的な内容を有する解決は、結果志向である択一的連結によって行なわれるべきものである。従って、国際家族法における当事者自治

の役目は、価値衡量において優劣を付けることに必ずしも馴染まない家族法関係に関して、内容志向の立場から、当事者の意思を尊重することであろう。その背後に時として存在するのが打ち勝ち難い文化的衝突であることは言うまでもない。また、それによって明らかにされているのが、属人法の決定基準における国籍主義、住所主義、常居所主義のいずれに依拠することをも可とすることの前提となるそれぞれの立場の相対性にほかならない。一方、準拠法選定規則が必ずしも明瞭ではない事件における法的安定性の要請が当事者による法選択を許容する重要な理由であると論じられているのが、オランダ国際私法における当事者自治に関する論争である。オランダ国際家族法判例において展開されてきた当事者自治の拡大は、正に抵触法規則の確実性の要請によって説明されることができる。

契約の準拠法における当事者自治の原則が、近代私法における契約自由の原則の一端を構成するものとして、当事者の自由それ自体に、すでに、それが原則とされる意義が認められるのとは異なり、家族法事項についての当事者自治は、適用される可能性を有する法の内容により重点が置かれるべきものである。とはいえ、債権契約における準拠法選択の自由は、実質法が当事者の一方の保護のための強行規定を含んでいる場合には、それが実質法と一致することによって初めて正当化されるという考えが席巻しているように、いずれにしても、実質法上の立場は無視することができないものとなっている。家族法の分野においても、例えば、扶養義務の準拠法について、制定法からは懸け離れることになったとしても、実質扶養法が取り消すことができない扶養の合意を当事者に許していることを理由に、国際私法における当事者自治が正当化されるというオランダにおける論議は、右に述べられた立場を反映するものであろう。オランダ離婚抵触法が法廷地法であるオランダ法の選択の余地しか認めていないことの偏狭さについては、すでに見たように、批判的に言及されることもあったが、それについても、肯定的に解するならば、協議離婚を許容するに至った同国法の立場を顧慮した結果であると考えることができないわけではない。

結局、属人法の国際的調和の要請に応えつつ、実質法上の発展を解決に反映させることが可能である点にこそ、国際家族法における当事者自治の意義を認めることができるであろう。尚、その点については、反致肯定論に拠り、それを積極的・

弾力的に運用すべきとする立場とは結果的に大差がないことになるかもしれない。しかし、平成元年の改正において、法例第三二条但書の新設により、反致の成立の余地を大幅に制限したわが国際私法については、それに準拠法選定規則の調整機能を期待することは無理である。しかも、家族法事項に関する当事者自治が夫婦財産制にしか定められていないわが国際私法の場合には、やはり、抜本的な改正が求められる時期が到来していると言わざるをえないであろう。そして、近い将来、抵触規則は択一的連結と当事者自治の規則に整理・統合され、親子関係は択一的連結により、また、婚姻関係及び相続関係は当事者自治によるという規則が確立されるであろうことは、すでに言及したところである。

第九章　準拠法の指定

第一節　国際私法総則総説

前述のように、わが国際私法は、主として、平成元年及び平成一八年における改正ないし新たな立法化により、その内容が充実され、明文規定による規則の明確化に向けて整備されているが、その対象は、相続のような重要な分野の諸規定の改正が残されているにせよ、その大部分が各論規定に集中していることが看取される。それに対して、総則規定は、漸く、改正法例において、重国籍者及び無国籍者の本国法の決定（改正法例第二八条第一項及び第二項）、地域的不統一法国法の指定（同第二八条第三項）、住所地法の決定（同第二九条第一条及び第二項）、常居所地法の決定（同第三〇条第一項及び第二項）、人的不統一法国法の指定（同第三一条第一項及び第二項）、反致の制限（同第三二条但書）、公序（同第三三条）等の事項について、従前の規定の改正ないし新たな規定の新設が実施されたに過ぎない。このように、わが国際私法に対するこれまでの改正は各論規定の整備に重点が置かれたものであり、総則規定について見る限り、旧法例と比べても、決して飛躍的な充実が図られているとは言えないであろう。現在、規律の範囲が限定されている「遺言の方式の準拠法に関する法律」及び「扶養義務の準拠法に関する法律」中の総則規定を除き、わが国際私法の主たる総則規定は、通則法の第三章「準拠法に関する通則」の第七節「補則」中の諸規定（第三八条ないし第四三条）に止まる。具体的に言えば、すでに改正法例との関連において言及された諸規定、すなわち、重国籍者及び無国籍者の本国法の決定（通則法第三八条第一項及び第二項）、地域的不統一法国法の指定（同法第三八条第三項）、常居所地法の決定（同法第三九条）、人的不統一法国法の指定（同法第四〇条第一項及び第二項）、反致（同法第四一条）、公序（同法第四二条）に関する諸規定が存在するに過ぎず、わが国際私

法上における総則規定の充足度は決して高いと言うことはできない。従って、わが国際私法は、伝統的に数少ない総則規定をもって総論問題に対処しており、立法の整備は不十分である。

しかしながら、法的安定性ないし解決の予測性の要請に鑑みるならば、如何なる立場がとられるべきかは別問題としても、何らかの明確な総則の確立が必要であると思われる。諸国の立法例には、わが国際私法よりも広範に総則規定を有するものが少なくなく、それにより、明確に規律されている。もとより、渉外私法問題を抵触法的に処理しようとする場合、必ずしも明文規定に依らなければならないものではなく、確立された慣習、判例、そして、学説等、何らかの実定規則として依拠できる規則が存在しているならば、それをもって足り、当該規則の明文化が急がれる必要がないことは言うまでもない。従って、先ず、わが国際私法上、明文規定を有しない数々の国際私法総論問題について、果たして、確立された実定規則と言えるものが存在しているか否かが探究されなければならない。因みに、講学上の問題として、通則法中にそのための規定が存在しないのは、法律関係の性質決定、法律回避、先決問題、適応問題、分裂国家国民の本国法決定、未承認国家法の指定、外国法の適用（外国法の調査、その内容の不明、法規の欠缺）等の諸問題である。その他、近時の諸国立法に見られる一般原則や内外強行法規への特別連結に関する規定も存在しないものの中に含めて考えてよいであろう。以下においては、すでに論及された法律関係の性質決定及び法律回避以外の総論問題について論ずる。

第二節　未承認国家法の指定

未承認の国家ないし政府の法律が準拠法として指定される資格を有するか否かの問題が論議されたことがある。わが国際私法上においては、現在も、朝鮮民主主義人民共和国法及び中華民国法の指定に際して生ずる余地のある問題である。しかし、いずれかの国家ないし政府の正統性の承認が外交的、政治的問題であるのに対して、国際私法は私法的生活関係に適用すべき最も適当な法律を指定することを目的としており、従って、未承認の国家ないし政府の法律であっても、当該国家な

いし一定の領域において実定法として施行されているものである限り、準拠法として指定されるべきであるとする立場が、わが国学説上、ほぼ一致して支持されている。一方、わが国の裁判例について見れば、比較的近時の判例は、学説と同様の立場を採るようになっている。例えば、札幌地方裁判所昭和四三年四月一六日判決、東京地方裁判所昭和四八年一〇月二六日判決、東京地方裁判所昭和五九年三月二八日判決、大阪地方裁判所昭和六三年四月一日判決、京都地方裁判所平成四年一二月九日判決等がある。かくして、この問題はすでに結着しており、そして、それについては、一応、確立された規則が存在すると言うことができるであろう。

この問題に関しては、外国の立法例も殆ど見ることができない。僅かに、前出エストニア民法典の一般原則に関する法律第一二四条第二項第一文が、「本法において使用されている意味における国家とは、独立の法体系が実施されている領域をいう。」と定めており、わが国際私法上における立場と同様、独立した実効的法体系の存否が、準拠法としての指定の可否の判断基準とされている。

第三節　場所的不統一法国法の指定

通則法の諸規定によって当事者の本国法が準拠法として指定されるべき場合において、その連結の基準となる国籍につき、当事者が複数の国籍を有していたり、あるいは、無国籍者であったときの本国法の決定については、すでに前述した。ここで述べるのは、当事者が国籍を有する国において、いくつかの異なる法秩序が行なわれている地域が併存する場合の本国法の決定についてである。すなわち、それらの異なる法秩序の中のいずれをもって本国法と見るべきかという問題である。

まず、当事者が不統一法国の国籍を有している場合に、いずれの法をもってその者の本国法と見るべきかは、原則として、同国の規則、すなわち、準国際私法に従うことが要求されている。通則法第三八条第三項第一文が、当事者が地方により法律を異にする国の国籍を有するときは、その国の規則に従い指定せられる法律を当事者の本国法とすると明文をもって規定

しているので、異論のないところである。例えば、旧ユーゴスラヴィア連邦共和国がそれとして挙げられる。共通法（derecho commún）と地域法（derecho foral）の適用関係について定める後述のスペイン民法の規定もそれと同様の性格を有するものであると言うことができる。これに対して、アメリカ合衆国のように準国際私法を有しない国に国籍（市民権）を有する者の本国法については、同項後文は、当事者に最も密接な関係を有する地方の法律を当事者の本国法とすると規定している。何をもって最も密接な関係の要素と考えるべきかについては、英米国民の場合、英米法上の本源住所（domicile of origin）が基準とされるべきである。これは、わが国での本籍にほぼ相当するほどの恒久性を有するものである。このほか、常居所地、最後の常居所地、出生地なども考慮されるべきであろう。尚、準国際私法に従うべきとする立場が間接指定主義と呼ばれ、また、それによらない場合には、法廷地法上の立場から直接指定されることとなる。このように、前者を原則とし、後者を補充として本国法を決定する立場は、遺言の方式の準拠法に関する法律第六条及び扶養義務の準拠法に関する法律第七条においても採られている。

不統一法国法に関する問題と類似する問題は、いわゆる分裂国家の法を本国法として指定する場合にも見られる。第二次大戦後、中国、朝鮮、ヴェトナム及びドイツに見られた国家の分裂は、その法秩序の分断をもたらし、そのいずれの法をもって本国法と見るべきかが長く論じられてきた。言うまでもなく、敵対関係にある両国家の間には準国際私法が存在しないため、直接指定主義と同様、何らかの基準の下に本国法を決定しなければならない。前世紀末、ドイツにおいては、民主化運動の結果として、西ドイツが東ドイツを吸収する形で法的分裂も解消され、また、それ以前、七〇年代半ばには、ベトナムにおいても武力によって統一が達成されている。更に、中国及び朝鮮においても対立政権の接近の傾向が見られており、将来、政治的にも、そして、法的にも統一されることが大いに予想される。しかし、差し当たり、分裂国家において相異なる法秩序が有効に並存している限り、上記の問題は結着したとは言えない。政治面においては、現在、わが国は中華人民共和国及び韓国を承認しているが、これをもって、直ちにそれらの国の法を中国人及び朝鮮半島出身者の本国法と見るべきとする主張は極く少数に過ぎない。国際私法の究極の目的が渉外私法問題の解決のための最も適切な法の探究にあると見る限

り、政治的な次元での帰属は必ずしも国際私法の次元にも妥当するものではない。従って、北朝鮮の政権がわが国の政府によって未だに承認されていないとか、わが国が台湾との政治的交流を断絶したということが、国際私法上の判断に決定的な影響を与えるものではないことは、前述したところである。結局、この問題は、分裂国家を不統一法国である一国と見るにしても、二個の国家が存在すると見るにしても、現に実効的な二つの法秩序が存在する限り、当事者に最も密接な関連を有する法をもってその者の本国法とするほかはなく、何をもって最密接関連法の認定基準とすべきかが当面の問題であると言わざるをえない。当該問題については、第五章第五節において論及されているところであるが、客観的要素として、当事者の住所、居所、過去の住所、過去の居所、本籍がいずれの法域に所在するかは、重要な手懸かりとなることは言うまでもないが、それらに加えて、当事者の帰属意思も無視できない重要な要素となる。但し、このような主観的要素は、事案との兼ね合いにおいてその採否を判断しなければならない。すなわち、いずれの法を本国法とすることが、国際私法上又は実質法上、解決の具体的妥当性を確保できるかの考慮があってこそ、主観的要素に本国法の決定が依拠されても良いと考えるべきである。尚、在日中国人及び在日朝鮮人の本国法の決定における国籍が属人法の決定基準としてすでに実効性を失っているとして、より現実的な住所（常居所）が所在する地である日本の法によって問題の解決を図るべきとする注目すべき見解も登場するに至っている。

準国際私法の具体的な立法例として、スペイン領域内に併存する民事法秩序の抵触を規律する民法典序章第五節第一三条ないし第一六条に触れておきたい。この種の規定は、旧スペイン民法典第一二条ないし第一六条においても見られたところであった。これらは、スペイン領域内において、現在もなお存続する地域法によってもたらされる法秩序の特異性の一面を浮彫りにするものである。因みに、スペインにおける法の発展について若干言及すれば、それは、それぞれに特色を有する諸地域の歴史的起源から発して形成されてきたものである。そのため、スペイン領域内における民法の統一は、未だ達成されていない。スペインにおいては、現在もいくつかの特殊な法を保有する地域が存在しており、これらの法は地域法と呼ばれて、諸地域における実際上の法生活と密着している。将来における統一民法典の形成のために、地域法を明確にする必要

があるところから、地域法は法律として追認され、そして、諸地域独自の「法令集」(compilaciones) の法典化が認められている。これは、それぞれの地域で通用する地域法を収録したものである。現在、ヴィスカヤ (vizcaya) 及びアラヴァ (Alava)、カタルニヤ (Cataluña)、バレアレス (Baleares)、ガリシア (Galicia)、アラゴン (Aragón)、並びに、ナヴァーラ (Navarra) の「法令集」が制定されている。それにより、特に相続法の分野における事項につき、地域法が施行されていることが知られている。因みに、民法典と地域法との関係については、次のように取り扱われる。すなわち、地域法が行なわれている地域においては、その特殊の民法を包含する「法令集」が優先し、民法典は補充的効力しか有しない。しかし、民法典序章は、婚姻法とともに、スペイン全土で統一的に適用される (スペイン民法典第一三条第一項)。この点からも、スペイン領域内の全民事法秩序の総則規定とも言える民法典序章の改正が、特に重要な意義を有するものであったことを推察するに難くないであろう。

第四節　人的不統一法国法の指定

いずれの法域の法を適用すべきかが確定した後も、その法域において主として人種や宗教を基準として、それらに属する人的集団ごとに異なる法律の適用が行なわれている国がある。場所的に法域の指定が行なわれた後も、本国法の決定のため、更に人的に法域の指定を行なわなければならない場合は、多様な宗教が並存している東南アジアや南アジアの国々との関連において決して少なくない。この場合、例えば、インドネシアのように、人的に法律の適用関係を規律する規則すなわち人際法が存在するときは、それに拠るべきことは準国際私法の場合と同様である。前述の通り、改正法例には平成元年の改正により、それに関する規定が設けられた。その規則を引き継いだ通則法第四〇条第一項は、当事者が人的に法律を異にする国の国籍を有する場合においては、その国の規則に従い指定せられる法律を当事者の本国法とし、もし、その規則がないときは、当事者に最も密接な関係がある法律を当事者の本国法とすることを規定している。これは、場所的不統一法国法の適

用に関する通則法第三八条第三項と同様に、原則として間接指定主義の立場を採ることを明らかにするものである。人際法となる規則の確認は、必ずしも明文規定によらなければならないものではない。例えば、パキスタンの「ムスリム家族法」は、イスラム教徒への適用を前提としており、そこに、イスラム教徒に適用されるべき法律を特定するために定めた規則が存在しているものと解釈することができる。そうすると、最密接関係法として適用法が特定されるべき場合の方が寧ろ例外となるであろう。しかし、そのような場合にも、その国における区分の特質に従い、それが設定していると見られる基準によって適用法が決定されなければならない。多くの場合、人種、宗教籍、社会的階級などが基準となると考えられる。

また、通則法第四〇条第二項は、人的不統一法国法が常居所又は夫婦の最密接関係地を連結点として指定された場合について、同条第一項を準用している。すなわち、当事者が常居所を有する地が人的に法律を異にする場合における当事者の常居所地法、及び、夫婦に最も密接な関係がある地が人的に法律を異にする場合における夫婦に最も密接な関係がある地の法律は、その地の規則に従い指定せられる法律をもってその常居所地法ないし最密接関連法とし、もし、その規則がないときは、当事者ないし夫婦に最も密接な関係がある法律をもってその常居所地法ないし最密接関連法とすることとなる。そして、間接指定、直接指定のいずれの際にも、本国法の決定について述べられた基準がそのまま妥当する。

尚、扶養義務の準拠法に関する法律第七条にも、当事者の常居所地法又は本国法の確定につき、右に述べられたと同様の趣旨の規定がある。

第五節　反　致

第一款　総　説

最も広義において反致を定義するならば、それは、法廷地抵触規則によって指定された準拠法所属国の抵触規則が同国以

外の国の法を指定している場合において、それに従い、準拠法を決定することを言う。このような反致肯定論が理論的根拠としているのは、外国法の指定における総括指定説及び棄権説である。前者は、法廷地抵触規則によって指定される外国法はその実質法だけではなく、その中には国際私法も含まれており、従って、その抵触規則をも考慮しなければならないとする見解である。また、後者は、自国法の適用について棄権している法を適用することはできず、法廷地法をもって補充すべきとする見解である。そして、反致肯定論の立場の実践的根拠は、法廷地国と法廷地抵触規則によって指定された準拠法所属国との間に、準拠法の指定における国際的調和が実現できるということである。それに対して、反致否認論の立場からは、準拠法の指定は、法廷地抵触規則が最善の法として選定した実質法の指定であって、準拠法所属国の国際私法は考慮されるべきではないと主張されている。この立場からは、準拠法の選定において外国国際私法へ依存することとなる反致肯定論の立場については、自国国際私法に対する自信の欠如の現れであると批判されている。そして、実践的根拠として、安定的な準拠法の指定により、国内的裁判調和が達成できることが挙げられている。

それでは、反致については、いずれの立場が支持されるべきであろうか。わが国の国際私法の主たる法源である法例及び通則法において、外国法が本国法として指定された場合における反致については、終始、一貫して制限的な反致を認める立場を採用してきた。また、手形法第八八条第一項は手形行為能力の準拠法につき、小切手法第七六条第一項も小切手行為能力の準拠法につき、無制限な反致を認めている。しかし、「扶養義務の準拠法に関する法律」及び「遺言の方式の準拠法に関する法律」など、ハーグ国際私法条約に依拠した国際私法立法においては、反致に関する規定は置かれていない。従って、反致に関するわが国際私法の立場は必ずしも明瞭ではないが、身分及び一般的行為能力については、基本的には反致否認論の立場に立っており、例外的に、通則法第四一条本文に見られるように、外国法がわが国の法律へ反致している場合においてのみ、その成立が認められるという制限的な反致肯定すなわち狭義の反致の立場を採っていると見るのを妥当とすべきであろう。このような立場からは、外国法上の国際私法が第三の国の法を指定する送致（再致、転致）は認められず、その結果、反致がその機能として担っていると言われる裁判の国際的調和という理念は、全うされないこととなり、寧ろ、端的に

は、内国法の適用の優先を図ろうとする考え方が支配していると評すべきであろう。しかしながら、平成元年における法例の改正により、反致に関する規定そのものが改正されたことに加えて、それまでの連結規則とは異なる形態のそれが導入されて現在に至っている結果、法例における反致条項の解釈及び適用においてもまた、従前とは異なる視点からの配慮が求められる情況に至ったと言うことができるであろう。

反致の形態については、右に挙げられたもののほか、間接反致及び二重反致と呼ばれるものがある。前者は、法廷地抵触規則によって指定された準拠法が所属する国の抵触規則が指定する準拠法が所属する国（第三国）の抵触規則がわが国の法を指定する場合における反致である。これを肯定する学説もあるが、再致（転致）を認めないとする立場を採る限り。それを肯定することには理論的な矛盾が存在すると言うべきであろう。一方、後者は、法廷地抵触規則によって指定された準拠法が所属する国の抵触法にも反致に関する規則がある場合に、それを考慮することにより、一旦、反致が成立した後も、再び当該国法へ反致され、そのような繰り返しが際限なく行なわれることとなる場合の反致を言う。それについては、法廷地抵触規則が指定した法が準拠法として決定され、反致は成立しないというのが通説となっている立場である。

第二款　段階的連結と反致

まず、わが国の国際私法における唯一の反致条項であった改正法例第三二条は、次のように、本文及び但書によって構成されていた。すなわち、「当事者ノ本国法ニ依ルヘキ場合ニ於テ其国ノ法律ニ従ヒ日本ノ法律ニ依ルヘキトキハ日本ノ法律ニ依ル」とするのが本文であり、そして、「但第十四条（第十五条第一項及ビ第十六条ニ於テ準用スル場合ヲ含ム）又ハ第二十一条ノ規定ニ依リ当事者ノ本国法ニ依ルベキ場合ハ此限ニ在ラズ」とするのが但書である。そして、その法文の内容は、通則法第四一条においてそのまま引き継がれている。それらの中、本文は平成元年における改正前から採られてきた立場であり（旧法例第二九条参照）、その文言上、新規な点は見られない。それが意味するところは、前述のような狭義の反致のみが認められ、転致のように、本国法上の抵触規則による第三国の法への送致は認められないということであった。従って、

そのような場合においては、法例中の抵触規定による本来の指定のままに準拠法が決定されることとなる。このように、わが国際私法における反致条項は、法例中の抵触規定が本国法として指定するいずれかの外国法と日本法との二つの法の間における準拠法の選定を調整する役割を担っていたと言うことができるであろう。すなわち、属人法における本国法主義と住所地法主義の調和がそれである。一方、同条但書は日本法への反致を制限するものとして規定されている。もとより、狭義の反致が内国法志向を目するものであるとするならば、いずれの国の法も平等の資格をもって選定・通用されるべきであるとする国際主義の立場に反する狭義の反致が制限されることは、寧ろ歓迎されるべきことである。そして、同但書が日本法への反致を制限すべき場合の基準として明示しているのが、通則法第二五条（婚姻の身分的効果）、第二六条第一項（婚姻の財産的効果）、第二七条（離婚）、第三二条（親子間の法律関係）に依って外国法が指定される場合であるが、これらの規定の全てが段階的連結の規則を採るものであり、また、それらが本則として当事者の同一本国法を指定するものであることはよく知られているところである。それでは、何故に、それらの場合において日本法への反致が制限されることとなったのか。その理由については、次のようにいくつかの側面から説明されている。

まず、平成元年の法例改正に関する基本通達の解説においては、「段階的連結の場合には、当事者双方に共通する法律を厳選・精選しているので、反致を認めず、その法律によることとするのが適当であること、その国の国際私法上、密接関連法によることとされることを理由として反致する場合には、その認定に困難を伴うこと等」が、その理由とされている。また、学説においても、段階的連結の場合には、両性平等の原則に沿うよう諸般の事情を考慮して共通本国法を指定しているのに、共通本国法からの反致を認めると、共通常居所地法として日本法に反致する場合はともかく、当事者双方に共通でない連結素を媒介として、例えば、夫の住所地法として日本法に反致する場合には、両性平等の見地からみて適切と思われない結果を招くことになると説かれている。これらの説明は、反致を認めることが段階的連結の立法趣旨を損ねる結果をもたらし兼ねないことや、外国抵触規則の適用の実際上の困難な点を反致否認の根拠として論じるものである。また、同じく学説には、次のような別の観点から但書について説明するものもある。すなわち、同一本国法の次順位の段階的準拠法が予定

されているのに、それを適用せず、第一順位の準拠法から他の法律への反致を認めることになると、段階的連結の趣旨に反すると考えられたからであるというのがそれである。

以上において、但書が日本法への反致を制限していることの主たる理由は、一連の抵触規定が採っている段階的連結の規則との関連において説明されているが、それらの説明には、明らかに差異が存在している。すなわち、一方は、改正法例における基本理念である両性平等の原則の実現が反致によって空洞化されることがあってはならないと考えるものであり、それは、論理上、段階的適用主義との必然的な関係は認められない。それに対して、他方は、段階的適用主義のもとにおいては、適用されるべき準拠法の順位はすでに確定されていて、それが予想外の法の介入によって乱されてはならないと考えるものであり、それは、論理上、準拠法が共通本国法ないし同一本国法であるか否かということとは必然的な関係は認められない。従って前者の説明からすれば、単一的連結によってであっても、共通法ないし同一法として外国法が指定される限り、反致は認められるべきではなく、また、後者の説明からすれば、共通法ないし同一法でなくとも、段階的連結の規則によって外国法が指定されている限り、それからの反致は認められるべきではないということになるであろう。反致の制限に関するそれらの説明については、改めて論及されるところである。いずれにしても、通則法第二五条、第二六条第一項、第二七条及び第三二条を準拠抵触規定として、外国法が本国法として指定されたときは、但書は日本法への反致を全面的に禁止していると見るのが通説の立場である。

第三款　択一的連結と反致

上述のように、同一本国法として外国法が指定された場合における日本法への反致の制限について、改正法例第三二条但書以後、明文をもって規定されていることから、その反対解釈として、そこに列挙された以外の条項により、外国法が本国法として指定された場合には、日本法への反致は考慮しなければならないこととなる。しかしながら、学説においては、択一的連結によって外国法が本国法として指定された場合についても、反致が制限されるべきではないかという疑問が、右但

書の導入の当時から提起されている。すなわち、択一的連結の場合には、一定の実質的利益の保護が顧慮され、その目的のために抵触規則が明示的に適用すべきことを命じている法から日本法への反致は認められるべきではないというのがその論拠である。例えば、通則法第二八条第一項は、嫡出保護のため、夫婦の本国法の中、子の嫡出性を肯定する法の適用を命じており、また、通則法第三〇条第一項は、準正保護のため、父の本国法、母の本国法又は子の本国法の中、準正の成立を認める法の適用を命じている。折角、それらの抵触規定に従って選定された法が適用されることなく、当面の事案における子の嫡出性を認めないとか、あるいは、準正の成立を認めない結果をもたらす日本法へ反致させることは、それらの規定を蔑ろにするものである。また、段階的連結の本則として同一本国法に依った場合に、準拠法の選定における両当事者の平等という国際私法上の利益が顧慮されているとして、その指定が全うされるべきと考える立場に拠るならば、その立場との均衡からみても、通則法第四一条但書による反致の制限は、択一的連結が行なわれる場合にまで拡大させることがその趣旨に適うものであると考えられる。

以上と似たような発想は、次のような場合においても発現する。すなわち、択一的連結により、適用されることが望ましいと考えられる外国法が指定された場合においては、公序則の発動（通則法第四二条参照）についても、当然に、それを制限的に解釈・運用すべきことが考えられる。そして、このことは、段階的連結により、当事者の同一法ないし共通法として外国法が指定された場合についても、同様であろう。つまり、択一的連結によって実質的に望ましい連結が行われた場合のみならず、段階的連結によって形式的に望ましい連結が行なわれる場合においては、その本来の連結がそのまま維持されることが好ましいと考えられているということにほかならない。

第四款　通則法第四一条但書の解釈

果たして、通則法第四一条但書の文言にどこまで忠実を期するべきであり、また、抵触規定の立法趣旨が活かされるべきであるか。前述のように、通説は通則法第四一条但書における反致の否定は全面的否定であるとし、国際私法的利益の衡量

の結果として日本法へ反致させる余地はないとしている。それにも拘わらず、そこに掲げられた一連の抵触規定が規律する法律関係の準拠法である当事者の同一本国法から日本法への反致については、それを全面的に否定しているものではなく、単に制限しているに過ぎないという解釈が可能であるか否かがここにおける検討課題である。すなわち、同条本文の文言解釈において、そこに掲げられた要件が充たされたときは、当然に反致が成立するとされているのに対して、同条但書は、上記の法律関係については、当然には反致は行なわれるべきものではないというに過ぎないという解釈が、実定法の解釈として可能であるかということである。

通則法第二五条、第二六条第一項、第二七条は、同一本国法という形で両性平等の理念を実現しようとしており、本国法上の抵触規則の立場に拘わらず機械的に反致を成立させたならば、改正法例及び通則法の精神に反することとなるため、極めて慎重な立場が採られているものと見ることができるであろう。従って、本国法上の国際私法が両性平等の原則に反しない規則をもって、日本法へ反致しているときには、その成立を認めたとしても、同但書の趣旨に反することにはならないと言うことができる。例えば、本国法上の抵触規則が共通常居所地法ないし同一常居所地法として日本法へ反致しているような場合がそれである。同様の結論は、段階的連結の規則における次順位の同一常居所地法の連結を優先させるべきとして、反致の否定が説明される立場からも肯定されるべきであろう。蓋し、外国抵触規則とわが国際私法における段階的連結の補則が一致する場合には、反致の肯定がわが国際私法上の規則に違背することにはならないからである。

しかし、又、同条但書からは離れて、本国法上の国際私法が指定する共通属人法ないし同一属人法が日本法であったとしても、直ちに日本法に反致させるべきではなく、その場合には、当事者の実質的な利益を顧慮し、本国法と日本法の中、いずれが当事者の利益を保護することができるかを考慮した上で、反致の成否を決定すべきではないかという主張も見られたところである。これは、言わば、本国法と日本法からの択一的連結を認めることを意味するものである。そして、その立場の背後に存在するものは、共通本国法ないし同一本国法の優先的適用という考え方に対する疑問にほかならない。もとより、通則法中の右諸条項における段階的連結の規則が定める共通本国法ないし同一本国法は、それが共通法ないし同一法である

という特質を有するに止まるものであって、いずれの場合においても実質的に最良の解決をもたらすという保障はない。その場合、反致を否定することは、共通本国法ないし同一本国法の適用を確保するという意味において、形式的な当事者利益を保護することとなり、他方、反致を認めることは、時として、実質的な当事者利益を保護することを可能とするものである。そうすると、平成元年における法例の改正により、部分的には明瞭に導入された実質的利益の考慮という観点を抜きにしては、当面の問題を論じることはできないであろう。

改正法例以後における利益衡量について指摘されるべきは、まず、その観点の導入が、実質法の次元におけるそれにまで及んでいるものと国際私法の次元に止まっているものの両方が存在している点であろう。例えば、前出の通則法第二八条第一項は嫡出保護という実質的利益の保護に向けられたものであり、また、同じく第三〇条第一項も準正保護というそれの保護を目したものである。さらに、同第二九条第一項後段及び同第二項後段における保護条項（セーフガード条項）も、認知について、子の本国法への累積的連結を実質的利益の保護の観点から命じている。同様の目的から、同第三一条第一項後段における同様の条項も養子の本国法への累積的連結を命じている。それに対して、同第二五条が本則として夫婦の同一本国法に依り、また、補則として夫婦の同一常居所地法に依るべきとしていることは、国際私法の次元における当事者利益の顧慮であって、実質法上のそれではない。同様のことは、同条を準用している第二六条第一項及び第二七条、そして、子と父又は母の同一本国法に依るべきことを本則としている第三二条についても言うことができる。このように、通則法第四一条但書によって反致が制限されている外国法への連結は、いずれも実質法上の利益を考慮しない規定である。その結果、準拠法の選定における両性の平等ないし当事者の平等は実現されることができるとしても、実質的にも望ましい解決が常に実現されるとは言えないであろう。しかし、本来、形式的利益の保護は決して実質的利益の保護と矛盾するとか、両立しえないものではない。ここにおいて強調されるべき点は、通則法第四一条但書において、前者が後者に優先すべきものとして、不当に位置付けられているという点である。

第五款　通則法第四一条但書の運用

それでは、通則法第四一条但書は、如何ように適用されるべきであろうか。まず、同条本文から言及すると、その文言をみる限り、日本法への反致は機械的に行なわれるべきことが求められている。しかし、今日的意義における利益衡量の観点に立つならば、単純な内国法の適用の拡大がそこにおける政策考慮の主たる意図であると見て、可及的に日本法への反致を成立させることが正当であるとは言えないであろう。そこにおいて求められているのが、文言をより柔軟に解釈・運用することにより、優先されるべき当事者利益の保護であるとしたならば、それは、次のように行なわれるべきであろう。まず、外国法が当面の問題を日本法へ送致していないときは、いかなる場合であっても、日本法への反致を認めることはできない。蓋し、現行実定法規の文言から著しく乖離した解釈は許されるべきではないと考えられるからである。その逆に、外国法が日本法へ送致しているときは、以下に述べられるように、日本法への反致の成否について柔軟に解釈する余地が残されているように思われる。つまり、通則法による本国法の指定が一定の実質法上の利益の保護を目して行なわれているときは、その目的に反する結果をもたらすこととなる日本法への反致は好ましくない。それらの例としては、すでに実質法上の利益衡量に関連して言及された諸条項によって指定された外国法の場合が挙げられる。それに対して、本国法への送致が単一的連結によって行なわれているときには、日本法への反致の成否に幅を持たせることにより、結果的には、わが国の抵触規則が多元的連結を規則としている場合と同様に機能するよう、通則法第四一条本文の運用に際して考慮されても良いであろう。外国法による解決と日本法による解決とのいずれがより好ましいかの実質的判断を行なうことにより、当面の事案に柔軟に対処することも許されるのではないか。

次に、法例第三二条但書について言えば、そこに掲げられた一定の法律関係の準拠法の選定が同一法ないし共通法の適用のみを考慮したものであり、特定の実質的利益の保護を顧慮したものでないことは前述の通りである。同但書における反致の制限が、実質的価値が表現されていない段階的連結の規則が指定した外国法からの反致についてであったならば、反致の

制限に固執すべき根拠は薄い。やはり、そのような場合においては、日本法への反致の可能性を認めることにより、本国法と日本法の範囲に限定されることとなるが、準拠法の選定の多元化が図られるべきであり、通説の固定的な立場は改められるべきであろう。そのための構成については、すでに論じられたところであるが、同条但書の「この限りでない」という文言について、通説が唱える反致の全面的否定の立場に対しては異を唱えざるを得ない。同一法主義ないし共通法主義を貫くために、同条但書を硬直に理解したならば、事案によっては、形骸化した本国法を準拠法として適用しなければならない事態をも招くこととなるであろう。そのことは、より適切な法の適用という国際私法の本来の理念に反することは明らかである。従って、上記文言については、通則法第四一条本文に従って反致を成立させることにより、当事者の実質的利益が損なわれることとなる場合における反致の相対的ないし部分的否定を表現しているものと解釈すべきであろう。少なくとも、本国法上の抵触規則が同一常居所地法ないし共通常居所地法として日本法へ事案を送致しているときは、本国法の適用の結果と日本法の適用の結果とのいずれが好ましいかの実質的判断が行なわれるべきことを退けるべき積極的な根拠は乏しいことは明らかであろう。

第六款　反致の制限

改正法例第三二条の改正点については、すでに前述されたところであるが、比較立法的に見て、同条本文における狭義の反致の立場は決して珍しいものではない。広く転致（再致）をも認める立法も散見される一方、近時の諸国立法には、原則として反致否定論の立場に立つものが比較的に多い。しかし、それらの立法の殆どは、結局、一定の身分関係事項について、例外的に狭義の反致を認めているのが実態であり、実際には、狭義の反致の立場が支配的であると言っても過言ではないであろう。完璧な抵触規定が定立されていない限り、より密接な関連性を有する法の指定のため、反致規定に「柔軟な抵触規則」の不備を補弱する役目を担わせるべき余地はあると考えられ、その意味において、わが国際私法の立場は基本的に批判されるべきものではない。それに対して、問題となるのは、やはり、同一（本国）法の指定の場合における反致を禁止する

同条但書の立場である。確かに、比較立法的に見れば、狭義の反致を肯定しながら、一定の場合について、その成立を禁止する立法例は決して少なくない。例えば、後述の通り、一九八六年七月二五日のドイツ国際私法第四条、一九六六年一一月二五日のポルトガル国際私法第一九条、一九九五年六月三日のイタリア国際私法第一三条、一九九九年八月三日のマカオ国際私法第一七条、二〇〇一年の韓国国際私法第九条等がそれらの立法例として挙げられる。しかし、それらの立法例を改正法例第三二条但書と比較してみれば、そこには、わが国際私法における反致の立場が如何に特異であるかを知らしめる大きな違いが存在していることが明らかである。

まず、ドイツ国際私法第四条第一項第一文は、「他の国の法に送致されるときは、そのことが送致の意味（Sinn der Verweisung）と矛盾しない限り、その国際私法も適用されるものとする。」として、狭義の反致及び転致の両方を認めている。そして、「送致の意味」については、法文上、明確にされてはいないが、送致の趣旨を考慮した上で、反致が許されるか否かが判断されており、多くのドイツ学説において一致して指摘されているのは、択一的連結（Alternative Anknüpfung）の場合、及び、最密接関連法（engste Verbindung）として指定された場合、更には、附従的連結（Akzessorische Anknüpfung）の場合である。更に、両性平等原則に反する抵触規則に基づく反致をそれに含める見解もある。又、同条第二項は、当事者によって選択された法は実質規定であり、その中に国際私法規定は含まれないとして、当事者自治によった場合における本来の準拠法からの反致を否定している。当事者意思の尊重の理念の下に認められた準拠法の選択の趣旨に照らし、当然の帰結であろう。

次に、ポルトガル民法典第一九条は、本来、有効となるべき法律行為とか、嫡出になる子が、反致によって無効になるとか、非嫡出子となるような場合、及び、準拠外国法が当事者によって選定された場合には、狭義の反致及び転致は制限されると定めている。ポルトガル法を母法とするマカオ民法典第一七条は、基本的に右ポルトガル法上の立場と同一であるが、反致による阻害から保護されるべき身分関係を嫡出性に限定することなく、より広く、身分関係全般へ拡大している。当事者によって指定された法からの反致が否定されていることも同様である。同様の立場として、イタリア国際私法第一三条第

二項が、当事者によって選定された法、及び、行為の方式に関する規定からの反致を禁止しており、また、同条第三項は、親子関係の確定、準正、婚外子の認知につき、反致が親子関係の創設を許す法の適用へ導くときにしか、反致は考慮されないと定めている。これらの立法例は、いずれも、当事者の身分関係の実質的利益の保護を顧慮するものである。

そして、韓国国際私法第九条が反致の禁止として掲げるのは、当事者が合意して準拠法を選択する場合、契約の準拠法が指定される場合、扶養の準拠法が指定される場合、遺言の方式の準拠法が指定される場合、船籍国法が指定される場合、及び、その他に、反致を認めることが指定された法の指定の趣旨に反する場合である。最後に挙げられた場合における一般的・集約的な表現が、ドイツ国際私法第四条第一項第一文における「送致の意味」に倣っていることは明らかである。従って、同第一文を巡り、ドイツ学説において論じられているところは、そのまま、韓国法についても妥当すると言うことができるであろう。

第七款　隠れた反致の理論

反致は本国法上の抵触規則の内容の如何によってその成否が判断されるものであるが、国により、それは必ずしも明瞭に規定されているわけではない。特に英米法は管轄規則が中心を成しており、当事者の住所や居所に基づく自国の裁判管轄権の有無についてのみ規定し、それが肯定されるときは当然に自国法を準拠法とする立場が採られていることが少なくない。そこで、そのような住所主義を原則とする管轄規則の中に抵触規則が隠されていると解釈することにより、まず、それから、自国法の適用のみに言及している一方的抵触規則を導き出し、そして、その抵触規則をいわゆる双方化することにより、英米法における抵触規則が住所地法主義ないし法廷地法主義を採っているとして、反致の成立を可能とする立場がわが国やドイツの実務上においても定着している。尤も、その場合でも、住所地法として日本法を適用するための前提となる日本における住所の認定は、法律概念として、本国法である英米法上における住所（ドミサイル）概念に従って厳密に行なわれるべきであり、安易にわが国に住所が所在するとして反致されてはならないということが指摘されている。

確かに、英米法上、管轄規則のみが定められている場合には、自国の裁判所が管轄権を有するときは自国法を準拠法として適用すべきことが確立しているとしても、明文をもって定められているのは管轄規則のみに過ぎず、日本法が何らかの資格において適用される可能性について言及されているわけではない。しかし、日本に住所を有する英米人を当事者とする事案の準拠法として常にその本国法である英米法を適用すべきとしたならば、解決の硬直性を来すことにもなり、事案のいかんによっては妥当であるとは言えないであろう。結局、この問題も、本国法と日本法の中、いずれの法の適用がより妥当な解決をもたらすものであるか、前述のような観点から個別具体的に検討するほかはないと思われる。

第六節　強行法規の適用の留保

一九八〇年の「契約債務の準拠法に関するＥＣ条約」（ローマ条約）以後、労働者保護及び消費者保護を発端としたいわゆる「強行規定の特別連結理論」は、瞬く間に諸国国際私法を席巻するに至り、家族法関係にも適用されるべき一般規定として諸国国際私法立法にも採用されている。最も密接な関係を有する地の法が、一定の者の利益を保護するための一定の法規を強行的に適用すべきことを定めている場合には、同法を本来の準拠法及び法廷地法に対して優先させ、特別に同法を適用すべきとするのがその理論の骨子である。法廷地抵触規定によって指定された本来の準拠法の適用を退ける点において、広義の例外条項であると言うことができるであろう。前出スイス国際私法第一九条及び前出ベルギー国際私法第二〇条においても、強行規定の特別連結に関する規定が狭義の例外条項とは別に置かれているほか、狭義の例外規定を有しない多くの立法例にも導入されるに至っている。例えば、二〇〇一年一一月二六日のロシア民法典第三部第一一九二条は、第一項において、「本章の諸規定は、準拠法が何であるかに拘わらず、ロシア連邦の立法上の強行法規が含む指示、又は、それが特に民事法関係に含まれた者の合法的な権利及び利益の保護のために帯びる特別な重要性を理由として、その関係を規律するそれの適用を侵害しない。」とする規定に続いて、第二項において、「本章の諸規定による一定の国の法の適用の際には、裁判

官は、準拠法が何であるかに拘わらず、規律すべき関係と密接な関連性を有する他のいずれかの外国法に従い、同法上の強行法規がその関係に必要であるときは、その強行法規を考慮することができる。」と規定し、その場合には、「裁判官はその強行法規の目的及び性質並びにその適用又はその不適用の結果を考慮するものとする。」と定めている。それは、同じく独立国家共同体構成国として、基本的に同一の法律モデルに依拠しているカザフスタン民法典第一〇九一条、ウズベキスタン民法典第一一六五条、キルギスタン民法典第一一七四条、ベラルーシ民法典第一一〇〇条、アゼルバイジャン国際私法第五条等においても共通して定められているものである。

強行法規の優先的適用の規定について、諸国国際私法立法を概観すると、内国強行法規のみを念頭に置いた規定のほか、密接関連国強行法規をも顧慮した規定が存在している。前者は、ともすれば、内国法の通用の優先に陥るものであり、また、法廷地公序則をもってそれに代わることができる場合も考えられるため、寧ろ、後者の規定が置かれることの方により重要な意義が認められるであろう。アメリカ・ルイジアナ民法典（一九九一年法律第九二三号）第三五一五条第一項が、「本編において別段に定められた場合を除き、他の州ないし国家との関連性を有する事件における問題は、その法律がその問題に適用されなかったならば、政策が最も深刻に侵害されることとなる州ないし国家の法律によって支配される。」と定め、また、同第三五一九条が、「自然人の身分並びにその身分の付随的効果及び効力は、その法律が特定の問題に適用されなかったならば、政策が最も深刻に侵害されることとなる州ないし国家の法律によって支配される。」と定めているのも、最密接関連法上の強行法規の優先的適用の立場を表明したものであろう。

通則法中には、密接関連法としてではないが、認知に関する同第二九条第一項後段及び第二項後段、並びに、養子縁組に関する第三一条第一項後段に、子ないし養子の本国法上の一定の事項につき、同法を適用すべきことを定めている保護条項（セーフガード条項）が置かれていることは、すでに述べられたところである。

第七節　一般例外条項

わが国際私法を通じて貫かれている原理は、最も密接な関連性を有する法を準拠法として指定すること、すなわち、密接関連性の原則であり、通則法においては、旧法例や改正法例と比べて、特に財産法事項へのその原則の採用が顕著化している。通則法中の各規定において、明文をもって密接関連法への連結が表明されているばかりか、各論規定において準拠法として定められている法は、いずれも密接関連法の具体例として例示されているものと解することもできる。しかし、わが国際私法には、各個の抵触規定によって指定された法（原則的準拠法）よりも、当面の法律関係により密接な関連性を有する法が存在する場合には、原則的準拠法が排されて、当該密接関連法が適用されるべきことを定める一般例外条項と呼ばれる総則規定は置かれていないが、今日、諸国の立法例中には、その規定を置いているものが増えている。

右に述べたように、わが国際私法には一般例外条項は置かれていないが、果たして、実定規則として存在していると考えることはできるであろうか。通則法第一五条が不当利得及び事務管理について、また、同法第二〇条が不法行為について、同法がそれらの法律関係の準拠法として指定する法が属する地よりも、明らかにより密接な関係が認められる他の地があるときは、当該地の法に依るべきことを定めるに至っている。しかし、これらの規定はそれらの法律関係に特定された特別例外条項に止まるものであり、これらの諸規定の存在が、却って、解釈上、通則法における不文の一般例外条項の存在を否定する結果を招いていると言わざるをえないであろう。

諸国立法について見れば、恐らく、前出オーストリア国際私法第一条の「最も強い関係」の原則に先導された例外条項をもって、最も密接な関連性を有する法や一定の利益の保護に繋がる法の選定を可能としているものが少なくない。例えば、最も典型的には、一九八七年一二月一八日のスイス国際私法第一五条は、「本法が送致する法は、全体の事情により、事実関係が同法と僅かの関係のみしか有しないが、他の法とは遥かにより密接な関係を有することが明らかであるときは、例外

的に適用されない。」とする例外規定である。同様に、一九九一年一二月一八日のカナダ・ケベック州民法典第三〇八二条も、「例外として、本巻によって指定された法律は、情況の全体を考慮して、事情がその法律と懸け離れた関係しか有せず、かつ、それが他の国家の法律と非常により密接な関係にあることが明らかなときは適用されない。」と定めている。より最近においては、二〇〇四年のベルギー国際私法第一九条第一項第一段第一文もまた、一九八七年のスイス国際私法第一五条に倣って導入された例外条項であるが、例外条項が発動された場合について、同第二文は、「その場合には、当該他国家の法が適用される。」と定めて、具体的に補充法についても指示している。

例外条項の特性として、その柔軟性は認められる一方、それが法的安定性ないし解決の予見可能性の面において後退する点が見られることは否めない。従って、例外的な場合としては、当事者意思に基づく準拠法指定の場合、及び、実質的判断の結果としての択一的連結の場合をその条項の支配範囲から除外するほか、その条項の適用を、密接関連性を有しない準拠法に服すれば、当事者利益の保護に欠けることになる場合に限定する等、その運用における慎重な判断が求められることになるであろう。カナダ・ケベック州民法典第三〇七九条が、「正当かつ明らかに優勢な利益が求めるときは、事情が密接な関係を呈示する他の国家の法律上の強行規定に効力が付与されることができる。それについて決定するため、その規定の目的、及び、その適用から生じる結果が考慮される。」とか、また、前出ベルギー国際私法第一九条第一項第二段が、法的安定性の見地から、「準拠法の予見可能性の要請」、及び、外国における既得権の保護の見地から、「係争関係が、その関係がその形成当時に関係を呈示した国家の国際私法規則に従って合法的に形成された情況」を特に顧慮しなければならないということを定めているのも、そのような慎重な見地からのことであろう。

第一〇章　準拠法の適用

第一節　外国法の調査

準拠法として決定された外国法が事実であるか、はたまた、法律であるかということが、その適用の際に問題となる。前者であれば、その適用は当事者の主張・援用を待って行なわれ、後者であれば、その適用、及び、そのための前提となる調査は職権をもって行なわれることとなる。概して言えば、英米法系の諸国においては前者の立場が採られ、一方、大陸法系の諸国においては後者の立場が採られている。わが国の学説及び実務においては外国法を法律（判断の基準）であるとして、その調査については職権探知主義が支配している。すなわち、わが国際私法が外国法を準拠法として指定することにより、外国法は内国において法律としての効力を有することとなるとする狭義の外国法法律説が有力である。もとより、国際私法が外国法の適用を定める以上、裁判所が職権をもって外国法を調査・適用することが当然であり、法律説を妥当とする見解もある。そして、また、いずれの立場がとられるべきかの問題は、外国法が事実であるか法律であるかに関わらない法政策的問題であるという指摘もされている。いずれに根拠を求めるにしても、わが国際私法上、外国法の調査・適用は職権に依るべきとする立場が支持され、確立されていることは明らかである。

大陸法系の諸国の立法例を見ても、当事者による外国法の証明をも認めているか否かはともかくとして、それらの全てが職権探知主義を原則としている。例えば、前出スペイン民法典第一二条第六項、前出オーストリア国際私法典第四条第一項、前出ハンガリー国際私法第五条第一項、前出旧ユーゴスラヴィア国際私法第一三条第一項、ペルー民法典（一九八四年七月二四日公布）第二〇五一条、パラグアイ民法典の公布に関する法律（一九八五年一二月二三日法律）第二二条第一項、前出

スイス連邦国際私法第一六条第一項、前出ブルキナファソ人事・家事法典第一〇〇八条第一項、前出イタリア国際私法第一四条第一項、前出リヒテンシュタイン国際私法第四条第一項、前出ウズベキスタン民法典第一一六〇条第一項、前出キルギスタン民法典第一一六九条第二項、前出チュニジア国際私法典第三二条第一項、スロベニア国際私法・国際手続法（一九九九年公布第五六号）第一二条第一項、前出カザフスタン民法典特別編第一〇八六条第二項、前出ベラルーシ民法典第一〇九五条第二項、前出大韓民国国際私法第五条、前出ロシア連邦民法典第三部第一一九一条第一項、前出ベルギー国際私法第一五条第一項前段等、枚挙するに暇がないほどである。

かくして、比較立法的に見ても、職権探知主義は広く支持された普遍的な立場として確立しており、わが国際私法における立場もそれと歩調を同じくするものである。その圧倒的支配の現状を見る限り、いかに、当事者主義ないし弁論主義に基づく「任意的抵触法理論」の提唱に相当な説得力があるとしても、その現実性は極めて乏しいのが実状であり、当事者自治の下に、当事者によって法廷地法が選択される以外、外国法が準拠法として決定された場合には、それを法律として、その内容の調査が求められることとなる。

第二節　外国法の解釈

準拠法が決定すれば、その法の下に、当面の問題の実質的な審理を行なうこととなる。準拠法が日本法であるときは、例えば、捺印を欠いた遺言の有効性等、当事者が外国人であることに基因する何らかの特別な配慮を要する場合も想定されるが、多くの場合においては、国内事件と同様に法律を解釈・適用し、解決することができる。これに対して、準拠法が外国法とされたときは、その処理の過程において困難な問題が生ずることが少なくない。

外国実質法の解釈については、裁判所が職権をもって行ない得ることであるが、その場合、日本法上の観念に捉われることなく、実際に、当該外国法秩序の中において行なわれている通りに行なうことが要求される。わが国際私法が外国法を準

拠法として指定するのは、外国法を内国法へ組み入れようとするものではなく、外国法として適用しようとするものであるから、外国法の解釈・適用も、その法秩序の中で、忠実に、その外国の裁判所が行なうようになされるべきであるとする立場は、外国法の解釈の基準として、わが国際私法に明文規定は置かれていないが、見解の一致の下に確立されている。準拠法の解釈をその法秩序（日本法）におけるそれに依らしめるとしつつ、事案の渉外性を顧慮した最高裁判所昭和四九年一二月二四日判決が、ここにおける問題に関連する裁判例として挙げられる。明文規定についてのみならず、外国実定法体系上、判例法や慣習法、さらに、学説が如何ように位置付けられているかなどの問題についても同様のことが言える。裁判離婚主義の国の法が準拠法となった場合に、調停前置主義を採るわが国の法制度との調整がいかになされるべきか等、未解決の問題が少なくない。

上述のようなわが国学説の通説は、諸外国の立法例とも符合するものである。例えば、前出ポルトガル民法典第二三条第一項、前出メキシコ民法典第一四条第一項、前出ブルキナファソ人事・家事法典第一〇〇八条第二項、前出エストニア民法典の一般原則に関する法律第一二七条第一項、前出イタリア国際私法第一五条、前出リヒテンシュタイン国際私法第三条、前出キルギスタン民法典第一一六九条第一項、前出チュニジア国際私法典第三四条第一項、前出カザフスタン民法典特別編第一〇八六条第一項、前出ベラルーシ民法典第一〇九五条第一項、前出マカオ民法典第二二条第一項、前出アゼルバイジャン国際私法第二条第一項、前出ベルギー国際私法第一五条第一項後段等がそれらであり、外国法に忠実を期することが広く確立した立場であることが知られる。

尚、裁判所が外国法の解釈・適用を誤ったと考えられる場合には、当然、重要な法律の適用違反として上告審の審理に服することとなる。そのような上告理由としては、準拠法の選定を誤った場合と準拠実質法の内容の解釈を誤った場合とが考えられる。前者は内国抵触法に対する違背であり、後者は内国抵触法により、適用法としての資格を付与された裁判規範に対する違背であると言うことができる。

第三節　外国法の内容の不明

まず、外国実質法の適用の出発点として、それが如何なる内容を有するかを知ることが必要であるが、その調査は必ずしも容易なことではない。尤も、外国法が文字通り法律であると考えられる限り、外国法の内容の確定は裁判所の職務であり、当事者が立証しなければならないものではない。外国法を法律ではなく、事実であると解するならば、外国法の適用は当事者の主張・立証を俟って行なわれることとなり、立証責任の分配の問題として処理されることとなるが、そのような理解がわが国の国際私法の立場に反するものであることは、既に前述したところである。従って、全ての外国法は内国法と同様の法規範として、その調査・適用は裁判所の職権をもって行なわれなければならない。

準拠外国法について、裁判所が職権をもって調査しても、また、そのために、諸官庁や当事者の協力を得ても、その内容を明らかにすることができない場合であっても、裁判所が請求を棄却することができないことについては、わが国においてほぼ異論はない。しかし、そのような場合に、いかように対処すべきであるかということになると、わが国学説に統一された見解が見られるとは言えない。内国法を適用すべきであるとする説（内国法適用説）のほか、あるいは、条理により、内容が不明とされる準拠外国法秩序全体から、当該外国法として妥当な解決を探究すべきであるとする説（条理説）とか、あるいは、法系、民族的・文化的親近性、政治的・経済的類似性等の近似性を総合的に判定して、最も近似すると見られる他のいずれかの法秩序における関連規定から推認される規則が代わって適用されるべきであるとする説（近似法説）が論じられている。また、困難な条理や不確実な近似法に基準を求めることなく、補充の連結素により、新たに次善の準拠法を探求し、それを判断基準とした方が合理的であるとする説（補充的連結説）も登場している。条理説を支持する見解は、かつての多数説であり、現在もなお、それを支持する見解も見られるが、近時においては、近似法説が最も実際的であり、合理的であるとして、わが国における有力な見解であると見られる。しかし、補充的連結説の支持も拡大しており、いずれの立場

も支配的であるとは言うことはできないであろう。

まず、一般的条理について言えば、それが法の一般原則のように抽象的な理念であるとしたならば、それに具体的な判断基準を求めることは困難であると言うほかはなく、やはり、準拠外国法上の条理に依らざるをえないことになる。すなわち、当該外国法秩序全体の構造・精神から導かれるその固有の条理によって解決の基準が求められることとなる。尤も、外国法の内容の不明は、しばしば当面の問題に関する規則の不明に止まらず、より広汎に亘って不明であることが多く、従って、当該外国法秩序に依拠して、その法秩序内で処理することは必ずしも容易なことではない。そのため、本来の準拠法の代用法として、それと最も近似しているとみられる法秩序における関連規定から推認される規則の合理性が多くの学説・判例によって主張されるところとなっている。しかし、その場合の法の近似性については、近代法の始原において同一法系に属する国々の法秩序であっても、長年が経過した今日、各国の事情によってそれぞれ異なったものになっていることが多く、正確に一致するものでないことはしばしば見られるところである。何人も確信をもって本来の準拠法の代用法の依り所を他の法秩序に求めることは著しく困難なことであると言わざるをえないであろう。

裁判所による調査のほか、当事者や鑑定人の協力によっても、なお外国法の内容が不明であるときは、右のような不確実な近似法からの推認という方法を執らず、補充の連結素により、新たに、補充の準拠法を探求し、それを判断基準とする方が合理的である場合もあるであろう。蓋し、充分に明確な規則によってこそ、裁判の結果に対する当事者の信頼が得られるものであると思われるからである。

一方、わが国の裁判例を見れば、かつて、北朝鮮法や中華人民共和国法が準拠法とされた場合には、その内容が不明であったため、その結果、請求を棄却した静岡地方裁判所昭和四六年二月一二日判決や内国法を適用した京都地方裁判所昭和六二年九月三〇日判決があるが、多くは、条理によるか、又は、近似法説の立場によったものが多く見られる。それらとして、韓国法の適用をもって北朝鮮法のそれに代えた福岡地方裁判所昭和三三年一月一四日判決、大阪家庭裁判所昭和三七年八月二二日審判、大阪地方裁判所昭和三九年三月一七日判決の他、中華人民共和国法の内容を同じ社会主義法としてソビエト法

等から類推した名古屋家庭裁判所昭和五八年一一月三〇日審判等がある。

諸外国国際私法における立法例を見れば、内国法適用説の立場をとるものと、補充的連結説の立場をとるものとに二分することができる。前者の立場のものとしては、前出オーストリア国際私法典第四条第二項、前出ハンガリー国際私法第五条第三項、前出スイス国際私法第一六条第二項、前出ブルキナファソ人事・家事法典第一〇〇八条第三項、前出ルーマニア国際私法第七条第三項、前出エストニア民法典の一般原則に関する法律第一二七条第四項、前出リヒテンシュタイン国際私法第四条第二項、前出ウズベキスタン民法典第一一六〇条第四項、前出キルギスタン民法典第一一六九条第二項、前出チュニジア国際私法典第三二条第四項、前出スロベニア国際私法・国際手続法第一二条第一項、前出カザフスタン民法典特別編第一〇八六条第四項、前出ベラルーシ民法典第一〇九五条第四項、前出アゼルバイジャン国際私法第二条第一項、前出ロシア連邦民法典第三部第一一九一条第三項、前出ベルギー国際私法第一五条第二項後段等、圧倒的な数に上っている。一方、後者の立場のものとしては、前出ポルトガル民法典第二三条第二項、前出マカオ民法典第二二条第二項第一文等があり、徐々にその数を増やしている。前出イタリア国際私法第一四条第二項は、まず、補充的連結を行ない、それによっても補充法が得られないときは、内国法をもって補充するという折衷的な立場である。同様に、二〇〇〇年一月七日のスペイン民事訴訟法第二八一条第二項においても、明文規定は置かれていないが、一律的に内国法に依るとする従来の立場は退けられており、新たな展開がされようとしている。

以上に見られたように、諸外国の立法例には、内国法適用説の立場を採用したものが圧倒的に多いが、その立場については、わが国の学説においては、内国法への志向であるとして批判されることが多い。その一方、わが国の学説及び判例において有力であるとされる近似法説の立場は、諸外国の立法例に見い出すことができない。確かに、真実の法ではない近似法が十分に本来の準拠法に代わり得るという保証もなく、常に妥当な結果をもたらすとは言えないとして批判されているが、極めて正当な批判であると言うべきであろう。また、本来の準拠法が定まっているのに、それとは全く別個の法を適用することに躊躇するのも当然であろう。結局、現状において、この問題に関し、確立した実定規則の存在からは程遠いと言わざ

るをえない。

第四節　外国法規の欠缺

準拠外国法上、当面の問題の解決のための判断基準となる法規が欠けているときも、裁判所は請求を棄却することはできず、何らかの法的根拠をもって、当面の問題を解決しなければならない任務を負っている。従って、成文法規が存在しないときも、判例法や慣習法などの存在を探求しなければならない。このように、当該外国法秩序全体から基準となりうる法規範の存在が確信しうるとしたならば、外国実質法が欠缺していると言うことはできない。また、如何なる実質法規も存在しないことが明らかになったときは、知られている当該外国法秩序から推測することにより、欠缺の補充が図られることとなる。例えば、わが国の通説によれば、アメリカ法に強制認知に関する規定が欠けていることをもって、同法がそれを認めていないとか、フィリピン法に離婚に関する規定が欠けていることをもって、同法がそれを認めていないと解されている。そして、それらを認めないことが、具体的事案との兼ね合いにおいて、わが国際私法の公序良俗に反することとなると考えられる場合には、後述の公序則の発動により、妥当な解決を図るべきであるとされている。

しかし、このような解釈には疑問がある。いずれかの外国の法制上、わが国に存在する何らかの法制度が存在していないとしても、同国法がその法制度を認めていないと言い切れるものではない。仮に、同国人がわが国において当該法制度を利用した場合、その者の本国法上、承認される可能性もあると考えるべきであろう。例えば、強制認知にしても、離婚にしても、何らかの法制度が存在していないということは、直ちに禁止されていると解すべきではなく、同国法上、単にそれらが知られていないものと見ることができる。未知の法制度を認めるか否かについては、もとより同国法は全く関知するところではない。しかしながら、そのような外国法は当面の問題の準拠法としては実効性を有せず、妥当でないということになるであろう。そこで、かような法の適用を断念し、わが国の抵触規則に従い、補充の準拠法ないし当事者に密接な関係を有す

る地の法の適用が検討されても良いのではないかと思われる。

外国法規の欠缺の場合と外国法の内容の不明の場合とは、同様に、準拠外国法の適用の段階において発生する問題であるため、両者は区別されず、寧ろ、外国法の内容の不明に関する問題としてまとめられ、条理によって解決されるべき問題として論じられることがあるが、両者を区別した上で、それぞれの場合に即した解決方法を探究すべきとする見解は少なくない。蓋し、一定の外国法規の欠缺の場合には、当該法秩序全体から、当面の事項が如何に規律されるべきかが探究されるべきであり、場合によっては、当面の制度ないし権利は認められていないと解釈されることが可能であるとしたならば、当該外国法規の内容が不明であるとは考えられないからである。例えば、前述のように、フィリピン家族法上、離婚に関する規定がないことをもって、離婚が禁止されていると解釈されることは、早くから、わが国の学説及び実務において画一的に行なわれてきたことである。

わが国の裁判例としては、上述のように、離婚に関する規定が存在しないフィリピン法上、離婚が禁止されているとした東京地方裁判所昭和五六年二月二七日判決を始めとする多数の裁判例、認知に関する規定がないアメリカ・コロラド州法について、認知が認められていないとした名古屋家庭裁判所昭和四九年三月二日審判、離縁に関する規定がないアメリカ・テキサス州法について、離縁が認められていないとした那覇家庭裁判所昭和五六年七月三一日審判等がある。それに対して、離婚に伴う財産分与請求権に関する規定がなかった韓国法について、財産分与と実質的に同一の結果を生ぜしめる慰謝料請求権が認められていることに着目して、韓国法の枠内における解釈をもって解決した最高裁判所昭和五九年七月二〇日判決もある。

以上におけるわが国学説及び裁判例においては、一定の事項に関する外国法規の欠缺をもって、直ちに、当該事項に関する制度ないし権利が否認されているという定型的解釈が行なわれている一方、準拠外国法秩序内における合理的な解釈に努めるべきことを求める見解も、今なお根強く支持されている。しかしながら、前者の解釈が後者の立場からの正当な解釈の結果であると言えるかは明らかでない。従って、この問題については、未だ確立した明確な実定規則の存在は認められない

と言わざるをえない。

諸外国国際私法の立法例にも、外国法規の欠缺について明文をもって規定しているものは見られない。多少参考になるものとして、前出メキシコ民法典第一四条第三項、及び、ベネズェラ国際私法（一九九八年八月六日法律）第九条は、法廷地法と準拠外国法との間における法制度又は手続が相違する場合についての規定である。前者の規定は、「メキシコ法が、適用されるべき外国法規に不可欠な制度又は手続を定めていないことは、類似の制度又は手続が存在する場合には、外国法の適用の障害とはならない。」とし、後者の規定も、「ベネズェラ法が類似の制度又は手続を有しない限り、当該外国法の通用は拒否されることができる。」と定めている。これら両者の規定は、ともに、法廷地法上の法制度又は手続を基準とするものであり、類似する一定の外国法規の欠缺する場合には、それをもって当該外国法の不適用をもたらすものである。それらは、一九七九年の米州国際私法専門会議（Interamerican Specialized Conference on Private International Law）によって採択された「国際私法総則に関する条約」による影響が窺われるものである。

第五節　外国法の適用の排除

第一款　公序の概念

伝統的抵触規則による準拠実質法の指定は、その内容の如何に拘わらず、機械的に行なわれるため、事案の如何によっては、それをそのまま適用することがいかにも好ましくない解決へと導くこととなる場合がある。そこで、多くの国々の国際私法には、一定の場合に、自国の抵触規則によって指定された外国実質法を適用しないことができるとして、予期せぬ外国法の適用がもたらす不都合を回避し、妥当な解決を確保するために防禦手段が講じられている。通則法第四二条も、「外国法によるべき場合において、その規定の適用が公の秩序又は善良の風俗に反するときは、これを適用しない。」と規定して

いる。同様の規定は、遺言の方式の準拠法に関する法律第八条及び扶養義務の準拠法に関する法律第八条第一項にも見られる。このような公序則を巡って問題となるのは、一つは、公の秩序又は善良の風俗（公序良俗）に反するとはどのようなことを意味するのか、ということであり、いま一つは、外国法の適用を排除した結果として、問題の解決の基準はどこに求められるべきか、ということである。

外国法規定の内容が内国法規定のそれと単に異なることをもって、その適用が内国の公序良俗に反するとすることは、国際私法の存在意義を失わしめることとなる。従って、公序則の発動は例外的な場合として極力差し控えるべきものと考えられてきた。公序概念についても、諸国に共通の観念を基準としつつ、国際主義の立場から容認し難い場合に限定すべきことが公序の理念として基本的に支持されている。いわゆる国際公序又は超国家的公序と呼ばれる立場である。このような抽象的な公序概念に対して、内国国際私法の次元におけるより具体性を有する明解な公序概念を想定するのがいわゆる国内公序と呼ばれる立場である。これは、内国実質法上の公序に捉われるものではないとしながらも、より現実的な視点に立って、必ずしも明確ではない国際公序概念を基準とすることを否定するものである。確かに、国際公序の立場を採るとしても、実際には、共通して依拠し得る条約等における公序概念が見い出されない限り、内国法上の公序概念を基礎としつつ、比較法的考慮により、それを修正するというように対処せざるを得ないのが実状である。その結果、内国関連性を無視して、一定の公序概念を想定しようとすること自体が非現実的であり、具体的事案との兼ね合いから外国法の適用の結果の具体的妥当性が検討される過程において、公序概念は自ら形成されることとなり、そして、明確となるというのが多数の学説によって唱えられている考え方である。そして、公序概念について、一般的に論じられることは殆ど見ることができない。

他方、外国法の適用が排除されることにより、準拠法に空白が生じた場合、いずれの法をもって補充すべきかという問題は、公序概念の問題に比して、より多く論及されてきた。しかし、準拠法の空白の発生を認める立場が、公序則の発動の基礎となる法廷地法と補充法とを区別して公序に関する問題を捉えるのに対して、観念的に、公序則の発動の前提として既に適用されるべき判断基準となる実定法が存在しているという自働適用説の立場もまた有力である。そして、後者の立場から

しても、実際には、その判断基準が往々にして内国（国際私法上の）公序概念に由来することは前述の通りである。

公序論は、現在、公序則の発動の基準となる公序概念の構成においても、また、補充法の決定のあり方についても、新たな転期に差し掛かっていると見られる。従来より、公序則の発動は例外的な場合として理解され、その条件として事案が内国関連性を有する場合に限るなど、消極的に運用されることが好ましいとされてきた。ところが、解決の具体的妥当性の確保のために公序則を積極的に活用して、旧法例の硬直した規則を実質的に是正しようと図り、あるいは、最も適切な準拠法を選定する過程の一部として位置付けようとする画期的な見解（機能的公序論）がかつて唱えられたことがある。これらの見解は、従前の旧法例上の抵触規則に対する不信の現われと見ることができる。そもそも、国際私法に公序規定が設けられていること自体、それがあらゆる事案に適正に対処しうる抵触規則を有するものではないことを自認しているとも言える。従って、今後、通則法（国際私法）がより柔軟な規則へと改正されたならば、公序規定はその存在意義を失うべきものであり、少なくともそれが活用される場面は著しく減少することとなるであろう。平成元年の改正法例に見られるような実質的判断に立ち入った択一的連結方法の採用は、正にその一例にほかならない。

第二款　公序則の発動基準

公序則の発動の是非が具体的事案との兼ね合いにおいて判断されるべきとしても、具体的に公序に言及している個々の判例から一般的・抽象的に公序則の発動の基準を推定することは、例えば、同じく韓国民法の適用に関する三つの最高裁判所判決の内容の検討により、必ずしも不可能ではないと思われる。

最高裁昭和五〇年六月二七日第二小法廷判決は、死後認知の出訴期間を父又は母の死亡を知った日から一年に限定する韓国民法第八六四条の適用の結果は公序に反しないとし、又、同昭和五二年三月三一日第一小法廷判決は、離婚の際、母が未成年の子の親権者として指定される余地がない当時の韓国民法第九〇九条（その後、一九九〇年に改正）の適用を公序に反するとした。このように判断が分かれた理由については、次のように考えることができる。前者の場合、死後認知の出訴期

限を三年と定める日本民法第七八七条に比して、韓国法上、子の認知請求権は制限されることとなるが、死後認知の訴が全く認められないわけではなく、その出訴期限を一年に制限しても、それが不当に短いとは言えない。それに対して、後者の場合、父母の協議又は裁判所の決定により、そのいずれか一方を親権者と定める日本民法第八一九条に比して、母が親権者に就く権利は認められておらず、そのような制度は存在しない。つまり、準拠外国法上の立場が日本法上の立場とは多少異なっても、類似の制度ないし権利が認められる場合には、公序則の発動を要するには至らず、他方、わが法秩序から見て当然に認められるべき制度ないし権利が全く認められていない場合には、公序則に触れるものと考えられていると推定され、それが、公序則の発動の基準となるように思われる。

以下に掲げる一連の裁判例についても、以上のような基準から矛盾なく説明することができる。すなわち、離婚に伴う財産分与請求権を認めていなかった当時の韓国法上、財産分与と実質的に同一の結果を生ぜしめる慰謝料請求の権利が認められることをもって、類似の制度が存在するものと考えられ、その結果、同法の適用が直ちに公序に反するものではないとした最高裁昭和五九年七月二〇日第二小法廷判決、離婚を一切許さないフィリピン法の適用を公序に反するとした東京地裁昭和五六年二月二七日判決を始めとする一連の裁判例、強制認知を認めないアメリカ・コロラド州法の適用を公序に反するとした名古屋家裁昭和四九年三月二日審判、養子離縁を認めないアメリカ・テキサス州法の適用を公序に反するとした那覇家裁昭和五六年七月三一日審判等がそれらである。

第三款　公序則発動後における補充的連結

本来の連結によっては実効的な判断基準が得られないとして、それに従った解決を断念し、別異の抵触規則を探求すべきであるという立場が有力になりつつある。公序について、そのような立場から規定しているのが、イタリア国際私法第一六条第二項である。公序に基づく外国法の適用に対する例外は、一八六五年以来、一貫して、イタリア国際私法において採られてきた原則であり、本国法主義、当事者自治の原則とともに、マンチーニ（Mancini）の国際私法理論を構成する三本柱

の一つであると言われている。その立場からいずれかの外国法の適用が排除された場合に基準とされるべき法の確定のために、法廷地法主義に代えて、新たに採用された規則が注目されるべきであろう。すなわち、その規則により、イタリア法が法廷地法として直ちに適用されるのではなく、同国法に先立って、まず、同一の単位法律関係のために用意された補充的連結が実行され、それによって得られる法の適用がイタリア法のそれに優先することが定められている。このような補充的連結の規則の採用は、準拠外国法の内容の不明の場合にも同様である（イタリア国際私法第一四条第二項）。そして、そのことをもって、外国法のための門戸がかくも広いことが強調されている。同一の単位法律関係のために用意された補充的連結の規則がない場合であっても、国際主義が当然とされている今日にあって、やはり、最終的な補充法については抵触法の基本原則としての最密接関連法主義が拠り所とされるべきであろう。

第六節　国際私法上における先決問題

第一款　総　説

日常生活における凡庸な私法関係は多数の単位法律関係の複合体として存在している場合が少なくない。これに加えて、時間の経過をも考慮するならば、私法関係は継起的であって、いずれかの単位法律関係は他のいずれかの単位法律関係と密接に関連し、その成否に依存している場合がある。換言すれば、当面の法律問題について判断するためには、先ず、その前提となる他の法律問題を解決しなければならない場合がある。ここで、当面の問題を本問題（Hauptfrage）と呼ぶならば、その前提となる問題を先決問題（Vorfrage）と呼ぶことができるであろう。本来、先決問題は汎く実質法の次元においても存在するものであるが、それが困難な問題をもたらすのは、やはり、抵触法の次元においてである。蓋し、本問題が渉外的要素を有する場合、つまり、その準拠法として外国法が適用されるべきである場合であって、しかも、先決問題もまた渉

外的要素を有するような場合において、それを如何ように解決すべきであるかという問題、端的には、先決問題の準拠法を如何ようにして決定すべきであるかという連結問題が生ずることとなるからである。これがいわゆる国際私法における先決問題の問題である。

一九三〇年代前半、フランス破棄院のPonnoucannamalle判決をめぐってドイツに端を発したといわれている国際私法における先決問題は、先ず、メルヒオール（Melchior）によって提唱された後、ヴェングラー（Wengler）がこれに続き、それに関する論議は、一世紀近くにも及ぶ歳月を経て今日に至っているが、未だ統一された解決方法が存在しないのが実情である。しかしながら、この問題は決して錯綜たる内容を有するものではない。先決問題論は、当初より、いわゆる準拠法説（lex causae）と法廷地法説（lex fori）の対立という実に簡明な問題として論じられてきた。前者は、先決問題を本問題の準拠法が所属する国の国際私法によって選定される準拠法によって判断すべきとする立場であり、これに対して、後者は、法廷地国の国際私法によって選定される準拠法によって判断すべきとする立場である。そして、その争点は、理論的には、先決問題が本問題に対して従属的（unselbständig）であるか、それとも、独立的（selbständig）であるかということと、又、実践的には、裁判の国際的調和の要請と国内的調和の要請のうちのいずれが優先されるべきであるかということである。すなわち、準拠法説によれば、先決問題は本問題の準拠法の適用の結果として生ずる問題であるから、先決問題は本問題に対して従属的であり、また、先決問題の準拠法を本問題準拠法所属国国際私法によって選定することは、法廷地国と本問題準拠法所属国との間において同一の法律問題に同一の法を適用することを可能とし、その限りにおいて裁判の国際的調和が確保されることとなると言われる。それに対して、法廷地法説によれば、全ての渉外私法関係は法廷地で問題とされる限り、法廷地国際私法によるのが原則である、つまり、先決問題は本問題に対して独立的であるとされ、又、同一の法律問題については常に同一の解決が要請されるから、裁判の国内的調和の確保が優先されるべきであるとされる。従来、先決問題論とは、正にこのように並行的に対立してきた論議にほかならない。

この問題は、漸く、一九八〇年代に台頭した折衷説、すなわち、法廷地法説も準拠法説も、いずれも一律的に適用すべき

立場とはせず、具体的な事例との兼ね合いにおいて、より望ましい結果をもたらす方の解決方法に依るとする立場により、理論的な面の後退は否定できないとしても、一先ず、解決の糸口が見い出されている。現在、いずれの立場を原則とし、いずれの立場を例外とするかの見解の相違は見られるにせよ、折衷説が多くの支持を得る立場となっている。かくして、先決問題論の論点は、むしろ、法廷地法説の立場と準拠法説の立場の使い分けの基準をいずこに求めるべきかという点に移っている。その基準として学説の多くは、先決問題に含まれる事実関係が法廷地と本問題準拠法所属国との中、いずれとより密接な関連性を有しているか、また、国内的調和の要請と国際的調和の要請のいずれが優先されるべき事案であるかということの他に、本問題の法律関係の性質に照らして、当事者の利益保護、取引の安全等をも顧慮して、いずれの国際私法に依るべきかを決定すべきであると唱える。例えば、扶養料請求権や相続権の前提条件としての一定の身分関係（婚姻関係、実親子関係、養親子関係）、再婚能力（婚姻能力）の前提条件としての前婚の有効な解消、子の嫡出性の前提条件としての父母の有効な婚姻などが挙げられる。

これに対して、一定の場合に先決問題という構成自体を排除しようとする見解がある。まず、準拠法説を支持するドイツのノイハウス（Neuhaus）は、先決問題たる法律関係が本問題に対する効果（Folge）という点において必然的（notwendig）である場合には、それは先決問題から除外されると言う。例えば、夫婦の同居義務、嫡出子に対する親権、及び、父母に対する嫡出子の扶養請求権は婚姻の有効性の必然的効果であるとされた。また、同じくドイツのヨッヘム（Jochem）が唱えるのが、いわゆる先行問題（Erstfrage）という概念である。これは、法廷地国際私法規定の法律要件内における包摂問題として、本問題の連結に対して論理的に先位する問題は、先決問題とは異なるものとして別個の解決方法が採られるべきであるという主張である。すなわち、先決問題に類似しながらも、概念上、区別されるべき先行問題については、本問題の準拠法の選定のための準拠抵触規則の適用の前提条件としてすでに存在していることが想定される単位法律関係（身分関係）であると定義することができる。例えば、離婚の前提としての有効な婚姻の存在である。先決問題を構成する法律関係（身分関係）の不成立（不存在）によって本問題を構成する法律関係（身分関係）が不成立（不存在）となっ

たとしても、本問題を審理する意義までも失わしめるものではないが、先行問題を構成する法律関係（身分関係）の成立（存在）が否定されるときは、論理的に、本問題は存立しえないものとなる。このように、先行問題は先決問題から区別されうるものであり、法廷地抵触規則に関する問題として、それについての判断は法廷地国際私法によるほかはないと考えられる。そのほか、ヨッヘムが先行問題としているのは、例えば、婚姻の身分的効果、夫婦財産制、子の嫡出性の問題における婚姻の存否の問題である。このような概念的操作に対して、基本的に法廷地法説を支持するスイスのフュレマン・クーン（Füllemann-Kuhn）の見解は、多角的な国際私法原理の導入によって、法廷地法説における機械的な連結を修正しようとするものである。とりわけ既得権理論を重視するその立場からは、時として、独立的連結による結果をも排除することの可能性が指摘されている。

以上のように、わが国には、国際私法上における先決問題の問題について、学説上、折衷説が有力な立場になっているにせよ、後述のごとく、法廷地法説と準拠法説とのいずれを原則とするかについても見解は統一されているとは言えず、また、多くの先例は結果的に法廷地法説の立場に立っており、同じく、法廷地法説を支持する学説が根強いことも否定できないであろう。従って、わが国際私法において、先決問題について何らかの確立した実定規則が存在しているとは言えない。裁判例としては、準拠法説の立場に立った東京高等裁判所昭和五四年七月三日判決もあるが、最高裁判所平成一二年一月二七日判決は法廷地法によるべきことを明示しており、その他にも、法廷地法説の立場に拠ったと見られる裁判例が多い。東京地方裁判所昭和四八年四月二六日判決のように、準拠法説の立場に拠って解決した方が望ましい結果が得られたと思われる事案でありながら、法廷地法の立場に立っている判例もある。諸外国の立法例としては、僅かに、法廷地法説を宣明した前出メキシコ民法典第一四条第四号、及び、前出ベネズエラ国際私法第六条が存在する。これら両国立法についても、前記の一九七九年の米州国際私法専門会議国際私法総則条約による影響が窺われるところである。

先決問題の準拠法の決定については、今後、当事者利益の観点を如何ように導入していくべきかが課題となると思われる。いずれにしても、継起的法律関係において、すでにいずれかの法秩序の下に有効に成立した法律関係（身分関係）を保護し

なくても良いものか。先決問題を専ら連結問題として実質審査の対象としてきた従来の立場は、当事者利益の保護の思想の普及と相俟って、再検討されるべき時機を迎えているのではないかと思われる。

第二款　折衷説の概容

先決問題論における折衷説という用語はしばしば使用されているが、その意義内容については必ずしも統一的に理解されてはいない。大まかにいえば、折衷説とは、先決問題の解決を、一律に法廷地国際私法か又は本問題準拠法所属国国際私法に依るべきではなく、具体的な問題の性質の如何により、そのいずれかの国際私法に依るべきとする立場であると言うことになるであろう。つまり、折衷説は、場合により、法廷地法説又は準拠法説の中のいずれかの立場から先決問題を解決しようとする説である。従って、それは従来の先決問題論の枠を越えるものではなく、両説の対立の延長線上にあるものとして理解することができるであろう。かくして、折衷説における主たる争点は、如何なる場合に法廷地国際私法に依るべきか、また、如何なる場合に本問題準拠法所属国国際私法に依るべきかの判断の基準の如何である。折衷説が主流となっている現在の先決問題論における主たる争点である。

ここで、折衷説と呼ばれる立場を予め仔細に見ておくとすれば、次のように三つの立場に区分することができる。すなわち、第一に、法廷地法説を原則とする立場、第二に、準拠法説を原則とする立場、そして、第三に、いずれをも原則とはしない立場である。これらの立場は、法廷地法説をも準拠法説をも共に是認し、しかも、それらのいずれにも固執しないことから、折衷説に含められるのが妥当であると見られる立場である。それでは、学説上、具体的に如何なる場合に法廷地国際私法に依ることが妥当であり、また、如何なる場合に本問題準拠法所属国国際私法に依ることが妥当であると考えられているか。内外の学説を、三つの立場に区分して概観することとする。

まず、法廷地国際私法による解決を原則とし、場合によって本問題準拠法所属国国際私法による解決を妥当とする立場を採っている学説についてである。今日、わが国の学説の多くがこの立場を採っており、本問題準拠法所属国国際私法による

べき場合については、次のように論じられている。すなわち、事案の具体的諸事情から国際私法的利益を比較衡量し、それに依ることがより望ましい結果を期待できる場合であって、具体的には、先決問題に含まれる事実関係が法廷地との関連性がないか、又は、希薄である場合、本問題について、法廷地国と準拠法所属国の間での国際的裁判調和が得られる場合、法廷地国の国内的裁判調和が乱される虞れのない場合、本問題たる法律関係の性質に照らして、当事者の利益保護や取引の安全等が認められる場合である。尚、諸外国においては、この立場を採っている学説は少ない。

次に、本問題準拠法所属国国際私法による解決を原則とし、場合によって法廷地国際私法による解決を妥当とする立場を採っている学説についてである。このような学説はわが国において殆ど見ることができないが、法廷地国際私法に依るべき場合とは、事案の内国関連性が極めて強く、国内的裁判調和の利益が無視できない場合である。尚、諸外国においても、この立場を採っている学説は少ない。

さらに、法廷地国際私法による解決をも、又、本問題準拠法所属国国際私法による解決をも、いずれをも原則とはせず、場合により、そのいずれかによる解決を妥当とする立場を採っている学説についてであるが、このような学説はわが国において殆ど見ることができない。しかし、諸外国においては比較的に多く、裁判の国内的調和が優先されるべき場合とその国際的調和が優先されるべき場合とを画定している学説が少なくない。例えば、スイスのラリヴ（Lalive）は、前者は事案が法廷地の法秩序と強く結合している場合であり、又、後者はそれが専ら若しくはより強く外国と結合している場合であって、それぞれの場合に法廷地法説又は準拠法説によるべきことを主張している。このような主張は、ドイツのフェリト（Ferid）においても全く同様である。これに対して、マカロフ（Makarov）の見解からは、同じく裁判調和の確保を基準とするものであるが、本問題たる法律関係が先決問題たる法律関係の必然的効果であるという関係が存する場合には、常に国内的裁判調和が保持されなければならないとされる。さらに、ガミルシェーク（Gamillscheg）は、先決問題もまたその重点を有しているとして重点理論（Schwerpunktlehre）に基づく解決を主張し、その重点は事案の事情、関係者の利益及び本問題の性質に依存しているとする。以上のような見解に対して、特にコモン・ロー系の諸国においては、例えば、イギリスのモー

リス（Morris）の見解によれば、先決問題は機械的な解決が不可能なものであり、個々の事案はそれに内在する特有の要素に依存しているとされ、又、カナダのゴットリーブ（Gotlieb）が顧慮すべき要素として列挙しているのが、法廷地の政策、公序の観念、法廷地の判決調和、法廷地法の解釈、牽連性を有する外国の政策及び公序、外国法の構造、法廷地漁りの回避の要請、適用可能な法選択規則の目的、関係諸国の国際的裁判調和の促進の必要性、反致理論、及び、公平である。このような見解は、アメリカ国際私法上のアプローチの方法に接近するものであると見ることができるであろう。又、何らかの原則の定立を避け、関連する個々の実質法規則及び法選択規則の内容及び目的、並びに、それらの相互関係に依存しようとするアメリカのケイヴァース（Cavers）の見解は、必ずしも伝統的先決問題論の枠組から逸脱するものではないであろう。ドイツのノイマイヤー（Neumayer）が、先決問題の解決は、その法理の内容を通じて、それ自体の法秩序の視野からなされるべきであり、その時々によって、法廷地法の視野から、又は本問題準拠法の視野から決定され得ると結論しているが、その見解もまた、上記の見解と同様のものであると言えるであろう。

第三款　折衷説の問題点

今後も、折衷説が伝統的先決問題論の枠組におけるそれとして留まる限り、その課題は如何なる場合に法廷地国際私法によって解決すべきか、そして、如何なる場合に本問題準拠法所属国国際私法によって解決すべきかの判断のための明確な基準の設定であることは既に指摘した通りである。しかし、提示された基準の多くが比喩的であるため、法的解決として実践可能なまでの明確さに欠けているという感は拭いえない。

一　先ず、アメリカ学説を除く諸学説において提示されている基準を整理すれば、凡そ、次のように概括することができるであろう。すなわち、（一）先決問題たる法律関係ないし事実関係が法廷地法との牽連性を有するか否か、（二）本問題たる法律関係の性質・目的が秩序利益（国際的裁判調和・国内的裁判調和）を保護しようとするものであるか否か、（三）同じく、当事者利益を保護しようとするものであるか否か、（四）同じく、取引利益を保護しようとするものであるか否か、以

上である。これらのうち、(一)は最も密接な関係の原則の発現の一態様である。これに対して、(二)ないし(四)は正しく国際私法的利益衡量の立場である。取り分け、(二)を基準とする場合には、事案が法廷地法秩序とより強く結び付いているならば国内的裁判調和の要請を優先すべきであり、事案が外国法秩序とより強く結び付いているならば国際的裁判調和の要請を優先すべきであるという指針が示されている。また、(三)又は(四)を基準とする場合には、本問題たる法律関係の性質・目的に照らし、当事者利益の保護又は取引安全の保護が要請されていると見られるとき、法廷地国際私法による解決と本問題準拠法所属国国際私法による解決との中、いずれの解決がその要請を叶えるものであるかを検討すべきこととなる。いずれにしても、これらの基準によるときは、本来、準拠実質法の選定において考慮されるべき事柄が、準拠国際私法の選定においても考慮されるべきとされており、それらの基準の全てが、国際私法(準拠法選定規則)の選定の次元においても妥当するものであるかは、甚だ疑問のあるところである。尚、上に掲げたいくつかの基準の相互関係、例えば、先決問題たる法律関係が内国牽連性を有するが、本問題準拠法所属国国際私法による解決の方が、当事者利益をより良く保護することになるような場合、いずれの基準を優先させるべきであるかなど、細かな問題については、未だ定かにされていないのが現状である。

以上に掲げた基準は、個々の具体的な事案における解決ということを想定して、その具体的妥当性の確保のために設定されており、従って、如何なる基準を顧慮して、法廷地国際私法による解決がなされるべきか、あるいは、本問題準拠法所属国国際私法による解決がなされるべきかは、やはり、個別の事案ごとにその具体的な事情が異なると言わねばならない。従来、準拠法説及び法廷地法説において採られていた機械的・画一的な解決方法は、折衷説において飛躍的に柔軟性に富んだ立場へと変化して、解決の具体的妥当性の確保に目が向けられている。しかし、又、そのため、法的解決における一般理念である法的安定性ないし解決の予測可能性は自ずと後退してしまっていると見られる。それに対して、多様な性質を有する継起的法律関係を分類して、具体的な継起的法律関係ごとにその性質に相応しい解決方法を探求すべきであるとする見解がある。例えば、ドイツのフィルシンク(Firsching)は、本問題と先決問題との関係をそれぞれの法律関係に従って類型化

して、子の嫡出性、扶養請求権のような問題の先決問題としての婚姻については法廷地法説が採られるべきであるとする一方、寡婦の相続権の問題の先決問題としての婚姻については、相続準拠法との一体性の要請から準拠法説によることを妥当とする。ゴットリープの見解もこれに近づいている。この立場は、多様な先決問題を本問題との関係において分類することの可否、そして、分類された類型ごとに、法廷地国際私法による解決と本問題準拠法所属国国際私法による解決との中、いずれが妥当であるかを検討することを提唱している。

第四款　先決問題論の変容

改めて述べるまでもなく、折衷説は、準拠法説や法廷地法説のようにあらゆる場合に一貫して同一の解決方法によろうとする立場とは異なるものである。本来、理論的側面が重視されるならば、厳然と準拠法説又は法廷地法説の中のいずれか一方に与すべきであるが、折衷説においてはそれがなされていない。折衷説において重視されているのは、前述のように、秩序利益や当事者利益などの保護、つまり、実践的側面であって、その理論的信念は見い出し難い。準拠法説及び法廷地法説の衰退の傾向、並びに、折衷説の有力化の傾向は、先決問題論における論議の形態が理論偏重から実践的効果の重視へと変化してきていることを物語るものでもある。

又、実践的側面そのものにおける変化をも看過することはできない。例えば、その一つとして、秩序利益の保護から当事者利益の保護へと傾斜する傾向が看取されるが、そのことと符号するかのように、先決問題の解決における理念にも変化が生じる。すなわち、先決問題の解決が本問題との関係における相対的なものであると考えるか否かは、いずれの立場を採るべきかの問題に大きく影響するものであるが、従来、特に法廷地法説を支持する学説から主張されていたのが、同一の事実関係に基づく法律関係の解決の恒常性の確保ということであった。例えば、ファン・ホーホストラーテン（Van Hoogstraten）は、先決問題の多くが法的安定性を要請される家族法関係ないし身分法関係であることから、これらの永続的な性質を有する権利関係の存否の解決において、一貫した長期の展望が必要であると主張している。また、ドイツのケー

ゲルも、ある婚姻が時には存在するとされたり、時には存在しないとされたりするような規範矛盾は法的分裂症をもたらすものであり、法秩序の使命に反するものであると主張している。これに対して、準拠法説を支持する学説は、先決問題は本問題と同列に判断の対象とされるべきものではないとしている。例えば、先決問題において有効な婚姻とか、無効な婚姻と決定することは、それ自体意味を有するものではなく、それは本問題の解決に関連してのみ意味を有するものである。従って、その見地から、ある問題に関連して妻である者も、他の問題に関連して妻でないと見ることは何ら妨げないと主張されている。このような先決問題の解決の相対性の理念は、本来、準拠法説が法廷地法説からの批判に反駁する論拠とされたものであったが、近時、折衷説を支持する学説にも、右の理念を基盤とするものが散見される。例えば、ゴットリープは、先決問題の特質として、実質的には全ての事案が身分に関するものであるが、訴訟の究極の目的は身分の確定ではないと断言している。すなわち、対世的効力を伴うことのない身分関係の判断、つまり、身分関係の相対的解決をもって、先決問題論の本質と見ている。

本来、先決問題論とは先決問題たる渉外的法律関係をいかなる法によって判断すべきかを論じるものであるが、国際私法上の先決問題をめぐる問題は国際私法上の連結問題であるという認識が定着したことに伴い、実際には、先決問題の解決を如何なる国際私法によって指定される法に依るべきかの問題、つまり、準拠国際私法の決定を巡る問題として論じられている。そのため、講学上、先決問題に関する学説においても、多くは、準拠法説、法廷地法説、折衷説の三つの立場が挙げられるに止まり、先決問題を本問題準拠実質法に依らしめるべきとするいわゆる実質法説が好意的に論じられることは極めて少ない。又、実質法説に論及している学説についても、理論的根拠がないまま、それが明らかに本問題準拠法の適用範囲を不当に拡張したものであり、そして、先決問題が渉外的要素を有していることを無視するものであると評されている。これらの見解の基底に存在する先決問題観は、先決問題もそれが渉外的要素を帯びている限り、その解決は飽くまでも国際私法的観点から考えられるべきであり、従って、国際私法的処理を経なければならないとするものである。

近時、実質法説との関連において注目されているのがオーストリアの学説及び判例である。まず、シュヴィマン

(Schwimann) によって用語上の混乱が指摘されているが、同国の学説において支配的であるとしてしばしば使用されている準拠法説（従属連結説）という用語が多くの場合において意味しているのは、先決問題も本問題準拠法と同一の実質法によらしめる包括連結（Gesamtanknüpfung）という立場にほかならない。例えば、ハンス・ホイヤー（Hans Hoyer）は、先決問題と本問題との事実関係の単一性を根拠として従属連結を支持しているが、本来的な意味における従属連結を単なる法技術に由来するものとして排斥していることから、そこにおいて支持されている立場は、正確には包括連結つまり実質法説の立場であることが推知される。また、シュヴィントは、先決問題の連結方法を包括連結、従属連結、及び、独立連結（法廷地法説）と同義と見られる分離連結（getrennte Anknüpfung）に区分し、それらの相互関係として、従属連結を包括連結の一種の変則として位置付けている。すなわち、その見解によれば、準拠法説は連結方法として包括連結と従属連結とを包含するが、両者のうち、基幹となるものは包括連結であり、教授が支持しているのもそれであると見られる。

　このように、準拠法説の原則は本問題準拠実質法の適用であり、本問題準拠法所属国国際私法の適用はむしろ変則であるとするオーストリア学説に近い立場として、ゴットリープもまた準拠法説（lex causae）は準拠法上の抵触規則（the conflicts rule of the lex causae）及び準拠法上の実質規則（the domestic rule of the lex causae）を包摂しているとする。これらの学説が明らかにしているのは、実質法説と準拠法説とはともに本問題準拠法を基準とする点である。尚、わが国においては、明らかに実質法説を支持している学説は存在しない。

　実質法説を採っていると見られる裁判例が、オーストリア及び旧西ドイツに散見される。例えば、オーストリア最高裁判所一九六八年七月一一日判決は、相続事件において、相続順位の先決問題である推定相続人による相続放棄の有効性について、先決問題の解決は法的確定力を有しないので、外国官庁が裁判すべき問題についても、オーストリア官庁は裁判することができるとし、かような場合においては、外国官庁による裁判を代替するものであるから、オーストリア国際私法に依るべきではなく、当該外国の国内法に依るべきであるとする。これが本問題準拠実質法を意味するものであろうことは、いくつかのオーストリア最高裁判所判決からも知ることができる。又、婚外子の父に対する扶養料請求権の問題の先決問題であ

る父子関係存否確認の準拠法の選定において、ベルリン高等裁判所一九七〇年一一月九日決定は、身分訴訟における血統の確認を実質法上の先決問題（materiellrechtliche Vorfrage）として、扶養準拠法が西ドイツ法である場合、父子関係の確認も同法に依るべきであるとしている。このような立場を基本的に踏襲したのが、旧西ドイツ連邦通常裁判所一九七三年二月二八日判決である。同裁判所一九七四年一〇月三〇日判決も、扶養準拠法が西ドイツ法でない場合、父子関係の確認については、本来の原則である父の本国法主義が採られるべきであるとして、裏面から上記と同一の立場を採っている。又、認知との関連において同一の立場を採っているのが同裁判所一九七五年三月一九日判決である。さらに、同裁判所一九七六年二月四日判決も同様である。そして、その立場をより一般化した原則へと発展させているのが同裁判所一九七九年五月一六日判決である。これらの一連の判例はまた、実質法説について、次のように、その特質の一面を明らかにしている。すなわち、前出オーストリア最高裁判所判決によって、先決問題の解決は法的確定力を有しないと言明され、又、例えば、前出旧西ドイツ連邦通常裁判所一九七六年二月四日判決により、扶養訴訟における父子関係確認は対世的効力を伴う独立の父子関係確認とは別個に考えられると説示されている点である。つまり、実質法説もまた先決問題の解決の相対性という準拠法説の所論と軌を一にしているということである。

これに対して、先決問題を単に準拠国際私法の選定の問題ではなく、先決問題たる法律関係ないし身分関係の究極的な解決に及ぶべき問題であるとするならば、適用可能ないくつかの法秩序のうち、いずれが実質的により優れた解決に導くことができるかの考慮、そして、その優先的適用は、先決問題論においても当然に検討されるべきこととなるであろう。このような立場を逸速く主張していたのがヴェングラーである。先決問題の理論の提唱者のひとりである教授の従前の立場は、代表的な準拠法説としてわが国においても余すところなく紹介されているが、その後の教授の立場は著しく変容を遂げている。すなわち、同一の問題についての法廷地国と外国とにおける判決抵触の最少（a minimum of conflicting decision）の確保の原則と、法廷地国関連の問題に関する判決の一貫性（consistency of decision）の確保の原則との抵触は、個々の事件におけるあらゆる関連性の比較衡量によってのみ解決可能であるとされ、先決問題論において次のように展開されてい

る。すなわち、相続権の前提条件である婚姻の有効性、子の嫡出性などが先決問題となる場合には、法廷地法及び相続準拠法がそれらを否定していたとしても、密接な関係を有していたいずれかの法秩序への選択的な送致が可能であり、又、先決問題の解決は本問題準拠法の合理的解釈によらしめるべきであるとされる。そこには、実効的な家族関係を形成した婚姻における配偶者又は子に対する保護の思想を見い出すことができる。又、同様の思想の下に、先決問題たる法律関係ないし身分関係の存在が多数の国の法秩序に複合的に連結されている場合についても、それはいずれかの法秩序によって認められていることをもって足りるとされる。同じくドイツのジーア（Siehr）もまた、嫡出保護（favor legitimitatis）のため、嫡出性の先決問題である婚姻の有効性を事案ごとに判断すべきであると主張している。当事者の利益の保護のためには、法廷地国際私法にも本問題準拠法所属国国際私法にも拘泥すべきではないとする立場は、明白な国際的動向からして、ある特定の結果が望ましい場合には、法廷地法説の修正が可能であるとするフュレマン・クーンの見解にも見ることができるものである。近時の英米の学説において、婚姻の有効性に関する法選択を争点ごとに判断し、特に争点が相続に関するものである場合には、相続財産から金銭的給付を受けることの可否にこそ問題の本質があり、従って、当事者がある国で有効に婚姻し、そして、その婚姻の有効性を信じて長期に亘って婚姻生活を継続したならば、残存する当事者の保護のため、婚姻を有効とすべきであるという立場が有力になりつつある。この立場については、従来の理論に依拠すれば結論として無効とならざるをえない事例であっても、事実関係の如何によっては婚姻の有効性が認められ、それにより当事者は婚姻に関する一定の効果を享受し得ることとなり、柔軟な対応により具体的妥当性も確保されることになると評されている。同時に、できる限り婚姻を有効ならしめようとする婚姻保護（favor matrimonii）の思想の存在が指摘されている。

同様に、裁判例にもその傾向が看取される。例えば、外国養子の相続権に関するイギリス判例の変遷は、先決問題論における養子保護の思想の導入に到る過程を示すものである。すなわち、先決問題である養子縁組の成立の有効性の問題について、一九五四年の Re Wilson, Grace v. Lucas and Others 及び一九五六年の Re Wilby における縁組準拠法への相続準拠法の加重という立場に端を発し、一九五七年の Re Marshall, Barclays Bank Ltd. v. Marshall and Others において

は、専ら縁組準拠法によるとする立場に端を発し、ついに、一九六五年のRe Valentine's Settlementにおいては、イギリス養子法における外国養子の相続に対する敵視から保護への基本的思潮の変化を背景に、外国縁組の承認の問題として対処されるに至っている。

又、旧西ドイツにおいて婚外子の父に対する扶養請求訴訟を支配していた未成年者保護(favor infantis)の思想を明らかにしているのが、婚外子の法的地位を従来の法律状態に比して改善し、悪化させないという一九六九年八月一九日の「婚外子の法的地位に関する法律」(Gesetz über die rechtliche Stellung der nichtehelichen Kinder)である。また、先決問題である婚外父子関係存否確認の準拠法の決定について、前出ベルリン高等裁判所決定以後、一連の旧西ドイツ連邦通常裁判所判決が終局的に扶養準拠法と父子関係確認準拠法とを同一法とすべきとする立場へと到達するに至ったのも、裁判上の父子関係確認ということを知らない法制やそのための条件が困難である法制から婚外子を保護するためであることは、判決においてしばしば明言されている。

さらに、一九七〇年代、旧西ドイツ連邦裁判所及びスイス連邦裁判所が再婚能力の前提条件である前婚の解消の有効性について画期的な立場の変更を成し遂げたのも、婚姻保護(再婚保護)の思想の浸透という素地があったからである。まず、旧西ドイツ連邦通常裁判所が、旧西ドイツにおいて離婚した離婚禁止国民又はその者と離婚した旧西ドイツ人の再婚について、本国における離婚の承認が得られないことを理由として再婚能力に欠けるとした従前の立場は、国際私法規定も他のあらゆる法規と同様に基本法への適合性の有無の判断の対象となるとした旧西ドイツ連邦憲法裁判所一九七一年五月四日決定以後、例えば、旧西ドイツ連邦通常裁判所一九七二年四月一九日決定及び同一九七七年二月二三日決定において、先決問題について法廷地法説の立場に拠りつつ、公序則の発動によって再婚を可能とする立場へと変化している。又、スイス連邦裁判所は、離婚準拠法の決定について、一九六八年七月一一日のCardo判決が、当事者双方の本国法の累積的連結を原則とする制定法上の立場を修正した原告の本国法主義を採ることにより、離婚保護をさらに徹底させたことと呼応して、一九七一年六月三日のDal Bosco判決において、当事者の再婚を許容することによってもたらされる不都合と許容しないことに

よってもたらされる不都合とを比較衡量した結果、当事者の利益となる解決を優先させている。その背景には、同判決によっても指摘されているように、近年における思想の発展という現実が存在している。それに続く一九七六年二月五日のPaiano判決が、「スイス法秩序の国内的調和の利益が決定基準である」とし、又、「関係者は、自らが惹起させた行為、及び、自らが取得した判決の結果を尊重することに責任がある」と説示したことも、結局、「スイス離婚判決の当事者の本国における不承認と結合した深刻な不都合を防止する」という目的、すなわち、当事者利益の保護という理念の達成に向けられた準拠法の選定という立場の表明である。英米法系の諸国においても、カナダにおける著名なSchwebel v. Ungar以後、例えば、イングランド高等法院は、再婚の有効性について、前婚の離婚当時又は再婚当時の当事者の属人法（住所地法）によって前婚の離婚が承認されるか否かに従うとし、離婚保護及び婚姻保護が顧慮されている。そして、嫡出性の先決問題である父母の婚姻の有効性について、旧西ドイツ連邦通常裁判所一九七七年一〇月二六日決定がかつての機械的・画一的な立場を改めるに至ったことにも、嫡出保護（favorlegitimitatis）ないし準正保護（favor legitimitationis）の思想の影響があることは否めないであろう。

先決問題の特質は、いみじくも、ゴットリープによって指摘されているように、殆どの場合、身分関係の確定に関する問題であり、それでいて、それが最終的目的ではない。従って、確かに身分関係の相対的確定ということも、先決問題の解決としては必ずしも不当であるとは言えない。しかし、又、ドイツのヤイメ（Jayme）の言葉を借りていえば、サヴイニー以来、国際私法の目的は判決の国際的調和の実現であり、ある法律問題の裁判が、如何なる国において行なわれようとも、常に同一の結果になるべきである。判決の国際的調和とは法律関係の国境を越えた連続性を意味するものであり、取り分け安定を要する家族関係を国際的不連続性によって危険に陥れることは、極力、回避されなければならない。すなわち、身分法関係における安定性の要請であり、やはり、これに対する配慮も欠くべきではない。従来、必ずしも重視されていなかったこのような解決上の理念についての的確な把握は、折衷説における先決問題の類型化と明確な判断基準の設定に有益なことではないかと思われる。まず、一つの類型として、本問題の解決という目的に限定された相対的解決をもって足りるよう

な先決問題が考えられる。それは、例えば、本問題が扶養科請求権や相続権に関する問題のように財産的側面の色彩が強く、給付訴訟における先決問題として身分関係の確定が求められる場合である。これに対して、いま一つの類型として考えられるのが、本問題の解決が有する対世的効力に対する配慮から、その解決について決定的な影響を与えるものとして可及的に安定した解決が好ましく、従って、相対的解決に馴染まない先決問題である。それは、例えば、本問題が再婚能力の有無を巡る問題のように身分的側面の色彩が強く、新たな身分の形成が問題となる形成訴訟における先決問題として身分関係の確定が求められる場合である。このような先決問題の解決上の理念については、準拠法説は先決問題の解決を本問題の解決との関連においてのみ意味を有する、つまり、相対的解決であると言明しており、他方、法廷地法説は、同一の法律関係が同一国において問題とされる限り、常に同一の判断がなされるべきであると主張してきたところである。しかるに、近時、折衷説が有力に支持されるに至り、準拠法説と法廷地法説のいずれに拠るべきかの判断基準として、右のような理念の相違は必ずしも意識的に重視されてはいない。

しかし、単純に考えるならば、先決問題の相対的解決の可否を基準として、それを肯定して良い場合には、準拠法説の立場から本問題準拠法所属国国際私法に依ることとし、これに対して、それを妥当と認めることができない場合には、法廷地法説の立場から法廷地国際私法に依るとすることであろう。その場合、折衷説の基本的理念である解決の具体的妥当性の確保のため、本問題を構成している法律関係と先決問題を構成している法律関係の性質及び法目的をそれぞれ考慮し、いずれの法律関係がより重要なものとして、その解決の結果が優先されるべきかということも併せて検討すべきであろう。すなわち、先決問題の解決が、その法律関係を規律すべき法によるべき場合には、それに固有の法によるのが妥当であり、これに対して、先決問題の解決が専ら本問題の解決に資するためである場合には、本問題を構成する法律関係を規律すべき法による何らかの制約を受けることがあっても、決して妥当性に欠けることにはならないということである。更に具体的に言えば、次の通りである。夫婦間の扶養請求の前提条件としての有効な婚姻の存否確認の問題、子の父に対する扶養請求の前提条件としての父子関係存否確認の問題、相続権の前提条件としての被相続人と推定相続人との間の一定の身分関係の存否確認の

問題、不法行為に基づく被害者の残存配偶者及び子による損害賠償請求権の前提条件としての一定の身分関係の存否確認の問題などについては、その多くの場合、身分関係の確定を相対的確定として、例えば、本問題準拠実質法によることによって、本問題準拠法の法目的をより良く実現することができる場合が多いと思われる。これに対して、再婚の有効な成立の前提条件としての前婚の有効な解消の成立の問題（いわゆる再婚能力の問題）、子の嫡出性の前提条件としての父母の有効な婚姻の存否の問題などについては、それらの本来の準拠法に依ること、つまり、結局は法廷地国際私法に従って準拠法を選択することは、それが近時の連結政策、とりわけ当事者の利益・正当な期待の保護などといった観点に則ったものである限り、妥当性を欠くものとは言えないであろう。前記の多くの西欧諸国判例も、概ね、上に述べたと同様の方向を目指していることは既に明らかである。

第五款　先決問題論の展望

伝統的先決問題論における折衷説の優勢の背景に国際私法における法選択規則の構造の変化が存在していることは否定できないであろう。実質法の内容と法目的を考慮しようとする一般的傾向が、先決問題論における利益衡量の導入として、折衷説の成立の重要な素因となっていることは言うまでもない。利益衡量は政策考慮に大きく依存するものであり、現実にどのような政策がとられるかが解決の結果を実際的に支配することとなるであろう。そして、判決の調和の要請などという抽象的な観念よりも、具体的な結果に照らした上で先決問題の準拠法を決定しようとする政策をとるのが折衷説に見られる今日的な立場である。ところが、本来、このような政策考慮がなされるのは準拠実質法の選定に際してであるから、先決問題として論じられるべきであるのは、その準拠法の選定のための国際私法の選定の問題ではなく、直裁簡明に先決問題準拠法の選定の如何であると言うべきであろう。かくして、本問題準拠法の選定において法廷地の連結政策が働く余地があるように、先決問題準拠法の選定においても同様に考えることが首尾一貫することとなるように思われる。

国際私法の今日的動向からして、婚姻保護、離婚保護、嫡出保護、準正保護、養子保護、未成年者保護などの思想が重要

な指針となっているが、その実現のため、いずれの法の通用がより妥当であるかの検討は、先決問題論においても要求されるべきである。折衷説の存在意義も正に形式的な論理よりも良識を優先させようとする思想に基づく本問題の解決の中に見い出されるべきである。このことをオーストリアのシュヴイントの言葉を借りていえば、国際私法は実質法の矯正に供するものであり、満足な結果を確保するための手段として出現するものである。再婚能力の問題に例をとって言えば、内国抵触規則の機械的な適用によって、すでに内国において離婚した者の再婚の途を奪ってはならないことは言を俟たず、また、再婚を認めることの根拠も、離婚を許容した内国判決の効力と矛盾してはならないからではなく、一に当事者の利益のため、直裁的にはその信頼の保護、そして、より汎く一般的には、婚姻保護及び離婚保護という思想の実現を図るべきと考えられるからである。

先決問題論の当面の課題が、準拠国際私法の選択という構成からの脱却であるとすれば、より長期的な展望におけるその課題は、連結問題という構成からの脱却ではないであろうか。これまで、先決問題が連結問題であるということは多くの学説によってしばしば断言されており、又、多くの場合、先決問題の解決のための準拠国際私法とは、より正確に言えば、その準拠法選択規則を意味するものとして用いられている。先決問題の本質論を法性決定問題や代替問題や調整問題（適応問題）として理論構成しようとする立場の当否については、しばしば論じられてきたところであるが、確かに、そのような構成はいずれも、連結問題とする構成に比して、説得力に欠けることは否めない。しかし、先決問題を連結問題であるとする構成もまた、無意識の中に、固定的であり過ぎはしないであろうか。このような観点から、特に次のような三つの点に言及することとしたい。

まず、第一に、先決問題を承認問題とする構成についてである。すでに述べたように、先決問題は、本問題が提起されたとき、それに先立って既に解決されているか、又は、解決されるべき問題である。先決問題である身分関係ないし法律関係が既にいずれかの法の下に解決されている場合、それについて、連結問題として処理することにより、重ねて実質的に審査することは果たして妥当であろうか。先決問題の理論上、本問題の解決のため、先決問題である身分関係の存否ないし法律

関係の成否の確認は求められていても、本問題の解決の際に改めて確定することまでも求められているとまでは言えない。従って、政策上、身分関係の継続性ないし恒久性、又は、法律関係の安定性が優先される限り、準拠法説を採るにせよ、又、法廷地法説を採るにせよ、先決問題は承認問題として解決することが、最も実態に即した現実的な解決方法である場合が少なくないように思われる。実務上、イギリス判例が、再婚の有効性の判断において、先決問題である前婚の離婚の成否を承認の問題とし、また、外国養子の相続権の判断において、先決問題である外国縁組の成否を承認の問題として対処するに至っていることについては前述した通りである。学説上も、例えば、ノイハウスは、裁判上の権利形成的判決又は官庁による行為の拘束力が先決問題として判断されるべきときは、判決等の承認に関する規則が外国ないし内国の抵触規則に代わるべきであることを主張している。しかし、先決問題の解決のための構成がそのようなものであっても、承認要件として実質的審査が求められたならば、先決問題を承認問題として処理することの本来的意義は失われることとなる。承認問題として処理する場合、やはり、形式的審査のみをもって足りることを前提条件とすることが、特に身分関係の安定性の確保に寄与する結果をもたらすことは明らかである。

第二に、先決問題論への既得権理論の導入についてである。すなわち、先決問題を連結問題とする枠内において、概念上、「その取得に国際的管轄を有する一国の法秩序が規定する全ての条件に従い、この国において有効に取得され、その有効性が、後に、何らかの理由で、前者と共存する他国の法秩序の支配下に問題とされる権利」の成否が先決問題である場合において、いかにより良く既得権理論に対処すべきかが今後の課題であると思われる。わが国の通説は、このような既得権理論を否認していると見られるが、近時、外国の学説には、既得権尊重の立場から先決問題を解決しようとする見解が散見される。例えば、前述したフュレマン・クーンの見解において、法廷地法説が修正され得る場合の一つとして、先決問題が既得権に関する場合が唱えられているが、その理論の援用によって、時として、独立連結による結果をも排除することができるという主張は、既得権の承認を法廷地国際私法による準拠法選定の例外としようとする立場、つまり、留保条項としての既得権理論の立場であると言うことができるであろう。これに対して、人の身分の恒久性という観点から、いずれかの国の国

際私法体系において形成されたか、又は、確定された身分は尊重されるべきであるとするリゴー（Rigaux）の見解は、その有効性を承認しようとしない国際私法を有する国の法に服せしめるべきではないとする点において、外国法に従って取得された権利の承認に導く法秩序を可及的に選択すべきであるとする立場、つまり、連結の原理としての既得権理論に立脚していると見られる。同様に、前述のヴェングラーの見解に見られるように、先決問題である身分関係の成立を有効とするいずれかの密接な関係を有する法秩序への選択的連結を可能とする立場には、やはり、既得権理論に通じるものがある。一定の条件の下に、極めて例外的にせよ、法廷地抵触規定の適用を制限して、具体的法律状態が有効に発生した外国法の管轄を承認し、もって、管轄の客観的決定を目指そうとする既得権理論は、各国抵触規則の不一致と不完全に起因する不都合に直面したとき、実定国際私法の現実に立脚しながら、具体的事件において衡平かつ合理的な解決を図るという見地から執りうる一つの解決の道であるとするわが国の学説上の見解は、先決問題の解決についても妥当すると思われる。

第三に、アメリカ学説に対する評価についてである。すなわち、部分的ではあるにせよ、外国法の適用を全く否定しようとする立場がもたらした所与（datum）という特殊な概念によって、外国法は内国実質規定の枠内におけるそれとしてしか考慮されない。先決問題の解決についても、内国法の構造における一事項に関する問題として特別な配慮が払われることなく、判決規則の適用における適切な所与の探知の問題として処理されている。先決問題に対するこのような対処の仕方は、わが国におけるそれと大きく懸け離れたものであって、差し当たり、論議することの実益は乏しい。しかし、そのような立場が、法廷地の政策の分析によって、積極的に当事者の利益を図ろうとするものであり、結果的に、先決問題である身分関係を既成のものとして保護しようとするものであることを看過してはならないであろう。ヴェングラーが、「法廷地の立法者は、その国の裁判官に対して、ある法的状態をそれが外国において評価されると同じように事実的要素（élément de fait）として把握すべきことを命じることができる。」としたのも、それと同様の立場に立つものであろう。そして、ポルトガルのマシャド（Machado）もまた、事実に関する問題（question de fait）という観点から先決問題へ接近している。これらの見解は、先決問題を当事者の保護となる既成の事実の認定の問題として構成することがあながち不可能ではないば

かりか、それが極めて現実的な解決方法であることを示唆していると言えるであろう。

第七節　適応問題

一国の法体系において行なわれている個別の実定法規が、相互に矛盾することによって、何らかの混乱を惹起したということが聞かれたことはない。それは、各立法の間に優先の順位が確立されているため、仮に、そのようなことがあっても、自ら然るべき解決が行なわれるからである。それに対して、渉外的要素を有する問題については、何らかの同一の事実関係に関わる法律関係が、いくつかの異なる側面から異なる国々の法体系へ連結されたため、それらの法秩序間において矛盾ないし不調和が生じることがある。これは、国際私法が法律関係を単位ごとに分断して準拠法を選定するという構造を有することによってもたらされるものである。それらの矛盾ないし不調和をいかに適応ないし調整すべきかが、講学上、適応問題ないし調整問題と呼ばれる国際私法上における問題である。複数の準拠法の間の矛盾や不調和は様々な場合に生じるため、この問題を統一的に体系化すること自体が困難であるとされる。その解決方法として、例えば、抵触規定の解釈・適用の段階における操作、及び、準拠法として指定された実質法の解釈・適用の段階における操作などが考えられるが、適用問題の解決については一般的な基準と言えるものはない、すなわち、実定法として依拠することができる規則は存在しないというのが、わが国学説の共通した認識であると言うことができるであろう。具体的には、抵触法の次元と準拠法の次元とに分けて処理することが考えられているが、その他、規範の重複、規範の欠缺、規範の矛盾の場合に分けて検討する学説もある。より具体的には、この問題の本質を個別的な場合に応じた利益衡量の問題であるとして、最も重要性が低い利益を犠牲にし、最も重要な利益を保護すべきと唱える学説もある。いずれにしても、この問題については、今なお、学説の一致が見られるまでには至っておらず、わが国際私法における明確な実定規則は存在しないと言わざるをえない。

この問題に関する立法として、既に知られているのは、前記の米州国際私法専門会議によって採択された国際私法総則に

関する条約第九条である。同条に依れば、各々の法律は、その目的が調和するように適用され、正義の要請に照らして解決されなければならないことが定められている。その後、立法化されたいくつかの立法例の内容もまた、上記条約に倣っていることは明白である。例えば、前出メキシコ民法典第一四条第五項第一文及び第二文は、「いずれかの同一の法律関係の異なる局面が異なる法によって規律されるときは、かような法は、それらの各々によって追求された目的を達成するように調和をもって適用されるものとする。かような法の同時適用によって惹起された困難は、具体的な事件における妥当性の要請を考慮して解決される。」と定めており、また、前出ベネズェラ国際私法第七条第一項及び第二項も同様である。更に、それら諸規定の中の第一文ないし第一項のみを定めているのが、前出ブルキナファソ人事・家事法典第一〇〇九条である。これらの諸規定は必ずしも充分に明確な解決の基準とは言えないかもしれないが、一先ず、解決方法の指針を示すものとして参考にされて良いであろう。

それでは、適応問題の解決は如何ように行なわれるべきか。それについて、極く大まかに言うならば、当事者にとってより良い解決が実現できると見られる準拠法の適用を優先させるというのが基本的な指針である。しかし、何をもってより良い解決であると言えるかは、右に掲げられた立法例に見られるように、個々の法の目的を考慮して、個別具体的な問題ごとに判断するほかはないであろう。従って、本書においても、随所、適応問題との関連を有する各個法律関係との関わりにおいて言及されているところである。

第一一章　国際婚姻法

第一節　総　説

異なる国籍を有する者の間の婚姻の場合や、同一の国籍を有する者の間の婚姻であっても、外国で婚姻しようとする場合には、それが渉外的要素を有するため、その婚姻の挙行のための準拠法が選定されなければならない。近時の諸国国際私法について、比較立法的に見れば、婚姻の準拠法は、婚姻の成立のための準拠法と婚姻の効力の準拠法とが異なる抵触規則によって規律されるべきとして、別々の規定を定立している立法例が多い。

また、婚姻の成立についても、それを実質的成立要件と形式的成立要件（方式）とに区分して、別々の抵触規則に依らしめているのが一般的である。婚姻の実質的成立要件として、婚姻年齢に達していること、近親者間の婚姻でないこと、重婚でないことなどが挙げられる。これらの点について、諸国の法制上、必ずしも一致していないのが現状である。また、婚姻の形式的成立要件（方式）とは、婚姻を成立させるために当事者に求められる行為であるが、これについても、諸国の法制は、風俗、習慣、宗教を反映した固有の方式を要求していることが少なくない。更に、婚姻の効力については、それを身分的（一般的）効力と財産的効力（夫婦財産制）とに区分し、それらを単位法律関係として準拠法が選定されるのが一般的である。わが国際私法における婚姻の単位法律関係についても、右に述べたところと同様である。

第二節　婚姻の実質的成立要件

通則法第二四条第一項は、婚姻成立の要件は各当事者についてその本国法に依ると規定している。方式については、同第二項及び同第三項に規定があるので、同第一項が婚姻の実質的成立要件について定めていることは明らかである。この規定の特徴は、当事者の本国法に依るとしていること、及び、各当事者について各自の本国法に依る、つまり、配分的連結の規則を採用していることである。

本国法主義が採用されている理由は、婚姻制度が諸国の法制上大きく異なっており、当事者の本国における風俗及び習慣を反映した家族法秩序に従うことが最適であると考えられるからである。このほか、実際的な理由として、婚姻のような身分形成については、身分登録（婚姻登録）を必要とするが、このような登録を最終的に管掌しているのも本国の官公庁にほかならないからである。又、諸国の婚姻官吏が渉外婚姻の届出を受理する際、当事者に婚姻障害となる事由が存在しないことを証明する婚姻要件具備証明書（婚姻能力証明書）の提出を求めるのが通例である。このような証明書の発行の前提となる身分関係の掌握については、当事者の本国の官公庁が最も良くなしえることは言うまでもない。従って、本国法主義のほか、婚姻生活の本拠が置かれる婚姻住所地の法や婚姻が挙行される地の法の適用などが立法論として主張されているが、実務上の理由から、採用されていないのが実状である。

配分的連結の規則は、本来、各当事者について、その者自身の本国法に依り、婚姻能力の有無等の婚姻要件を判断すべきとする立場に基づくものである。この立場は、両性平等の原則にも反することなく、各当事者がその者に固有の法に依ってのみ規律されるという合理性を有している。しかし、判断の対象となる婚姻障害の中には、一方の当事者のみならず、その相手方に対しても、それが存在しないことが求められるものがある。すなわち、片面的婚姻障害又は一方的要件に対して、双面的婚姻障害又は双方的要件と呼ばれるものがそれである。例えば、わが国の民法第七三一条は、婚姻年齢について、男子が満一八歳、女子が満一六歳と定めているが、日本人男子が外国人女子と婚姻しようとする場合には、その者が満一八歳に達してさえいれば、要件は満たされていると言えるのであり、相手方女子が満一六歳に達しているか否かは問題とはならない。婚姻意思に瑕疵がないことや、精神的・身体的に障害がないことなどの要件についても同様である。これらが片面的

婚姻障害と呼ばれるものである。これに対して、例えば、近親関係でないことの要件については、わが国の民法第七三九条第一項は、三親等内の傍系血族相互間は婚姻できないと定めているが、日本人が婚姻しようとする相手方の本国法がより広汎に近親婚の範囲について定めている場合には、それに従わなければならない。学説には、待婚期間を経過していること、離婚経験者でないこと、重婚関係にないことなども双面的婚姻障害として、これらについては、一方の当事者の本国法上の要件であっても、その者に限らず、相手方との関係においても満たすことが要求され、一方の当事者のみがその要件を満たさない場合であっても、婚姻障害が存在するとして婚姻できないと唱えるものが少なくない。

しかし、このように、双面的婚姻障害ないし双方的要件という構成をもって婚姻の実質的成立要件の充足について判断することは、事実上、準拠法の累積的連結と同様の結果をもたらすものであり、婚姻の成立を困難なものとすることになる。同一国籍を有する者の間の婚姻が単一の婚姻法のみによって規律されるのに対して、国際結婚の場合には、その成立の要件が加重されるということは不合理であると言うべきであろう。今日、欧米諸国を中心として、婚姻をできる限り成立させる、つまり、婚姻の保護が現代の国際私法における顕著な傾向となっている。このような現代においても、厳格な婚姻障害や婚姻要件を設定することは、時代に逆行するものである。もとより、婚姻は一方の当事者のみによって成立しうるものではなく、両当事者の相互関係の如何に依存するものであることを否定することはできない。従って、両当事者について同一の婚姻障害の有無を検討すべきことは当然のことであるが、これは、準拠実質法の次元における考慮であって、すでに、準拠法を選定する国際私法の次元においても本来的に必要とされるものではない。通則法第二四条第一項の文言によっても明らかなように、婚姻成立の要件は、各当事者についてその本国法に依るべきものと定められているのは、各当事者の本国法の適用をその相手方にまでも及ぼす趣旨ではない。もともと、学説上、何が一方的要件であるか、はたまた、双方的要件であるかということについても、一致して論じられているわけではない。例えば、一方の当事者の本国法における婚姻年齢に関する規定は、相手方についても考慮されると考えることもできるし、又、待婚期間は女子についてのみ判断される事項であるが、結婚相手の男子の本国法上における定めも考慮する必要があると考えようとすれば、考えることができないわけではな

い。このように、極言すれば、婚姻要件は全て双方的要件であると言うこともできるということになるであろう。しかし、例えば、重婚の有無について、それを問題としない国の国民と婚姻しようとする者の本国法上の一夫一婦制を相手方にも押しつけるべきではなく、又、離婚禁止国の国民が離婚許容国の国民である離婚経験者と婚姻しようとする場合も同様である。双面的婚姻障害という構成は婚姻の成立について慎重な立場からの過度な干渉であり、配分的連結という準拠法に関する各当事者の相互の独立性を侵す発想であり、又、準拠実質法上の概念を不当に抵触法にまで拡大していると評すべきであろう。従って、双面的婚姻障害とか、双方的要件という構成は、抵触法の次元においては退けられなければならない。

尚、未成年者の婚姻に対する親の同意が実質的要件であるか、方式であるかは問題のあるところである。その同意を婚姻届の書面に署名することなどによって表現するため、方式と類似した行為と見られがちであるが、意思表明の形式如何に拘わらず、身分行為の実体に関わる要件として、これも婚姻成立の実質を成すものと言うべきである。

第三節　婚姻の形式的成立要素（方式）

婚姻の方式とは、婚姻を有効に成立させるために、当事者又は国家機関などの第三者に対して要求される外面的形式ないしそのための行為のことを言う。例えば、官公庁への届出、宗教上の儀式、国家機関が関与する儀式などのほか、無方式など、諸国の法制上、多様な方式がある。そのため、どのような方式を満たすべきかについては、従来より、そのための行為が行なわれる地、すなわち、婚姻挙行地の法に依るべきとする立場が汎く支持されている。通則法第二四条第二項も又、この立場に拠っている。この立場には、「場所は行為を支配する」という方式に関する原則が根底に存在しており、従って、法律行為の方式に関する同第一〇条第二項本文及び身分行為の方式に関する同第三四条第二項が行為地法を準拠法としていることとも整合性を有している。方式についての行為地法主義は、方式が行為地の公序良俗・社会秩序と密接な関係にあると考えられることを根拠とする。

しかし、婚姻が、債権法上の契約などの行為と違って、諸国の風俗、習慣、宗教などを色濃く反映した制度であることから、婚姻挙行地法主義を頑に貫くことは、時として婚姻を方式上の理由から無効とし、当事者に困難を強いることとなる。例えば、特定の宗教上の儀式を要求する国の国民が日本において婚姻を挙行しようとする場合、その方式について日本法上の方式にしか拠りえないとしたならば、その婚姻は日本においては有効であっても、その者の本国においては無効となるというような法的に矛盾した状態、いわゆる跛行的な身分関係（跛行婚）を出現させることとなり、法律関係の国際的な調和という観点からは、決して好ましいこととは言えない。又、外国に居住する同一国籍の者たちが婚姻しようとする場合にも、それらの者たちが帰属する国の在外公館の外交官の面前において、それらの者たちの自国の方式に従い、婚姻が挙行されることを否定すべき積極的な理由は見い出しえない。わが国の民法第七四一条も、外国に在る日本人が婚姻しようとするときは、その国に駐在する日本の大使、公使又は領事にその届出をすることができると定めて、日本人同士の場合に限り、いわゆる外交婚・領事婚を認めている。このような必要性や便宜のためのみならず、婚姻の実質的成立要件の準拠法と方式の準拠法とを一致させることは、婚姻の成否を一個の法体系の下に判断することを可能ならしめることとなり、当事者のためばかりか、婚姻官吏の便宜にもなるものと考えられる。そのため、通則法第二四条第三項本文は、当事者の一方の本国法に依った方式も有効であると定めている。国籍を異にする当事者間の婚姻の場合には、そのいずれか一方の本国法上の方式を遵守していれば足りるものとして、連結の多元化が図られることとなり、これにより、方式の面での制約が緩和され、結果として、婚姻の保護が図られていると言える。

通則法第二四条第三項但書は、日本において婚姻を挙行する場合において、当事者の一方が日本人であるときは、婚姻の方式は婚姻挙行地の法律、すなわち、日本法に依らなければならないと定めている。ここにおいて、日本法上の方式に依らなければならないということは、日本国内の市町村役場に然るべき書類を添付して婚姻届を提出しなければならないことを意味している。このような届出は、それによって婚姻が成立することとなる創設的届出であるとともに、それをもって戸籍への登録もまた完了することとなる。ところが、相手方の本国法である外国法上の方式に則って婚姻が挙行されたとすると、

その後、日本人当事者はわが国の市町村役場に報告的届出をしなければならず、又、それがなされない間は、婚姻がその者の戸籍に記載されないという状態が続くこととなる。創設的届出が報告的届出に比べて著しく負担を負わせるものでないという点において、同但書の定めはその限りにおいて合理的であると言えないこともない。

いま一つ、方式に関連する問題として郵便婚の問題がある。在外日本人が婚姻届を本籍地市町村役場へ郵送することによって届出をなした場合には、それを方式上有効なものとして取り扱うことは従来から認められているが、そのような場合、日本法がいかなる資格においてそれを方式上有効と認めているかが問題とされた。従前は、届出が到達した地、すなわち、それが到達した市町村役場が所在する日本を挙行地と擬制することにより、旧法例第一三条第一項但書における絶対的挙行地法主義との辻褄を合わせていたが、やはり、解釈上、問題点を残すものであった。しかし、平成元年の法例の改正により、方式は当事者の一方の本国法である日本法に依ることもできるようになったため、在外日本人は日本法に従って婚姻届を郵送によって届出することが、その挙行地の如何に拘わらず認められることとなり、その問題は一挙に解決された。尚、民法第七四一条の解釈として、外国に駐在する日本の大使、公使又は領事への郵便婚は、当事者双方が日本人である場合には、方式上有効であるが、当事者の一方のみが日本人である場合には認められないと考えるべきであろう。尤も、そのような婚姻届も日本の市町村役場へ回送された場合には、それが到着した時に届出がなされたものと解することは許されるであろう。

学説には、通則法第二四条第三項但書が定めている立場に対して、次のように異を唱えているものが少なくない。例えば、次の如くである。まず、同但書の立法趣旨として挙げられた二つの理由については、次のように批判されている。すなわち、日本人の身分関係の変動が速やかに戸籍に記載されるべきであるという理由については、それが即座に戸籍に反映されず、その結果、戸籍と実態との間に食い違いが生じることは好ましいことではないが、このような食い違いは、日本国外で外国の方式による婚姻をする日本人についても同様であって、特に日本で外国人と婚姻を挙行する日本人の場合のみに特有なことではない。又、創設的届出と報告的届出との間に殆ど差異がないという理由については、一方は届出の時に婚姻を成立させる創設的な届出であるのに対し、他方はすでに成立している婚姻を報告するに過ぎない報告的届出であるから、その間に

は質的な違いがあり、同視すべきではない。戸籍実務上の理由により、実体である婚姻自体の成否を左右することは本末転倒である。かくして、同但書は、身分変動の速やかな記録という日本の戸籍実務上の要請には応えるものではあっても、理論的には十分な根拠に欠けるものであるとの批判を受けている。又、実践上においても、同但書は、婚姻の当事者である日本人と外国人の双方に差別や不平等をもたらし兼ねないことが指摘されている。又、例えば、従来は、日本人女子と在日韓国人男子との間の日本の韓国領事館における婚姻について、その届出が韓国の本籍地の面長に到達し、受理されたとき、方式上、有効となると見られてきたが、同但書により、そのような場合には、日本法に基づく婚姻届がない限り、有効とは認められなくなる。かくして、当事者が有効に成立したものと思った婚姻が、日本法上、成立していなかったという事態が生じることもあり、当事者にとっては予想外の落とし穴になり兼ねないこと等から、立法論としては再考を要するという学説が少なくない。

第四節　婚約の準拠法

わが民法には婚約に関する規定は置かれていないが、韓国民法や中華民国民法等、諸外国の法律には、それに関する規定が置かれているものが少なくない。通則法は民法の内容と符合し、同法中には、婚約の準拠法の選定のための規定は存在しない。従って、渉外的婚約が問題とされたとき、そのための抵触規則について、それが通則法中のいずれかの抵触規定の支配に服すべきものと性質決定するか、さもなければ、条理により、そのための規則を定立しなければならないこととなる。

それについて、学説は必ずしも一致していないが、通説と考えれる立場によれば、婚姻に関する通則法第二四条を類推適用すべきものとされ、婚約の実質的成立要件については、同条第一項の類推により、それぞれの当事者の本国法が適用され、又、その方式については、同条第二項及び第三項の類推により、婚約地法又は当事者のいずれか一方の本国法が適用されることとなる。但し、第三項但書におけるいわゆる日本人条項については、戸籍実務に対する配慮という同但書の本来の趣旨

からして、婚約については類推適用されるものではないと考えられている。

以上における立場の前提には、婚約が婚姻とは別個の身分行為であるという考えが存在していると見ることができるであろう。しかし、婚約は、婚姻に先駆する婚姻のための行為であり、広義における婚姻の一端を成すものであると考えることができないことではない。従って、その準拠法の選定に際しては、通則法第二四条の規定を類推適用するのではなく、それを同条の指定概念として、広義の婚姻の概念に含まれるものと考えて、同条による規律に服せしめるという構成も可能ではないかと思われる。

第五節　婚姻の身分的効力

婚姻が有効に成立することにより、夫婦間に一定の付随的な法律効果及び権利義務が生じる。如何なる法律効果及び権利義務が生じるかは、諸国の法制によって異なっており、それらの内容及び範囲も異なる。そのため、婚姻の効力についての準拠法の選定が必要となるが、この問題は、婚姻当事者の各自の事情が考慮される婚姻の成立の問題と異なり、夫婦双方にとって共通の現実の婚姻生活の本拠と密接な関連性を有しているので、婚姻の成立の問題とは別個の観点からその準拠法を選定することが求められる。

婚姻の効力には、身分的効力及び財産的効力が含まれるが、ここでは、身分的効力に関する事項について述べることとする。まず、婚姻の成立によって発生する法律効果に関する問題として挙げられるのが、未成年者が成年に達したと見做されるか（成年擬制）、又、妻が行為能力を有するか（妻の無能力）などの問題がある。これらは自然人の一般的行為能力の問題ではなく、婚姻の身分的効力に関する問題であると考えられる。次に、夫婦の氏の問題がある。すなわち、婚姻によって夫婦の一方が氏を変更しなければならないか否か、改氏する場合にはどのようにしなければならないかという問題である。

尚、これを人格権の問題として、本人の属人法によって規律すべきとする見解がわが国で注目されたことについては、法律

関係の性質決定の問題として前述されたところである。旧法例において婚姻の身分的効力は夫の本国法に依るとされていたため、妻の氏の問題について、それを人格権の問題として構成し、そして、旧法例中に準拠抵触規定が欠缺しているとして、条理による規則の定立を提唱することにはそれなりの意義があったが、夫の本国法主義を採用していた旧法例が現行法のような夫婦の同一法主義に改正され、両性の平等が法文上実現されたため、その点での不合理な連結は既に解消されている。妻の氏の問題が人格権の問題であるかについては、今後も理論上の問題は残るであろうが、第一九章において改めて詳述されるように、特別な理由に基づく氏名の変更の場合はともかく、婚姻に伴う氏の変更の問題は婚姻の身分的効力の問題と考えるべきである。次に、婚姻の成立によって発生する権利義務として、夫婦の同居義務の有無の問題がある。日常家事債務の連帯責任の問題は財産的要素も認められるが、その本質は、寧ろ婚姻共同体という身分が帯有する強い結合性から派生する問題として、身分的効力と解すべきものと思われる。又、夫婦間の扶養義務の問題も、本来、同様に婚姻の身分的効力の問題であると考えられるべきものであるが、わが国の国際私法においては、通則法第四三条第一項本文により、通則法が適用されないことが定められており、又、「扶養義務の準拠法に関する法律」によるべきことが同法律第一条に定められている。尚、婚姻費用の分担の問題は、夫又は妻という身分により、いかように婚姻共同体の維持のための経費を負担すべきかの問題であって、身分的効力としての側面も濃厚であるが、夫婦財産契約又は法定財産制によって規律される問題であると考えられる。

婚姻の身分的効力に関する通則法第二五条の旧規定である改正法例第一五条は、平成元年の法例改正において最も注目されるべき規定の一つであった。その改正の指導的理念である両性平等の原則を、同条は同一法への連結をもって実現しようとしている。まず、本則として、夫婦の本国法が同一であるときは、その法律により、次に、補則として、その法律がない場合において、夫婦の常居所地法が同一であるときは、その法律により、そして、最終的に、そのいずれの法律もないときは、夫婦に最も密接な関係がある地の法律に依ることが定められている。すなわち、同一本国法、同一常居所地法、最密接関連法の段階的連結の規則である。この立場は、夫婦財産制に関する通則法第二六条第一項及び離婚に関する同第二七条本

文が準用することを定めている。

通則法第二五条については、改めて次のように、いくつかの点をその特徴として指摘することができる。第一に、当事者の同一法主義を採用していること、第二に、同一法主義を維持するために、連結の多元化を図っていること、第三に、準拠法として本国法主義及び常居所地法主義を採用していること、そして、第四に、本国法の適用を常居所地法の適用に優先させていることなどである。すなわち、ここにおいて採られている理念を要約すれば、婚姻の身分的効力については、本国法の適用を原則とするが、それができないときは、同一法主義は維持するが、本国法主義は放棄して、常居所地法をもって補充し、それでも同一法主義を貫き得ないときは、国際私法本来の原則である密接関連法に戻るということとなる。このような立場は、立法論上、いくつかの問題があるように思われる。まず、婚姻の身分的効力についての本国法主義の妥当性の如何である。確かに、氏の変更や婚姻後の行為能力などの事項はそれに馴じむが、同居義務や日常家事債務の連帯責任などは、婚姻後の生活の本拠が置かれる社会との関係が本国との形式的紐帯よりも重要であり、従って、寧ろ常居所地法主義が妥当であると言うべきである。つまり、婚姻の身分的効力についても、より細分化した精緻な準拠法選定規則の定立が求められているということになる。次に、同一本国法がないときに同一常居所地法に依るとすることの妥当性についてである。もとより、本国法と常居所地法とでは、それが準拠法として適用される際の理念を異にしている。前者が国家を軸とした主権の原則によって支配されているのに対して、後者は個人の現実の生活を重視した親近の原則によって支配されていると言うことができる。同一法の適用を優先させる余り、本国法から常居所地法へと連結を変更することは、それぞれの法の本来的理念を無視するものであると言わざるをえない。同一本国法がないときは、当事者が国籍を有する国の法のうち、より連結素が集中する法が選定される等、新たな観点に立った準拠法選定規則が考慮されるべきであろう。

尚、同一本国法の決定とは、当事者の本国法が同一であることを意味する。当事者が複数の国籍を有する場合には、当事者が共通して有する国籍が属する国の法は共通本国法であるが、同一本国法でもあるとは限らない。そのような場合には、通則法第三八条第一項により、当事者が常居所を有する国か、それがないときは、当事者が最も密接な関係を有する国の法

律、又、複数の国籍のうちの一つが日本の国籍であるときは日本法が本国法とされ、このように決定された本国法が同一であるとき、初めて同一本国法があると認められる。

同一常居所地法の決定については、それが特定の場所に限定されるべき性質のものであるため、重国籍の場合の本国法の決定のような問題は生じない。又、夫婦が同居していないときであっても、それぞれの常居所が同一の法域に所在するときは、同一常居所地法は存在するものと考えられる。更に、各人にとって、いずれかの時点における常居所は一つしかありえないことから、同一常居所地法は共通常居所地法と同様のものと考えることができる。

最も密接な関係がある地の法律の決定に際しては、夫婦との関係が集中する地、言い換えれば、婚姻生活の中心地が探求されなければならない。尤も、その際に考慮されるべき要素の中でも、子が夫婦の一方と同居している場合、又、最後の同一常居所地に夫婦の一方が現在も居住している場合には、それらの地が重視されることになるであろう。いずれにしても、最密接関連法の決定は具体的事案に従って行なうほかはない。

第六節　婚姻の財産的効力

平成元年の法例改正においていま一つ注目されたのが、改正法例第一五条第一項（通則法第二六条第二項）に見られた制限的当事者自治の規則の導入であった。同項において婚姻の（身分的）効力に関する同第一四条（通則法第二五条）を準用すると定められたことにより、夫婦財産制が一面において身分に関する問題でもあることを踏まえつつ、夫婦財産制の財産法的側面にも特別に配慮するという立場が採られた。抵触規則について、一般論としても、当事者意思の尊重を顧慮する当事者自治の原則の導入は、最近の国際私法立法の傾向にも適っている。

通則法第二六条第一項が準用する同第二五条における同一本国法、同一常居所地法、最密接関連法という段階的連結の規則については、既に前述した通りである。但し、最密接関連法の決定に際しては、それが夫婦財産制の準拠法であることか

ら、婚姻挙行地や夫婦の国籍・常居所等の連結素の集中に加えて、財産所在地が重要な連結素として考慮されるべきであると考えられる。

通則法第二六条第二項は、まず、夫婦による準拠法の選択について、署名と日付のある書面によって行なうべきことを定めている。これは準拠法選択の合意の成立のための方式について定めたものであり、一方、夫婦財産契約の方式については通則法第三四条が定める法に依るべきである。次に、同項は、準拠法の選択範囲につき、夫婦の一方が国籍を有する国の法（第一号）、夫婦の一方の常居所地法（第二号）、不動産に関する夫婦財産制については、その不動産の所在地法（第三号）に制限しているが、これは、夫婦財産契約の目的が明らかであり、また、それが一般の契約と異なることから設定されたものと考えられる。

婚姻当事者が婚姻後の財産関係について、契約をもって決定する制度は多くの国で認められている法制であるが、国によって差異があるため、その準拠法の選定が必要となる。まず、夫婦財産契約の締結が許されるか、法定財産制のみが認められるかが明らかにされなければならない。財産契約の締結が許されるときは、契約締結の時期、契約の内容及び効力、契約後の変更の可否などが財産的効力の準拠法の事項的範囲に含まれることとなる。夫婦財産契約の締結能力も、一般の契約のための行為能力とは性質を異にするものであり、財産的効力の準拠法に依ると考えるべきである。夫婦財産契約の方式については、前述のように、通則法第三四条によることとなるが、財産的効力の準拠法に依ることも、行為地法に依ることもできることが定められている。

夫婦財産制の準拠法については、右の通り、通則法第二六条第一項及び第二項が定めるところによるが、同条第三項及び第四項は、第一項及び第二項に従い、夫婦財産制が外国法によって規律される場合における夫婦とその取引の相手方との関係、すなわち、内国取引保護と第三者への対抗要件について定めている。まず、第三項前段は、外国法による夫婦財産制は、日本においてなした法律行為及び日本に所在する財産については、夫婦は善意の第三者に対抗することができないと定め、ついで、第四項は、外国法によってなした夫婦財産契約は、日本において登記されたときは、第三者に対抗することができ

ると定めている。第三項にいう夫婦財産制には約定財産制と法定財産制の双方が含まれると解される。これに対して、第四項での登記によって第三者に対抗しうる夫婦財産制は明文によって約定財産制に限られている。これは、外国法上の法定財産制の規定が登記の対象とならないためである。尤も、それと同一の内容の条項を有する財産契約を締結して、それを登記することは差しつかえないと解される。

通則法第二六条第三項後段は、夫婦が外国法による夫婦財産制を善意の第三者に対抗することができない場合における第三者との間の関係について、夫婦財産制は日本の法律に依ると定めている。外国法による法定財産制又は未登記の約定財産制であっても、第三者がそれによるべきでないことを主張しない限りは、外国法による夫婦財産制は当然に無効ではなく、それに拠ることもできることは言うまでもない。因みに、夫婦の取引の相手方が外国法による夫婦財産制について善意であるとは、夫婦の国籍・常居所・最密接関連地という連結点を介して、準拠法が外国法となること、又は、夫婦が準拠法として外国法を選択したということを知らなかったことを意味する。しかし、外国法の内容について知識を有しない場合も善意であるとすれば、取引の相手方を必要以上に保護することとなり、外国法による夫婦財産制は、実際上、登記された場合以外は行なわれないこととなるので、そのように解することはできない。

夫婦財産契約が許されない場合、及び、夫婦財産契約が締結されない場合には、夫婦の財産関係は法定財産制に依ることとなるが、これも婚姻の財産的効力の準拠法によって規律されるべきことは言うまでもない。具体的には、夫婦がそれぞれ婚姻前から所有していた財産の婚姻後の帰属関係、夫婦の一方が婚姻中に取得した財産の帰属関係、夫婦の一方の財産に対する他方の権利義務関係などがそれに関する問題である。このほか、婚姻費用の分担も婚姻の財産的効力と考えられることは、前述の通りである。婚姻関係の終了に伴う夫婦財産関係の清算も、婚姻の財産的効力の準拠法の規律の対象とされるべき事項である。但し、婚姻関系の終了が夫婦の一方の死亡による場合には、財産の移転について、夫婦財産制の準拠法がそれを相続に関する問題であるとする一方、相続の準拠法がそれを夫婦財産制に関する問題であるとするとき、それらの法の適用関係が問題となり、又、離婚の場合には、財産分与について、離婚の準拠法がそれを夫婦財産制に関する問題であると

する一方、夫婦財産制の準拠法がそれを離婚の付随的効果とするとき、それらの法の適用関係が問題となる。これらの問題は、調整問題（適応問題）として解決されるべきものである。

第一二章　国際離婚法

第一節　総　説

離婚をできる限り認めようとする離婚保護の風潮を背景に、諸国において実質離婚法の改正が相次いで行なわれているが、フィリピンのように、いまだにカトリック教の婚姻不解消の教義を固守して、民事上も離婚を認めないとか、又、離婚を一般的に許容するものの、その条件が厳格な立場を採っている法制も存在している一方、日本のように、夫婦の合意により、所定の手続きさえ踏めば自由に離婚することができるもの、更には、夫からの一方的な宣告によって離婚が成立するものなど、諸国の離婚法制は多様である。従って、離婚の手続きやそれに関与すべき機関も自ら異なっており、そのため、準拠法の如何は婚姻当事者の身分形成に大きく影響することとなる。このような重要な身分問題について、如何なる裁判籍に基づいて裁判管轄権を有するか、又、外国での（裁判上及び裁判外）離婚がわが国において如何なる要件の下に承認されるか、わが国での離婚が外国（本国）において効力を有するためには如何なる要件が求められるか等、離婚に関しては、論及されるべき問題が多い。

離婚の準拠法の事項的適用範囲は、次の通りである。まず、離婚の許容性の問題が離婚の準拠法に依って判断される。尤も、わが国の国際私法上、離婚の準拠法が離婚を禁止している場合であっても、事案を勘案して、公序則の発動によってその法の適用を排除し、日本民法に依って離婚が許容されることが少なくなかった。しかし、平成元年の法例改正により、同一属人法主義が採用された結果、同一常居所地法として日本法が準拠法となる場合が多くなり、公序則が発動される事案は、夫の本国法主義が採用されていた旧法例施行当時に比して減少することが予想される。尚、外国法において離婚が一般的・

抽象的に禁止されていることをもって、その適用を排除し、直ちに、日本民法における離婚の個別的・具体的許容性、すなわち、離婚原因事実の有無に関する規定に基づいて離婚を認容することは許されるべきではない。公序則の発動に際しては、何よりも内国関連性の有無が審査されなければならないと考えられるからである。離婚原因の内容の如何も、離婚の実質的成立要件として離婚の準拠法に依る。それが厳格に過ぎるときは、離婚禁止国法の適用の排除の場合と同様、公序の問題が生じることになる。因みに、裁判離婚主義の国の法が準拠法となるときは、裁判外離婚は認められず、当事者の合意もまた離婚原因とされることが多い。

離婚の身分的効果についても離婚の準拠法に依る。例えば、離婚後の氏の取扱いや婚姻によって成年擬制された未成年者の離婚後の行為能力の如何については、学説上、異論も見られるが、やはり、離婚の準拠法に依るものと解するのが妥当であろう。

離婚の財産的効果、すなわち、離婚の際の夫婦間の財産関係の処理としては、三つの側面が考えられる。まず、夫婦財産の清算は基本的に行なわれなければならない。これに対して、慰謝料の支払いや扶養義務の問題は、個々の事案において、その請求に応じて行なわれることとなる。その準拠法については、従来、当事者の請求に従い、それらの問題は区別して検討されてきた。例えば、夫婦財産の清算は離婚の準拠法に依るべきか、それとも、夫婦財産制の準拠法に依るべきか、離婚の際の慰謝料の請求は離婚の準拠法に依るべきか、それとも、不法行為の準拠法に依るべきか、離婚後の扶養は離婚の準拠法に依るべきか、それとも、扶養の準拠法に依るべきか、という具合である。その一方、離婚の際の財産給付は総体として把握すべきものであって、複数の準拠法によって規律することは妥当ではなく、専ら離婚の準拠法上の然るべき規定によって判断すべきであると考えることにも全く合理性がないわけではない。これらの中、離婚後の扶養義務については、わが国の国際私法上、扶養義務の準拠法に関する法律第四条第一項により、離婚について適用された法律に依るべきとして立法的に解決されている。このように、離婚後の扶養義務が連結の単位法律関係として認められた結果、夫婦財産の清算及び慰謝料の請求についても、以下の通り、国際私法上、固有の準拠法を選定すべき単位法律関係として処理しなければならないこ

ととなる。

夫婦財産の清算は夫婦財産制の終了にほかならない。従って、夫婦財産制の準拠法によって処理することが夫婦間の財産関係に一貫性をもたらすものであると言うことができる。もとより、夫婦財産制については、婚姻の成立要件や身分的効力とは別個に準拠法の選定が行なわれることが一般的であり、それとの整合関係から言っても、離婚の準拠法に依らなければならない必然性はない。尤も、法律関係を細分化して、いくつもの準拠法を選定することが、必要以上に問題の解決を錯綜化する虞れがあることは否めない。それに対して、離婚の付随的効果をその本来的効果とともに一括して処理することは実に明解であり、又、簡便でもある。結局、この問題は、前述の通り、夫婦財産制の準拠法と離婚の準拠法との適用関係の調整問題として解決すべきものであると思われる。すなわち、それぞれの実質法の内容と事案とを勘案して、具体的妥当性が得られる法の適用を優先させるということである。

離婚の際の慰謝料の請求は、有責配偶者の相手方配偶者に対する精神的損害、又は、離婚原因となった有責配偶者の行為の相手方配偶者に対するその他の損害に起因するものである。その場合の有責な行為は様々であり、損害も精神的、身体的、物的なものを含んでいる。離婚原因となった行為による損害の賠償については、離婚に伴う夫婦財産の清算の際に考慮すべきであり、従って、夫婦財産制の準拠法に依るのが妥当であると考えられる一方、独立した単位法律関係として、不法行為の準拠法に依るべきことも有力に主張されている。それに対して、離婚それ自体の慰謝料については、離婚と不可分であるとして、離婚の準拠法に依るべきとするのが通説である。結局、この問題についても、いずれの実質法が相手方配偶者すなわち無責配偶者に対してより有利にその権利を認めているかという観点から、柔軟な準拠法の選定を行なうことを考慮する余地があるであろう。

離婚に伴ういま一つの重要な問題は、未成年の子がいる場合の親権者・監護者の決定の問題である。この問題は、離婚の付随的効果の問題であると見られると同時に、親子間の法律関係の問題であるとも見られるため、離婚の準拠法に依るべきか、それとも親子間の法律関係の準拠法に依るべきかが論議されてきた。尤も、離婚の準拠法に依るべきとする立場におい

ても、親権・監護権の帰属・分配についてのみそれに依り、親権・監護権の内容・行使については親子間の法律関係の準拠法に依るべきものと考えられている。しかし、親権・監護権の帰属・分配の問題とその内容・行使の問題とを区分した上で準拠法を選定することは技巧的に過ぎるばかりか、適用法の間の矛盾が生ずる虞れなしとしないであろう。そもそも、この問題は、離婚を契機として生じるものではあっても、婚姻の解消の直接的効果とは言えないものであり、本質には、親子間の法律関係そのものであると考えられる。わが国の国際私法においては、平成元年の改正法例第三一条が親子間の法律関係について子の法を中心として定めたことを契機に、そのことを実践的な根拠として、押し並べて同条に依るべきことを主張する見解が多く見られるに至っている。

離婚そのものによる慰謝料請求が離婚の準拠法に依るべきか、それとも、夫婦財産制の準拠法に依るべきかは争いのあるところであるが、いずれにしても、慰謝料請求権が認められたならば、無責配偶者が外国人であって、その外国が物価水準、所得水準、生活水準等の点でわが国に比して著しく低水準である場合には、慰謝料額の算定に際し、その点を斟酌すべきかが争点とされた。それを肯定する見解は、労働災害や交通事故における場合と同様に損害賠償の立場から、被害者の本国における水準を考慮すべきことを前提として、慰謝料が費消される地がいずれの国であるか等も考慮すべき要素であるとする。一方、それを否定する見解は、日本における婚姻生活の破綻に基づき、慰謝料が日本において請求されている場合の法的平等を主たる根拠とする。この点については、慰謝料請求権の根拠となる事実が発生した地における水準を基準とすることが正当である。

第二節　通則法第二七条の解釈

離婚の準拠法について、フランス破棄院のリヴィエール（Rivière）判決以後、ルヴァンドフスキ（Rewandowski）判決によって明示された共通本国法、共通住所地法（共通常居所地法）、法廷地法の段階的連結という判例法理が、諸国国際私

法においても支持され、普遍的な立場として確立された。今なお、諸国の立法例には、その立場を基本的に採用するものが少なくない。わが国の国際私法も、平成元年の改正法例第一六条において、国家主義に基づく法廷地法を国際主義に基づく密接関連法に代える修正を加えつつ、共通法（同一法）主義を採るに至り、世界的傾向に同調している。しかし、このように共通法（同一法）主義を優先させようとする立場が、適用法が有する理念の違いのため、立法論上問題があることは、婚姻の身分的効力に関する通則法第二五条との関連において、既に述べた通りである。又、通則法第二七条が同第二五条を準用しているので、その解釈・運用については、基本的に婚姻の効力の場合と同様であるが、最密接関連法の決定については、離婚原因発生地、過去の共通常居所地、原告の国籍などの要素が考慮されるべきであることも、密接関連性の原則との関わりにおいて、前述されたところである。

通則法第二七条但書は、夫婦の一方が日本に常居所を有する日本人であるときは、離婚は日本法に依るべきと定めるいわゆる日本人条項である。同一本国法又は同一常居所地法が日本法であるときは、同但書を俟つまでもなく日本法が準拠法となるから、同但書が意味を有することになるのは、夫婦に同一本国法も同一常居所地法もなく、夫婦の最密接関連法が準拠法とされる場合であるということになる。しかし、この但書のような場合であっても、常に夫婦が日本と最も密接な関係を有するとは限らない。例えば、外国で外国人と婚姻生活を送っていた日本人が相手方配偶者を遺棄して日本へ戻って常居所を有する場合は、但書の場合に該当するが、日本法が最密接関連法であると言うのは困難である。このような場合には、最後の同一常居所地の法が最密接関連法であると見るのが妥当であろう。しかも、同但書は、内外人を平等に取り扱うべきとする国際主義にも反するものである。やはり、同但書は、実務処理の便宜のための規定であると見るほかはない。すなわち、それは、同条本文に定められた最密接関連法の認定が必ずしも容易ではないため、夫婦の一方が日本に常居所を有する日本人である場合には、日本との密接関連性を問うことなく、日本法を準拠法としようとするものであり、又、実際上、日本の市町村役場に協議離婚の届出が行なわれることが予想されることから、外国法を準拠法としてその届出の適法性を判断することの困難を回避しようとしたものであると見られる。

結局、ここにおいても、同一法を軸として段階的連結の規則を採用した挙げ句、確定することが困難な最密接関連法を充てがったことの付けが廻っていると言うことができるであろう。確かに、諸外国の立法にも、例えば、ドイツ国際私法第一七条第一項のように、いわゆる日本人条項と似たような規定を少なからず見ることができる。しかし、それらの外国規定の多くは、単純に同一法主義に固執したものではない。すなわち、それらの外国規定が内国法に依ろうとすることの背景には、実質的な離婚の保護の理念が存在しており、それを実現するために、それらの外国規定は離婚の成立に対してより寛容な立場を採っている内国法を適用しようとしているのである。その点において、それらの外国規定は、通則法とは決定的に相違していることを看過してはならない。

因みに、通則法第二七条但書に似た規定が、婚姻の方式について、通則法第二四条第三項但書にも見られる。すなわち、日本において婚姻を挙行した場合であって、当事者の一方が日本人であるときは、婚姻の方式は婚姻挙行地の法、つまり日本法に依るべきとする規定である。端的に言えば、同但書は、日本の市町村役場への届出をもって婚姻の方式とすると定めているものである。これとの整合関係から言えば、通則法第二七条但書は、日本法に依って裁判外の協議の方法による離婚を認め、その方式に関して定めている規定であると解す余地があるのではないか。すなわち、協議離婚の場合、当事者による離婚の合意は離婚の実質的成立要件となるものであるが、日本の市町村役場への届出は離婚の方式となるものであり、それをもって足りることを定めているのが同但書であるというのがその解釈である。このような解釈を前提とした場合には、離婚の方法と方式が、次に改めて述べるような問題が生じる原因となっている。

第三節　渉外離婚の方法及び機関

離婚の方法は、諸国の法制によって異なっている。必ず裁判所の判決によらなければならないとするもの、わが国のように協議離婚が認められているもの、夫による専制離婚が認められているものなど、多様な方法がある。それに従って、離婚

に関与すべき機関も異なっている。わが国の支配的な立場によれば、離婚の方法も、当事者の合意がある場合には協議離婚の方法が執られることとなるように、離婚原因と密接に関わることから、離婚の実質を成すものであり、その成立のための準拠法と同一の法に依って規律すべきであるとされている。そのため、離婚の準拠法である本国法上求められている離婚の方法を実現するための機関が法廷地に存在しない場合に、厳格に当該機関によるべきとすると、外国法を渉外離婚の準拠法として選定することが無意味となるので、法廷地の機関が離婚の準拠法上の機関を代行しうる場合には、その代行をもって準拠法上求められている方法が満たされるものと考えられている。しかし、そのように考えるとしても、法廷地と離婚準拠法所属国とが離婚の方法とそのための機関を著しく異にしている場合には、離婚の成立は認められるべきではなく、その可否の判断は個別に行なわれなければならない。

しばしば問題となったのは、離婚の準拠法に依れば、それが裁判離婚（判決離婚）によって行なわれるべきとされている場合に、調停前置主義を採用しているわが国の家庭裁判所における調停又は審判の形式をもって、それに代えることができるかという問題である。換言すれば、渉外離婚事件においてもわが国の調停前置主義を維持すべきか、それとも、裁判所へ直かに訴えを提起すべきかが争われた。調停離婚が当事者の合意を基本とする点において協議離婚と性質が同じであるからそれを認めるべきではないとする説、調停離婚は認められるべきではないが、ともかくも裁判官の判断である審判離婚は認められるべきであるとする説、調停離婚も審判離婚も裁判所が関与する点から広義の裁判離婚に含まれるとする説、実務の取り扱いの集積による慣習法の成立という観点からそれらを認めようとする説など、見解は多岐に亘っている。結局、この問題は、わが国の手続法と準拠実質法とをいかに調整すべきかの問題として論じられてきたものであると言うことができるであろう。この場合、優先されるべきであるのは準拠法上の制度であるから、必ずしも調停前置主義に固執すべき必然性はなく、渉外事件において、時として、国内事件におけると異なる手続上の取り扱いが行なわれることは、事件の特殊性からして止むを得ないことであると言うべきであろう。しかし、実際には、準拠法上において、裁判離婚主義の立場が採られていることは、離婚手続の開始後に確認されることであり、その結果、本国における承認の確保を顧慮して、一旦、調停を不

調とする手続を経て、判決手続へ移行し、離婚判決の言い渡しを求める当事者も散見されている。

準拠実質法上、離婚が裁判（判決）の形式によって行なわれなければならないことを離婚成立要件の実質を構成するものであると理解するところに、上述の問題の出発点があると考えられるが、それは、むしろ離婚の方式に関する問題であると言うべきではないかと思われる。そうすると、裁判（判決）によるべきか否かの問題は、法廷地国際私法が、離婚の方式について、離婚の実質的成立要件すなわち離婚の許容性及び離婚原因についての準拠法と同一の法に依るべきと定めているか、はたまた、それ以外の法、例えば、離婚地法に依るべきと定めているかに依存することとなる。現行通則法においては離婚の方式に関する特別の規定はないので、それは、親族関係の法律関係の方式に関する通則法第三四条によるべきものと解されている。同条によれば、身分行為の成立の準拠法すなわち離婚の準拠法のほか、行為地法すなわち離婚地法によることも認められており、従って、日本法の調停前置主義のもとに離婚の手続を進めることができることとなる。

諸国の離婚法において認められている離婚の方法は多様であるが、離婚の準拠法上、協議離婚が許されているということは、婚姻当事者による離婚の合意がその実質的成立要件となり、又、それとは別個に、その方式（形式的成立要件）については、戸籍係への離婚の届出がそれに該当するものと考えることが可能であり、それぞれが独立した別個の連結単位として準拠法を選定することができるものと考えられる。しかしながら、通説の理解においては、前記のように、実質的要件と離婚の方式とは一体化していて、その結果、離婚の方法についても実質的要件の準拠法に従わなければならないと説かれている。すなわち、離婚が、婚姻当事者双方の合意のみによってなされうるか、若しくは、裁判所における判決によってのみなされうるか、さらに、一方当事者の単独の意思表示のみによってもなされうるかという離婚の方法に関する問題は、離婚の実質的成立要件に関するものであり、それは離婚の準拠法に従って解決されるべきである。更に論じられているところによれば、この問題は、離婚原因と結び付いている点において離婚の実体をなすものであって、離婚が認められることを前提とした方式の問題とすることはできず、従って、準拠外国法が協議離婚を認めていない場合には、日本においては協議離婚はなしえない。これに対して、準拠外国法上、裁判外の離婚が認められる場合には、その方式の如何が問題となる。すなわち、

実質的成立要件とは別個に、方式自体の準拠法の選定が考慮されなければならない。当事者による離婚意思を表現すべき外部的形式である方式についても実質的要件の準拠法によって規律すべき必要性はなく、また、実質的要件の準拠法によって求められる方式を認めない国における外国人にも離婚の途を閉ざすべきではない。

しかし、婚姻当事者間に準拠法上の離婚原因となる離婚の合意がある場合、離婚の実質的要件は、それをもって充足されていると言うべきであり、さらに、裁判の方式によるべきか、それとも、裁判外の離婚の方式、すなわち、協議離婚としての届出によるべきかは、方式の問題として判断されるべきであろう。本来、離婚原因と離婚方法は決して一体としてしか理解しえないものではないと考えられるからである。逆に言えば、理論上、裁判離婚（判決離婚）の際の離婚原因も、裁判外離婚の離婚原因となりえないものではない。しかし、戸籍窓口における実質審理に適わないため、実務上の理由により、合意以外の離婚原因は裁判外離婚については採用されていないと言うことができるであろう。

離婚の方式については、親族関係の法律行為の方式の一つとして、平成元年における法例の改正の際に新設された改正法例第二二条によって定まる法に依るとされた。同条は、法律行為の方式に関する改正法例第八条（通則法第一〇条第一項及び第二項）の特則であり、両者の立場は基本的には同一である。すなわち、前者が行為の成立の準拠法と行為地法との選択的連結の立場を採っているのに対し、後者は行為の効力の準拠法と行為地法との選択的連結の立場を採っており、ともに、法律行為が方式の面から無効とならないように配慮されている。因みに、通則法第一〇条第一項及び第三四条第一項において行為の効力が行為の成立に変更されているのは、通則法第二五条ないし第三三条に掲げられた親族関係については、身分登録機関への登録、関係機関の決定等がその成立要件となっていることが多く、方式は「効力」よりむしろ「成立」に深く係わっているため、それらの法律行為の方式は、その行為の効力の準拠法よりも、むしろその行為の成立の準拠法によらしめるのが適当とされたからである。また、行為地法の立場は、「場所は行為を支配する」の原則に由来するものであり、諸国の国際私法においても汎く認められているものである。

因みに、離婚の方式が離婚の実体の一部として、通則法第三四条に従ってその準拠法の選定が求められるのに対して、離

婚が如何ように実現されるかという手続については、「手続は法廷地法による」の原則が支配する。従って、離婚の手続については、常に日本法が準拠法となる。

第四節　別居の準拠法

婚姻の解消に関する外国の法制には、離婚の制度と共に、あるいは、離婚の制度に代えて、裁判上（法律上）の別居の制度を設けているものがある。わが国の民法には法律上の制度としての別居に関する規定はなく、国際私法もそれに呼応して別居に関する規定を置いていない。このため、わが国の裁判所に別居の請求がなされた場合には、その許否や別居原因等のための準拠法の選定の如何が問題となる。別居は、その本質において、離婚と同様に、婚姻の解消のための法制度であり、離婚が婚姻の絶対的解消の制度であるのに対して、別居は言わば婚姻の相対的解消の制度であるから、離婚に関する通則法第二七条が包摂する問題であると解することができる。しかし、同条の文言を厳格に解釈すれば、別居は離婚とは別の制度であるから、同条が別居についても類推適用されると言うべきこととなるであろう。尚、わが国には別居の手続きに関する規定はなく、従って、手続きについても離婚に関する手続きに準じて進められることとなる。

第一三章　登録パートナーシップ

第一節　総説

二〇世紀末、東欧社会主義諸国においては政治的・経済的な大変動が経験されたが、ほぼ同時期、西側自由主義諸国においても、ある種の驚愕の念を抱かせる新規な形態の婚姻制度が登場し、それにより、従来の家族制度に大きな変化が見られるに至っている。すなわち、同性間・異性間の登録パートナーシップ制度の導入及び同性間の婚姻の許容がそれである。諸国の婚姻制度には、それぞれの国家、民族、人種等の違いにより、それらに固有の様々な歴史、宗教、風俗等を反映して、様々な相違が存在していることは言うまでもない。しかしながら、古今東西の婚姻制度を比較すれば、そこにはいくつかの共通点が認められる。それらの点は、婚姻という制度が前提とする絶対的条件となるものでもあった。すなわち、第一に、それが異性の当事者間において締結されること、第二に、第三者の性的介入を排除する程の強固な結合体ないし生活共同体を形成すること、そして、第三に、それのための特別な規律ないし保護を受けること等がそれらの共通点であると見られる。そのような婚姻制度を前提とする限り、法律婚が原則であり、いわゆる内縁とか事実婚という形態の男女の結合関係は、その枠外にあるものと位置付けられるか、又は、わが国におけるような準婚理論という特別な理論構成をもって、可及的に保護する努力がなされている。それに相対する現象として、例えば、フランスにおいては、婚姻法による規律を回避し、一般法の適用を受けることを目論む当事者が、婚姻の実体を備えながらも意図的に法律婚を締結しないため、その結合状態には、婚姻類似の生活共同体として如何なる法的価値も認められず、又、如何なる法的効果も生じない自由な結合（union libre）が、益々勢いを増しつつあることが注目されるところであった。しかし、従来の固定観念からは、いずれにしても、それら

の婚姻ないし生活共同体は異性間におけるものであることが当然とされており、同性間のそれは、如何に婚姻の概念を広く想定しようとも、法律婚の範疇に含まれるものではなかった。

然るに、昨今、西欧諸国を中心として、堰を切ったような登録パートナーシップ制度の導入及び同性婚の許容の現象を目の当たりにして、スイスのジーア（Kurt Siehr）教授によっては、今日、伝統的な婚姻を含め、九種類もの家族結合の形態が存在することが指摘されており、法的規律の側面についても、それに沿った再整備が実質法及び国際私法の両次元において急務とされているのが現状である。事実、諸外国においては、特に西欧諸国を中心として、同性婚及び登録パートナーシップ制度に向けられた国際私法規定の立法化や改正作業が活発化している。わが国法体系にとって、直ちにそのような婚姻形態の変容に追随し、それらの婚姻ないし生活共同体の制度を導入すべき必然性があるわけではない。しかし、国際的な人的交流が盛んな今日にあって、渉外的局面から見る限り、諸外国のそうした動向に対して、わが国がいつまでも全く無関心のままではいられないであろう。

第二節　登録パートナーシップ立法の概観

第一款　実質法立法の概観

兼ねてより、潜在的な需要があったとは言え、公式に新しい形態の生活共同体、すなわち、同性間の登録パートナーシップという制度を初めて法律上の制度として設置したのは、デンマークの一九八九年六月七日の「登録パートナーシップ法」（一九九九年改正）であり、それに続いたのが、ノルウェーの一九九三年四月三〇日の「登録パートナーシップ法」（二〇〇一年改正）、スウェーデンの一九九四年六月二三日の「登録パートナーシップ法」（二〇〇二年改正）、アイスランドの一九九六年六月一二日の「登録パートナーシップ法」（二〇〇〇年改正）、そして、フィンランドの二〇〇一年法律第九五〇号

「登録パートナーシップ法」（二〇〇一年改正）である。それらの法律の成立により、登録パートナーシップ制度は北欧諸国を席巻するに至っているが、それらの北欧諸国の登録パートナーシップ制度の特徴とされる点は、まず、同性間のそれに限られている点であり、そして、異性間の婚姻制度に倣い、その成立、効果、解消のいずれの規律においても、原則として婚姻と殆ど同一である点である。特に、登録パートナーシップの解消について言えば、スウェーデンにおいては、離婚と同様、裁判所による判断が必要とされており、又、デンマークにおいては、離婚と同様、行政機関におけるパートナー共同の宣言による解消が可能である。

次に、ドイツの二〇〇一年二月一六日の「生活パートナーシップ法」（Lebenspartnerschaftsgesetz）（二〇〇四年改正）においても、そのパートナーシップが同性間に限られている点は北欧諸国法上の立場と同一である。しかし、その成立及び効果についての規律が婚姻の場合とほぼ同様であるのに対して、その解消については、裁判所の判決によることが求められていることのほかは離婚と異なり、関係の継続を望まない旨の意思表示、及び、その後の一定の待機期間の経過がその要件とされている。

それらに対して、オランダの一九九八年一月一日の民法典第一部第五ａ編に導入された登録パートナーシップの制度は、同性間及び異性間の双方に認められる点において、北欧諸国及びドイツのそれと異なるが、同法典第五章「婚姻」中の諸規定の多くが準用されており、要件、効果、手続のいずれについても、実質的な差異は殆ど見られない。両者の制度の差異としては、例えば、同法典第一〇章「卓床分離と卓床分離後の婚姻の解消」の諸規定が婚姻にのみ適用される等の違いはあるが、全体として若干の差異しか見られない。このように、基本的には婚姻に準じるが、その解消については、離婚が裁判所においてのみ可能であるのに対して、登録パートナーシップの解消は、相互の合意により、裁判外においても可能であるという大きな相違点がある。従って、オランダのその制度は、必ずしも、北欧諸国の制度のように婚姻に準じるものであるとは言い切れない。尚、当事者の申立てによる婚姻の登録パートナーシップへの転換（同法典第七七ａ条）、及び、登録パートナーシップの婚姻への転換（同法典第八〇ｇ条）に関する規定が置かれていることも、このオランダ法の特徴である。

同様に、ベルギーの一九九八年一〇月二九日の「法律上の同棲を創設する法律」(Loi instaurant la cohabitation légale) によって民法典に導入された制度も、同性間及び異性間の双方に認められるパートナーシップ制度である。しかし、同法典においては、この制度は財産取得の一態様として位置付けられており、一方当事者の死亡の場合における他方当事者の相続権が認められていない等、明らかに、婚姻に準じる制度とは言えないものであり、又、その解消についても、両当事者の合意のみならず、一方当事者の意思によっても解消することができる(同法典第一四七六条第二項)という弱い結合がその特徴である。

又、フランスにおいて、一九九九年一一月一五日法律第九四四号により、民法典第一部第一二章に導入されたＰＡＣＳ、すなわち、民事連帯契約 (pacte civil de solidarité) と呼ばれる生活共同体の制度も、同性間及び異性間の双方に認められているものである。ＰＡＣＳの成立要件は婚姻とほぼ同様であるが、その効果は、貞操義務に関する規定がないほか、ＰＡＣＳに固有のものが少なくない。そして、その解消は婚姻よりも遥かに緩やかである。すなわち、相互の解消の合意の裁判所への届出でや、一方当事者の意思による相手方への解消意思の送達の方法による解消のほか、一方当事者の婚姻によっても、ＰＡＣＳは自動的に解消される。

更に、又、スペインにおいては、国家単位の立法ではないが、固有の立法権を有する一七の自治州の中、二〇〇二年末現在、七つの自治州(カタルーニヤ、アラゴン、ナヴァラ、バレアレス諸島、ヴァレンシア、マドリッド自治州、アストウリアス)が同性間及び異性間のパートナーシップに関する制定法、すなわち、「安定的カップルに関する法律」(las leyes sobre parejas estables) を有しており、又、少なくとも三つの自治州が草案を起草していると言われている。尚、そこに見られるパートナーシップ制度については、フランスのそれと類似すると指摘されている。

より近時の立法として、スイスの二〇〇四年六月一八日の「同性者の登録パートナーシップに関する連邦法」(Bundesgesetz über die eingetragene Partnerschaft gleichgeschlechtlicher Paare) がある。同法によっても、北欧諸国及びドイツのように、同性間の登録パートナーシップに婚姻に準じる法的効果が与えられている。

そして、最後に、英国の「二〇〇四年連合王国民事パートナーシップ法」(Civil Partnership Act 2004) によっても、北欧諸国及びドイツのように、同性間に限り、婚姻に準じる法的効果が与えられている。パートナーシップの解消も、婚姻の場合と同様、裁判所の関与の下に、その命令によってのみ行なわれることができる。しかし、一九七三年の婚姻事件法 (Matrimonial Causes Act 1973) 第一条が、離婚について、一定の離婚原因に基づき、婚姻が回復し難いまでに破綻していることの立証を求めているのに対して、パートナーシップの解消命令は、申立人が双方当事者であるか、あるいは、一方当事者であるかに従って定められた期間の経過をもって下されなければならない (同法第三七条以下)。従って、そのパートナーシップは婚姻よりも緩和された生活共同体であり、同性間に認められた婚姻と同等の結合体の制度であると見ることはできない。

因みに、オランダにおいては、二〇〇〇年一二月二一日の「同性カップルに婚姻を認める法律」(二〇〇一年四月一日発効) により、同性婚の制度が導入されている。また、その後、ベルギーにおいても、二〇〇三年二月一三日の「同性者の婚姻を認め、かつ、民法典の一定の規定を修正する法律」により、同様に、同性婚の制度が導入されている。それにより、男女間の結合体という伝統的な婚姻概念は崩壊しつつあるが、今後、欧米諸国を中心として、その傾向が益々顕著になって行くことが予想される。

第二款　国際私法立法の概観

世界的視野で見る限り、登録パートナーシップの制度を有している国々が未だ少数であるため、それのための国際私法規定を備えた立法例が見られるのは、その実質法規定を有する諸国、すなわち、北欧諸国、ドイツ、スイス、ベルギー、オランダ、フランス等、少数の国々に限られている。又、それらの立法例の規定の形式について見れば、内国法の適用の場合についてのみ規定する一方的抵触規則によって構成された立法と、外国法の通用を想定した双方的抵触規則によって構成されたそれとが存在している。

まず、北欧諸国の立法について見れば、最初に登録パートナーシップの制度が導入されたデンマーク法においては、その登録要件として、当事者の一方がデンマークに常居所を有するデンマーク人であることが求められ、その成立要件及び解消については、専ら内国法の全面的適用が定められていたが（一九八九年法律第二条第一項）、登録パートナーシップの制度を導入する国々の増加に伴い、その後の改正法において、デンマークに二年以上常居所を有する外国人による登録が可能とされ、又、その制度を有する国の国民がデンマーク国民と同様に取り扱われるに至っており、そのような動向は他の北欧諸国においても同様である。登録パートナーシップの効力については、スウェーデン実定法の解釈上、婚姻に関する規定が登録パートナーシップに準用されると考えられる結果、外国法が適用されることが認められており、そして、登録パートナーシップの制度を認めない外国法が準拠法となる場合には、婚姻に関するスウェーデン内国法が適用されることになると見られる。以上のような北欧諸国法における立場は、登録パートナーシップに関する国際私法規定を置いているフィンランドの二〇〇一年法において、総括的に、外国において登録されたパートナーシップ、及び、その解消の承認に関する規定等の充実が図られた上で受け継がれている。そこにおいて基本的にとられているのは、登録パートナーシップの制度を婚姻の制度に準ずるものとして位置付けている立場である。

次に、ドイツ国際私法上においては、生活パートナーシップは婚姻とは別個の法律関係として、民法典施行法第一七b条（改正前第一七a条）に、それのための特別規定が新設されている。従って、同条上における指定概念は国際私法上の概念として構成されており、ドイツ法上の生活パートナーシップに限らず、より広く、婚姻とは別個の登録された生活共同体、つまり、ドイツ法上のそれと同様の機能を有する外国の制度も含まれるというのが確立した解釈となっている。その際、フランスのＰＡＣＳのように結合性の程度の弱い生活共同体や同性婚もその概念の範疇に含まれると考えるべきかが問題として指摘されている。同条のいま一つの特徴は、成立、身分的効果及び財産的効果、解消の全てに亘って登録地法主義が採られている点である。登録パートナーシップの制度を置いている国が未だ少なく、しかも、ドイツ国内に長期間居住する外国人にもその制度の利用が認められている現状に鑑み、その本国法上、登録パートナーシップの制度が置かれていない場合に

は、その締結が認められないことになるため、それを回避するというのがその立法の趣旨であり、そして、パートナーシップの解消についても、同様の趣旨が妥当する。尚、扶養法上及び相続法上の効果については、それぞれ、扶養義務及び相続の抵触規則によって決定される準拠法に依るが、同法により、生活パートナーシップの当事者がその権利を認められないときは、補則的に、登録地法が適用されることが定められている（同法第一七ｂ条第一項第二文）。外国人当事者の本国法上、生活パートナーシップの制度が置かれていないにも拘わらず、登録地法の適用の下にパートナーシップ登録を認める以上、登録地法によって当事者に認められた権利についても、それを認めるのが妥当であるというのがその趣旨である。

又、登録パートナーシップに関するベルギー国際私法の実定法規は、「国際私法に関する二〇〇四年七月一六日法律」第五八条ないし第六〇条である。そこにおいては、先ず、「共同生活関係」の概念について、「いずれかの官公庁による登録の原因となり、かつ、同棲者間に婚姻に相当する関係を創設しない共同生活の状態」をいうものと定義されている（第五八条）。同条に関連して生じる問題は、何が「婚姻に相当する関係」であるかの判断基準の如何である。関係解消の難易度、あらゆる効果の類似性、婚姻障碍の有無など、様々な観点からの基準設定が考えられるが、比較制度的に多様な共同生活関係が存在しているため、実際上、婚姻形成の準拠法（第四六条）及び共同生活関係の準拠法（第六〇条）のそれぞれの射程範囲の画定は困難をもたらし、その結果として、多数の跛行的な婚姻ないしパートナーシップが創出されるであろうと指摘されている。このような性質決定の面における微妙な問題は、特に同性間の場合に生じるであろうが、北欧諸国及びドイツのパートナーシップが婚姻と同視されるのに対して、フランスのＰＡＣＳ及びルクセンブルグのパートナーシップは共同生活関係であるとされている。共同生活関係の準拠法については、最初の登録地法に依るべきとされており（前出第六〇条第一文）、そして、婚姻の場合には、その成立の準拠法及び効果の準拠法が区別されているのに対して（前出第四六条及び第四八条ないし第五一条）、共同生活関係については、登録地法が全ての事項を一貫して規律することが定められている（前出第六〇条第二文）。

又、スイス国際私法についてであるが、前出「同性者の登録パートナーシップに関する連邦法」の成立に伴い、「国際私

法に関する連邦法」中に、登録パートナーシップに関する諸規定によって構成された第三ａ章（第六五ａ条ないし第六五ｄ条）が追加されており、第六五ａ条により、婚姻に関する第三章が登録パートナーシップに準用されることが原則とされている。従って、スイスにおいて登録されるパートナーシップについてはスイス法が準拠法とされ（婚姻の実質的成立要件に関する第四四条第一項）、一方、外国において有効に登録されたパートナーシップは、スイスにおいて承認されることになる（第四五条第一項）。但し、実質的成立要件がスイス法上満たされない外国人の間の婚姻であっても、当事者の一方の本国法上の要件を満たすことにより、スイスにおいて締結することができると定める第四四条第二項の準用は除外されているため、登録パートナーシップの成立については、常にスイス法が準拠法とされることになる。又、登録パートナーシップの身分的効果については、第四八条の準用により、当事者がその住所を有する国の法に服し（第一項）、当事者が同一国にその住所を有しないときは、より密接な関連性を有する住所地法に服することになる（第二項）。さらに、登録パートナーシップの財産的効果については、当事者自治を認める第五二条を準用することになる。そして、登録パートナーシップの解消についても、第六一条の準用により、スイス法に服することになるが（第一項）、当事者が共通の外国国籍を有し、かつ、それらの者の一方のみがスイスに住所を有するときは、それらの者の共通本国法が適用されることになる（第二項）。しかし、外国の本国法に依ればその解消が許されないか、又は、非常に厳格な要件の下においてのみ許されているときは、当事者の一方がスイス市民であるか、又は、スイスに二年以上居住しているとき、スイス法が適用されることになる（第三項）。尚、第六五ｃ条により、第三章の規定によって適用されるべき法の中に登録パートナーシップについての規定がない場合にはスイス法が準拠法とされ、又、財産的効果の準拠法として当事者によって選択できる法の範囲に登録地国法が加えられている。因みに、第六五ｂ条は登録パートナーシップの解消についての登録地の管轄権に関し、また、第六五ｄ条は登録国の判決若しくは措置に関する規定である。

又、オランダの「登録パートナーシップについての法律の抵触の規律に関する二〇〇四年七月六日法律」（いわゆる「登録パートナーシップ抵触法」）は三二箇条に亘り、比較立法的に最も詳細な内容を有する立法である。まず、登録パートナー

シップの締結の準拠法についてである。その中、オランダにおいて締結されるものについては、オランダ民法典第一編第八〇ａ条の諸規定に服する（第一条第一項）。当事者の締結能力についても同様である（同条第二項）。方式についても、基本的にオランダ法に従うが、当事者がオランダ国籍を有しないときは、外国の外交官及び領事官が代表する国家の法に従う（同条第三項）。次に、外国において締結された登録パートナーシップの承認については、それが締結された国家の法律によって有効に締結されたか、又は、後に有効となったものは有効とされる（第二条第一項）。外交官又は領事官の下で締結された登録パートナーシップも、当該官吏が帰属する国家の法律上の要件を満たす限り、有効であるとされる（同条第二項）。準拠法とされる外国法には抵触規則が含まれる（同条第三項）。以上のほか、外国において締結された登録パートナーシップは、それが法律によって規律された密接な身分関係を維持していること、並びに、締結地の官庁によって登録されたこと、婚姻又は他のあらゆる共同生活関係を排除すること、及び、当事者間に婚姻関係における義務に相当する義務を創設することが、承認されるための要件とされている（同条第五項）。身分的効果の準拠法はオランダ法である（第五条第一項）。財産制は当事者によって指定された法による（第六条第一項）。終了の準拠法については、オランダにおいて登録されたパートナーシップの場合にはオランダ法に依り（第二二条）、外国において登録されたそれの場合にも、オランダ法に依ることを原則とするが（第二三条第一項）、当事者が、相互の合意により、その締結地法を指定したときは、同法が適用される（同条第二項）。又、解消による登録パートナーシップの終了に関しては、パートナーが共同してそれが締結された国家の法を指定したか、若しくは、一方パートナーによるかような指定が争われなかったとき、又は、当該国家の法が指定され、かつ、両パートナーが当該国家の社会と実質的関係を有するときは、その法が適用される（同条第三項）。手続については、いずれの場合にも、オランダ法が決定する（同条第四項）。他方、外国において行なわれた登録パートナーシップの終了の承認に関しては、まず、相互の合意によるそれについては、その行為地において有効であるとき（第二四条第一項）、又、解消によるそれについては、裁判所又は権限を有する官庁により、適正な手続の下に行なわれたとき（同条第二項）は、ともにオランダにおいて承認される。後者の場合において、それが要件を欠くときであっても、他方パートナーが解消に対し、明

示的又は黙示的に手続中に同意したか、又は、事後に甘受したときも、オランダにおいて承認される（同条第三項）。さらに、全ての登録パートナーシップの期間中及び終了後における扶養義務の準拠法については、一九七三年一〇月二日の「扶養義務の準拠法に関するハーグ条約」によって決定される（第二五条）。すなわち、扶養権利者たるパートナーの常居所地法、両パートナーの共通本国法、オランダ法が段階的に通用されることになる（同条約第二条参照）。以上がオランダ登録パートナーシップ抵触法の内容の概要である。その内容の特徴としては、次のようないくつかのことを指摘することができるであろう。まず、第一に、登録パートナーシップを婚姻等とは別個の独立した単位法律関係として位置付けていることである。第二に、単位法律関係を更にオランダにおいて締結された登録パートナーシップと外国において登録されたそれとに区分していることである。第三に、成立、効果、終了に亘り、登録地法主義が原則として採用されていることである。そして、最後に、財産的効果（財産制）及び終了の準拠法については、登録パートナーシップの制度を認める国の法の範囲に制限されてはいるが、当事者自治が認められていることである。前者については、当事者自治が原則とされ、パートナーによる準拠法の指定が行なわれなかった場合には、補則的に登録地法が適用される。一方、後者については、オランダにおいて締結された登録パートナーシップについても、又、外国において締結されたそれについても、オランダ法の通用が原則とされるが、一定の場合には、パートナーによる締結（登録）地法の指定が認められている。法廷地法となるオランダ法が既に登録パートナーシップの制度を導入していることが前提とはされているが、登録パートナーシップに関し、基本的に、登録地法と法廷地法の両者が準拠法とされる素地が形成されつつあることが窺われる。

そして、最後に、フランス民法典第五一五条の七の一（二〇〇九年五月一二日法律）もまた、登録パートナーシップの成立要件及びその効果、並びに、その解消の原因及びその効果については、その登録が行なわれた官公庁が帰属する国家の実質法に服せしめることを定めるに至っている。フランス民法典第三条第三項は人の身分及び能力に関する諸問題を属人法事項として包括的に本国法に依るべきことを定める著名な規定であるが、差し当たり、登録パートナーシップに関する法律関係はその範疇に含まれないことを意味していると解される。

第三節　登録パートナーシップの性質決定

当初、異性間の婚姻しか認められない状況の下に、同性間の婚姻に相当する制度として導入されたのが登録パートナーシップの制度であるが、瞬く間に、その制度は西欧諸国を席捲するに至っている。しかし、現在、同性間の婚姻さえも認める国々が登場するに及んで、登録パートナーシップの制度はその限りにおいて、その存在意義を失っていると考えられるが、それにも拘わらず、オランダやベルギーにおいて、婚姻の制度と共に併置されている。従って、登録パートナーシップの制度とは、婚姻に準じる制度から、それ独自の存在意義を有する制度へと、その位置付けを変化させていると考えるべきであろう。諸国の登録パートナーシップの制度を比較すると、それを採用している諸国間にかなりの差異は認められるが、総じて、婚姻の制度とは異なり、緩やかな結合体としての法的効力を有する生活共同体の制度として、婚姻と共に並存していると見るのが妥当であろう。しかし、両者の実質法上における相違に拘わらず、国際私法上、両者に同一の抵触規則の適用が妥当するとか、婚姻に関する抵触規則を登録パートナーシップに関するそれとして準用すべきと考える余地も、全くありえないことではない。その点についての判断は、両者の制度が、国際私法上における性質決定において、如何に異同するかに掛かっていると言うことができるであろう。

前述のように、近時、欧州諸国において、法律をもって規律されようとしている家族関係は多様であり、従来の婚姻概念をもって包括された共同生活関係とは異なる形態のものが少なくない。一般的に、婚姻関係ないし婚姻類似の関係と同棲関係（共同生活関係）とを峻別することが必ずしも容易でないことは、前出ベルギー国際私法典第五八条における「共同生活関係」の定義との関連において論及されたところである。関係解消の難易度、あらゆる効果の類似性、婚姻障害の有無等、様々な観点から、両者の区別のための基準設定が考えられるが、比較制度的に多様な共同生活関係が存在しているため、やはり、決定的な基準を求めることは困難である。従って、多様な共同生活関係が錯綜する結果、多数の跛行的な婚姻ないし

パートナーシップが創出されるであろうとの指摘や、一先ず、北欧諸国（デンマーク、フィンランド、アイスランド、ノルウェー、スウェーデン）及びドイツのパートナーシップが婚姻と同視されているのに対して、フランスのＰＡＣＳ及びルクセンブルグのパートナーシップは共同生活関係であるという指摘も決して根拠のないこととは言えないであろう。

確かに、諸国における登録パートナーシップの制度は、全く同様な内容を有するものではなく、例えば、北欧諸国のそれのように、成立、効果、終了に亘り、婚姻に酷似するものから、フランスのＰＡＣＳのように、一般法によって規律される関係により近いものまで、比較的には、多様な内容を有するものが、総称して登録パートナーシップと呼ばれているのが実情である。しかし、伝統的な婚姻の締結が許されなかった同性の者たちの場合と異なって、本来的にその締結が可能な異性の者たちのための登録パートナーシップ制度の出現は、明らかに、それが婚姻制度とは別個の異なる制度であることを意味するものであり、それを婚姻とは別個の単位法律関係として位置付ける方が相当であろう。恰も、離婚と別居が婚姻の解消の制度としての共通性はあっても、前者がその絶対的解消であるのに対して、後者はその相対的解消であるという差異が認められるように、単に結合性の強度の点において異なる関係として、婚姻と登録パートナーシップの関係を理解することもできる。そのように理解するならば、婚姻が完全な法的結合体であるのに対して、登録パートナーシップは言わば不完全な法的結合体として位置付けることになるであろう。そして、婚姻解消の方法として、離婚と別居の双方の法律制度を置く多くの国々、わが国のように離婚の制度しか置かない国、フィリピンのように別居の制度しか置かない国が存在していながら、離婚と別居とはしばしば同一の抵触規則によって規律されている立法例が多いことも事実である。すなわち、概念上、登録パートナーシップは婚姻とは別個の法律関係であるが、実際には、同一の抵触規則によって規律されることが妥当であると考えられる余地もある。スイス国際私法の立場がそれとして挙げられる。しかし、比較立法的には、婚姻とは別個の抵触規則による規律の立場をとっているものがより多数であることを無視することはできない。ドイツを始めとする諸国国際私法において、登録パートナーシップのための特別な抵触規定が新設されていることは、やはり、それが、国際私法上においても、婚姻とは別個の性質の法律関係であり、そして、少なくとも、世界的に見て、登録パートナーシップの制度を導入して

いる国々が未だ少数であると言うべき現時点においては、婚姻とは別個の抵触規則を必要とする単位法律関係であることを物語っているように見られる。

第四節　登録パートナーシップの準拠法

それでは、登録パートナーシップという法律関係の特性を考慮した抵触規則は、一体、如何にあるべきか。前記の立法例に見られた代表的な立場については、次のように整理することができるであろう。まず、連結の単位として考えられるその成立、効果、終了の全てに亘り、同一の準拠法を適用すべきとする立場をとる立法例が主流となっている。その一つは、内国（法廷地）において登録されたパートナーシップと外国において登録されたパートナーシップとを分けて、前者には内国法（法廷地法）を適用し、後者には当該外国法（登録地法）を適用するという立場である。そして、後者の法には、当該外国の実質法のみならず、抵触法も含まれるものと考えるオランダ登録パートナーシップ抵触法のような立場もある。いま一つの立場は、登録地法主義を原則とする立場である。但し、財産的効果（財産制）や解消については、登録パートナーシップの制度を認めている国の法の範囲に限り、当事者による準拠法の選択を認める立場をとるのがオランダ登録パートナーシップ抵触法である。それらの立法は、いずれにしても、登録パートナーシップ保護の立場から、登録パートナーシップの制度を認めている国の法に依るべきとして、その実質法ないし抵触法によって規律しようとする選択的連結の規則であるか、又は、準拠外国法によって登録パートナーシップとしての効果が認められない場合には、内国法（法廷地法）が適用されるとする段階的連結の規則である。このように、登録パートナーシップの制度は、それが認められている国の法を適用するという方法をもって保護されていると言うことができる。但し、上記の立場は、登録パートナーシップの制度を置いている国々における立法に限って見られるものである。

それでは、わが国のように、登録パートナーシップの制度を置いていない場合、従って、それについての抵触規定も置か

れていない場合には、実定国際私法の運用において、一体、如何なる判断規準に依拠すべきであろうか。ここにおいても、わが国において登録パートナーシップを締結する場合と外国において締結されたそれについて判断する場合とに分けた上で、その問題について考えることは可能であろう。そして、前者の場合については、婚姻の成立に関する通則法第二四条によって定まる法に依り、後者の場合については、承認問題として公序に反するか否かが検討されるべきとする見解には傾聴すべきものがある。確かに、現行規定の活用に止まるならば、婚姻が登録パートナーシップに最も近い身分関係であることに相違なく、又、承認問題として考える場合に、いずれかの法体系の下に成立した登録パートナーシップによって与えられる当事者の利益を保護すべきとする立場は正当である。しかし、扶養や相続又は登録パートナーシップの再締結の先決問題として、当面の登録パートナーシップの締結又は解消の有効性が問題とされた場合には、いずれかの法体系の下に有効に成立したか、又は、解消された身分関係については、原則として、その有効性を承認するという立場が一般的に確立されない限り、その実質審理のための抵触法的処理、すなわち、準拠法の選定は避けられないであろう。従って、登録パートナーシップについては、通則法第二四条により、全て包括的に当事者の本国法が適用され、その結果、当該当事者間の登録パートナーシップが認められないことになったとしても、日本法上、その制度が導入されておらず、又、その制度を採用している国々も他国における承認を期待することなく、跛行的法律関係が発生する可能性が認識されている現状から、それはやむを得ないことである。更に、登録パートナーシップの制度のための抵触規定を整備する必要性についても、その制度が未だ普及していない現状においては、時期尚早であるという見解がある。確かに、登録パートナーシップの制度を有する国々の抵触規定が自国の法制度の渉外的な場面における有効性を顧慮した内容のものでしかなく、早晩、改正される運命にあるものであるという指摘をも含めて、その見解は強ち的外れとは言えないであろう。しかし、実務的には、後述されるように、既に日本人によって外国において締結された登録パートナーシップに関連した報告的届出がなされるに至っている。そのような現実をも直視した上で、又、登録パートナーシップの制度が更にその一般化を促進しようとしていると見られる現在、そのための抵触規則が如何にあるべきかを検討することは、決して意味のないことではないであろう。

登録パートナーシップの制度が置かれていないわが国において、それを登録することは、実務上、不可能である。しかし、わが国においても、外国において登録されたパートナーシップの成否又はその解消の有効性が、本問題又は先決問題として争われることは想定される。そのような場合には、外国登録パートナーシップの存否確認又はその解消に関する確定判決でない限り、民事訴訟法第一一八条に従った承認問題として処理されることはできないと考えられ、従って、準拠法を選定した上で、実質審理を行なうべき連結問題として処理されなければならないこととなる。登録パートナーシップの準拠法選定のための特別の規定を置いていないわが実定国際私法上、当面、明文規定が制定されるまでの間、先決問題として、本問題準拠法所属国国際私法に依るとする準拠法説の立場をとらない限り、この問題について、如何なる規則によって規律すべきかという問題を避けることができない情況がやがて出現するであろう。そして、このような問題は、正に、かつて、製造物責任の準拠法を巡って、不法行為に関する抵触規定との関連において論じられたと同様に、特定の事項について、明文の抵触規定が欠缺する場合における処理の仕方に関する問題にほかならない。わが国際私法上においては、差し当たり、登録パートナーシップに関する問題はそのような問題として解決せざるをえないと思われる。

一般に、何らかの事項に関する法廷地国際私法規定が欠缺する場合であっても、慣習法、判例法、そして、時には学説法に何らかの規則の根拠を求めることができる場合もある。しかし、それができないときは、当面の問題となる法律関係がいずれかの規定の規律の範囲に含まれるか、若しくは、類似の法律関係に準ずるものとして、それと同一の準拠法に従うべきものと考える立場、及び、条理により、何らかの特別の規則を導き出すべきものと考える立場がある。前者の立場からは、登録パートナーシップの成否及びその効果については、やはり、婚姻に準ずる身分形成と考えられ、婚姻の成立及びその効果に関する準拠法選定規則と同一の規則に従うべきものと考えるのが妥当であろう。同様に、登録パートナーシップの解消についても、離婚に準ずるものとして、離婚に関する準拠法選定規則と同一の規則に従うべきものと考えられる。それに対して、後者の立場からは、わが国際私法において、属人法事項、すなわち、人の身分及び能力に適用されるべき属人法における本国法主義の立場が採用されているとして、両当事者の本国法を配分的に適用すべきであると考えるか、又は、わが国

際私法における基本原則である密接関連性の原則に則り、登録パートナーシップの当事者が最も密接な関連性を有する地の法、すなわち、登録地法若しくは当事者の常居所地法に依るべきであると考えられるであろう。属人法としての本国法の適用は、登録パートナーシップを属人法事項とする性質決定に基づくものであるのに対して、密接関連地法の適用は、国際私法の基本原則である密接関連性の原則を根拠とするものである。そして、これらの中、そのいずれに依拠すべきかの判断においては、政策的配慮から、当事者利益の保護の実現を可能とする密接関連法の適用が、より柔軟性を有する解決方法として支持されるべきではないかと思われる。しかし、そうであるとしても、当事者が登録地を離れて、別の国に居住した場合には、一見、登録地との密接関連性は存在せず、当事者の常居所地法が登録パートナーシップの制度を認めていない限り、当事者の間にパートナーシップの存在は認められないことになる。しかし、当事者にとっての密接関連性とは、その国籍の帰属や居所の所在等の地域的関連性ばかりではなく、その者たちの利害関係への影響という当事者利益としての主観的関連性も考えられるであろう。すなわち、端的には、登録地法、又は、登録パートナーシップを認める国の法が当事者にとって最も密接な関連性を有する法であると考えられることになる。

最新の国際私法立法例として引用された前出二〇〇四年のベルギー国際私法典は、属人法の決定基準として、同法典における原則である常居所主義の優先に拘ることなく、随所、国籍にも主たる役割を分担させていることが看取されるが、それは、原則として本国法主義一辺倒のわが国際私法にとって、格好の参考資料を提供するものである。すなわち、国籍も、常居所も、そして、住所も、いずれも属人法事項の連結点として決定的ではないが、家族法分野への当事者自治の規則の導入が拡大する傾向と相俟って、それらの連結点のいずれもが同等の資格において選択の対象とされ得ることをこのベルギー国際私法典はいみじくも示唆していると見ることができる。そのように、属人法の決定において、いずれかの連結素を常に一律的な基準とすべきではないと考えることが、登録パートナーシップについての準拠法の決定における困難な問題をも、容易に解決へと導くことになるものと思われる。

第五節　今後の展望

同性間の婚姻が制度として許容されるようになったその一方、登録パートナーシップの制度が異性間においても利用されるようになり、共同生活関係の規律は錯綜化の一途を辿っているのが現実である。一九六〇年代、ドイツのケーゲルによって叫ばれた「国際私法の危機」から脱却することができるという光明が、「柔軟な抵触規則」の導入により、ようやく見え始めた矢先であるが、家族形態の変容を一例として、現代社会における家族法関係に関わる現象の多様化ないし複雑化の傾向は、益々、その速度を速めているように思われる。その結果、宿命的な法的規律の後追いは、特に国際私法の分野において顕著であるように見られる。さらに、現行の戸籍法が想定している身分関係以外の新たな身分関係についても、外国におけるその変動がわが国の戸籍に速やかに反映されるように、早晩、立法上の改変が必要となるであろう。外国において、外国法を準拠法として、パートナーシップを登録した日本人のわが戸籍身分事項欄への記載に途を開くとともに、婚姻から登録パートナーシップへの転換、若しくは、登録パートナーシップから婚姻への転換についても忠実に記載されてこそ、戸籍の本来的使命に適うと言うことができるであろう。登録パートナーシップに関連する問題はその単なる一例に過ぎない。

今なお、諸国がそれに固有の法文化を携えながら、それと異なる法文化の尊重や外国法との協調が要請される中にあって、フランス破棄院の一九五九年五月一二日のビスバル判決（l'arrêt Bisbal）の後、漸く、外国判決の承認の際の実質審理を不要とする立場にまで辿り着くことができたが、その後、様々な家事事件における準拠法の選定のために確立した規則については、未だに模索中でしかないというのが実情である。その意味において、今日における精力的な国際私法の改正も単なる弥縫策でしかないであろう。いずれかの法体系の支配の下に形成された法律関係ないし身分関係は、可及的に尊重し、そして、それを有効なものと認めることを可能とする規則の定立こそが、国際私法における今後の課題であると思われる。近時、ドイツのヤイメ（E. Jayme）教授らにより、ＥＵの限られた領域においてではあるが、従来の抵触問題的処理から承

認問題的処理への傾向が指摘されているが、より最近においては、フランスのラガルド（P. Lagarde）教授によっても、同様の観点から、抵触法と相互承認のそれぞれの役割について論じられている。連結問題としての処理から承認問題としての処理へと移行するためには、法文化の同一性ないしは近似性、又は、外国法文化に対する信頼ないしはその尊重が前提とされるものである。欧州の領域においては、その素地が形成されたように見られるが、わが国を囲むアジア圏にあっては、その実現への道程は未だ見通しは立っていない。しかし、見方によっては、混乱した家族形態の多様化への対処は、正に、わが国際私法の将来のあり方を試すための試金石となっている。

第一四章　国際親子法

第一節　総　説

親子関係の成立については、一定の要件を満たすものについてのみそれを認める立場の認知主義と、出生の事実をもって当然にそれを認める立場の事実主義とがある。前者は、親子関係の存在を様々の法律効果をもたらす基礎と考えて、その存在を身分として確定しようとするものであり、わが国の民法が採っている立場である。これに対して、後者は、親子関係の存否の確定そのものは問題とせず、具体的に、子からの相続権や扶養料の請求がなされた場合に、それを認める前提条件として、個別の問題ごとに親子関係の存否について判断しようとするものである。このような立場からは、単なる親子関係の存否の確認それ自体は訴えの利益を有せず、裁判所はその請求を受理するはできないこととなる。このような立場の相違のため、親子関係の確定の請求の当否の判断が、その準拠法上、法制度として存在しない場合もあり、その場合の調整が求められることとなる。

又、親子関係には実親子関係と養親子関係がある。前者については、それを嫡出親子関係と非嫡出親子関係（婚外親子関係）とに区別して規定している法制が多く見られる。そして、諸国の国際私法においても、それぞれの親子関係の成立を連結の単位法律関係とすることが認められている。通則法においても、同第二八条が嫡出親子関係について、又、同第二九条が非嫡出親子関係について規定している。しかし、最近の動向として、準拠法の選定の次元において、嫡出親子関係と非嫡出親子関係とを別個の連結単位とはせず、父母と子の親子関係の成立の準拠法選定規則を定めている立法例が散見されるようになった。例えば、改正されたドイツ国際私法第一九条がそれとして挙げられる。尚、それぞれの親子関係の成立による

法律効果については、親子関係の成立による身分形成とは指導原理を異にするので、独立の単位法律関係として、実親子関係及び養親子関係について統一的に判断することが求められる。

第二節　嫡出親子関係の成立

今日、有効な婚姻から生まれた子を嫡出子として、それと婚外子とを区別しながらも、身分上又は財産上、嫡出子をより保護しようとする法制は少なくない。そのため、近時、国際私法上も、嫡出保護の思想が普及し、できるだけ嫡出性を認める法への連結が明瞭に意図されるようになった。又、嫡出性が父母の婚姻の有効性に依存しているような場合にも、できる限り、その婚姻を有効に成立させる法への連結が求められている。又、婚外子が、父の妻との嫡母庶子関係の成立により、嫡出親子関係の成立を認める法制もあり、嫡出保護に適った法への連結の優先が稼動する範囲は広い。

通則法第二八条第一項は、改正法例第一七条第一項に導入された嫡出保護を理念とする規定をそのまま受け継いで、夫婦の一方の本国法であって、子の出生の当時におけるものによって子が嫡出であるときは、その子は嫡出子とすると定めている。この規定もまた、子が嫡出子となる可能性をできるだけ多くしようとして、嫡出親子関係の成立の準拠法の選定につき、択一的連結の方法を採っているものである。すなわち、同条項においては、夫婦のいずれか一方の本国法に依って子が嫡出であるとされたならば、他方の本国法に依れば非嫡出であるとするときも、嫡出子であるとして、実質的に子を保護する立場が採られている。尚、ここで、夫婦の一方という文言が用いられているが、これは父母の中のいずれかの者と言うのと同じことである。論理的に、親子関係が成立していなければ、父又は母であることも確定していないために、そのような文言が用いられているに過ぎず、嫡出性が婚姻の効果であることを強調している趣旨ではない。

又、通則法第二八条第一項は、子が嫡出であるか否かの判断のため、一定の実質法の内容の如何を検討すべきことを定めているので、一見、夫婦の一方の本国法が適用されるべき場合に関する一方的抵触規定のようにも見られる。その立場から

は、例えば、「夫婦の一方の本国法であって、子の出生の当時におけるものは、それが子を嫡出としている限り、適用される。」と表現し直すことができる。しかし、同項も又、双方的抵触規定と見るべきであり、その構造がより明確になるように表現するとすれば、次のようになる。すなわち、「子が嫡出であるか否かは、子の出生の当時における夫婦の一方の本国法による。但し、その双方の本国法又は一方の本国法に依れば子が嫡出であるときは、その子は嫡出子とする。」というものである。尚、同項の文言上、嫡出親子関係の成立についてのみ規定されているが、同項はより広汎に嫡出性の問題一般について規定していると解すべきであり、従って、嫡出推定のみならず、次に述べるように、嫡出否認も同項の適用範囲に含まれる問題であると言わねばならない。

嫡出親子関係の成立を否定するには、夫婦のいずれの本国法によっても嫡出の推定を受けないことが必要であるが、夫婦の一方の本国法のみにより、子が嫡出と推定される場合には、嫡出否認はその一方の本国法が定める要件を具備するだけで認められるとするのが通説である。嫡出否認の制度が嫡出推定を受けることによって生ずる効果であると理解する限り、夫婦の双方の本国法の定める否認の要件を共に具備しなければ否認できないとする解釈は不合理であり、妥当ではないと言うべきであろう。但し、夫婦のいずれの本国法によっても、子が嫡出とされる場合には、嫡出否認はそのいずれの法によっても認められなければならないというのが先例であり、又、学説における通説である。嫡出推定と嫡出否認とは表裏の関係に立つものであり、父の本国法上の嫡出性の否認は父の本国法が定める否認の要件を具備することにより認められ、他方、母の本国法上の嫡出性の否認も又、同様に、母の本国法が定める否認の要件を具備することによって認められることとなる。それに対して、嫡出子となることが子の利益にならない場合には、子の保護という立法趣旨から、できるだけ容易に嫡出否認ができるよう、夫婦のいずれか一方の本国法が定める否認の要件に基づき、他方の本国法の定める否認の要件の如何に拘わらず、子の嫡出性を否認することの可否が論じられている。しかし、そのような解釈については、嫡出となることを容易にするために採用された選択的連結主義のもとにおいては無理であるとか、子にとって有利か不利かの判断が容易でないことを考えると、何らの特則もない通則法の解釈論としては無理があるとして批判されている。

尚、夫が子の出生前に死亡したときは、その死亡の当時の夫の本国法をもって夫婦の一方の本国法と見做される（通則法第二八条第二項）。

第三節　非嫡出親子関係の成立

婚姻していない男女の間から生まれた子については、その嫡出性は問題となることはなく、専ら父子関係又は母子関係の存否のみが問題となる。その際、いわゆる事実主義によるか、はたまた、いわゆる認知主義によるかは、選定された準拠法上の立場に服することとなる。認知主義の立場が採られている国々の中にも、母子関係については出生の事実によって認定するとする立場を採っているものが多いが、その場合でも、例えば、わが民法第七七九条のように、母による認知ということも想定できるので、婚外母子関係存否確認のための準拠法の選定が求められることもある。なお、事実主義に基づく父子関係ないし母子関係の成立の効力の範囲の如何によっては、認知による身分関係（親子関係）の確定の必要性が生じることもある。父ないし母の属人法が事実主義を採用しており、他方、子の属人法が認知主義を採用しているような場合には、子の保護を念頭においた考慮がなされるべきであろう。

通則法第二九条第一項前段は、子の出生時における非嫡出親子関係の成立について、父子関係については子の出生の当時の父の本国法に依り、又、母子関係については子の出生の当時の母の本国法に依ると定めている。これらの法により、子の出生時における非嫡出親子関係の成否が事実主義と認知主義のいずれかの立場から判断される。この限りにおいては、親の本国法主義の立場が採られており、子の保護は顧慮されていない。

子の出生後における認知による非嫡出親子関係の成立については、同条第二項が、子の出生の当時の父又は母の本国法のほか、認知の当時の認知する者（父若しくは母）又は子の本国法に依ることもできると定めている。このような連結の多元化は、取りも直さず、認知保護のため、認知の成立の可能性の拡大を図ろうとするものであり、やはり、その基盤となって

いるのが子の保護の思想であることは言うまでもない。尤も、父又は母が子を認知することが必ずしも子のためではなく、親子関係を成立させることによって子からの扶養を受けることを期待して認知が行なわれるというようなこともありうるので、同第一項後段は、子の認知による親子関係の成立については、認知の当時の子の本国法がその子又は第三者の承諾又は同意を認知の要件とするときは、その要件をも備えることを要するとする保護条項（セーフガード条項）を定めており、又、同条第二項後段も同様に、出生後の認知の場合において、認知する者の本国法に依るときは、第一項後段の規定を準用すると定めている。すなわち、同意要件という事項に限り、準拠法の累積的連結の方法をもって、子の保護が図られようとされている。そのため、子の本国法上の国際私法に基づいてわが国の法が指定されるとき、反致の成立を認めるべきではないという見解が有力である。しかし、その反対説もある。

通則法第二九条第三項は、非嫡出親子関係の成立が当事者の死亡後に問題となった場合について、父が子の出生前に死亡したときは、その死亡の当時の父の本国法をその本国法と見做し、又、認知をする者又は子が認知前に死亡したときは、その死亡の当時のその者の本国法をその本国法と見做すと定めている。子の出生前の場合が父についてのみ規定されているのは、子の出生の当時、母が既に死亡している事態を想定することができないからである。

認知の準拠法の適用範囲は、認知の要件及び効力であり、前者としては、認知（任意認知・強制認知）の許否、死亡子認知の許否、胎児認知の許否、死後認知の許否、遺言認知の許否、認知能力の有無、死後認知の出訴期限、一定の者の承諾・同意の要否、認知の無効・取消しの事由などがあり、後者としては、認知された非嫡出子の身分の如何、認知の遡及効の有無、認知の撤回の可否などがある。尚、それらの事項の中、一定の者の承諾・同意の要否については、準拠法の如何により、子の本国法上の要件も考慮されなければならないことは、すでに前述したところである。

認知の方式については、通則法には特別の規定がない。従って、それは、親族関係の法律行為の方式に関する通則法第三四条が定める法に依ることとなる。すなわち、認知による非嫡出親子関係の成立を定める法律、又は、認知が行なわれる地の法律の中のいずれかの択一的連結が認められており、この場合、前述のようにかなり多い数となる前者の法に後者の法が

加わることとなるので、認知をできるだけ成立させようとする認知保護の立場は、認知の方式については、さらに徹底されているということになる。

第四節　準正の準拠法

非嫡出子として出生した子が、その後、嫡出子としての要件を具備することにより、嫡出子の身分を取得することを認める法制度が準正の制度である。わが民法第七八九条がそれについて定めている。準正の制度が置かれているかは、準拠法によって判断される。非嫡出子の認知後に父母が婚姻することにより、非嫡出子が嫡出子の身分を取得することとなる後婚準正や、婚姻後に夫がその妻から出生した子を認知することにより、非嫡出子が嫡出子の身分を取得することとなる認知準正については、それらを婚姻の効力若しくは認知の効力と考えることもできるので、かつてはその性質決定に関する問題もあったが、改正法例以後、準正に関する規定が置かれることとなったので、その問題は解消された。

通則法第三〇条第一項は、子の準正の要件である事実の完成の当時の父若しくは母又は子の本国法によって準正が成立するときは、子は嫡出子の身分を取得すると定めている。いくつかの法が、いずれも準正を認めている場合には、準正が完成した時からではなく、子の出生当時に遡って嫡出子の身分の取得を認める法が準拠法とされるべきであろう。これは、裁判官に対し、それぞれの者の本国法の内容を確認することによって準拠法を決定すべきことを命じる択一的連結の立場をとるものであり、できる限り準正を成立させようとする準正保護の思想に基づいている。同第二項は、いずれかの者が準正の要件である事実の完成前に死亡したときは、その死亡の当時のその者の本国法をその者の本国法と見做すと定めている。

尚、準正は婚姻や認知の結果として非嫡出子が嫡出子の身分を取得するものであり、特段、準正のための法律行為が行なわれるものではないため、準正の方式が問題となることはない。又、準正の要件である婚姻や認知の要件については、それぞれの本来の準拠法によって判断されるべきことは言うまでもない。その場合には、それらの身分行為については、先決問

題として然るべく準拠法が選定されなければならない。

第五節　親子関係存否確認の準拠法

わが国において親子関係の存否確認が請求された場合において、通則法の規定の適用関係が問題となる。すなわち、親子関係が存在しないと言うために、通則法第二八条によって嫡出親子関係の不存在を確認するための準拠法と、同第二九条によって非嫡出親子関係の不存在を確認するための準拠法の双方の適用を要するかというのがその問題である。確かに、実質法上、親子関係が存在しないと言うためには、嫡出親子関係及び非嫡出親子関係の両方の不存在を確認しなければならない。しかし、国際私法の次元においても、それをそのまま準拠法の選定に敷衍させたとしたならば、準拠法を増やすこととなり、それらが相互に矛盾するときは、徒らに問題解決を複雑にすることとなる。従って、国際私法の次元における親子関係不存在確認については単一の準拠法の適用をもって足りるという立場から、同第二九条第一項前段を類推適用し、父子関係の不存在の確認については子の出生の当時の父の本国法のみに依り、又、母子関係の不存在の確認については子の出生の当時の母の本国法のみに依ると解すべきではないかと思われる。すなわち、そのようにして選定された単一の準拠法体系の下に、嫡出親子関係の不存在及び非嫡出親子関係の不存在という双方の身分関係の不存在について実質的に判断すれば良いものと考えられる。

第六節　代理母出生子の親子関係

生殖補助医療の発達により、代理出産を承諾したいわゆる代理母がいずれかの夫婦間の受精卵をもって出産することが可能となった。そのため、特にその技術の先進国である米国においてそれを実現する日本人夫婦と出生子との親子関係の成立

の問題が、近時、しばしば、裁判所において判断されるようになった。右のような出生子の親子関係について、生物学的立証に基づいて法律上の親子関係の存在を肯定する米国法上の立場に対して、母による分娩という事実に拘わるわが国の法的立場の相違に起因する問題であると言うことができる。夫婦が日本人である場合、嫡出親子関係の成立については通則法第二八条によるが、妻が懐胎していないことから、夫の子とは推定されず、又、婚外親子関係については、父の認知により、父子関係は成立することになるのに対して、母子関係については分娩の事実の欠如のため、その成立は認められない。しかし、母の本国法である日本法上、前述の通り、民法七七九条において母による認知が認められており、それにより、母子関係が成立することになるであろう。尚、母による認知の前提として、代理母と子の親子関係については、代理母の本国法に基づき、予めその不存在が確認されるべきであろう。このような問題に関しては、大阪高裁平成一七年五月二〇日決定、東京高裁平成一八年九月二九日決定、最高裁平成一九年三月二三日決定等において判断されているが、未だ混純たる状態にあると言わざるをえない。

第一五章　国際養子縁組法

第一節　総　　説

今日、諸国の法制度において、子の保護の思想は実質法のみならず国際私法の次元においても浸透しており、多くの国際条約や国内立法がその思想に基づいていることを明らかにしている。親と子とが利害関係の相対立する当事者として関わる法律関係において、子の利益を優先させるべきとする立場からは、養子縁組の場合における養親と養子との間の関係についても、当然に、養子の利益を優先させるべきことになる。しかし、準拠法の選定規則において如何にそのような立場を実現すべきかについては、比較立法上、諸国間において採られている立場に一致が見られないまま、殆ど対峙した状態が続いている。一体、養子縁組の成立における養子の利益とは何であるか。又、子の利益保護という観点から見て、それらの異なる立場の中、いずれの立場が最も養子の利益を保護するものであると言うことができるか。これらの点については、後述される通り、近年、諸外国において注目すべき国際養子縁組法の法典化ないし改正が相次いで行なわれ、そして、一先ず答が出されている。わが国際私法においても、平成元年に法例が大幅に改正され、その改正は養子縁組に関する抵触規則にも及んで、それが通則法に至っている。

第二節　諸国立法例

諸国における国際養子縁組関連の立法については、養子縁組の取扱いに関する立場の違いから、次のように二つに分類さ

れている。すなわち、抵触法的アプローチによる立法と管轄権的アプローチによる立法がそれらである。前者が、養子縁組の成立につき、身分契約的構成を採り、当事者の属人法を準拠法として適用する立場であるのに対して、後者は、養子縁組を制度と観念し、裁判所その他の公的機関の管轄権をまず決定した後、その管轄権の存する地の法に依るとする立場である。従来から、前者が大陸法系の諸国が採用してきた立場であるのに対して、後者は英米法系の諸国において採られてきた立場である。しかし、大陸法系の諸国の近時の立法の中にも、スイス、スウェーデン、スペイン、イタリアのように、後者のアプローチを原則とする立法を有する国々も見られる。これについては、一九六五年のハーグ養子条約の影響を受けていることが指摘されている。わが国は同条約を批准しておらず、又、通則法第三一条において抵触法的解決を主体とする前者の立場を採用していることは言うまでもない。

まず、養親と養子のそれぞれの本国法の累積的連結を定める立法として、一九六一年二月一四日のクウエイト国際私法第四四条第一文、一九七九年七月一日施行のハンガリー国際私法第四三条第一項、一九八二年七月一五日の旧ユーゴスラヴィア国際私法第四四条第一項及び第二項、一九九二年九月二二日のルーマニア国際私法第三〇条、外国人間の養子縁組の場合を定める一九八五年五月一八日のブルガリア家族法典第一三六条第二項、及び一九八九年一一月一六日のブルキナファソ国際人事・家族法第一〇三五条第一項がある。

次に、養親と養子のそれぞれの本国法の配分的連結を定める立法として、一九七二年六月一二日のセネガル家族法典第八四四条第四項、一九六三年一二月九日追加のルクセンブルグ民法典第三七〇条第二項、一九八二年五月二〇日のトルコ国際私法第一八条第一項、養子が五歳以上である場合を定める一九八七年四月二四日ベルギー民法典第三四四条第二項がある。

それらに対して、養子縁組に対する同意及び許可に関する規則の適用における子の属人法（住所地法）の優先についてのみ定めているのが、一九九一年一二月一八日のケベック民法典第三〇九二条第一項である。

更に、養親の本国法を原則的な準拠法とし、養子の本国法を限定的に適用する立法として、一九六四年一一月二一日のアルバニア国際私法第一〇条第一項及び第二項、一九六三年一二月四日の旧チェコスロバキア国際私法第二六条第一項、一九

六五年一一月一二日のポーランド国際私法第二二条第一項、一九七七年一一月二五日改正のポルトガル民法典第六〇条第一項、一九七八年六月二五日のオーストリア国際私法典第二六条第一項、一九八六年七月二五日のドイツ国際私法（民法典施行法）第二二条、前出イタリア国際私法第三条第一項本文及び第二項、一五歳未満の子が養子となる場合を定めるベルギー民法典第三四四条第一項の諸規定がある。更にまた、一九九四年七月二三日のエストニア国際私法第一四九条第一文は、養親の本国法主義に代えてその者の住所地法主義を採用するものである。

以上におけるいくつかの立場の中、今日、最も有力であるとされているのは養親の本国法の適用を原則とする立場である。右に掲げられた諸立法のほかにも、より最近、同様に、養親の属人法主義を原則的として、養子の属人法を部分的に累積的連結する立場を採っているのが、一九九五年九月六日の北朝鮮対外民事関係法第四〇条、一九九五年三月八日のロシア家族法典第一六五条第一項、一九九六年九月九日のリヒテンシュタイン国際私法第二七条第一項である。他方、配分的連結主義も又、いくつかの立法において根強く採用されている。すなわち、一九九六年一二月三〇日のギリシャ国際養子縁組法第二三条第一項、一九九八年八月六日のベネズエラ国際私法典第二五条、一九九八年一一月二七日のチュニジア国際私法典第五三条第一項がそれらである。

以上における諸国の立法状況を概観して明らかになったのは、国際養子縁組立法には、一致して支持された立場というものはないということである。確かに、養親の属人法主義を原則としながら、一定の事項について、養子の属人法をも累積的に適用すべきとする立場が有力になっているという指摘はある。しかし、その立場が格別に有力な立場と言えるかは疑問である。少なくとも、その立場が支配的であるとか、支配的な立場になりつつあるとは決して言えない。例えば、前出ギリシャ国際養子縁組法を始めとするいくつかの最近立法に見られるように、養親の属人法と養子の属人法の配分的連結主義を採用する立場の勢いも決して衰えてはいない。その点を見る限り、今もなお、それら二つの立場はいずれも同等に有力であり、それらは対峙していると見るべきであろう。翻って、養子の利益の保護という観点からそのような情況を見た場合には、前者の立場が養子の保護を目した立場であることに異論はないとしても、他方、後者の立場が、その点を考慮することなく、

養子縁組が属人法事項であるという理由のみをもって両当事者の属人法の配分的連結を行なうべきとしていると言えるか。養子縁組法が全体として養子の利益保護を表現している場合には、以上のような抵触規定のみをもって、いずれの立場が養子の利益保護の点においてより優れているかを速断することは妥当ではない。そもそも、養子の保護が国際私法の次元の形式的保護をもって足ると考えるべきか、それとも、抵触規則上、実質法の次元における実質的保護までも要するものであるか。更に、縁組の成立の容易化と慎重を図ることとのいずれが養子にとって保護となると見るべきか。それらの点について立法上の立場に一致が見られないことの背景には、それらの前提となるいくつかの視点が確定されていないという現実が存在している。かくして、諸外国国際私法の立法を概観した結果、改めて浮上してきた問題は、やはり、一体、何が養子の保護となるかという問題である。

第三節　通則法第三一条の解釈

平成元年における改正前の旧法例第一九条第一項は、「養子縁組ノ要件ハ各当事者ニ付キ其本国法ニ依リテ之ヲ定ム」というように配分的連結の立場を規定していた。養親又は養子のいずれか一方の本国法に依らないのは、養子縁組の際における養親と養子とは全く対等な立場にあると考えられたからであり、又、養親子関係の成立が当事者の双方の利害関係に影響を及ぼすものであるため、その準拠法を当事者の属人法に求める限り、その双方の属人法を二つながら同時に考慮しなければならないからである。更に、それぞれの者の本国法に依るべきとされたのは、言うまでもなく、わが国際私法上、人の身分及び能力について本国法主義が採用されているからであるが、養子縁組は、婚姻と同じく、当事者の所属国の道徳、社会状態等に密接な関係があり、養子縁組の許否、縁組当事者の年齢若しくは身分的理由に基づく縁組障害、表意能力、他人の同意の要否等がその事項的範囲に入るものと考えられた。

当事者の本国法が配分的、結合的に適用された結果、一方的要件と双方的要件とが区別され、養親側の一方的要件として、

養親たりうる年齢等の資格要件があるが、養子の本国法上、養親の資格要件が子の保護を目的として設けられているときは、子の本国法上の要件の具備も必要であり、結局、双方的要件と解され、累積的連結が行なわれると同じ結果となっていた。従って、そのような配分的連結主義は親子関係の成立を困難にし、扶養や相続との関連においては子の保護の要請に適わないと見られている。他方、養子側の一方的要件としては、子の縁組行為能力、実親その他の親族や親権者等の同意の要否、養子適格年齢、代諾縁組の可否・要件等がそれであると言われていた。又、未成年の養子のための裁判所等の許可の要否については、養子縁組の成立をできるだけ慎重にし、それによって子の保護を達するため、抵触法上、養親と養子の双方的要件と解すべきであると考えられていた。

因みに、配分的連結の立場からは、一方の当事者の本国法が養子制度を認めていない場合には、養子縁組は許されないことになるが、学説の中には、養子制度を認めていない国の国民である養親の養子となることは、養子たるべき者の本国法がその制度を認めている場合にも許されないが、養子制度を認めていない国の国民と雖も、それを認めている国の国民の養子となることは差し支えないとする見解が見られた。これは、養子たるべき者の本国法にはそれに関する何らの要件もないから、養親たるべき者の本国法のみによって縁組の要件を認めるべきことを理由とした。その見解は、養子制度が養子たるべき子の利益のためのものであるという考えに立脚していたと見られる。しかし、養子たるべき者の本国法に養子縁組の要件に関する何らの定めもないということは、養子縁組が許されていないと解すべきものと反論されていた。

平成元年法律第二七号による旧法例の改正により、養子縁組の成立については、養親の本国法主義の立場が採用されることとなり（改正法例第二〇条第一項前段）、そして、通則法に至っている。改正前の規定における配分的連結主義が準拠法の適用関係を複雑にしていたこと、通常、養親子の生活が営まれる地は養親の属人法国であり、養子縁組の成立後の養親子の生活のためには、その国の法律が定める要件を具備することが実際上必要であること、養子縁組の成立により、養子は養親の家族の構成員になること、複数の養子についても準拠法が同一となること、更に、近時の多くの立法がその立場を採っていることなどがその根拠として挙げられている。

前述のように、子の保護の観点からは、配分的連結が廃止され、その限りで、改正前よりも子の保護が実現したと言われている。又、同時に導入された一定の保護要件、すなわち、「養子若クハ第三者ノ承諾若クハ同意又ハ公ノ機関ノ許可其他ノ処分」については、養子の本国法をも考慮すべきものとされた（改正法例第二〇条第一項後段）。保護条項（セーフ・ガード条項）と呼ばれるそのような条文は、配分的連結主義を廃止した結果、養子やその実親等、養子の側がその本国法の下で当然に期待できる権利が全く無視される結果になる虞れがあることから、それを救うためのものであり、子の保護に欠ける点が生ずることを避けようとする趣旨のものである。しかし、以上から知られるところによれば、養子縁組につき、配分的連結主義が放棄され、養親の本国法主義が採用されるに至ったことの理由は、まず、養子本人にとって、その者自身の本国法よりも養親の本国法の方がより密接な関係を有するか、ないしは、より密接な関係を有することになる法であるからであり、更に、それに加えて、何らかの縁組の成立要件が双方的要件であるとされた場合には、配分的連結が本来的に有する難しさのために、縁組の成立を困難にするからである。すなわち、前者は、国際私法の次元における養子の利益保護、また、後者は、実質法の次元における養子の利益保護が顧慮されていると言うことができる。そうであるとしたならば、前記のような保護条項が加重され、養子の本国法が累積的連結されることの意義についても、改正の趣旨に沿った解釈を行なおうとするならば、凡そ次のように言わざるをえないであろう。すなわち、養親子関係の成立を困難にする配分的連結主義を廃止した結果、養親子関係の成立が容易になり、一般的には養子を保護することになるが、時には、子の奪取、売買、取引など、養子制度の濫用もあるという懸念のため、その成立に慎重な態度が取られなければならない。養親の本国法主義は配分的連結主義に比して養子の利益保護に欠ける立場ではないが、養子の利益をより一層保護しようとする木目細かな配慮が保護条項として結実しているのである。従って、養子の本国法が養子縁組の制度を置いておらず、当然に保護条項に相当する同意要件等に関して定めていないときは、養子縁組が禁止されていると解すべきであろう。しかし、それを公序に反するとして斥けるべきか否かは、養親の本国法の内容をも考慮した上で判断されるべき別問題である。

第四節　養親の本国法主義の根拠

学説上、養親の本国法に依ることの主な根拠としては、次の五つの点を挙げられている。すなわち、第一に、養子縁組制度の目的は養子を大なり小なり養親の家族に組み込むことにあること、第二に、一人の養親が相互に国籍の異なる複数の子を養子とする場合でも準拠法が単一となること、第三に、養子縁組の成立と実親との断絶の有無といった効力とを同一の準拠法に服せしめることができること、第四に、養子縁組に対して最も大きな利害関係を持つのは養親とその家族であること、第五に、多くの場合、養親の本国は養子が将来生活する国であり、その国民となる国であることがそれらである。

しかし、右の養親の本国法主義の根拠とされる殆どの事由が、子の保護の思想を凌駕するものであるかは疑わしいと思われる。一般的に言えば、養子縁組が有効に成立した後、養親と養子の間の法律関係の規律において、例えば、通則法第三二条に見られるように、子の法を中心として行なわれようとする動向が今日の国際私法立法において顕著に認められるとしたならば、養親の本国法主義がそれと調和する立場でないことは明らかである。又、たとえ、養子縁組の成立に関する問題とその成立後の親子間の法律関係とは別の性質の問題であると考えたとしても、属人法における本国法主義が採られる限り、やはり、養子の利益の保護を顧慮した養子の本国法主義を退けるべき確たる根拠は見当たらないと言うべきであろう。蓋し、養子とされる者の側に立ち、養親の本国法主義の根拠として右に掲げられた点を個別的に検討してみると、以下に述べるように、養親の本国法主義が支持されるべき根拠は説得力に乏しいからである。すなわち、第一の根拠は一方的に過ぎる見地に立つものである。むしろ、養子縁組制度の目的は養子となるべき者にとっての新たな幸福な親子関係の形成にあると考えるべきである。又、一人の養親が相互に国籍の異なる複数の子を養子とする場合、それらの養子縁組の成立が同一の準拠法に依る必要はなく、同一の準拠法に依るべきことが顧慮されるのは、寧ろ縁組成立後の親子間ないし家族間の法律関係においてである。その点から、第二の根拠も必ずしも正当ではない。更に、第三の根拠についても、養子縁組の成立と（実親と

の断絶の有無といった）効力とを共に養子の本国法に服せしめることも立法論上は可能であり、従って、やはり、養親の本国法主義を採るべき根拠にはならないであろう。そして、第四の根拠も又、説得力に欠けると思われる。蓋し、養子縁組に対して大きな利害関係を持つのは養親とその家族ばかりでなく、養子やその家族にとってもそれは同様である。いずれの者が最も大きな利害関係を有するかについての判断の違いは、最終的には見解の相違と言うべきものであろうが、当面の縁組における子の利益の顧慮が今日の一致した立場であると考えられるであろう。以上に対して、第五の根拠には部分的に傾聴すべきものがある。確かに、養親の常居所がその者の本国であり、その本国は養子が将来生活する国であり、又、養子縁組の成立により、当然に、又は、その後の帰化により、養子がその国の国民となる場合は少なくない。しかし、その根拠はあくまで可能性に止まるものであり、常にそこにおいて想定されている事態がもたらされるわけではない。平成元年の法例改正前においても、立法論として、養親子が将来共同生活をすることが予定される養親の常居所地の法と共に、未成年養子の保護のため、養子の常居所地法が考慮されるべきであるという主張があった。養親の属人法（ないし常居所地法）が養子のそれと一致する可能性を想定することが、そもそも、養子の属人法主義の妥当性の証明を呈する結果となっていると言うことができるであろう。養親の本国法が必ずその常居所地法と一致するとか、又、養子が必ず養親の国籍帰属国の国籍を取得するという保証がないことを考えれば、端的に、養子の属人法主義（ないし常居所地法主義）が採用されて然るべきであろう。結局、従来から主張されてきた養親の本国法主義の根拠は、そのいずれも、十分なものとしては支持されることができないばかりか、寧ろ、属人法として本国法主義が採られる限り、養子の本国法主義の妥当性の根拠にさえなっているように思われる。

以上のように考えるまでもなく、養子縁組の成立につき、専ら養親の本国法に依る立場が採られるべきでないことは、従来から認識されてきたように見られる。ドイツ国際私法が、旧法以来、一貫して基本的には養親の本国法主義の規則を採用しながら、それを単独の規則としてではなく、常に、一定の範囲において、養子の本国法であるドイツ法ないし外国法との累積的連結と一体化した規則として定めていたことは、正に、養親の本国法主義に対する不安を如実に示していたと思われ

る。すなわち、旧ドイツ国際私法（一八九六年ドイツ民法典施行法）第二二条第一項において、養子縁組は「養親が縁組の当時ドイツ国籍を有するときは、ドイツの法律に依」るとされながら、同条第二項において、「子はドイツの国籍を有するが、養親が外国に属するときは、養子縁組はドイツの法律によって必要な子又は子と家族法的関係にある第三者の同意がない限り無効とする。」という趣旨の一方的規定が定められていた。また、現行ドイツ国際私法（一九八六年七月二五日法律改正）第二二条前段においても、「養子縁組は、養親が縁組の当時属する国の法に服する。」とされながら、第二三条前段において、「子及び子が家族法関係にある者」の「養子縁組の要件及び同意の付与は、さらに子が属する国の法に服する。」というように、双方的規定をもって定められているのがそれである。

第五節　夫婦共同養子縁組の準拠法

先ず、異国籍夫婦による養子縁組の実質的成立要件及び効力については、特別の規定がないため、改正法例第二〇条第一項前段（通則法第三一条第一項前段）の解釈に委ねられている。そして、その有権的解釈ともいうべき平成元年一〇月二日法務省民事局長通達第五の一の（三）の解釈に依れば、夫婦共同縁組をする場合における養親の本国法は、それぞれの養親についてそれぞれの本国法であり、一方の本国法を適用するに当たり、他方の本国法を考慮する必要はない。通則法第三一条が夫婦共同縁組について特に規定していないのは、養子縁組を養親と養子との一対一の関係と捉えているためであるとして、夫婦が共同で養子縁組をする場合には、夫と養子、妻と養子という二つの養子縁組が同時になされるものと考え、それぞれについて準拠法を選択することとなるのが実定法の解釈であるとされている。そして、この立場を支持していると見られる学説は少なくない。

夫婦がそれぞれ異なる法に依ることとなるため、夫婦の一方の本国法上、養子縁組が認められていないときは、夫婦共同縁組はできないことになるが、そのときでも、夫婦の他の一方の本国法上、必要的共同縁組とされておらず、単独で養子縁

組ができる場合には、その者が単独で養子縁組をすることは妨げないと考えられている。又、それぞれの本国法が単独での養子縁組を認めていれば、それぞれで成立を判断すればよいが、養父の本国法上は夫婦が共同でなければ養子縁組が認められないとされている場合には、養父については問題ないとしても、養母の本国法上は養子縁組が認められないときには、実質法上の制約により、養父とは縁組できないことになる。又、養父の本国法が夫婦共同養子制度を定めていても、養母の本国法が単独養子制度をとっている場合には、養母との関係では単独で養子縁組がなされ得る。又、一方の本国法上養子縁組が成立しなければ夫婦共同養子縁組は成立しないので、せいぜい他方の本国法による単独縁組が成立し得るに止まり、更に、その一方の本国法が夫婦共同でなければ縁組できないとしていると単独縁組も成立しない。

これに対し、養親の双方の本国法が共同縁組を認めている場合は勿論のこと、一方が単独縁組のみを認め、他方が共同縁組を強制している場合には、双方が養親となり得る資格を有していれば、夫婦共同縁組は可能であろう。又、双方がそれぞれ単独縁組のみを認めている場合にも夫婦がそれぞれ養親となることができ、事実上、夫婦共同縁組をしたと同じことになる。更に、又、配偶者のある者が単独で養子縁組をすることができるか否かは、その者の本国法に依って判断され、配偶者又は養子の本国法が夫婦共同縁組を強制していても、単独縁組をすることはできると解される。

しかし、例えば、日本人配偶者については民法第八一七条の二以下の規定が適用されることとなり、夫婦共同で特別養子縁組をしなければ、これをすることができないこととなっている。従って、外国人配偶者の本国法上、特別養子制度があり、その要件を満たすときは、夫婦共同で特別養子縁組をすることができるが、外国人配偶者の本国法上、普通養子制度しかない場合は、その夫婦は、特別養子縁組をすることができないこととなる。養親の一方の関係では特別養子、他方の関係では普通養子となるのでは、夫婦共同によってのみ特別養子縁組することができる点の要件を満たさないし、又、実親との断絶が相対的になるのでは説明のつかない法律関係を生ぜしめることとなるからである。このように、養父の本国法と養母の本国法の内容が矛盾するときは如何に解決すべきかが問題となる。効力につき、養父の本国法と養母の本国法との中、弱い縁組と強い縁組のいずれかを選択する基準が明確でないし、結局は夫婦の一方の本国法が優先される結果となり、夫婦各人の

本国法を別個に適用するとする通説の趣旨は没却されるのではないかという批判がある。

通説は、夫婦の一方の本国法の内容に拘わらず、他方は自分の本国法が認めれば単独縁組できるとする。しかし、他方が単独縁組すれば、婚姻共同体の身分的秩序に重大な影響が生じる可能性がある。従って、夫婦のいずれかによる単独縁組が認められるか、共同縁組が強制されるか等の夫婦間の問題は、婚姻の一般（身分）的効力という単位法律関係（通則法第二五条（改正法例第一四条））に入ると解すべきであるとされる。このように、夫婦を一体として扱う立場からは、以下のような解釈が考えられる。すなわち、通則法第三一条第一項前段が、養子縁組について、「養親となるべき者の本国法」に依っているのは、養親の身分関係にとっての最密接関係地法を準拠法とする趣旨であると解される。そうすれば、養親が夫婦の一方又は双方である場合には、「養親となるべき者の本国法」とは、夫婦にとっての最密接関係地法である婚姻の一般（身分）的効力の準拠法を意味すると解釈されることになる。同様の立場から、夫婦の共通常居所地法が適当であるという見解も見られる。

この解釈によれば、異国籍夫婦による縁組の実質的成立要件及び効力は、配分的適用主義に拠る通説と異なり、常に同一の法律によって規律されることになる。この処理は、要件と効果とは密接に関連し合っており、同一の法律によって規律されるのが最も合理的であるという基本原則に適合している。又、この解釈によれば、方式について、縁組地法に依るほかはないとする通説と異なり、実質の準拠法も選択肢に入り、通則法第三四条（改正法例第二二条）が選択的連結を採っている趣旨に適い、更に、夫婦の一方の本国法の適用の結果が公序に反するとされた事例においても、夫婦の同一常居所地は日本であり、公序則の発動は不要となると言われる。

通説、すなわち、配分的適用説に依れば、養子縁組の本質は、生物学上、親子でない二人の者たちの間に法律上の親子関係を認めることであり、そして、それが夫婦共同養子縁組の場合には、各養親ごとに一個ずつの養子縁組が成立すると解すべきであり、従って、通則法第二八条及び第二九条（改正法例第一七条及び第一八条）において、親子関係の成立については、父子関係と母子関係とを独立して捉えていると主張されている。それに対する有力な立場、すなわち、夫婦の身分的効

力説からは、夫婦共同縁組は、実質法上は二個の養子縁組であっても、抵触法上は独自の利益衡量から一体的に準拠法を決定するという判断もありうると反論されている。実定法の解釈としても、通則法第二八条第一項（改正法例第一七条第一項）が「夫婦の一方」という文言を用いているのは、嫡出親子関係が法律上の婚姻の効果であることを示そうとしたものであると指摘されている。このことは、同条が父子関係及び母子関係を分断せずに一体として捉えていることを意味すると言われている。更に、夫婦の一方又は双方が縁組する場合には、ドイツ民法典施行法第二二条第二文（二〇〇一年改正後、同条第一項第二文）が婚姻の効力の準拠法に依っているように、「夫婦の一体性」というよりは、より広く、「家族の統一性の利益」からの強い要請が働くのではないかとする見解もある。

確かに、養子縁組を養親の属人法に依らしめる立場が採られているわが国実定法の解釈において、「夫婦の一体性」を顧慮する限り、夫婦の一般的（身分的）効力の準拠法選定規則を夫婦共同縁組に類推適用することは、夫婦双方の法における立場の相違に起因する矛盾の発生の回避を可能とするものであり、望ましい結果をもたらすことは否定できない。諸外国立法においても、ポルトガル民法典第六〇条第一項、ドイツ民法典施行法第二二条第一項、ブルキナファソ人事及び家事法典第一〇三五条第二項、ルーマニア国際私法第三〇条第二項、イタリア国際私法第三八条第一項本文、マカオ民法典第五六条第二項のように、「夫婦の一体性」に対する配慮から、明文をもって、そのような規則を定めているものが少なくない。しかし、連結規則の側面から望ましい結果が得られるということが、直ちに、夫婦共同養子縁組がその性質において夫婦の一般的効力と同質であるということをも意味するものではないと言うべきであろう。

もとより、養子縁組の制度は、法律により、親子関係が存在しない者たちの間に親子関係を成立させる制度である。そして、それが夫婦によって共同して行なわれる場合には、嫡出親子関係を成立させる法律行為であると言うことができるであろう。例えば、わが国民法第八〇七条は、養子は養子縁組の成立により、養親の嫡出子となることを定めている。すなわち、夫婦間に出生した子が、出生によって嫡出子の身分を取得するのに対して、養子は、養子縁組によって嫡出子の身分を取得することとなる。従って、夫婦共同養子縁組という法律行為の性質は、夫婦の一般的（身分的）効力に関する法律関係と言

うよりは、寧ろ、嫡出親子関係の成立に関する法律関係であると考える方が適当ではないかと思われる。因みに、わが国の学説においても、通則法第二八条（改正法例第一七条）との関連において、夫婦共同縁組の準拠法について言及された見解が散見されている。

平成元年の改正法例、そして、平成一八年の通則法において、夫婦共同養子縁組の準拠法について、通説のように、配分的適用の立場が採られているのか、それとも、法規の不備であるのかは、必ずしも明らかではない。従って、養親に配偶者がある場合の養子縁組につき、準拠法の適用関係が複雑になることから、特別の規定を置くことが望ましいという見解は少なくない。しかし、いずれにしても、縁組ができないという結論をとることは、子の福祉の観点から言って、望ましいことではないという見解に異を唱えることはできないであろう。わが国実定国際私法に夫婦共同縁組に関する明文規定が存在しないため、その全体から、条理により、そのための規則を導き出さなければならない。

果たして、夫婦共同縁組であるから、婚姻の一般的（身分的）効果の準拠法に依るべきか、それとも、嫡出親子関係の形成に着目して、嫡出親子関係の成立の準拠法に依るべきか。最近の学説の多くは前者の立場を有力に支持しているが、養子のための保護条項の適用が条件とされながらも、可及的に養子縁組の成立を考慮し、それによって養子とされる者の利益を保護すべきとする「縁組保護」が、養子縁組の準拠法の選定における指導理念であることを前提とするならば、寧ろ、後者の立場が支持されるべきではないかと思われる。そのような理論上の理由に加えて、嫡出親子関係の成立に関する通則法第二八条第一項は、夫の本国法と妻の本国法の中、実質的利益の考慮の下に、その成立を認める法への連結を命じる択一的連結の規則を採用しており、「縁組保護」の理念にも適っていることは明らかである。結局、養父の本国法と養母の本国法の中、実質的利益の考慮の下に、養子縁組の成立を認める法への連結を命じる択一的連結に依るべきであるということとなるであろう。

ドイツのヘンリッヒ（D. Henrich）によっても、夫婦共同縁組について、ドイツ民法典施行法第二二条第二文（現行法第二二条第一項第二文）が婚姻の効力の準拠法に依るべきことを定めている以上、その規則はそのまま適用しなければなら

ないとされながら、それによって指定された法が密接関連性を欠く法であった場合には、反致が認められるべきかが念入りに審理されるべきであることも表明されている。詰まるところ、この見解の意味するところもまた、当事者（就中、養子とされる者）の利益のために最も密接な関係がある法への連結が正当であるということになるであろう。

第六節　保護条項の検討

養親の本国法と養子の本国法の全面的な累積的連結でない限り、養子の本国法の適用が考慮されるのは、当然、一定の範囲の事項に限られることになる。わが国際私法の場合には、通則法第三一条第一項後段における「養子となるべき者の本国法によればその者若しくは第三者の承諾若しくは同意又は公的機関の許可その他の処分があることが養子縁組の成立の要件であるときは、その要件をも備えなければならない。」という法文が事項的範囲を例示していることは言うまでもない。比較立法上、いわゆる保護条項（セーフガード条項）として、仔細な表現上の違いを除けば、右の法文の内容は多くの立法例と同様である。従って、同条項に関して直面されている問題は、そのような条項を設けることの当否に関する立法論上の問題よりは、実定法解釈論上のそれである。すなわち、その一つは「第三者」の範囲の如何についてであり、又、いま一つは「許可其他ノ処分」の内容の如何についてである。しかし、それらの関連は、それについていずれの見解に拠ろうとも、養子の本国法上のいずれかの者ないし機関の承諾、同意、許可の要件を考慮すべきとしている点に違いはない。果たして、養子の利益の保護のため、それ以外の事項が考慮される必要はないものか。まず、それに関連して予め引用される立法例は、次に掲げるいくつかの養親の本国法主義を原則とするものである。すなわち、前出アルバニア国際私法第一〇条第二項、前出旧チェコスロバキア国際私法第二七条、前出ポルトガル民法典第六一条第一項及び同条第二項、前出オーストリア国際私法第二六条第一項後段、さらに、同法に倣う前出リヒテンシュタイン国際私法第二七条第一項後段、一五歳未満の子が養子となる場合に関する前出ベルギー民法典第三四四条第三項、前出イタリア国際私法第三八条第二項、前出北朝鮮国際私法第

四〇条第二項、前出ロシア家族法典第一六五条第一項第三段がそれらの規定である。以上の立法はいずれも、その立法の趣旨において通則法第三一条第一項後段と同一の立場に立つものである。

しかし、養子ないし養子の側の利益の保護は、以上に見られたように、養子本人や第三者らの承諾、同意、許可に限られるものではないことを認識した立法例が、最近の立法として散見されるに至っている。例えば、前出エストニア国際私法第一四九条第二項が規定する「養子縁組の可能性、及び、養子縁組についての子とその法定代理人の同意は、養子とその法定代理人の住所地法に従う。」という立場は、養子の住所が法定代理人のそれに従属することを当然の前提として、両者の住所地法の累積的連結が求められている点において特徴を有しているが、そればかりか、養子縁組の一般的許容性をも事項的範囲に含めている点が注目される。又、一九九五年に改正されたポーランド国際私法第二二条第二項は、養親の本国法主義を維持した上で、考慮されるべき養子の本国法上の事項的範囲を拡張している。すなわち、従来から求められていた要件である「養子、その法定代理人又は国家機関の同意」に加え、「現在の居住地の他国の居住地への変更による養子縁組の条件」が考慮されるべきものとして改正されたのがそれである。その底流に存在するものが養子の保護の理念であることは明らかである。しかし、そのような個々的事項の拡張をより徹底するならば、やはり、より包括的かつ実質的な保護条項を一般条項として規定することに到達するほかはないであろう。そのような視点に立って国際養子縁組立法を先導しているのがハーグ国際私法条約にほかならない。

一九六五年のハーグ養子条約に続き、一九九三年五月二九日、「子の保護及び国際養子縁組についての協力に関するハーグ条約」が採択されたが、同条約において明確にされている子ないし養子の実質的な保護の強化の立場が、今後における国内法の方向を示唆していると思われる。また、その先駆的な国内規定として、「養子縁組の結果、ロシアの立法及び国際条約によって定められた子の権利が侵害される危険に晒される場合には、養親の国籍に拘わらず、養子縁組は同意されてはならず、又、既に行なわれた養子縁組は裁判所によって無効と認められなければならない。」と謳っている前出ロシア家族法典第一六五条第二項の立場は、正にそれに則ったものであると評することができるであろう。そして、又、ドイツ国際私法

第二三条後段が、「子の福祉のため必要とされる限り、子が属する国の法に代えてドイツ法が通用されるものとする。」と定めていることも、可及的に子を保護しようとする精神において、右ロシア法と同じ立場に立つものとして理解される。

旧法例における養親の本国法と養子の本国法の配分的連結主義の立場を放棄し、養親の本国法主義へと立場を変更したことの主たる理由の一つは、準拠法の適用関係を簡明にすることである。そのことは養子縁組の成立の容易化へと導くことになり、延いては子の保護になると見られているが、それは単なる結果に過ぎない。今なお、養親の属人法と養子の属人法の累積的連結の立場がいくつかの立法に見られ、又、最近のギリシャ国際私法、ベネズエラ国際私法、チュニジア国際私法等に見られるように、更に、両者の配分的連結主義が堅持されていることの理解においても、それらの諸立法において全体として貫かれているのが子の保護の理念であることに鑑みれば、その理念の反映として配分的連結主義が定められていると考えるべきであり、それ相当の現代的根拠が存在することを察知しなければならないであろう。ケベック民法典が心情的にもフランス法の立場に傾斜しているとは言え、前記のように、その民法典第三〇九二条第一項において、「子の養子縁組に対する同意及び許可に関する規則は、その者の住所地法が規定するそれとする。」と規定されているのも、養子縁組の成立の主体を成しているのが養子縁組に対する同意及び許可であり、又、人の身分形成は本来的にその者自身の属人法に依るべきであることを表現していると見られる。その意味において、いわゆる保護条項は身分形成の際の当然の権利を認めているに過ぎないと言うべきである。既に検討されたように、確たる根拠に欠ける養親の本国法主義を採用したことの皺寄せとして保護条項を位置付けることができるであろう。その結果、養子縁組の成立には慎重を期されることになるが、格別に養子側を保護するためであるかは疑問が残るところである。

第七節　国際養子縁組法の展望

一体、縁組のより容易な成立を図ることが子の保護となるのか、それとも、縁組の成立においてより慎重な立場を採るこ

とが子の保護となるのか。その点については、学説においてばかりか、比較立法的に見ても、必ずしも明らかではない。立法例として比較的には古いものになるが、同様の内容を定めている前出旧チェコスロバキア国際私法第二六条第三項及び前出アルバニア国際私法第一〇条第四項は正しく前者の立場に立つものであった。すなわち、「……適用される外国の立法が養子縁組を許さないか、又は、厳格な要件のもとにのみ許し、かつ、養子縁組を行なおうとする養親又は養親たる夫婦の少なくとも一方がすでに長期に亘ってチェコスロバキア共和国（アルバニア共和国）に居住しているときは、養子縁組についてチェコスロバキア（アルバニア）の立法が適用される。」がそれである。しかし、それが想定しているのは、養子縁組の全面的禁止、ないし、それに近い場合であり、公序則が発動されることが考えられるような場合である。それに対して、今日、保護条項と呼ばれている法文に対する理解は、むしろ後者の立場に立つものである。従って、わが国際私法において、その保護の対象が子自身の利益であれ、養子側の人的利益であれ、そして、関係者の利害であれ、国際養子縁組の成立について考慮すべき容易化と慎重な処理という二つの要請の調和は、養親の本国法と養子の本国法が規定する本人及び第三者の同意要件を充足しない限り、養子縁組を成立させないとすることにより、一旦、養子縁組が成立した際には養親子関係が安定することになる点にあるという趣旨の指摘は、法的安定性を重視する限り、正しいと言えるべきであろう。そうすると、両者の本国法の累積的連結主義については評価し直すべきことになるのではないか。ここで想起される「子の負担の下に国際養子縁組の成立が促進されてはならない。」というケーゲル＝シューリッヒ（Kegel/Schurig）の見解もまた、子の本国法上の要件の最大限の顧慮を主張するものであると見られる。

養子縁組関係をも含めて、親子関係法において子の保護の思想が普遍化しつつあることは否定できない。従って、養子縁組の成立の準拠法の選定においても、それが顧慮されることは極く自然なことである。しかし、養親の本国法主義の原則やいわゆる保護条項が果たしてその理念に則ったものとして、所期の目的に適うものであるかは疑問である。蓋し、養子縁組の可及的な成立が養子にとって利益となるのか、それとも、むしろ縁組の成立において慎重を期することがそうなるのかが、先ずもって不明確であるからである。従って、その疑問に関する理念の方向付けが明確にされていない現状において、真に

保護条項がいかにあるべきかを論ずることも、前提を欠いた論議として、その成果は不毛であると言わざるをえない。一方、通則法上の保護条項の存在をもって、第三一条第一項が縁組成立の容易よりも慎重を優先させている証拠として理解することもできるが、保護条項自体、養親の本国法主義の採用に付随的に存在するものであり、養子の本国法主義が採用されたならば、必要とされるべきものではない。しかも、既に検討されたように、養親の本国法主義が養子の本国法主義に優るという確たる根拠に欠けているとしたならば、それに固執すべき理由はない。従って、縁組成立の容易化を最大限に実現しようとするならば、養子の本国法主義に拠り、又、縁組成立の慎重を最大限に図ろうとするならば、現行の保護条項ではなく、養親の本国法と養子の本国法の全面的な累積的連結主義に拠るべきである。そのような意味において、通則法第三一条第一項は、いずれの意味においても不徹底であり、及び腰の姿勢が窺えるであろう。それは、又、多くの場合、血縁関係のない者たちの間に養親子関係を創出しようとする法律制度の妥当性に対する一抹の迷いに起因する問題として理解すべきかもしれない。

第一六章　親子間の法律関係

第一節　親子間の法律関係の範囲

親子関係の成立が認められると、親子間には身分的及び財産的の法律関係が生じることとなる。それらの親子間の法律関係の概念ないし範囲については、国際私法の観点から決定され、親子間の法律関係の準拠法が選定される。前者としては、例えば、子の氏の問題がある。子が出生により、又、認知や縁組により、その氏を如何ように変更するかという問題である。後者としては、例えば、親の子に対する扶養義務の問題がある。この場合の子として想定されるのは、多くの場合、未成年者のことであり、成年者である子に対する扶養義務や子の親に対する扶養義務は、親子間の法律関係としてではなく、寧ろ家族間の法律関係として理解することもできる。しかし、いずれにしても、わが国国際私法においては、扶養義務については、扶養義務の準拠法に関する法律が規律するものとされており、これらのほか、親権の問題は身分的法律関係及び財産的法律関係の両面に亘る問題であり、親子間の法律関係としては最も重要なものである。

親権の帰属・分配の問題とは、未成年の子について、父母の双方が親権者となるか、それとも、いずれか一方のみが親権者であるとしたならば、父であるか、母であるか、という問題である。この問題は、嫡出親子関係、非嫡出親子関係、養親子関係に共通して生じる問題である。父母が離婚した場合における子に対する親権・監護権の帰属・分配の問題については、当該問題を離婚の付随的効果であると考えた場合には、離婚の準拠法に依って規律されることとなるが、多数説は親子間の法律関係の準拠法に依らしめるのが妥当であるとしている。

親権の内容・行使の問題は、身上監護の問題と財産管理の問題とに分けて考えることができる。前者としては、例えば、

子に対する居所指定、懲戒、職業許可などの権利のほか、子の身分行為に対する同意権、子の引渡請求権がある。これらの中、特に最後のものは、近時、子の奪取の事件との関連において、しばしば問題となるので、本章において後に改めて述べることとする。一方、後者としては、子の財産の管理・収益の権利のほか、子の財産的法律行為に対する同意やそれを代理する権利がある。親権者と子の利益が相反する場合に、親権者の権利を制限すべきか否かの問題も、親権の内容に含まれる問題である。そのような場合における特別代理人の選任の問題もそれに関連して行なわれる場合には、親権に関する問題と解される。

なお、わが国のような大陸法系の国に対して、英米法系の国々では、親権者は子の身上監護の権能のみを有し、子の財産管理の権能を有しないものとされている。すなわち、それらの権能は親権者（監護者）と後見人とに分属するものとされている。そこで、子の財産の処分を代理したり、同意・許可する後見人の選任が必要となるが、この問題は親権の内容には含まれるものではなく、むしろ後見の問題として処理されるべきものと考えられる。その際、後見の準拠法の内容の如何により、親権の準拠法との調整が必要となる場合がある。すなわち、親権（親子間の法律関係）の準拠法に依れば、後見が開始すべき場合であるとされ、一方、後見の準拠法に依れば、親権に服すべきであるとされるような場合がそれである。又、わが国には、英米のような検認裁判所による後見人の選任と正確に一致する制度はないので、親権の準拠法と後見の準拠法の調整問題（適応問題）と共に、準拠実体法と法廷地手続法の調整の問題も生じることとなる。

親権の消滅に関する問題には、親権の濫用、親権者の著しい不行跡、財産管理の失当の場合における親権の全て又は一部（財産管理権）の喪失の宣告の許否及びその要件のほか、子の成年による親権離脱の場合がある。子が成年に達しているか否かについては、親権の準拠法と子の行為能力の準拠法、又、婚姻による成年擬制に伴う親権離脱が問題とされる場合には、婚姻の効力の準拠法との調整が必要となる場合がある。親権の準拠法が子を未成年としていても、後者のいずれかの準拠法が子を成年とし、それによって親権が消滅するとしているときは、調整（適応）問題として解決すべきこととなるが、より強く特則としての性質を有する後者の立場が優先されなければならない。

第二節　通則法第三二条の解釈

親子間の法律関係の準拠法に関する通則法第三二条は、親子間の法律関係について、子の本国法が父又は母の本国法と同一である場合、もし父母の一方がいないときは他の一方の本国法と同一である場合には、子の本国法に依り、その他の場合には、子の常居所地法に依ると定めている。すなわち、子の本国法及び子の常居所地法の段階的連結の立場が採られている。ここに、父母の一方がいないときとは、父母の一方が死亡したか、又は、その者が知れない場合のことである。又、父又は母の本国法と子の本国法が同一であるということの意義は、当事者が、それらの者が有する複数の国籍に共通するものがあった場合における共通の国籍が帰属する国の法を有するということではなく、通則法第三八条第一項に従い、それぞれの当事者の本国法として決定されたものが同一であることと解されるべきであることは、通則法第二五条が定める夫婦の同一本国法の決定の場合と同様である。

通則法第三二条が両性平等の原則を守りつつ、子の保護の思想に基づいて子の法を基準としたことは、親子関係の成立の準拠法の選定に関する通則法中の諸条項の立場と一貫するものであり、妥当なものであると言える。しかし、子の本国法を子の常居所地法に優先させていることが、果たして妥当なものであったかは、疑問がないわけではない。もとより、親子間の法律関係には身分関係及び財産関係があり、それぞれの関係は、それぞれ本国法又は常居所地法に依る規律が妥当するものである。例えば、前者の例として前述した子の氏の問題については、恒久的に安定した規律が求められるのに対して、後者の例として前述した子に対する扶養義務の問題については、子の現実の生活の本拠地の法を基準とした迅速かつ実効的な解決が求められる。このような観点からすれば、子の本国法と子の常居所地法の中のいずれをもって、常に他方に一律的に優先させるべきかというように問題となることはない。親権についても同様に考えることができる。その帰属・分配の問題は親子間の身分関係に関する問題として、父又は母と子の同一本国法に依らしめることは合理的であったとしても、親権の

内容を構成している諸問題は、子を取り巻く社会と密着した問題であり、子の常居所地法に依って規律すべきであろう。結局、連結における理念を異にする本国法と常居所地法とを原則と補則の関係として位置付けて、それに従って、あらゆる親子間の法律関係を一律に処理しようとする立場が妥当性を欠くものであることが指摘されるべきであろう。因みに、子に対する扶養義務を規律するための準拠法については、通則法にはそれに関する抵触規定はなく、扶養義務の準拠法に関する法律第二条が本則として扶養権利者の常居所地法に依るべきことを定めている。子に対する扶養義務の問題が、本来、親子間の法律関係に関する重要な問題の一つであるとすれば、通則法第三二条と同法律第二条とでは、一貫した立場が採られていないこととなる。従って、親権に関する問題を含む親子間の法律関係についても、子の常居所地法をもって規律するのが妥当であろう。尤も、平成元年改正後も後見に関する通則法第三五条が、後見は被後見人等の本国法に依るべきことを定めていることから、親権の準拠法と後見の準拠法とが、実際上、子（被後見人等）の本国法主義の下に同一の法となることが考えられるので、その限りにおいては、両者の調整（適応）の問題が生じることがないという利点はあると言うことができるのであろう。

第三節　国際的な子の奪い合い

近時、別居中の夫婦又は離婚後の夫婦の一方が、いまだ親権者ないし監護権者が決定していないか、あるいは又、他方が裁判所によって親権者ないし監護権者として選任されているにも拘わらず、不法に未成年の子を連れ去るという事件が増加している。このような子の連れ去りないし子の奪取が国境を越えて行なわれた場合も又、今日、国際私法が関与して解決すべき問題の一つであると考えられている。

親権者ないし監護権者の決定について、それを親子間の法律関係に関する問題として、通則法第三二条によって選定される法に依るべきことは、平成元年の法例改正後、その連結規則において子の保護を主眼とする立場が採られることとなった

ため、ほぼ異論なく、判例及び学説において支持されていると言えるであろう。従って、それにより、親権者ないし監護権者とされた者は子の居所を指定する権利を有することとなるので、子が不当に連れ去られたときは、子に対する身分上の権限を根拠に、子の引渡しを請求することができる。しかし、欧米諸国の場合と異なり、右のような事件が少なかったわが国においては、長年に亘り、実定法の整備が実行されることがなかった。そのような事情の下に、奪取された子の復帰を確保するための根拠となる実定法として、わが国においてしばしば利用されてきたのは、人身保護法（昭和二三年法律第一九九号）である。同法第一条は、基本的人権を保障する日本国憲法の精神に従い、国民をして、現に、不当に奪われている人身の自由を、司法裁判により、迅速、且つ、容易に回復せしめることを目的とすると定め、また、同法第二条第一項は、法律上正当な手続によらないで、身体の自由を拘束されている者は、同法の定めるところにより、その救済の請求をすることができると規定している。しかし、人身保護法自体が親子間の法律関係を規律する法として相応しいものではないばかりか、父母の一方による子の連れ去りを拘束と見ることにも無理がある。そこで、外国裁判の承認の手法をもって、正当な権利を有する親権者ないし監護権者による子の連れ戻しを承認し、それを命じるものとされた。しかし、特にこのような事件は、子の意思を尊重すると共に、連れ去り後の子の生活の実態の観察により、親権者ないし監護権者が決定された当時と比べて、その後における事情の変化が生じていないかを見極め、子の利益と福祉を優先させつつ、柔軟な解決がなされなければならない。従って、一旦、親権者ないし監護権者が合法的に決定されている場合であっても、その決定の有効性を機械的に承認するに止まらず、場合によっては、改めて、その決定について判断することが必要とされるべき場合もありうると考えられるに至っている。

尚、この問題に関連して言えば、わが国が未だ署名・批准していない「国際的な子の奪取の民事面に関するハーグ条約」（一九八〇年採択）が既に発効し、多くの国々が批准している。同条約は、奪取された子の迅速な返還や監護権・面接交渉権の行使について、国際的に協力することにより、迅速に対応し、実効的な措置を講ずることをもって、その実をあげることを目的とするものである。この問題の本質からして、少数の国々のみの努力によって充分な効果を上げることが決して容

易ではないだけに、わが国をも含め、できるだけ多くの国々が同条約を批准し、協力し合うことが不可欠であると言うべきであろう。現に、そのような共通した認識の下に、同条約は数あるハーグ国際私法条約の中でも非常に多くの国々によって批准された条約の一つとなっている。

第一七章　国際後見法

第一節　総　説

国際後見法は国際人事法と交錯する分野である。後見につき、前者が家族法上における保護を想定するのに対して、後者は一般法における行為無能力者及び不完全能力者の保護を想定するものであり、具体的な事項的範囲としては、自然人の行為能力、禁治産宣告（後見開始の審判）、準禁治産宣告（保佐開始の審判ないし補助開始の審判）、失踪宣告等の準拠法、国際的管轄権及び外国裁判の承認がその内容である。平成一一年法律第一五一号の改正により、禁治産・準禁治産の制度の廃止と補助の制度の新設等、民法の改正に伴い、語句の変更が加えられた箇所であるが、それらの用語が包摂する指定概念は従前と同様であると考えられる。

能力を制限された者として考えられるのは、未成年者及び心神に欠陥を有する者である。諸国の法制上、これらの者を保護するための制度が設けられているが、監護者（後見人等）を置くことが一般的に行なわれている。しかしながら、英米法のように、身上監護と財産管理とを区別して保護しようとする法制や、特に親権を一般的な後見と区別しない法制など、わが国の制度と異なる立場を採っているものがある。わが国の国際私法も、わが国の民法における立場を反映して、後見とは、親権者のいない未成年者及び心神に重大な欠陥を有する者に対する全面的な監護として理解されている。

まず、人の行為能力についてはその者の本国法に依る（通則法第四条第一項）。ここにいう行為能力とは、有効に一般的・財産的法律行為を行なうことができる能力のことである。例えば、婚姻能力、認知能力、養子縁組能力、遺言能力等のように、身分行為を有効に行なうための能力は、個別の身分行為の成立の実質的要件を構成するものとして、それらの身分行為

の準拠法に依るというのが通説である。そうであるとしたならば、通則法第四条にいう行為能力についても、個々の財産的法律行為の成立の要件を成すものとして、その有無については、その準拠法に依って判断すべきであるとも考えられるが、通則法においては、民法上の構成に従い、一般法における行為能力について統一的に定められている。蓋し、財産行為の場合には、身分行為の場合と異なり、物権行為であっても、債権行為であっても、一律に行為能力の有無の基準を設定できるため、財産行為に共通の基準として同条項が置かれているものと考えられる。一方、連結規則としての本国法主義は、人の身分及び能力について、その者の本国法に依るとする一八〇四年のフランス民法典第三条第三項以来の伝統的な立場に由来する。しかし、人の行為能力をその者の本国法に依らしめる一方、外国人が日本において法律行為を行なった場合には、その者がその本国法に依れば能力の制限を受ける者とされるときであっても、日本の法律に依れば能力者である限り、その者は能力者と見做されるというのが改正法例第三条第二項における立場であった。これは、内国における取引の安全性及び迅速性の保護を制限能力者の保護よりも優先させようとする内国取引保護の立場を表明したものである。しかし、通則法第四条第二項においては、行為地法上における立場を基準とする取引一般の安全が顧慮された規定に改正されている。このような立場は、比較立法上、近時、多くの国々において採られるに至っている立場である。尤も、行為能力の有無の問題をも個々の取引の準拠法に依らしめたならば、取引の相手方の本国法の如何は取引に関わることはなく、従って、取引保護主義はその意義を失うことになるであろう。

次に、行為能力を欠く者、及び、それが不十分な者を保護する制度である後見が開始されるべきか否かの審判等の原因については、被後見人等の本国法に依る（通則法第三五条第一項）。審判の原因は能力に関する事項として属人法主義が採られ、一方、審判の効力は法廷地における措置の実効性の確保を目し、属地法主義が採られるべきとする考え方が有力である。そこで、日本の裁判所も、成年被後見人、被保佐人又は被補助人となるべき外国人について、その者が日本に住所又は居所を有するときは、その本国法に拘わらず、日本法に依り、後見開始の審判等の原因がある場合には、その者に対して後見開始の審判等を下すことができると定められている（同第五条）。これは、わが国裁判所の国際的裁判管轄権についても定め

るものである。

後見の制度が法律行為の完全無能力者を保護するためのものであるのに対して、不完全能力者を保護するための制度が保佐及び補助である。後見と保佐及び補助とを厳密に区別することなく、統一的に行為無能力者の保護・監護の制度を設けている国も少なくない。改正法例においては、わが国の民法における制度に反映して、後見に関する規定とは別個に、保佐に関する独立した規定が置かれていた。しかし、保佐及び補助の制度は行為無能力者を保護・監護し、更には、被保佐人及び被補助人を巡る社会の利益をも考慮するという点において、後見の制度と極く類似しており、又、準拠法選定の次元において、異なる抵触規則に依らしめるべき理由がないため、通則法第三五条は、それらの制度を全て一つの抵触規則の下において規定することとし、保佐に関する改正法例第二五条の規定は、通則法においては削除されている。尚、保佐の準拠法と親権の準拠法との適用関係が問題となることはないが、保佐の準拠法と保佐開始の準拠法との適用関係、更に、補助の準拠法と補助開始の準拠法との適用関係については、後見の準拠法と後見開始の準拠法との適用関係と同様に考えることができる。従って、通則法第五条は、後見の開始の審判と共に、保佐及び補助の開始の審判についても包括して定める至った。

後見については、裁判所などの国家機関が関与することが多いことから、準拠法と管轄権とを一致させることが最も効果的であるという考え方がある。すなわち、後見の準拠法が被後見人の本国法であるとしたならば、国際的管轄権も同国にあるとし、又、後見の準拠法が被後見人の常居所地法であるとしたならば、国際的管轄権も同地（同国）にあるとする立場である。このような考え方は、並行原則と呼ばれるものであり、傾聴すべき点がある考え方である。しかし、法廷地の裁判所又はその他の国家機関が準拠法上求められている手続きを代行しうる場合には、必ずしも両者の一致は必要なものではなく、被後見人のために最も良く後見の制度を活用しうる準拠法の選定が考えられるべきである。

又、外国人の生死が明らかでない場合には、日本の裁判所は、まず、不在者が生存していたと認められる最後の時点において、不在者が日本に住所を有していたときは、失踪宣告を下すことができる（通則法第六条第一項）。更に、そのような場合でなくとも、日本に所在するその者の財産、及び、日本の法律に依るべき法律関係については、日本の法律に依って失

踪宣告を下すことができる（同第六条第二項）。これは、人の生死不明の状態が一定期間に亘る場合に、裁判所の宣告により、その者が死亡したものと擬制し、その者をめぐる不安定な財産関係及び身分関係を確定する失踪宣告の制度についての規定である。財産の所在及び法律関係の関連性が日本にあることを前提として、その属地的解決の立場が表明されている。わが民法上、失踪宣告の制度のほかに不在者制度が規定されている。後者は、本人の生死不明を前提とするものではない。しかし、国際私法上、管理人を置かない不在者の利害関係者から申立てがなされた場合には、失踪宣告に関する通則法第六条が準拠抵触規定となるものと考えるべきであろう。尚、同条は、財産の所在及び法律関係の関連性が日本にあることが、わが国裁判所の国際的管轄権の原因となることを定めている管轄規定でもあると解される。

第二節　通則法第三五条の解釈

まず、通則法第三五条第一項は、後見等は被後見人等の本国法に依るものと規定している。これは、後見等を被後見人等の身分関係に関する問題として捉え、従って、その属人法に依るべきとしたものである。しかし、後見等の制度は、元来、身分形成の問題ではなく、被後見人等の実際的な保護を目的とするものである。従って、被後見人等が現実の生活を営んでいる地、つまり、常居所地ないし居所地の法や、被後見人等の財産が所在している地の法の方が準拠法として実効性があると考えるべきであろう。又、被後見人等を巡る社会の利益のためにも、そのような法の適用がより良いものであると考えられる。通則法第三五項第二項は、そのようないわゆる属地的後見を日本に住所ないし居所を有する外国人の場合に限定して規定している。すなわち、そのような外国人の後見等は、その者の本国法に依れば後見等の開始の原因があるにも拘わらず、後見等の事務を行なう者がいないとき（同第一号）、及び、日本において後見の開始の審判等が行なわれたとき（同第二号）は、日本の法律に依ると規定されている。後者の場合、すなわち、日本において審判を受けた外国人の後見等の場合には、その者の本国法上、後見等の開始の原因があるか否か、又、後見等の事務を行なう者がいるか否かに拘わらず、日本法に依っ

て後見等が設定されることとなり、問題は生じないが、前者の場合については、次に述べるように、「後見等の事務を行なう者がないとき」とは如何なる場合がそれに該当するか、異なる解釈が行なわれる余地がある。

この点については、「後見等の事務を行なう者がない」ということを形式的に解するか、はた又、実質的に考慮するかにより、日本の法律の下に後見等が設定されるべきか否かが決定されることとなる。すなわち、前者の立場では、被後見人等の本国法に依り、後見人等が選任されていれば、その者が日本に居住する被後見人等の監護を充分に行ないえないような場合、例えば、その者が日本にいないような場合にも、後見等の事務を行なう者が存在するとして、日本法の下での後見等は開始しないこととなる。この見解においては、被後見人等の本国法と日本法との重複的な適用により、後見等の法律関係が複雑になることが好ましくないと考えられている。これに対して、後者の立場では、被後見人等の本国法に依り、合法的に後見人等が選任されていたとしても、その者が日本に居住する被後見人等の監護を充分に行ないえないような場合には、日本法の下に新たに後見人等を選任した上で、後見等が開始されるべきこととなる。例えば、本国法上の後見人の権能が日本で行なわれえないときは勿論のこと、身上監護又は財産管理の中のいずれかについてのみ後見の権能を有するとき、更に、その権能が全面的なものであっても、日本に居住していない等、事実上、後見の事務を行なうことができないときがそのような場合として想定される。この立場においては、何よりも無能力者の保護の確保を優先させるべきと考えられている。弱者保護の理念が確立された今日にあって、後者の立場を支持すべきことは既に明らかである。もとより、後見等の制度自体、被後見人等の現実の生活の本拠における迅速かつ木目細かな事務の処理を必要とするものであり、従って、属地的でなければならない。本国法の機械的な適用のみに止まり、後見等の事務の現実を無視することがあったとしたならば、後見等の制度が置かれている本来的な意義が失われることとなる。又、そのような実質的な考慮のみならず、法文の文言解釈上も、日本での後見等の事務を行なう者の不存在が通則法第三五条第二項の適用の要件とされているように読むことができる。尤も、通則法上、日本法に依る後見等は本国法に依る後見等の原則に対する一定の要件の下における例外とされているので、本国法上の後見人等が、日本法に依る後見等の設定の後、日本における事務を充分に行なえるようになり、従って、被後見人等

の保護がその限りにおいて確保された場合には、日本法に依る後見等は終了すると考えるべきであろう。このような場合にも後見等が重複することは、法律関係を必要以上に錯綜化し、不要の混乱を招くことにもなるからである。

本条のいま一つの問題はその適用範囲の如何である。端的には、後見等という概括的な文言の中に何が含まれるべきかがここでの問題である。後見開始の原因、後見の機関、後見人の権利義務、後見終了の事由など、後見等に関する事項は全て、被後見人等の本国法に依って定められる。但し、日本に住所又は居所を有する外国人の後見等については、後見等の開始の原因についてのみその者の本国法に依り、その他の事項は全て日本法に依るべきことは前述の通りである。しばしば問題となるのは、親権者が存在する未成年者の後見についてである。すなわち、親権の準拠法上、親権者が子の財産の管理権を有しないときにも後見が開始するかという問題があり、それについて、後見人を選任すべきか、はたまた、利益相反の場合として、子のための特別代理人を選任すべきか、見解が分かれるところである。この場合も、未成年者の監護者の部分的な欠缺として、そのための後見人の選任の問題として処理すべきであると考えられる。又、本国法上、親権者が生存するときにも後見が開始するとされている場合の処理も問題となる。

第三節　親権の準拠法との適用関係

未成年者の監護については、親権と後見とが重複する場合が想定される。親権については、通則法第三二条が規定していると考えられるが、同条に依れば、子の本国法が父又は母の本国法、もし父母の一方がいないときは、他の一方の本国法と同一である場合には、子の本国法に依り、その他の場合には、子の常居所地法に依るべきものとされている。従って、親権の準拠法が子の本国法である場合は、後見の準拠法と一致するため、実際上、問題はないが、親権の準拠法が子の常居所地法であって、しかも、その者の常居所地法と本国法とが異なる場合には、親権の準拠法と後見の準拠法が異なることとなり、両者の適用関係について問題が生じることがある。例えば、親権の準拠法に依れば未成年者が親権に服し、後見の準拠法に

依ればその者のために後見が開始する場合、又、親権の準拠法に依れば未成年者が親権から離脱し、後見の準拠法に依ればその者は親権に服すべきであって、後見が開始しない場合には、未成年者の監護について、前者では重複することとなり、他方、後者では未成年者は何ら保護を受けることができないこととなる。かような場合のそれぞれの準拠法の適用関係は、国際私法における調整問題（適応問題）として解決されるべき問題である。これを前述の例について言えば、まず、前者の場合、未成年者の監護については親権者がそれを行なうべきであって、親権が後見に優先すると言うべきである。従って、親権の準拠法によれば親権を行なう者がいる場合には、後見の準拠法は適用される必要はないこととなる。従って、通則法の適用関係についても、まず、通則法第三二条を適用し、その結果により、同第三五条の適用の余地があるか否かが検討されるということになる。又、後者の例の場合には、親権者もなく、後見も開始しないということは、不当に未成年者の保護に欠ける結果となるから、少なくとも後見は開始されなければならない。但し、このような後見の設定が、親権の準拠法として選定される法の後見に関する規定に依るべきか、はたまた後見の準拠法に依るべきかは、未だ見解は統一されていない。このような場合、具体的事案との関連において、両法体系の中のいずれに依る未成年者の保護がより望ましい結果を招来することになるかという観点から準拠法を決定しても良いと思われる。

第四節　後見に関するハーグ条約

後見に関するハーグ国際私法条約としては、次に挙げるものがある。すなわち、古くは、「未成年者の後見を規律するための条約」（一九〇二年採択）、「禁治産及びこれに類似の保護手段に関する条約」（一九〇五年採択）、「未成年者の保護に関する官庁の管轄権及び準拠法に関する条約」（一九六一年採択）があったが、近時、新たに、「親責任及び子の保護措置についての管轄権、準拠法、承認、執行及び協力に関する条約」（一九九六年採択）及び「未成年者の国際的保護に関する条約」（二〇〇〇年採択）等に代わられている。それらの一連の条約の発展について言えることは、前述の一九五八年のボル

(Boll) 事件によっても浮き彫りにされたことであるが、一つには、被保護人の常居所地国の管轄の下に、被保護人の本国法に依る規律からその者の常居所地法に依る規律へと変化していることであり、いま一つは、保護制度が有する公権的な性質の強化に向けられた展開が見られることである。因みに、わが国はそれらの条約のいずれも批准していない。

第一八章　国際扶養法

第一節　総　　説

経済的に自活できない者に対して、親族関係にある者が扶助しなければならないという私的扶助は、各国の法制度に見られることである。しかし、親子関係のように極めて近い関係にある者の間の扶養の権利・義務の存在については、各国の立場は余り異なることはないが、傍系親族間や姻族間のそれについての権利・義務、又、夫婦間でも、特に離婚したり、別居した夫婦間のそれについては、各国の立場は一致していない。そのため、扶養を要する者と推定扶養義務者とが異なる国籍や常居所を有する場合など、何らかの渉外的要素が認められる場合には、いずれの法に依るべきかが問題となる。この問題については、ハーグ国際私法会議で二つの条約が採択されている。すなわち、「子に対する扶養義務の準拠法に関する条約」（一九五六年）及び「扶養義務の準拠法に関する条約」（一九七三年）がそれらであるが、両条約は多くの諸国で批准されている。わが国においても、前者は一九七七年、後者は一九八六年に批准されており、又、特に後者の批准に伴い、国内立法として、「扶養義務の準拠法に関する法律」（昭和六一年法律第八四号、以下、「本法律」とする）が制定され、昭和六一年九月一日から施行されている。以下、本法律を中心として、わが国の国際私法における扶養義務の準拠法の決定について解説することとする。尚、契約、不法行為、相続、遺言などによっても、扶養義務が生じることがある。それらとして、例えば、終身年金保険契約、損害賠償としての扶養義務、負担付遺贈による扶養義務などが挙げられる。しかし、これらはそれぞれの本来の準拠法によって解決されるべき問題であり、ここにおいて論ずべき親族間の扶養義務の問題とは範疇を異にする問題である。

第二節　扶養義務の準拠法に関する法律

本法律は、夫婦、親子その他の親族関係から生ずる扶養義務の準拠法に関して、必要な事項を定めるものとされている（本法律第一条）。本法律が制定されたことにより、親族関係から生ずる扶養義務については、通則法の規定は適用されないこととなり（改正法例第三四条第一項本文、通則法第四三条第一項本文）、扶養義務の準拠法に関する旧法例第二一条は削除された。但し、通則法第三九条本文の規定、すなわち、当事者の常居所地法に依るべき場合において、その常居所が知れないときは、その居所地法に依るとする規定のみは、親族間の扶養義務の問題についても適用されることとなっている（通則法第四三条第一項但書）。このほかは、全て、扶養義務の準拠法に関する法律が基準となる。従って、例えば、本法律には通則法第四一条のような反致に関する規定はないので、反致は一切認められない趣旨であると解されている。又、本法律の解釈及び適用に際しては、通則法とは別個に、その独自の立場からなされるべきものと考えられている。すなわち、本法がハーグ条約を基盤とするものであることに鑑み、同条約の制定過程における論議、同条約についての各国における解釈、それに基づく各国の国内立法の解釈及び適用が参考とされなければならない。

本法律は、扶養義務の準拠法について、原則として、扶養権利者の常居所地法に依るべきとし（本法律第二条第一項本文）、又、扶養権利者の常居所地法に依れば、その者が扶養義務者から扶養を受けることができないときは、両者の共通本国法に依るとし（本法律第二条第一項但書）、更に、両者の共通本国法に依っても扶養権利者が扶養義務者から扶養を受けることができないときは、わが国の法律に依ると定めている（本法律第二条第二項）。このような規則が目的としているのは、明らかに、扶養権利者すなわち要保護者ないしは弱者の保護であると言うことができる。そのために、本法律は要保護者の法に依ることとし、しかも、その者の保護の実効性を確保するため、日常生活と密着した常居所を連結点として採用している。又、本法律は、準拠法を単一のものに固定することなく、扶養権利者の常居所地法、扶養権利者と扶養義務者の共通本国法、

日本法の段階的連結の規則を採用し、しかも、補充準拠法が適用されるべき場合として、明文をもって、それが扶養権利者にとってより有利な法の適用となることを求めている。これらは、いずれも顕著に連結政策における利益衡量の立場を採るものであり、前者は抵触法の次元において、又、後者は実質法の次元において扶養権利者すなわち弱者の保護を図っていると言うことができる。

第三節　夫婦間の扶養

夫婦間の扶養義務の問題については、その婚姻中の扶養義務の問題とその離婚後の扶養義務の問題とを同一に論ずることができないため、それらを区別して述べることとする。

まず、婚姻中の夫婦間の扶助義務については、従前、それを如何ように性質決定するかにより、準拠抵触規定が異なるということがあった。すなわち、それを婚姻の効力に関する問題と見るか、はたまた、扶養義務に関する問題と見るかにより、旧法例第一四条又は旧法例第二一条のいずれかに依るという差異を生じたが、本法律の制定により、この問題は解決され、婚姻中の夫婦間の扶助義務については、本法律によって準拠法が選定されることとなった（本法律第一条）。

夫婦間の扶助との関係において問題となるのは婚姻費用の分担の問題である。これを夫婦財産制の問題と解すると通則法第二六条が指定する準拠法に依ることとなり、又、これを婚姻の身分的効力の問題と解すると同第二五条が指定する準拠法に依ることとなる。更に、これを夫婦間の扶助義務に含まれる問題と解すると、現行国際私法の下では、本法律が指定する準拠法に依ることとなる。本来、この問題は財産給付に関する問題であるので、夫婦財産制に関する通則法第二六条の管轄事項であると解すべきことは前述の通りである。同条との関連からいえば、同第二五条が定める婚姻の効力とは夫婦間の身分的効力と解すべきであり、それには婚姻費用の分担の問題は含まれないと解される。又、その問題は婚姻共同体の維持のために必要な費用の分担の問題であり、一方の配偶者が要保護者であることを前提として、他方の配偶者の扶養義務の有無

及びその程度を論ずる問題とも異なる。従って、その問題は、扶養義務の準拠法に関する法律が規律の対象としている事項でもないということになる。

次に、夫婦の離婚後の扶養義務については、本法律に規定がある。すなわち、離婚をした当事者間の扶養義務は、離婚について適用された法律に依って定めるものと規定されている（本法律第四条第一項）。法律上の別居をした夫婦間、婚姻が無効とされた当事者間、又は、婚姻が取り消された当事者間の扶養義務についても、その規定が準用されることとなっている（本法律第四条第二項）。これらの場合の扶養義務については、わが国の民法上にはその制度はないが、外国にそれらを認める法制があるため、このような規定が置かれている。この規定により、本法律と離婚に関する通則法第二七条との適用関係が明らかになったと言うことができる。但し、通則法には、別居の準拠法、婚姻無効の準拠法、婚姻取消しの準拠法の選定に関する規定が置かれていないので、特に無効又は取消しの場合に、離婚の準拠法の選定に関する同第二七条が準用されるべきか、又、婚姻成立の準拠法の選定に関する同第二四条が準用されるべきかは問題のあるところである。尚、離婚後の扶養については、前述の通り、離婚の準拠法によって規律すべきであるが、準拠法たる外国法の内容の如何によっては、通則法第四二条により、その適用が排除されることがある。そのような場合には、離婚後の扶養については、補則に従い、離婚の成立について実際に適用された法によって判断すべきこととなる。

それに対して、国際条約の次元においては、一九五六年六月二〇日の「外国における扶養料の取立に関する国際連合条約」（いわゆるニューヨーク扶養条約）、一九五六年の「子に対する扶養義務の準拠法に関するハーグ条約」（既述）並びに一九五八年の「子に対する扶養義務についての判決の承認及び執行に関するハーグ条約」、一九七三年の「扶養義務の準拠法に関するハーグ条約」（既述）並びに「扶養義務についての判決の承認及び執行に関するハーグ条約」がある。又、地域条約としては、一九六二年のデンマーク、フィンランド、アイスランド、ノルウェー及びスウェーデン間の「扶養料の取立に関する条約」（いわゆる北欧扶養条約）並びに一九八九年七月一五日の「扶養義務に関するアメリカ諸国間条約」（いわゆるモンテヴィデオ扶養条約・未発効）がある。これらの中でも取り分け諸国に影響を与えているものは、すでにしばしば言及さ

れた一九五六年及び一九七三年の両ハーグ扶養条約（子扶養条約・一般扶養条約）である。しかも、離婚後の扶養義務を明確に他の扶養義務から区別している条約は、ハーグ一般扶養条約をおいて他には見られない。例えば、前記ニューヨーク扶養条約が、その準備段階における論議から、契約に基づく扶養の問題を同条約の適用範囲から除外していると見られながらも、離婚後扶養の請求については明確ではない。又、前記モンテヴィデオ扶養条約第一条第二項は、同条約が未成年者並びに婚姻中及び婚姻解消後の夫婦に対する扶養義務に適用されることを明文をもって規定しており、同第三項が、同条約への署名、その批准、それへの加盟に際して、条約の適用範囲を子に対する扶養義務に限定することを宣言することができると規定している。しかし、その場合でも、除外されるのは、離婚後扶養のみではなく、夫婦間の扶養の問題は一括して除外されるべきこととなる。このようにしてみると、ハーグ一般扶養条約は特異な存在であるとも言えるものである。しかし、現実には、同条約は、周知のように、わが国をも含めた多くの国々によって批准されており、そして、次に見られる通り、諸国の国内立法においてもその立場が踏襲されている。

もとより、離婚後扶養について本法律第二条の適用から除外するということは、同条が理念とする扶養権利者の保護を顧慮しないことを意味している。しかし、諸国の実質法上、離婚後扶養が認められることが少ないことに鑑みれば、その扶養義務について、すでに抵触法の次元において異なる取り扱いをする必要はないであろう。しかも、比較法的に見ても、殆どの国々の国際私法上、離婚の準拠法はその成立の実質的要件、形式的要件、その身分的効果、財産的効果の全てをそれが規律すべき事項的範囲としている。婚姻の場合において、その実質的成立要件、形式的成立要件、身分的効果、財産的効果について、それぞれ別個に準拠法選定の規則が置かれていることに比べて、離婚の場合には、その連結単位となる法律関係の設定は極めて大まかである。一括的に単一の準拠法に依らしめることは、諸問題の解決において矛盾が生じることを回避することができるという利点があることは確かであるが、このように広範な管轄範囲に属する諸々の問題が同一の連結規則に服すべきであるということは、近時、例えば、ハーグ国際私法条約に見られるような包括準拠法の細分化の傾向とは相容れないものである。婚姻中の財産関係については、通則法第二六条に見られるように、その身分的関係を規律する同第二五条

とは異なる規則が行なわれている。すなわち、制限的ながら、準拠法の選定における当事者自治が導入されている。それならば、離婚の際の財産関係を巡る諸問題について、その立場が採られたとしても、わが国際私法上、何ら不自然なことではないばかりか、寧ろ、通則法第二六条との整合性を有することになるであろう。現に、一九九三年に発表されたオランダ国際私法草案においては、離婚後扶養については離婚に適用された法律をもって規律するという定めは存在せず、そこにおいて採用されている立場はほかならぬ当事者自治の原則である。ハーグ国際私法条約の批准において、取り分け積極的であるオランダが提示した立場であるだけに、看過することができない特別な意義が存在すると言うことができるであろう。又、スウェーデン国際私法が採用している立場は常居所地法主義である。仮に、離婚後扶養の問題が離婚の際の財産関係の一環として理解されるべきであるとしても、それが夫婦の共通本国法に依って規律されるよりも、当事者の生活の本拠地ないし財産の所在地である夫婦の常居所地法の適用の方が望ましいことは明白である。加えて、離婚に際しての財産分与の準拠法として、離婚の準拠法が最も好ましいということは異論の見られるところである。それについて、夫婦財産制の一環として処理がなされるべきであると考えるならば、その準拠法の選定は通則法第二六条が管轄することになり、離婚の準拠法の支配からは離脱することとならざるをえないであろう。

第四節　親子間の扶養

親子間の扶養義務について、理論的には、それを親子間の法律関係に含まれるものと見て、通則法第三二条の管轄事項であると解することも根拠があると言えるが、同第四三条第一項及び本法律第一条が明文をもって、本法律の規律に従うべきものと定めているので、その点について争う余地はない。本法律は、扶養権利者が親であるか子であるかに拘わらず、又、子が未成年であるか否かに拘わらず適用される。

両親が別居しているか、又は、離婚して、一方の親が未成年の子を監護している場合に、他方の親に対して子の養育費を

請求することは、前者の場合には、婚姻費用の分担の問題として取り扱われるべきであるのに対して、後者の場合には、子からの扶養料請求の問題として取り扱われるべきものである。その場合、通常、親権者が代理して請求することとなるが、このような代理権は親権者の法定代理権の問題であり、従って、親権の帰属・内容の問題として親子間の法律関係に関する通則法第三二条に依るべきである。尤も、誰が子からの扶養料請求の申立を行なうべきかの問題は、扶養義務の準拠法に依って判断されなければならない（本法律第六条）。

因みに、婚外子がその父であると見られる者に対して扶養料の請求をする場合、その前提条件として父子関係の存否が問題となるが、これは国際私法における先決問題として既に第一〇章において論じられたところである。この場合に、婚外父子関係の存否確認を扶養義務の存否の問題との関連に限定した相対的解決として、扶養義務の準拠法に依らしめるのがドイツのかつての立場である。果たして、親子関係の成立について認知主義を採っているわが国においてもその立場が妥当するかどうか、又、そのための理論構成については、更に検討が要されるところである。

第五節　傍系親族間及び姻族間の扶養

傍系親族間及び姻族間の扶養義務についても、原則として扶養権利者の常居所地法に依ることは、夫婦間及び親子間の扶養義務の場合と同様である。しかし、傍系親族及び姻族は夫婦や親子のようには緊密な関係にあるものではなく、従って、かような扶養義務者の立場にも配慮する必要があるため、扶養権利者の常居所地法に拘わらず、扶養義務者が当事者の共通本国法に依れば扶養権利者に対して扶養する義務を負わないことを理由として異論を述べたときは、扶養義務については、その法律によって定めるべきものとされている（本法律第三条第一項前段）。又、当事者の共通本国法がない場合において、扶養義務者がその者の常居所地法に依れば扶養権利者に対して扶養する義務を負わないことを理由として異論を述べたときも、同様とされている（同後段）。これは、扶養義務者に一定の範囲において準拠法の選択を認めるものである。従って、

扶養義務者がこのような異議申立権を援用しないときは、裁判所が職権をもって同条を適用すべきものではない。このような異議の申立は、「子に対する扶養義務の準拠法に関する条約」（昭和五二年条約第八号）が適用される場合には、認められないこととされている（同条第二項）。同条約によれば、婚姻をしていない二一歳未満の嫡出子、非嫡出子、養子からの扶養請求は、子の常居所地法に依ることとされている（同条約第一条）。継親子間の扶養義務については、同条約は定めておらず、同条約が適用されることはない。従って、この場合、扶養義務の準拠法に関する法律の適用上、継親子関係を親子関係と見るか婚姻から派生する身分関係と見るかが、本法律第三条第二項の適用関係に影響を与えることになる。

尚、異議申立の対象となるものは扶養義務の存在であり、扶養料の額はその対象とはならないと考えられている。後者の問題は、本法律上、寧ろ、公序に関する問題として取り扱うべきものであろう（本法律第八条第一項参照）。本法律は、扶養の程度について、特別公序として、それを決定するための基準を規定しており、それに依れば、適用すべき外国の法律に別段の定めがある場合であっても、扶養権利者の需要及び扶養義務者の資力を考慮すべきものとされている（同条第二項）。

第一九章　国際氏名法

第一節　総　説

人が生まれたとき、その者が如何なる氏を称することとなるか、その際、嫡出子と非嫡出子とに差異はあるか、親が知れない場合にはどのようになるか、又、子の名前の命名権は誰が有するか、後日、その者が名を変更したいとき、それをすることができるか、などの問題のほか、人が婚姻を締結したり、養子縁組が成立したとき、又、人が離婚したり、離縁したときに行なわれる氏の変更に関する問題が渉外的要素を有する場合には、それらの問題の解決のための準拠法の選定が必要になる。蓋し、氏に関する法制は諸国によって異なっていることが少なくなく、例えば、わが国の民法のように、婚姻によって、当事者はいずれか一方の氏を称しなければならないとする法制のほか、婚姻後も婚姻前の氏を引き続き称すべきとする立場を採っている国、それを選択することができるとする立場を採っている国、又、その選択の範囲についても、当事者のいずれか一方の氏に限らず、より広範に、自己の氏と結婚相手の氏との結合氏（結合姓）をも認めている国など、多岐に亘っている。子の氏についても、出生によって、当然に父の氏を称すべきとする国のほか、わが国のように、父が子を認知した場合であっても、それによって子の氏が直ちに父のそれから母のそれへと変更されることのない立場を採っている国もある。そのほか、俗称の法的な位置付けの問題も、ここにおいて考慮されるべきものであろう。

このように、氏の取得・変更、及び、名の変更に関する諸問題は、様々な局面において生じてくるものであるが、それらの問題については、次のように整理することができる。すなわち、第一に、婚姻や養子縁組の成立のように、何らかの身分変動を契機とする氏の変更（若しくは不変更）の問題、第二に、人の出生時における氏の取得の問題、そして、第三に、身

分の取得や変動とは何ら関係のない氏名の変更の問題という分類がそれである。

第二節　国際戸籍委員会ミュンヘン条約

氏名に関する国際的立法として知られるのが、一九八〇年九月五日に締結された「氏名の準拠法に関する国際戸籍委員会（ＣＩＥＣ）条約」（いわゆるミュンヘン条約）第一九号である。オランダ、イタリア、スペインを締約国とする同条約第一条第一項は、次のように規定している。すなわち、「人の氏名は、その者が国民である国家の法律に依って規律され、そのため、氏名が依存する事情は同国家の法律に従って評価される。」とするのがそれである。同条項が本国法主義を採用していることは明白であるが、それと共に、それを特徴付けているのは、氏名の取得・変更の先決問題である身分変動についても同法に依るとしていること、つまり、先決問題についての従属連結の立場を採用していることである。そして、その法律は、それが非締約国のそれであっても、適用されるべきものとされている（第二条参照）。同条約は、イタリア及びスペインによって、それぞれ、一九八五年四月二四日、同年八月一二日に批准され、オランダによっては一九八九年一〇月一〇日に受諾されている。

前記条約の批准に伴い、国内立法を制定したのがオランダである。すなわち、「氏名の抵触法を規律するための一九八九年七月三日法律」（以下、氏名抵触法として引用）がそれである。オランダの法体系においては、条約は、その批准によって国内的効力を有することとなり、従って、それが、それと矛盾する国内法に対して優先することは同国基準法第九三条及び第九四条からも明らかである。かくして氏名抵触法はミュンヘン条約のための施行法として位置付けられるものである。その内容は次の通りである。まず、準拠法の選定における本国法主義が原則として採用されていること、及び、称氏の先決問題となる身分変動について従属連結の立場が採用されていることは、当然のことながら、ミュンヘン条約上の規則と同一であり、同法第一条第一項は、「外国人の氏名は、その者がその国籍を有する国家の法に服する。同法は、抵触法規則をも

含む。氏名の決定が依存する事情は、同法にのみ従って判断される。」と定めている。同条約に対する同項の特徴として指摘されるべき点は、準拠法となる本国法の中に抵触法規則も含まれるとされていることである。同項が先決問題について従属連結の立場を採っていることは同条約と符合するものである。又、いま一つ、同条約と異なる点は、当事者が重国籍者の場合に限られるが、連結点とされる国籍が、密接関連性すなわち実効性を有するものでなければならないとされている点である（同第二項参照）。これは、オランダ国際私法において従前から採られてきた立場を踏襲したものにほかならない。しかし、重国籍の中の国籍の一つがオランダのそれであるときは、オランダ法が基準とされる（第二項前段参照）。さらに、注目されるべき点は、補充的な氏の選択が許容されている点である。すなわち、複数の国籍を有する者は、戸籍吏に対して、その者が最も密接に関連する国家以外の国家の法、又は、オランダ国籍と共に保有している国籍が属するいずれかの国家の法に従って称する氏について、その者の出生証書へ欄外注記として記載されることを申請することができる（第三条参照）。このことが意味するものは、オランダの国外における別個の称氏が認められるということである。その結果、渉外婚姻から生まれてきた子の氏がオランダ法と外国法とにおいて異なる場合であっても、家族の氏として統一性が得られることを氏名抵触法は目指していると言うことができるであろう。

第三節　夫婦の氏

それでは、わが国の国際私法においては、氏に関する問題は如何に規律されているか。まず、婚姻した者の称氏については、その法律関係を如何ように性質決定するかにより、次のような二つの立場が見られる。すなわち、その一つの立場によれば、婚姻後の称氏の問題は婚姻の身分的効果であり、従って、婚姻の身分的効果の準拠法に依って規律されるべきである。従って、わが国際私法上、通則法第二五条によって選定される法に依ることとなる。これは、東京家庭裁判所昭和四三年二月五日審判、札幌家庭裁判所昭和五七年一月一一日審判、同家庭裁判所昭和五九年三月七日審判等において、従来から根強

く支持されてきたものである。いま一つの立場によれば、婚姻の成立に伴う氏の変更であっても、それは人の人格権に関わる問題であるから、その者の人格権を規律する法に依るべきであり、それとしては、その者の属人法に依るのが妥当であるとされている。そして、後者の立場によった場合、属人法における本国法主義を採っているわが国際私法上においては、その者の本国法に依るべきであるという結論が導かれることとなる。事実、平成元年に法例が改正される以前には、そのような立場からの判決が下され、注目を浴びたところである。すなわち、静岡家庭裁判所熱海出張所昭和四九年五月二九日審判、京都家庭裁判所昭和五五年二月二八日審判、同家庭裁判所昭和五五年三月三一日審判がそれらであり、今日においても、有力に主張されているものである。

それでは、一体、いずれの立場が支持されるべきであろうか。まず、わが国の学説上、前者の立場の欠点として指摘されているのは、次のような点である。すなわち、婚姻の身分的効果の準拠法である通則法第二五条によれば、夫婦の同一本国法、同一常居所地法、最密接関連法の段階的連結が行なわれることになるため、夫婦のそれぞれが有する国籍や常居所の如何によって、夫婦の氏の決定方法が異なることとなり、その結果、例えば、同一常居所地法として日本法が準拠法とされ、従って、夫婦のいずれか一方の氏を称すべきこととされた場合であっても、それらの者の本国法上、夫婦別姓の法制が行なわれていた場合には、日本とそれらの者の本国とでは、氏についての取扱いが異なるというような事態が生じることとなる。又、特に最密接関連法に依るべき場合には、いずれの国の法がそれに該当するかの判断が困難な場合があり、夫婦の氏の決定における法的安定性を欠くこととなり兼ねない。しかしながら、このような批判的な見解は、通則法第二五条が採っている準拠法選定規則に見られる立場を前提として論じられるものであり、同条が夫婦の氏の問題を規律するのに相応しくないということをもって、その問題の性質が婚姻の効果に関する問題ではないと結論付けることは短絡であると言わざるをえない。理論的には、夫婦の氏の問題は婚姻の効果に関する問題ではあるけれども、通則法第二五条に規定されている準拠法選定規則に依ることは妥当ではないと言うべきであろう。同条が木目細かに規律することを怠り、又、余りにも同一法主義を優先させる結果、支配する理念を異にする連結点が段階的に採用され、又、結果的には、判断が困難な最密接関連法にしわ

寄せが来ているということは、すでに述べたところである。妻の氏に関する人格権説の口火を切った前出静岡家庭裁判所熱海出張所審判がそのような理論的構成を採用したことの理由が、婚姻の効果の問題とすれば、旧法例第一四条に従い、夫の本国法に依ることになることを避けるためであったと推定することも必ずしもできないものではない。すなわち、同審判については、連結規則の如何が性質決定にも影響を及ぼしたものと理解する余地もあるであろう。

しかしながら、夫婦の氏の問題が、婚姻の成立を契機として生じるものではあっても、それぞれの当事者本人にとって、氏というものがその者の人格の重要な一部を構成していることも否定されるべきではないであろう。とは言っても、直ちに、その者の本国法に依る規律が最良であると言うことはできない。すなわち、称氏が人の人格権に関わるものであると言うのならば、いずれの氏を称するかについては、その者の意思を最大限に尊重すべきであり、従って、その本国法への単一的連結という面一的な立場は必ずしも妥当ではない。ここにおいて想起されるのが氏の自己決定権である。そのことを国際私法上において言えば、称氏の準拠法の選定における当事者自治ということになる。立法例としては、スイス国際私法第三七条やドイツ国際私法第一〇条などが挙げられる。わが国の学説にも、外国の立法・判例の傾向を考慮して、当事者の本国法によることを原則として、当事者が婚姻の身分的効果の準拠法を選択することもできるという立場を現行法の下における解釈として主張しているものがある。既に、わが国際私法にとっても、婚姻後の氏についての当事者自治の導入が検討されるべき時期に至っていると言うべきであろう。上述のように、通則法第二五条における連結の形態が、氏については妥当性を欠くものであることから、当事者による選択の範囲をその者の本国法と相手方当事者の本国法の二つに限定するのが、最も無理が無く、近い将来において現実可能な立場ではないかと思われる。

尚、離婚に伴う氏の変更の問題についても、上において述べたことと同様のことが言える。すなわち、その問題は、当事者の人格権に関する問題であると言うよりは、理論的には離婚の効果の問題として、離婚の準拠法に依って規律されるべきこととなる。その場合においても、通則法第二五条を準用するとしている同第二七条の立場の妥当性については、前述されたと同様の理由から、疑問が残ると言うほかはない。

第四節　子の氏

子の氏については、その者の出生の際におけるその取得と認知や養子縁組の際におけるその変更という二つの場合に分けて考察すべきであろう。いずれの場合であっても、子の氏については、夫婦の氏とは違い、その者による準拠法の選択ということは考えることはできない。ここにおける問題は、父母ないし養親の法に依るべきか、子本人の法に依るべきかということに集約されることとなる。

まず、子の称氏の問題の性質を親子間の法律関係の問題であると見るならば、それについては、その準拠法に依って判断することとなる。従って、わが国際私法上は、通則法第三二条により、子と父母のいずれかとの同一本国法、子の常居所地法の段階的連結の立場から準拠法が選定されることとなる。従来、この立場が多くの支持を得ていたと見られている。しかし、段階的連結の立場によったのでは不都合な事態が生じ兼ねないということは、夫婦の氏に関連して前述したところが、そのまま、子の氏についても言えるであろう。そのため、子の氏についても、条理により、その者の本国法に依るべきとする立場が有力になって来ているようである。又、一部の学説においては、子の称氏は親子関係の成立の直接的な効果の問題であるとして、親子関係の成立の準拠法に依ることの当否も論じられている。

本来、子がいずれかの者と父子関係ないし母子関係があることと、その者の称氏が如何ように行なわれるべきかということとは、密接な関連性はあっても、事の本質上、必ず一致させなければならないものではない。例えば、婚外子が父によって認知されることにより、それらの者たちの間に婚外親子関係が成立したとしても、子は、従来通り、母の氏を称すべきであるとするわが国民法に見られる立場は決して例外的なものではない。婚外子が如何なる氏を称すべきかの問題は、父母のいずれが親権者となるべきかの問題と同じ次元の問題であると言うことができる。従って、子が出生によって如何なる氏を取得するかの問題は、やはり、親子間の法律関係の準拠法に依って規律されるべきであろう。尤も、通則法第三二条に定め

られている連結の立場が、立法論的に見て、必ずしも妥当なものであるとは言い切れない点こそが、今後において検討されるべき問題として残されていると言うことができるであろう。それに対して、すでにいずれかの氏を有している子の氏が、認知や養子縁組に伴い、変更されるべきか否かの問題は、それぞれの身分変動の効果の問題として、それぞれの準拠法に依って規律されるべきであろう。すなわち、子の氏が認知によって変更されるべきかの問題は、認知の効果の問題として、通則法第二九条第二項が定める認知の準拠法に依り、又、それが養子縁組の成立によって変更されるべきかなどの問題は、養子縁組の効果の問題として、同第三一条が定める養子縁組の準拠法に依るべきこととなる。

第五節　名の変更

人が何らかの理由によって名の変更を希望する場合については、以上において述べられて来たような身分変動に伴う氏の変更の場合とは異なり、別個の観点からの考察が求められるべきであろう。すなわち、そのような場合こそは、人の意思の発現として把握されるべき場合であり、準拠法の選定においても、その者の人格権に関わる問題として、できる限りにおいてその保護が図られなければならない。

それでは、人の人格権に関する問題であるとしても、その準拠法の選定については如何ように考えるべきであろうか。上述のように、多くの学説によれば、条理として、その者の属人法、就中、本国法に依るべきであるということが主張されている。しかし、人格権に関する問題の解決において、最も尊重されるべきであるのが本人の意思であるとしたならば、準拠法の選定においてもそうあるべきであり、従って、何らかの単一的連結によるのではなく、当事者自治の立場が導入されるべきであるということもすでに述べたところである。そして、その場合における連結の多元化は、まず、その者の本国法に依ることを原則としつつ、同法に依ってしてはその者の希望が成就されることができないときは、補則として、その者の常居所地法に依ることもできるとすることが、現在の国際私法においても無理なく採られ得る立場であろう。

第六節　氏と戸籍

氏の変更は戸籍への記載に関する問題、すなわち、渉外戸籍実務とも密接に関連しているので、若干、それについて言及することとする。

渉外的な身分変動に伴う氏の変更については、国際私法上、いずれかの国の法が準拠法としてそれを規律することとなるが、それによる実体法上の判断が必ずしも実務上は反映されていないのが実情である。すなわち、日本人が外国人と婚姻し、それに伴ってその者の氏を変更した場合であっても、その者の戸籍には、婚姻前の氏が記載されることとなっており、当然には新しい氏は記載されない。そのため、戸籍法第一〇七条第二項は、その婚姻の日から六箇月以内に限り、届出によって変更することができると定めている。又、離婚、婚姻の取消し、若しくは、配偶者の死亡に伴う復氏については、それらの事由が生じた日から三箇月以内に限り、届出によって変更することができると定められている。これらの規定の現代的な意義は、家庭裁判所の許可を得なくとも、単に届出によってそれを行なうことができるというところにある。それに対して、父又は母が外国人である者が、その氏をその父又は母の称している氏に変更しようとする場合には、家庭裁判所の許可が必要とされている（同第四項、第一項参照）。

尚、日本人と婚姻した外国人についても、その者がその本国法に従い、相手方日本人の姓を婚姻後に称することとした場合であっても、日本人の戸籍の事項欄に記載されるのは旧姓であり、それを同一の氏とするためには、やはり、届出が必要とされるというのが実務上の取扱いになっている。

第二〇章　国際相続法

第一節　総　説

相続の制度については、諸国の法制上、清算主義と承継主義との対立が見られる。前者では、人の死亡により、死者（被相続人）の有していた一切の権利及び義務は、一旦、死者（被相続人）の人格代表者である遺産管理人又は遺言執行者に帰属し、そこで、まず、死者（被相続人）の財産関係を清算する手続（遺産管理）が行なわれ、その清算の結果、残余が存在するときにのみ、相続財産の移転が認められている。従って、債務の相続はありえない。英国法等がその立場を採用している。これに対して、後者では、そのような清算を行なうことなく、死者（被相続人）に帰属していた権利及び義務は、そのまま相続人によって承継されることになる。わが国民法上において採用されている立場である。

他方、国際私法の次元でも、わが国の通則法におけるように、準拠法の決定において相続財産を動産と不動産とに区別しない相続単一主義に対して、例えば、動産相続については被相続人の死亡当時の住所地法に依り、又、不動産相続についてはその所在地法に依るとする相続分割主義の立場がある。基本的に、相続単一主義は属人法主義、又、相続分割主義は属地法主義を基調とするものであると言うことができる。尚、前者については、比較法上、属人法として本国法主義を採るものと住所地法主義を採るものとがある。

元来、相続という制度が身分法と財産法とが交錯するところに位置しているため、その本質として、身分承継と財産承継のいずれをより重視するかにより、それについて採るべき立場も自ずと異なるものとならざるをえない。概していえば、従来、身分法的側面に重点をおく立場を採る法制が少なくなかったが、今日、相続の財産法的側面にも着目して、相続財産の

所在地における法律関係に対する配慮の必要性という観点から、現実に即した柔軟な解釈と実効性のある準拠法の決定が求められるようになっている。このことは、近時の諸国立法上、ほぼ共通して見られる包括準拠法の解体若しくは細分化という一般的傾向とも、その基底において通ずるものがあると言うことができる。それと共に、相続の財産法的側面を重視し、次に述べるように、契約の分野において認められている当事者自治の規則すなわち当事者による準拠法の選択を認める立場を導入している立法例が増えている。

第二節　当事者自治の導入

相続における当事者自治の規則を築いたのは、一九八九年の「死亡による財産の準拠法に関するハーグ条約」である。そこにおける主観的連結、すなわち、準拠法の選択における当事者自治の優先の立場の影響を受けて、それを導入する立法が増えている。同条約の内国的効力を定めるオランダ相続抵触法第一条のほか、例えば、エストニア国際私法第一五七条、カナダ・ケベック州民法第三〇九八条、リヒテンシュタイン国際私法第二九条等、数多い立法がそれとして挙げられる。それらの中にあって、在日韓国人との関連において注目されるのが二〇〇一年の韓国国際私法第四九条である。同条第一項において被相続人の本国法主義が原則とされながら、第二項において制限的当事者自治が認められている。すなわち、被相続人による指定当時におけるその常居所地法（第一号）、不動産についての所在地法（第二号）からの選択がそれである。通則法第三六条に従い、韓国法が指定された場合、通則法第四一条に従って日本法への反致の成否が検討されなければならないが、被相続人が遺言によって日本法を指定していたときは、それに従うこととなる。そのような場合における問題として、被相続人がわが国に所在する不動産についてのみ指定していたときは、相続が単一の法体系に依って処理できない状態になり、残された相続人の間に相続財産の清算・分配等に関して困難が生じることになると指摘されることがある。しかし、例えば、中華人民共和国相続法第三六条における異則主義、すなわち、動産相続については被相続人の住所地法、又、不動産

相続についてはその所在地法に依るとする規定に従い、部分反致を肯定する見解が支配的であることに鑑みるならば、韓国法についてのみ右のような問題点を指摘をすることは均衡を失するものであると言わねばならない。この問題は韓国国際私法の改正がわが国国際私法の解釈・適用にも影響を与えようとする一例である。

第三節　通則法第三六条の解釈

通則法第三六条は、「相続は被相続人の本国法による。」と規定している。相続に関する問題は広汎に亘り、多種多様な事項がある。それにも拘わらず、本条は一括して取り扱っている。又、相続財産の所在地の如何を問わず、一律に被相続人の本国法に依って解決すべきことを定めている。これらの点から、本条は、総括主義及び統一主義を採るものであると言われている。因みに、本条が定める相続準拠法が、その包括性のために総括準拠法と呼ばれているのに対して、個々の権利義務に固有の準拠法は個別準拠法と呼ばれ、両者は「個別準拠法は総括準拠法を破る」という関係にあることが一般的に認められている。このような法理も、一個の適応問題（調整問題）の結果として生じたものであり、より実効性がある個別準拠法の総括準拠法に対する優位の原理が支配している。

次に、本条が規律する事項的範囲に含まれるものについて述べることとする。まず、本条における「相続」の概念内容を構成するものは、凡そ世代を超えて行なわれる財産的権利ないし身分的地位の承継一般であるが、より具体的には、遺産相続・家督相続・祭祀相続、包括相続・個別相続（例えば、特定名義の遺贈など）、及び、法定相続・任意相続（例えば、遺言相続、死因相続、各種の遺贈、相続契約、相続人の指定など）がそれに含まれる。この点については、実質法上の概念と国際私法上のそれとが必ずしも一致するものではないこと、すなわち、本条における相続概念がわが民法上のそれとは正確に符合するものではないことが指摘されなければならない。個々の問題としては、次に列挙するものが本条の事項的範囲に含まれると考えられる。相続開始の原因、時期及び場所は、原則として相続の準拠法に依る。失踪宣告・死亡宣告が相続開

始の原因となるかという問題も、異論もあるが、相続の準拠法に依ると考えられる。但し、外国人がわが国の裁判所で失踪の宣告を受けた場合には、その本国法が失踪宣告を相続開始の原因とするか否かに拘わらず、わが国に所在する財産に関する相続の開始・時期はわが国の法律に依ると考えられる。

被相続者と如何なる関係にある者が、如何ようにして相続人となるか、という相続人に関する諸問題は、例えば、被相続人が遺言によって相続人を指定できるか、又、いわゆる相続契約が認められるか、認められるとすれば、その要件及び効果の如何などの問題も、全て相続の準拠法に依る。相続能力、すなわち、相続人たりうる能力のほか、受遺能力・受贈能力の問題は、一般的行為能力に関するものではないので、通則法第四条に依らず、本条に依ることとなる。法人や胎児の相続能力についても同様に考えられる。相続欠格の事由及び相続人廃除の原因・方法・効果、並びに、廃除の取消しに関する諸問題も相続人の資格に関する問題として、又、相続人と被相続人との相続放棄契約による相続開始前の相続期待権の放棄の許否・効果に関する問題も、相続人たるべき地位の喪失に関するものとして、相続の準拠法に依る。相続順位の問題が相続の準拠法に依ることに異論はない。代襲相続が認められるか否かの問題も相続順位に関する問題と考えられる。

相続財産が被相続人の如何なる権利義務によって構成されるかの問題が相続の準拠法に依ることは明らかである。しかし、相続の準拠法が相続財産に帰属するとする権利義務も、その権利義務に固有の準拠法（例えば、不動産については不動産所在地法、不法行為による損害賠償請求権については不法行為の準拠法など）が、それを認めないときには、相続財産から除外される。権利義務の被相続性の問題は、その権利義務の属性に関するものであって、それに固有の準拠法における立場が優先されなければならない。この点について、「個別準拠法は総括準拠法を破る」というように言われていることは前述した。尤も、ある特定の権利義務の被相続性が、それに固有の準拠法によって認められていても、相続の準拠法がそれを認めていないときは、かような権利義務は相続財産に帰属しないこととなる。何よりもまず、相続の準拠法が基礎となるからである。上記の法理は、相続の開始によって相続人は直ちに被相続人の地位を承継するのか、それとも、一定の行為を要するのかという相続財産の相続人への移転・承継の態様の問題についても働くものである。例えば、ある不動産又は動産につい

て、相続の準拠法に依れば、わが国民法におけるように、相続の開始と共にその所有権が当然に相続人に移転すべきときも、その不動産又は動産の物権の準拠法（例えば、所在地法）が、例えば、フランス法のように、所有権の移転につき、登記又は引渡しを要件としているときは、それに従うべきこととなる。尚、相続財産の移転に関する手続きについても相続の準拠法に依ると解される。しかし、相続の準拠法が、例えば、英米法である場合、遺産管理人の下に清算の手続きをとらなければならないが、わが国に遺産管理人を選任する手続きが存在しないため、実際上、相続の準拠法はその実効性を失うこととなる。そこで、このような場合も、国際私法上の適応問題（調整問題）の一つとして、外国実質法の内容の実現が如何なる限度まで法廷地手続法に依ることができるか、という問題として検討されなければならない。

相続の承認・限定承認に関する問題が相続の準拠法に依ることに異論はない。相続の放棄、相続債務についての相続人の責任、財産分離に関する問題は、いずれも相続人の権利義務に関する問題であるため、その者の本国法に依るべきとする主張にも根拠が認められるが、一般的には、相続問題として、相続の準拠法に依るものと考えられている。法定相続における共同相続人の相続分、被相続人の意思による相続分の変更の可否・限度、遺産分割の基準・時期、相続分取戻権、遺産分割前の相続分譲渡の許否、共同相続人間の担保責任などの諸問題は、いずれも相続の準拠法に依る。遺留分の許否、遺留分権利者の範囲、遺留分の算定方法、遺留分減殺請求の可否・時期・効果などの問題も、相続分に関する問題と同様、被相続人の処分能力の制限あるいは相続財産の帰属に関する問題として、全て相続の準拠法に依る。

尚、本国法の適用の場合として、わが国の法への反致の成否が検討されなければならない。被相続人の本国の国際私法上、相続について住所地法（常居所地法）主義が採られており、かつ、その国際私法上の立場から見て被相続人の住所（常居所）がわが国にあると認められるときは、通則法第四一条により、わが国の法が適用される。被相続人の本国法上、相続分割主義が採られている場合であって、被相続人の相続財産を構成する不動産がわが国に所在するときは、それについてのみ、所在地法としてわが国の法に依ることとなる。動産の相続については、被相続人の本国の国際私法上の住所（常居所）がいずれに所在するかに従い、本国法又はわが国の法に依ることとなる。被相続人の本国法の適用の結果が、わが国の公序良俗に

反することとなる場合には、その適用は通則法第四二条によって排除される。例えば、民事上の死亡又は宗教上の死亡による相続の開始を認める法律、人の国籍・人種・宗教などの如何によってその者の相続権を制限ないし剥奪することを認める法律などの適用の場合がそれに該当する。

第四節　相続事件における先決問題

相続事件において被相続人の本国法である外国法に依ったところ、その実質法上、当面の問題の判断の前提として何らかの別個の問題の判断が求められることがある。例えば、相続人の確定の前提となる被相続人と相続人との間の一定の身分関係（婚姻関係、実親子関係、養親子関係など）の存否に関する問題がそれである。このような場合においては、既に詳述したように、当面の問題が本問題と呼ばれるのに対して、その問題は先決問題と呼ばれ、それが何らかの渉外的要素を有するときは、そのための準拠法が選定されなければならない。

現行法上、先決問題については明文の規定がないため、解釈論としてはいずれの立場も採りうるが、個別の事案において具体的事情に応じた妥当な解決を図ろうとする折衷説は、解決の結果予測性や法的安定性の点において不安は残るものの、説得力に富んでいる。学説の動向もそれに傾いている現在、先決問題論における重要課題は、如何なる場合に法廷地法説に依り、又、準拠法説に依るべきかの判断基準の設定、すなわち、利益衡量を如何に行なうべきかという点である。

判例も又、法廷地法説と準拠法説とに分けることができる。それらの中、いずれの立場に拠るかによって結果が異なる場合であって、かつ、明瞭に先決問題の準拠法の選定に言及したものとしては、例えば、中華民国人の相続の先決問題としての婚姻の成立について法廷地法説を採ったもの、ロシア人の相続の先決問題としての婚姻の成立及び嫡出親子関係の成立について準拠法説を採ったものがある。これらのほかにも、相続事件において法廷地法説に拠ったと見られるもの及び準拠法説に拠ったと見られるものがある。しかし、明確に折衷説の立場から先決問題の準拠法の選定について判示した裁判例は、

未だ見られない。

第五節　相続人不存在の場合の処理

まず、相続人の存否が不明である場合、相続人の捜索及び相続財産の管理清算が必要となる。そのための相続財産管理人の選任の準拠法につき、押し並べて相続の準拠法に依るべきか、はたまた、相続人の存否の確定と遺産の管理清算とを区別した上で、相続の準拠法又は財産所在地法に依るべきかについては、見解は統一されていない。

相続人の不存在が確定した場合、遺産が如何ように処理されるかという点については、諸国の法制上、その多くは、国家又はその他の公共団体に帰属するものとされている。このような国庫帰属の法的性質については、国家が最終的な相続人となると考える立場や、無主の財産が領土主権の作用により、国庫への帰属関係が認められるとする立場がある。国際私法上も、相続人の不存在が生じた場合、いずれの国の法律に依って遺産の処理がなされるべきかが問題となるが、上記のような実質法上の立場の対立を反映して、その法律関係の性質決定において見解の相違が見られる。多くの学説は、相続が一定の身分関係の存在に基づく財産の承継である以上、相続人不存在の場合はもはや相続問題ではなく、従って、財産が最も密接な関係を有する財産所在地法に依るべきであると論じている。いずれにしても、財産に固有の準拠法に従わなければならない問題であると言うことができる。

相続人の不存在の場合の遺産処理のいま一つの問題は、わが民法第九五八条の三に規定されている特別縁故者への遺産分与の制度との関連において、わが国に財産を残して死亡した外国人の相続人の不存在が確定した場合であって、例えば、内縁の妻などの特別縁故者が遺産の分与を求めるとき、その準拠法の如何の問題である。特別縁故者への遺産分与を被相続人と特別の関係にある者に遺産を帰属させる制度として、相続に関する問題であるとするか、国庫帰属の問題と同様、相続人の不存在の場合の遺産の処理に関する問題であるとするかにより、基本的に相続の準拠法に依るか、又は、遺産所在地法に

依るべきこととなる。特別縁故者への財産分与の問題も、国庫帰属の問題も、本来、汎く死者（被相続人）の遺産の処理に関する問題ないし相続問題から派生した問題であると考えられる。従って、基本的には相続の準拠法に依るべきものと思われる。通則法第三六条における相続の概念もそれらを含むものと解すべきである。そのように解した場合に問題となるのは、同条が実効性の乏しい被相続人の本国法へ連結すべきことを定めていることの妥当性である。遺産所在地法に依って処理することは確かに妥当であるが、そのことをもって、上記の問題を理論的にも相続の問題から除いて処理しようとすることは正当ではないと言うべきであろう。それらの問題は、飽くまで相続に含まれる問題ではあるが、立法論として、物権の準拠法と同様に、遺産の所在地法に依るべきであると言うべきであろう。通則法第三六条が被相続人の本国法へ連結するという規則を定めている限り、「個別準拠法は総括準拠法を破る」という法理が働かざるをえないことになる。

第二一章　国際遺言法

第一節　総　説

遺言とは死後における一定の法律効果の発生を目的とする意思表示であり、相続関係において最も多く利用される制度であるが、それのみに限られるものではない。認知、後見人の指定、縁組行為など、遺言によって行なうことが認められている行為は少なくない。それらの身分行為は、それぞれに固有の成立要件、効力を有するものであり、実質法上においてばかりか、国際私法上においても、例えば、相続については通則法第三六条、認知については同第二九条第二項、後見人の指定については同第三五条、縁組行為については同第三一条など、それぞれの身分行為についての特則規定が存在している。かような規定と共に、通則法には、遺言の成立及び効力、遺言の取消しについて、統一的な準拠法の選定に関する規定が定められている。かくして、遺言の問題とは、遺言によって行なわれる個々の行為に共通して見られる遺言という外面的形式に関する問題、すなわち、遺言という意思表示自体の問題であって、それによって行なわれる個々の法律行為とは別個の法律行為である。遺言が無効とされる場合には、それによって行なわれる法律行為は当然に無効とならざるをえない。尚、遺言の方式も遺言に関する問題に含まれるべきものであるが、わが国の国際私法では、通則法第四三条第二項により、通則法は適用されないものと定められており、「遺言の方式の準拠法に関する法律」（昭和三九年六月一〇日法律第一〇〇号）が、それについて別個に規定している。同法律は、昭和三九年、わが国が「遺言の方式に関する法律の抵触に関するハーグ条約」に署名し、それを批准したことに伴う旧法例の改正の結果として制定されたものである。

第二節　通則法第三七条の解釈

まず、通則法第三七条第一項は、「遺言の成立及び効力は、その成立の当時における遺言者の本国法による。」と規定している。ここにいう「遺言の成立及び効力」とは、遺言の意思表示自体の成立及び効力、すなわち、特定の意思表示の遺言としての成否、その効力の発生時点などの問題を意味するのであり、遺言によって行なわれる個々の法律行為の成立及び効力に関する問題を指すものではない。

同項の事項的範囲に含まれるものとして、まず、遺言能力が挙げられる。広義の行為能力については、これを主として財産的行為能力を想定した一般的行為能力と身分的行為能力とに区別することができる。通則法第四条が対象としているのは前者であり、後者はそれぞれの身分行為の成立の準拠法に依るべきである。例えば、婚姻能力、認知能力、縁組能力は、それぞれ婚姻、認知、縁組の成立についての準拠法に依るべきこととなる。遺言能力についても、このような身分的行為能力と同じような性質を有するものであるということから、遺言の成立要件の一部を構成するものとして、遺言の成立の準拠法に依るべきである。尚、遺言によって何らかの法律行為が行なわれる場合には、その法律行為に関する行為能力の準拠法について、遺言能力とは別個に考慮しなければならない。例えば、遺言による認知の場合、遺言能力については通則法第三七条第一項により、認知能力については通則法第二九条第二項によって準拠法が決定されることとなる。又、遺言の意思表示に瑕疵がある場合、すなわち、錯誤、詐欺、強迫などに基づくものである場合におけるその成否・効果に関する問題も遺言の成立に関する問題として、通則法第三七条第一項の適用範囲に含まれるものであり、同条第二項が定める遺言の取消しに関する問題ではない。尚、遺言の方式の問題も、本来、遺言の成立に関する問題であるが、そのための特別の立法があることは前述した通りである。又、共同遺言の許否の問題については、改めて言及するところであるが、その一般的な許容性ないし可能性の問題となりうることから、同条第一項の適用範囲の中に入ると考えられ、又、遺言の実質的内容に関する問題

であると解すると、遺言によって行なわれる法律行為の準拠法に依ることとなる。

次に、通則法第三七条第二項は、「遺言の取消しは、その当時における遺言者の本国法による。」と規定している。ここにいう「遺言の取消し」とは、一旦、遺言として有効に成立した意思表示を、後に、遺言者が任意に撤回することを意味している。従って、遺言の意思表示の瑕疵に基づく取消し、及び、遺言の意思表示によってなされる法律行為の取消しは、それには含まれない。前述のように、それらの取消しの中、前者は同条第一項の適用範囲に含まれる問題であり、又、後者はその法律行為自体の準拠法に依るべき問題である。

通則法第三七条第二項の事項的範囲に含まれるのは、概括的に言えば、遺言の意思表示の撤回に関する諸問題ということになる。それらとしては、例えば、取消しの成立のための取消能力、取消しの意思表示の瑕疵、取消しの効力としての遺言の意思表示の効果の消滅などの問題がある。遺言の取消しの方式、すなわち、遺言の撤回の意思表示の方式問題も、本来、遺言の取消しの成立要件の一部を構成するものであるが、通則法第四三条第二項により、それには含まれず、「遺言の方式の準拠法に関する法律」によって規律されることとなる。遺言の撤回の許否に関する問題については、遺言の意思表示の効力の問題として同第三七条第一項に従って解決されるべきか、それを遺言の取消しの成立の問題として同条第二項の適用を受けるべきか、見解の相違が見られる。そのいずれの立場を採るかにより、遺言者の本国法の適用に際し、遺言作成当時と遺言撤回当時のいずれが基準時となるかという点に違いがある。尚、遺言者が一旦有効に成立した遺言の意思表示を撤回することにより、遺言取消しの行為を行なうほか、例えば、前の遺言と後の遺言とが内容を異にしたり、遺言者が遺贈の目的物を毀滅したり、第三者に譲渡したりした場合、実質法上、後の遺言又は行為により、前の遺言の全部又は一部が取消されたものと見做されることがある。このような遺言の取消しの擬制は、遺言によって行なわれる法律行為の内容から見て取消すべきと見做されることであり、それぞれの法律行為に固有の準拠法に従って判断されるべきである。同項にいう遺言の取消しが遺言によって行なわれる法律行為の内容とは無関係であることは、すでに述べた通りである。

尚、通則法第三七条第一項及び第二項によっていずれかの外国法が指定された場合には、本国法が指定された場合として、

通則法第四一条本文により、わが国の法律への反致が成立することがある。又、その本国法の適用の結果がわが国の公序良俗に反することとなるときは、同第四二条により、その適用は排除されなければならない。

第三節　遺言の方式の準拠法に関する法律

昭和三九年法律第一〇〇号による改正以前、旧法例第二六条（当時）には、通則法第三七条第一項及び第二項に相当する規定のほか、「前二項ノ規定ハ遺言ノ方式ニ付キ行為地法ニ依ルコトヲ妨ケス」と定める同三項が置かれていた。これらの規定の相互の関係は、遺言の方式は遺言成立当時の遺言者の本国法、又、遺言の取消し（撤回）の方式は取消し（撤回）の当時の遺言者の本国法に依ることを本則とし、補則として、行為地法に依ることもできるというものであった。前記条約の批准に基づく国内法の制定により、旧法例第二六条第三項（当時）が削除され、遺言の方式について、法例の諸規定の全面的排除を定める旧法例第三一条（当時）が追加された。これにより、遺言の方式に関する問題の準拠法は、属人法の決定を段階的に法定した規定を除いて、全て「遺言の方式の準拠法に関する法律」（以下、本法律とする）に拠るべきこととなり、その立場は平成元年法律第二七号による旧法例の一部改正後の改正法例第三四条第二項においても同様に規定されている。この結果、新旧法例と本法律の関係は一般法と特別法というものではなく、本法律は法例から独立し、その解釈・適用は、法例とは別個に、その独自の立場からなされるべきものと考えられている。尚、方式に関する通則を定めている改正法例第二二条（通則法第三四条）と本法律との関係について言えば、同条は各個の法律行為の方式に関する規定であり、遺言の意思表示自体の方式とは無関係である。以下、本法律の各条項について解説することとする。

まず、第一条は、本法律が遺言の方式の準拠法に関し必要な事項を定めるということを規定している。これが、通則法第四三条第二項との関連において、形式上かつ実質上、遺言の方式に関わる諸問題について、無国籍者の本国法の決定に関する通則法第三八条第二項本文、常居所地法の決定に関する同第三九条、人的不統一法国（地）法の適用に関する同第四〇条

を除いて、全面的に適用されるべきことを意味するものであることは前述の通りである。

第二条は、準拠法選定規則について定めているが、その規則は、連結の多元化をもって、遺言者の最終的意思表示を方式の点で可及的に有効なものとしようとする遺言保護の立場を明らかにしている。すなわち、次に揚げる法律の中のいずれかに適合しているならば、遺言は方式上有効なものとされている。行為地法（第一号）、遺言者が遺言の成立又は死亡の当時国籍を有した国の法律（第二号）、遺言者が遺言の成立又は死亡の当時住所を有した地の法律（第三号）、遺言者が遺言の成立又は死亡の当時常居所を有した地の法律（第四号）、及び、不動産に関する遺言について、その不動産の所在地法（第五号）がそれらである。遺言者が国籍又は常居所を有しなかったときは、通則法第四三条第二項但書に従い、通則法第三八条第二項本文、第三九条本文の適用により、常居所地法又は居所地法に依ることとなる。遺言者が二個以上の国籍又は住所を有していたときは、できるだけ遺言を方式の点で有効なものとしようとする本法律の趣旨に鑑み、それらに由来する全ての法律が本条にいう法律に該当すると考えるべきである。尚、通則法上、住所を連結点とする抵触規定が置かれなくなったため、遺言者が住所を有しなかったときについては、通則法の成立と合わせて本法律第七条第二項に新規定が置かれ、それに従い、居所地法をもって住所地法とされる。

第三条は、遺言を取消す遺言の方式について、第二条が定める諸法に依ることができるほか、従前の遺言の方式について、第二条によってその準拠法となる法律であって、それを有効とするものに依ることもできると定めている。すなわち、遺言者が、遺言作成後、国籍又は住所又は常居所を変更したため、遺言作成地と遺言取消地とが異なる場合には、同じく第二条に掲げられた法律であっても、実際には別個の法律ということとなるので、従前の遺言を取消す遺言の方式が、第二条によって指定される法律のいずれにも適合していなくとも、従前の遺言の方式を有効とする法律の定めるところに適合していれば、やはり、方式上有効であるとしている。従って、遺言を取消す遺言の方式の連結については、より一層の多元化が図られているということになる。

第四条は、第二条及び第三条の規定が、二人以上の者が同一の証書でなした遺言、つまり、共同遺言の方式についても適

用されることを定めている。尚、共同遺言については、次節において詳述する。

第五条は、遺言の方式の事項的範囲について、従来、特に争いのあった遺言者の年齢、国籍その他の人的資格による遺言の方式の制限に関する事項、及び、遺言が有効であるために必要とされる証人が有すべき資格に関する事項を具体的に例示し、その解決を明らかにしている。前者として、未成年者・行為無能力者ないし制限的行為能力者の自筆証書による遺言の禁止、自国民の外国における公正証書以外の遺言の禁止など、又、後者として、未成年者・公民権喪失者などでないことなどが想定される。因みに、一般的に言えば、遺言の方式に関する問題とは遺言の意思表示の表現手段、その条件のことであり、例えば、遺言証書の種類・型式、証人の立会いの要否、その資格・員数などが挙げられる。

第六条は、第二条第二号にいう遺言者が国籍を有した国の法律の決定について、遺言者が不統一法国の国籍を有する場合、その国の規則に従い、遺言者が属した地方の法律を、又、そのような規則がないときは、遺言者が最も密接な関係を有した地域の法律を遺言者が国籍を有した国の法律とすることを定めている。これは、本国法の決定について、原則としていわゆる間接指定主義の立場を採るものである。

第七条第一項は、第二条第三号にいう遺言者が住所を有した地の法律の決定に関連して、遺言者が特定の地に住所を有したかどうかは、その他の法律によって決定することを定めている。これは住所の決定についていわゆる領土法説の立場を採るものである。又、同第二項は、遺言者が住所を有しないときの補充的規則であり、既に言及したところであるが、通則法中の住所に関する規定の削除に伴い、平成一八年六月二一日法律第七八号によって追加された規定である。

第八条は、外国法に依るべき場合において、その規定の適用が明らかに公の秩序に反することとなるときは、それを適用しないことを定める公序則である。本条は、いずれかの外国法の下における方式に関する規定の適用の排除につき、方式の面における遺言保護の可及的な実現のために適用されるべきものと考えられる。

尚、遺言者の本国法が適用された場合の反致については、本法律には何ら規定がない。通則法第四三条第二項によって同第四一条の適用が排除されていることから、わが国の法律への反致を禁止していると見ることもできるが、もとより、本法

律第二条は、遺言者が国籍を有した国の法への連結を定めているが、それは必ずしも本国法とは限らない。しかも、本法律第二条及び第三条に掲げられた多数の法への選択的連結の場合には、反致理論についても、以下のように、単一的連結の場合とは異なる考慮がなされて然るべきであると思われる。すなわち、通則法第四一条において反致を認める立場が採用されているが、平成元年における旧法例の改正により、反致に関する規定そのものが、但書によって制限されることとなったことに加えて、段階的連結のように、それまでの連結規則とは異なる形態のそれが導入された結果、改正法例以後における反致条項の解釈及び適用においても又、従前とは異なる視点からの配慮が求められる情況に至ったと言うべきである。遺言の方式の準拠法については、選択的連結の規則の下に、それを可及的に有効とする法の選定が顧慮されていることから、反致は成立しないとすることが遺言者の信頼を保護することになるのであろう。

第四節　共同遺言の準拠法

二人以上の者が同一の証書によって作成した遺言を共同遺言と言う。わが国民法第九七五条はそれを禁止しているが、それは、遺言における遺言者各人の独立の意思が保障されるべきである、すなわち、遺言の一方的性質が存在するというのがその理由とされている。実際、共同遺言の制度を認めると、共同遺言者各人の遺言の発生時期が異なることになる煩雑さや、共同遺言者の中の一人だけが遺言を撤回した場合には、その他の遺言者の遺言の効力はどうなるか、すなわち、遺言を撤回しようとする者の権利と他の共同遺言者の遺言の意思の中、そのいずれを優先させるべきかという困難な問題が発生することになる。そのため、比較立法的に見ても、例えば、フランス民法典第九六八条のように、共同遺言を禁止する立場を採用する国が多い。しかし、その一方、ドイツ民法典第二二六五条以下のように、夫婦に限り、それを認めている立場も散見される。その場合には、単独遺言がいつでも撤回されることができるのに対して、相手方配偶者が死亡した後、自己の遺言を撤回することは許されない等、遺言者が相互に相手方を相続人に指定し合う双方的共同遺言については、その終意処分の権

利は制限されている。

共同遺言の準拠法の決定において問題となるのは、その制度の性質の如何についてである。端的には、共同遺言の禁止を遺言の実質に関する問題と考えるべきか、それとも、方式に関する問題と考えるべきか。この点についても、諸国の法は異なっている。例えば、オランダ法では、それをもって方式の点において単独遺言と区別されるべき遺言であると認められており、そこでは、遺言者が遺言の方式の準拠法に従い、適式に共同遺言を行なったときは、相続準拠法上の禁止に拘らず、それは有効と認められることになる。それに対して、相続準拠法上、例えば、共同遺言の禁止を遺言の実質的成立要件としているイタリア法のように、単独遺言のみが遺言による遺産取得の原因とされる場合には、遺言の方式の準拠法に従い、共同遺言が適式に行なわれたとしても、その遺言は有効とは認められないことになる。ドイツ法上においては、従来、共同遺言は実質に関する問題として考えられていたが、近時、それを方式に関する問題とする学説も見られている。わが国際私法上におけるそれについては、実質に関する問題であるとする立場が支配的である。従って、「遺言の方式の準拠法に関する法律」第四条が適用されるのは、相続準拠法により、それが認められた場合に限られることになる。しかし、現行法上、相続準拠法が単一的連結の規則によって選定されるのに対して、「遺言の方式の準拠法に関する法律」第二条における徹底した多元的連結の規則によることができることを考慮すれば、共同遺言を方式の問題と考えることが直ちに共同遺言の有効性を導くことになる蓋然性は高く、従って、遺言保護の観点からは、それを方式に関する問題と見る立場を支持することが、より望ましい結果をもたらすものと考えられる。

因みに、相続人の指定、遺贈、負担などに関する処分を内容とする相続契約も遺言と同様に死因処分であり、又、契約であるため、相手方契約当事者又は第三者との関係において任意に撤回することが許されない点において、それには共同遺言の場合と似た側面を有していることが認められる。しかし、共同遺言が遺言の準拠法によって規律されるのに対して、相続契約は専ら相続準拠法によって支配されるべき法律関係である。

第五節　遺言の検認・執行に関する問題

諸国の法制上、遺言書の保管者又は遺言による指定遺言執行者が、一定の国家機関の検認を受けなければならないことがある。そのため、遺言書の提出義務の有無、検認の要否、検認を欠いた場合の遺言の執行の効力などの諸問題について、その準拠法の如何が問題となる。遺言書の検認の法的性質を証拠保全手続と見て手続地法すなわち法廷地法に依ると考えるべきか、それとも、遺言の執行過程の一部と見て執行の準拠法と同一国法に依ると考えるべきかについては、争いのあるところである。しかも、遺言の検認については、わが国の法律と準拠外国法とが制度上異なる場合には、当該外国法上の制度に相応する国家機関がわが国に存在せず、そのため、わが国において如何なる程度まで外国国家機関の機能を代行することができるかということも問題となる。この問題は、一般的に言えば、準拠外国法と法廷地手続法との適応問題（調整問題）として論じられるものである。

又、遺言の執行に関する諸問題、例えば、遺言執行者の選任の要否、その職務権限、その解任などの諸問題は、遺言の内容を法的に実現するための手段であるから、遺言の内容である法律行為の準拠法に依って判断されるべきであると考えられているが、例えば、遺言の内容が遺贈などのように相続に関する問題であって、しかも、英米法以外の法が相続の準拠法とされたような場合、遺言の中で被相続人が遺言執行者の選任を求めていない限り、裁判所はそれを選任することができないので、わが国においては遺贈の内容を実現する方法がないという事態が生じ兼ねない。又、一国で選任された遺言執行者が複数の国に所在する遺産を実効的に管理することが困難であることも否定できない。そのため、相続の準拠法の選定とは別の観点から、遺言執行者の選任について、遺産所在地法が準拠法とされるべきであるという見解も見られるが、それにも根拠があると言わねばならないであろう。

第六節　遺言の方式の準拠法の適用

遺言の成立を保護するため、遺言の方式の準拠法に関する法律第二条及び第三条において、多数の法からの選択的連結が可能とされていることにより、準拠法選定の次元における遺言保護の理念の存在が明瞭とされているが、それと共に、いま一つの遺言保護の理念は、準拠実質法の適用の次元におけるそれである。すなわち、準拠実質法であるいずれかの国の法において求められている要件についても、それが充足されているか否かの判断において、弾力的に国内法の解釈・適用を行なうことにより、重ねて遺言の成立の保護が図られることとなる。実際に、わが国の判例にもそのような立場を採ったと見られるものが散見される。特に、わが国民法上、遺言者の自署及び捺印が求められているところ、欧米人が長年の習慣としてきた署名のみをもって、それらに代わるとした最高裁判所昭和四九年一二月二四日判決のほか、遺言者が平素専らタイプライターを使用していたことを考慮し、それによる遺言を自筆によるものに匹敵すると認めた判例等、遺言者の終意処分を保護しようとする注目されるべき判例は少なくない。

第二章　国際的裁判管轄権

第一節　総　説

当面の渉外事件についてわが国の裁判所が管轄権を有するか否かが、準拠法の選定に先立って検討されなければならない。すなわち、わが国が法廷地となるためには、それに相当な根拠が存在していることが必要であり、わが国の裁判所がわが国と何らの関連性もない事件を受理し、それを審理することは認められるべきではない。これは、理論的には、一面において各国の司法権行使の機会の適正な配分を、そして、他面において事件当事者によるいずれかの国の裁判所利用の機会の合理的な制限を顧慮するものである。又、それを実践的観点から見れば、端的に、いわゆる法廷地漁りを阻止するためであると言うことができるであろう。法廷地の選択は、同時に、当該法廷地国の法選択規則の適用を意味するものであり、延いては、準拠実質法も自動的に選定され、当面の問題の解決もそれに従うことになることが想定されるからである。そのため、ともすれば、事件の当事者が自己にとってより有利な解決を目論み、それを実現し得ると見られる国の裁判所へ提訴することを誘発しないとも限らない。そこで、そのような混乱を避けるためにも、如何なる事件について、いずれの国の裁判所が管轄すべきかが客観的に合理的な規則として定められることが必要である。

相続事件を含め、財産関係事件の裁判管轄権について、わが国の旧民事訴訟法には、普通裁判籍に関する諸規定（第一条ないし第四条）及び特別裁判籍に関する諸規定（第五条ないし第二一条）が置かれていた。しかし、大方の見方に依れば、それらは、主として国内事件を前提とした規定であり、渉外事件の場合のわが国の国際的裁判管轄権について正面から定めた規定ではないため、その点については、条理により、別個に管轄規則を定立するほかはないと言われて来た。尤も、一部

の見解に依れば、民事訴訟法における土地管轄規定は国内的裁判管轄権と同時に国際的裁判管轄権をも定めているものであるから、そこにいう裁判籍があれば、わが国には国際的裁判管轄権があると言われている。二重機能説と呼ばれるのがそれである。しかし、実際には、これまで、国際的裁判管轄権規則の存在について共通の明確な認識がないまま、判例上の立場が形成され、又、それを巡って学説が論じられて来たと言うことができるであろう。従って、その問題についての実定法上の立場も未だに流動的であると言わざるをえない。このようなことは、平成八年六月二六日法律第一〇九号によって改正され、そして、平成一〇年一月から施行されている民事訴訟法との関連においても同様に言えることである（同法第四条、第五条、第六条参照）。

目下のところ、わが国に国際的裁判管轄権に関する明文規定が存在しないため、条理等により、一応の規則の定立が試みられているのが実情である。それでは、条理に基づき、わが国の実定法上、如何なる場合にわが国裁判所が国際的裁判管轄権を有すると考えられているか。それについて、学説上、設定されている基準は、次のように分類されることが多い。すなわち、逆推知説、管轄配分説、利益衡量説、親類型説がそれらである。これらの学説の中、逆推知説は、民事訴訟法中の土地管轄に関する規定から、わが国裁判所の裁判管轄権を逆に推知すべきとする立場であり、土地管轄規定が国内的及び国際的な管轄規定としての二重の機能を果たしていると見る点において、最も現実的な観点に立った説である。それに対して、管轄配分説は、国際的民事訴訟における当事者の公平、裁判の適正、手続の迅速などの理念から、国際的な規模において裁判権を配分すべきとする極めて合理的な立場であるが、それも又、民事訴訟法の土地管轄規定を基準としており、結局、現行民事訴訟法上の規定を拠り所とすべきとの結論に至らざるをえない。尚、渉外離婚事件の管轄については、最高裁判所昭和三九年三月二五日大法廷判決における判断により、一先ず解決が図られ、それが確立した立場として長く支持されてきた。しかし、近年、渉外離婚事件において最高裁判所による新たな判断が示されるに至ったことを契機として、離婚事件の国際的裁判管轄権に関する論議が一気に再燃している。その背景には、確立したと見られた規則に対する不信の念が潜在していたと見ることも可能であり、そして、それに引火したというのが実情であろう。

第二節　管轄権の決定基準

渉外私法事件の国際裁判管轄権に関し、各国に共通な規則は未だ部分的にしか存在していないため、その多くは、各国が国内法としてそれぞれの規則を有しており、それらの立場は統一されていない。前述のように、わが国にも、それに関する制定法はなく、条理によって一応の規則が定立されている。その際、実定法上の根拠とされている民事訴訟法の裁判籍に関する諸規定は渉外事件を想定したものではなく、純然たる国内事件のためのものであるが、渉外事件の場合には妥当しないというべき積極的な根拠もないという消極的な理由によって、渉外事件のそれが考慮されている。家事事件については、被告の普通裁判籍所在地の裁判所に管轄を認め（改正民事訴訟法第四条第一項）、そして、人の普通裁判籍の決定基準を原則として住所に求め、補則的に、日本国内に住所がないか又は住所が知れざるときは、それを居所に求め、更に、それもないか又はそれが知れざるときは、最後の住所に依ると定められている（同条第二項）。このような国内的管轄権に関する規則に倣って国際的管轄権に関する規則を定立しようとする際、次のような点が問題となる。すなわち、第一に、国籍が住所と共に管轄権の決定基準たりうるかという問題であり、第二に、住所を管轄権の基準とするとしても、常に被告のそれを基準とすることが妥当であると言えるかという問題である。各個の家事事件の管轄権について述べる前に、それらの問題点について若干論及しておきたい。

まず、国籍の適格性については、諸外国の立法・学説にはそれを認めるものがあるが、わが国の判例・通説はそれを否定している。日常の私法的生活関係とは必ずしも密着性を有するとは言えない国籍を管轄権の基準とすることは、民事訴訟における理念である裁判の公平、訴訟の能率・経済に沿うものではないと考えられるからである。このことは、国際私法における国籍に対する評価と国際民事訴訟法におけるそれとが同一のものではないことを意味している。これに対して、国籍をも管轄権の基準とすべきことが根強く主張されている。その理由とされる国家の国民に対する対人主権、更に、当事者のそ

の本国裁判所による裁判に対する信頼は観念的であるが、現に身分事件が戸籍の訂正に直結することや住所のみを基準としたのでは跛行的身分関係を有する在外日本人の保護に欠けることになる場合もある。従って、住所を原則的基準としながら、国籍を例外的基準とすることを考慮する余地も残しておくべきであると主張される所以である。

次に、被告の住所を基準とすることをもって当事者の公平とする判例・通説に対して、身分法関係においては、財産法関係と異なり、原被告の平等という観点から、いずれの住所地国にも管轄権を認めるべきとする主張があり、最近においては、寧ろ、原告の利益を優先すべきとする見解が少なくない。確かに、新たな身分形成を希求する原告を保護すべきとの主張には一理ある。それならば、一律に原告の住所を基準とするべきではなく、原告が、その者の住所、被告の住所、更に、例えば、最後の婚姻住所のように、当事者に密接な関係を有する地の中から裁判籍を選択することが許されても良いであろう。前述のように、いずれの国を法廷地とするかの決定は直ちに実質的解決の如何に結び付くものであり、当事者の保護の実現は、訴訟の便宜性におけるよりも、実質的解決が如何に行なわれるかということにこそ懸かっている。

第三節　離婚事件(婚姻関係事件)

第一款　概　説

人事訴訟手続法において、婚姻事件の国内的裁判管轄権としては、婚姻無効の訴、婚姻取消の訴、離婚の訴、離婚取消の訴が一括して定められている(同法第一条)。一般に、国際的裁判管轄権についても同様に、それらは区別されることなく、全てが婚姻関係の消滅として捉えられ、そして、実際には、より件数の多い離婚事件に関する管轄規則について論じられるに止まっている。これに対して、婚姻の成立の問題と婚姻の解消の問題とを区別し、管轄権の基準も別個に考慮すべきとする見解も散見される。

従前、離婚事件の国際的裁判管轄権については、判例・学説は分かれていたが、最高裁判所昭和三九年三月二五日大法廷判決によって示された立場をもって、判例法上、一応の決着が得られている。すなわち、それによれば、被告の住所がわが国にあることを原則とするが、原告が遺棄された場合、被告が行方不明である場合、その他これに準ずる場合には、原告の住所がわが国にあるとき、わが国裁判所の管轄権を認めても良いとされている。学説の多くもこの立場を概ね妥当としている。しかし、例外的に原告の住所を基準として、わが国裁判所の管轄権を肯定する場合の実際的な認定や住所の概念の決定の如何については、未だ論議が尽くされていないのが現状である。これらの点については、離婚保護の思想の下に、新たな身分法関係の創設を希求する原告から、その機会を不当に奪い去ることがないように配慮すべきと考えられるようになり、学説上、被告の住所主義に対して、人事訴訟手続法第一条第一項の類推等を実定法上の根拠として原告の住所主義が主張されるなど、昭和三九年の規則が必ずしも一致した支持が得られなくなっていたところ、最高裁判所平成八年六月二四日第二小法廷判決により、原告の住所を管轄原因として、わが国裁判所の管轄権を肯定する判断が下された。わが国に離婚請求訴訟を提起する以外に方法がないというのがその理由である。そこで、同判決をもって最高裁判所が判決を変更したと見るべきかが論じられ、離婚事件の国際的裁判管轄権に関する論議が再燃するに至っている。従来の規則を支持する立場からは、当該事件は、被告の住所主義の原則に対する例外として挙げられている「その他これに準ずる場合」に該当する場合であり、従来の規則の適用をもって対処できたとされている。しかしながら、同判決は、それが昭和三九年の規則に依拠していないことを明言しており、寧ろ、「当事者間の公平や裁判の適正・迅速の理念により条理に従って」、いわゆる緊急管轄を認めたものであるとする見解が少なくない。他方、端的に原告の住所主義が原則として採られたと見ることも困難であり、同判決が小法廷判決であることも相俟って、先例としての意義はさほど大きくないという評価も存在している。しかし、その後、同判決が判示した基準に則り、原告の住所が存在するわが国の管轄を肯定する下級審判決（東京地裁平成一一年一一月四日判決）も出ており、先例としての影響力を全く否定することはできないであろう。

第二款　わが国における判例の展開

渉外離婚事件に関する管轄規則について、最高裁判所が初めてその見解を示し、画期的な役割を果したのが前出最高裁判所昭和三九年三月二五日大法廷判決であるが、同判決は、渉外民事事件に関する管轄規則に論及した判例としても最初の最高裁判所判決であり、以後、長きに亘り、渉外離婚事件のみならず、渉外身分事件全般に亘る支配的な管轄規則として拠り所とされて来た。被告住所原則の例外とされる「原告が遺棄された場合」、「被告が行方不明の場合」、「その他これに準ずる場合」の中、「原告が遺棄された場合」及び「被告が行方不明の場合」については、管轄原因における「遺棄」の概念を巡り、離婚原因としてのそれとは区別されるべきであるとか、又、「行方不明」の期間を巡り、その確定が困難であるが、一応の基準は提示されている。それに対して、「その他これに準ずる場合」については必ずしも明確ではないが、被告による応訴や被告の国外追放（昭和三五年の法例改正要綱試案（婚姻の部の第十五甲案）のほか、被告の住所地の法制上、離婚できない場合などが挙げられている。因みに、同判決における立場は、その直後の最高裁昭和三九年四月九日第一小法廷判決においても確認されている。それをもって、一応の決着が得られたという認識もある一方、依然として法的安定性に欠ける状況が続いており、決して決着していないという見方も有力である。

再び、渉外離婚事件の国際的裁判管轄権について判示した最高裁判所判決として注目された最高裁判所平成八年六月二四日第二小法廷判決について言えば、昭和三九年大法廷判決と同じく原告の住所を管轄原因としたものであるが、昭和三九年判決の規則を一般的には肯定しながら、「事案を異にする」という理由をもって、その規則には拠らないことを明言し、その規則の通用を斥け、条理をもってわが国裁判所の管轄を認めている。原告にとって、「我が国に離婚請求訴訟を提起する以外に方法はない」からというのがその理由であり、前記のように、これはいわゆる緊急管轄を認めたものであると言われている。しかし、本件事案の場合、救済の緊急性が法的安定性等の全体的事情を凌ぐべきケースであったかについては疑問も呈されている。又、本判決については、法的安定性の確保のために一定の規則の定立を試みようとしたものではなく、事

案の密接関連性や当事者間の公平などの様々な要素を総合衡量して、具体的妥当性を確保しようとする立場として位置付ける見解もある。かくして、本判決が一般的管轄基準について触れておらず、又、射程の狭い具体的判断との関連に止まっているため、先例の意義は小さいと見る見解が少なくない。そのような見方からすれば、昭和三九年大法廷判決の規則が今後も依然として依拠されることになるが、その後の最高裁判所平成八年判決及び東京地方裁判所平成一一年判決の両判決の姿勢については、財産関係事件の判断枠組との整合性を意識する近時の下級審判決の流れに沿うものであるとする見解も一部にはある。

第三款　わが国における学説の現状

前出最高裁判所昭和三九年三月二五日大法廷判決が採用した被告住所原則の立場の特質としては、次の三つの点を指摘することができる。すなわち、第一に、住所を管轄の基準としている点であり、第二に、被告の利益をより優先している点であり、そして、第三に、その例外を認めている点である。しかし、これらの点については、次に言及する通り、学説上、そのいずれについても異論が唱えられて来たところである。まず、国籍を管轄の基準として主張する学説について言えば、それとして、（一）夫婦のいずれの国籍にも管轄を認める説、（二）訴訟における被告の国籍にのみ管轄を認める説、（三）夫の国籍にのみ管轄を認める説の三説がある。今日の多数説が（一）の見解を採るものであるという指摘が見られるが、判例上、当事者が日本人であると同時に日本に住所を有しているのが通例であることから、国籍のみをもって基準とする説を全面的に支持する実益は乏しい。

次に、住所が異なる夫婦の場合に、当事者の中、被告の住所のみを基準とはしない学説が見られる。それとして、夫婦のいずれの住所にも管轄を認める説、及び、婚姻住所に管轄を認める説が挙げられる。その根拠は夫婦間の両性平等の理念である。又、訴訟における一般理念として当事者間の公平という観点に立ち、原告の立場にも配慮すべきであるとする見解のほか、離婚訴訟の特性に着目し、職権探知主義が採用されていること、及び、破綻した婚姻からの原告の開放という救済主

義の下においては、被告の防御が余り重要ではないことから、原被告いずれの住所にも裁判権を認めるべきとして、被告住所の原則に異を唱える見解がある。それらの見解に対して、被告住所の原則に拠りながら、被告の現在の住所がわが国に存在しない場合、当事者にとって過去（最後）の住所（すなわち婚姻住所）が訴訟事件と密接な牽連性を有する地であったとして、それに裁判管轄の決定基準を求めるという見解もある。尚、夫婦にとっての最後の住所地（婚姻住所地）の管轄の妥当性は、裁判所の職責を最も有効に果たしうるという理由をもって、早くから主張されて来たところである。しかし、被告住所原則に対する例外の設定についても、必ずしも見解の一致は見られていない。

第四款　新たな規則の定立の動向

以下のように、積極的に新たな規則の定立を唱える見解が少なくない。まず、一九六八年の「離婚及び別居の承認に関するハーグ条約」（一九七〇年六月一日署名、一九七五年八月二四日発効）である。同条約第二条における外国判決の承認の基準は間接的裁判管轄権に関する規則ではあるが、わが国の直接的裁判管轄権の規則の考慮に際して参考とされるべきであるとの主張がある。同条の立場は、相手方（被告）の常居所（住所）、一定の条件の下における申立人（原告）の常居所（住所）、夫婦の双方（原告及び被告）の共通国籍、一定の条件の下における申立人（原告）の国籍を基準とするものであり、常居所（住所）を主たる基準としながら、国籍をも採用している。一定の条件として求められているのは、やはり、共通常居所（住所）ないし一定期間に亘る常居所（住所）である。

次に、昭和五一年改正の人事訴訟手続法第一条第一項である。通常の民事訴訟に対する離婚訴訟の特殊性という観点から、被告の住所主義を排し、婚姻住所地の管轄を原則とすべきとする立場に立ち、それを国際的裁判管轄権についても類推するとし、その実定法上の根拠とするのが同項である。同項は、本来、国内管轄の規則であるが、国際管轄の考慮の際にも、必要な変更を加えて参考とされるべきとされている。因みに、同条が基準としているのは、まず、夫婦の共通住所、そして、夫又は妻が住所を有する最後の共通住所、さもなければ、夫又は妻の普通裁判籍である。その趣旨は、証拠の集中という観

点から、夫婦（原告及び被告）の共通住所、すなわち、婚姻住所に基準の重点を求め、又、経済的に困難な状態にある当事者に離婚訴訟を可能ならしめることをも含めて、当事者の便宜という観点から、夫又は妻（原告又は被告）の住所に管轄を認めることとされている。その一方、原告の住所に管轄を認めるためには、原告がわが国への定着性を有することが必要であるとして、安易な原告の住所主義が法廷地漁りを助長し兼ねない危険性も指摘されている。

更に、いわゆるマレーシア航空事件判決、すなわち、最高裁判所昭和五六年一〇月一六日第二小法廷判決等、財産関係事件の国際的裁判管轄権に関する判例の顕著な展開との対比において、被告主義という単一の規則への固執とその例外的処理という手法に対して疑念が抱かれている。因みに、前出最高裁判所平成八年第二小法廷判決も、当事者の公平、裁判の適正・迅速を期するという条理に従い、民事訴訟法の規定する裁判籍のいずれかがわが国内にあるときは、わが国に国際的裁判管轄権があるとするのが条理に適うとする立場を採るものであるが、そのような立場は、その後、東京地方裁判所昭和五九年三月二七日判決（いわゆる航空自衛隊ヘリコプター事件判決）、及び、東京地方裁判所昭和六一年六月二〇日中間判決（いわゆる遠東航空事件判決）により、「特段の事情のある場合」には右の基準に拠らないとして補足されている。

第五款　判例及び学説の検討

以上におけるように、判例理論の中心となっているのは最高裁判所の昭和三九年大法廷判決及び平成八年第二小法廷判決である。両者の関係については、前者において示された規則上の理論が、後者により、その規則の基本的な枠内において精緻化が図られたに過ぎないと見るべきか、それとも変更されたと見るべきかが問題とされた。それについて、学説上の見解は二分されている。例えば、前者の立場から、ある見解によれば、第二小法廷判決は、被告住所原則の例外として原告住所に管轄を認める際に、原告の権利保護の利益にも配慮する必要性を説くものであり、大法廷判決において示された規則と格別に異なる原則に立つものではない。それに対して、後者の立場からの見解によれば、第二小法廷判決は、被告住所地のほか、原告住所地等の要素から認められる日本との関連性、応訴を余儀なくされる被告の不利益、及び、離婚を求める原告の

権利保護等、様々な要素を総合衡量して国際裁判管轄の有無を判断するという新しい枠組を示している。そして、後者の立場について付言すれば、同判決が、当事者間の公平や裁判の適正・迅速の理念により、条理に従って決定するとして、財産関係事件と同様の判断枠組の採用を明言している点において、マレーシア航空事件判決の影響を看取することができるという指摘もある。

一方、現在の学説の対立について大雑把に言えば、被告住所と原告住所の使い分けの規則をもって足ると考える立場と、その規則を放棄すべきとする立場との対立である。後者は又、法的安定性を顧慮しながらも、それら以外の要素、すなわち、端的には婚姻住所を重視した上で一定の規則の定立を図ろうとする立場と、具体的妥当性の確保を目して、様々な要素を考慮しようとする立場に分けることができる。それらの立場の理論的な拠り所とされたのが、一方において人事訴訟法であり、又、他方においてマレーシア航空事件判決であったと言うことができるであろう。しばしば対比されてきた大法廷判決と第二小法廷判決との相違も又、前者が、それに先立つ混沌とした状況に直面し、ともかくも解決の規則を提示することによって法的安定性をもたらしたのに対して、後者は、具体的妥当性の確保を重視しようとした立場である。両者はその本質において必ずしも矛盾するものではなく、共存することも可能であると考えるならば、差し詰め、大法廷判決における「被告住所の原則」、及び、マレーシア航空事件判決における「当事者間の公平や裁判の適正・迅速の基準」は、法的安定性の確保に寄与するものであり、又、大法廷判決における「その他これに準ずる場合」ないし例外的な原告住所の基準、及び、マレーシア航空事件判決における「特段の事情」の考慮は、具体的妥当性の確保に寄与するものであると考えられる。第二小法廷判決は、マレーシア航空事件判決後における下級審裁判例が「特段の事情」があれば結論を修正する余地を認めて来たことを受けて、最高裁判所として、より一般的な形で判断枠組に組み込んだと見られる。しかし、それらの諸判決の一方における原則は、「被告の住所」のみを基準としている点において単一的・固定的であり、又、他方における「当事者間の公平、裁判の適正・迅速、事案との関連性」という基準は、観念的・抽象的に過ぎると評すべきであろう。従って、婚姻住所若しくは過去の婚姻住所の基準の提唱は、正にその折衷的な立場であると見ることができる。大法廷判決の規則が、先例として

かなり長期に亘り定着して来たことから、その現行法的妥当性を全面的に否定し、解釈論としてそれと異なる規則を説くべきではなく、婚姻関係との場所的関連を考慮しつつ、大法廷の規則の漸次的明確化を図るのが妥当であるとする主張が見られるが、その意味するところも、結局、第二小法廷判決への歩み寄りの姿勢を示しているように思われる。

又、別個の観点からは、離婚訴訟の特性に着目し、それを強調することにより、管轄の基準としてもそれを反映させるべきか否かという問題が残されている。例えば、当事者間の公平、職権探知による証拠収集の便宜、応訴を余儀なくされる被告の不利益の顧慮等は、訴訟一般について言えることであり、特に離婚訴訟に固有なことではない。それに対して、離婚を求める原告の権利保護という観点は正しく離婚訴訟の特性に着目したものであり、しかも、離婚法における破綻主義が益々有力になっている今日においては、最も優先されるべき観点であるとさえ言うことができるであろう。又、それが訴訟法の次元において必然的に示唆するものは原則としての原告の住所主義にほかならない。しかし、原告の権利保護を更に徹底させようとするならば、それは原告自身による管轄の選択によってこそ実現できるものである。そうであるとするならば、原告の住所の他、過去の婚姻住所、被告の住所、そして、恐らくは、原告の国籍国等、一定の範囲の管轄基準からの原告による選択という立場を認める余地も出て来るであろう。

第六款　離婚との関連問題の管轄権

離婚事件の管轄基準について、婚姻住所を中心として、原告の選択により、原告の住所、又、時には、被告の住所にそれを認めることも妥当ではないかという一先ずの結論に到達することとなった。しかし、全ての離婚訴訟について押し並べてそのような規則を適用することの妥当性については疑問の残るところである。蓋し、実際の離婚訴訟において、離婚という身分形成のみが請求される場合は寧ろ少数であり、多くの場合、離婚請求に止まらず、それに付随した何らかの付帯請求が同時に行なわれるのが通例であるからである。そのような場合として最も多いのが、離婚後における未成年者の親権者の指定の申立てであり、又、離婚に伴う何らかの財産給付の請求である。これまで、離婚事件の国際的裁判管轄権に関して活発

な論議が繰り返されて来たが、その殆どが離婚請求のみを想定した論議であったように思われる。果たして、離婚請求と共にその他の請求も併せて行なわれた場合には、当該訴訟の管轄は従属管轄として離婚請求のそれに準じて考えても良いものであろうか。先例には、付随的請求の管轄についても、離婚そのものの請求の管轄に付随するものとして、結局、離婚請求の管轄に従属させているものが少なくない。しかし、いずれの付随的な請求も、それが離婚請求とは別個に独立して行なわれたならば、その管轄については独自の配慮が必要とされるべきものである。例えば、親権者の指定について子の常居所を基準とし、また、離婚後扶養について扶養権利者の常居所を基準とすることが考えられる。従って、これまでの判例及び学説については、いま一度、別の側面から根本的に検討し直すことも必要ではないかと思われる。

上述のような観点からの指摘が既にいくつか見られている。例えば、前出最高裁判所第二小法廷判決における判断を巡り、そこにおける真の問題は離婚ではなく、子を巡る問題であり、親権者指定は子の福祉を考えてなされるべきものであるから、婚姻当事者の利害を考慮して決定されるべき離婚の管轄と必ずしも一致するものではなく、原則として子の常居所地国に管轄を認めるべきとする見解があるほか、わが国に緊急管轄を認める場合、争いの実質的な焦点ともいうべき親権者指定や離婚給付等の離婚に付随する問題に関しては、国際的に不均衡な法的状態を生じる可能性が高いという見解も見られる。そうすると、一体、これまでの原被告の住所や婚姻住所の基準の是非に関する論議は何であったのか。

離婚請求に限られた訴訟の場合には、上述の論議が妥当することは言うまでもない。それに対して、親権者の指定が併せて求められているときは、夫婦の住所ではなく、子の住所等、子に関連する要素への配慮を欠くべきではないであろう。いみじくも、前出東京地方裁判所平成一一年判決はその点について強く意識するものであった。又、何らかの財産給付請求が併せて求められているときはどうか。これについては、次のように考えることができるであろう。一般に、離婚に伴う財産給付として挙げられるのは、夫婦財産の清算（財産分与の請求）、慰謝料の請求、離婚後扶養の請求の三つの場合である。これらはいずれも財産的側面が強い問題であって、被告の住所を原則的に基準としなければならない性質を有する法律関係と言うべきものである。まず、夫婦財産の清算（財産分与の請求）について言えば、それは夫婦共有財産についての分離請

求であって、財産関係事件における一般規則が妥当すると言うことができるであろう。又、慰謝料の請求については、それが離婚原因から派生するものであるとしても、有責性の存在について、被告の防御に配慮する必要があり、従って、これについても被告の住所が管轄の決定のための重要な要素となるであろう。それに対して、離婚後扶養の請求については、需要と供給の均衡を考慮すれば、被告の住所も重要ではあるが、扶養権利者の保護の理念に徹すれば、経済的弱者である扶養権利者のため、原告の住所（常居所）に重点を置いた迅速な手続が執られるべきであり、そうすると、前述のように、原告の住所（常居所）が被告のそれに優先することとなる。結局、それらはいずれも異なる理念の下に解決されるべき問題であり、それらの請求が離婚請求と併せて行なわれた場合に、離婚請求の管轄に服せしめることが不都合な場合も少なからず出て来るであろう。

第四節　親子関係事件

人事訴訟手続法においては、親子関係事件として、子の否認の訴、認知の訴、認知無効の訴、認知取消の訴及び父を定める訴が挙げられている（同法第二七条）。これらの親子関係事件の国際的裁判管轄権については、基本的には、離婚事件のそれについて確立されている立場が妥当すると言われている。但し、親子関係の特性から、近時、子の保護の思想の普遍化に伴い、子の住所（常居所）のある地の管轄権を優先的に顧慮しようとする傾向が顕著になっており、また、従来より唱えられて来たことであるが、親子関係の存否確認が戸籍訂正と結び付いていることから、戸籍を管掌している国に管轄権を認めるべきとする主張も見られる。

問題となるのは、父母の離婚の際の親権者の指定の国際的裁判管轄権である。それを離婚の付随的効果であると理解する立場からは、離婚の裁判管轄権を有する裁判所が付随的管轄権をも有すると考えることもできた。しかし、平成元年における法例の改正の後、改正法例第二一条が子を中心として準拠法の選定を考慮する立場を採っていることから、親権者の指定

の問題は常に同条に拠るべき別個・独立の問題であるとする立場がより有力となっており、離婚の裁判管轄権について行なわれている規則は、専ら夫婦間の問題についてのみ妥当すると考えることができる。但し、子の住所（常居所）が所在する国の裁判管轄権を優先的に認めることが結果的に子の利益の保護にならないような場合には、父若しくは母の住所地又は父母の婚姻住所が所在した地の裁判管轄権を認めるべきであると思われる。それが離婚の裁判管轄権に復帰すべきとする趣旨によるものでないことは述べるまでもない。尚、離婚後の親権者の変更の裁判管轄権について、子の住所（常居所）を基準に決定すべきことに異論はないであろう。

子に対する親権・監護権に関連する問題として離婚後の元夫婦間における子の奪い合いないし奪い去り事件の国際的裁判管轄権が問題とされる場合がある。わが国において、この種の事件は人身保護請求事件として人身保護法の下における解決が行なわれたが、一部の学説においては、同法は手続法ではなく、実体法としての側面もあるとして、同法を準拠法として選定すべきか否かの判断を行なうためのわが国裁判所の管轄権の有無を検討すべき余地があると主張された。その父母の間の親権・監護権の所在をめぐる争訟は、実体法上の解決をもたらすものとして、その限りにおいて、わが国の裁判所の裁判管轄権について論議することの意義は認められるが、それに基づいて派生する二次的な請求権の有無の審理は、子がわが国に存在していない場合には、わが国裁判所が判断することは無意味であろう。やはり、そのような場合には、子が現実に生活している地の裁判所が実効的な解決をなしうるものとして、その管轄権が優先されるべきであると思われる。

第五節　養子縁組事件

人事訴訟手続法においては、養子縁組事件として、縁組無効の訴、縁組取消の訴、離縁の訴及び離縁取消の訴が挙げられている（同法第二四条）。これらの養子縁組事件の国際的裁判管轄権については、親子関係事件のそれと同様に考えることができる。すなわち、離婚事件の国際的裁判管轄権に関して確立された判例法理を基本的には踏襲しつつも、できるだけ養

子の保護を顧慮して、わが国裁判所の裁判管轄権の有無を柔軟に判断すべきである。

普通養子縁組事件に比して、より際立った対立を呈しているのが特別養子縁組事件の国際的裁判管轄権に関する学説上の諸見解である。その論点を要約すれば、凡そ次のようになるであろう。すなわち、特別養子縁組の制度が実親子関係を戸籍上からも抹消する重大な身分関係を創設するものであるため、普通養子縁組よりも一層慎重な配慮が必要とされ、縁組に先立つ試験養育を通じて事前調査を行なう養親の側の事情の重大さを顧慮し、養親の住所を管轄権の基準とすべきとする立場に対して、そのような縁組であればこそ、より一層、子の保護に欠けることがないよう、養子の住所（常居所）が所在する国の裁判所の裁判管轄権を重視すべきとする立場が対峙している。尚、国内的裁判管轄権については、家事審判規則第六四条の三が養親となるべき者の住所地に管轄権を認めているが、国際的裁判管轄権についてもそれに拘束されるべき法的根拠はなく、従って、それは必ずしも前者の立場の論拠とはなり得ないものである。結局、この問題についても、具体的事情を良く見極め、わが国裁判所の裁判管轄権を肯定することが養子の保護になるか否かを考慮した上で判断すべきであろう。特別養子縁組離縁事件の国際的裁判管轄権についても基本的に上述のように考えることができるように思われる。

第六節　扶養関係事件

広義における扶養関係事件の中には、子の親に対する扶養請求、親族間の扶養請求、夫婦間の婚姻中又は離婚後の扶養請求、婚姻費用の分担請求、子の養育費用の分担請求などが含まれることとなるが、本来、扶養とは、要扶養者（扶養権利者）がその者と一定の身分関係にある者に対し、生活の保持・扶助として求める私的な経済的給付であって、当事者間の費用分担における公平を図ることを目的とするものではない。従って、当事者間に経済力の格差が存在することが扶養関係を生ぜしめる前提条件であると言うことができる。そこで、扶養関係事件の国際的裁判管轄権の基準の決定においても、そのことを顧慮し、弱者である扶養権利者の利益の保護が考慮されなければならない。

離婚事件の国際的裁判管轄権に関して確立されている被告住所の原則と、それに対する例外としての原告住所という管轄規則は、当事者が一応対等な関係にある場合には妥当するが、そうでない場合、すなわち、扶養関係事件の場合には妥当しないと言うべきであろう。従って、例外的管轄を認めるための特別な事情の有無を問うことなく、原告である扶養権利者の住所（常居所）がわが国にあれば、わが国の管轄権を認めるべきであるという見解が少なくない。弱者の生活の本拠地における裁判管轄権を認めることは、その者に加重な経済的負担を掛けることなく、しかも、監督官公庁による迅速で木目細かな対処が期待できるというのが、この立場の論拠である。

第七節　後見事件

後見事件の国際的裁判管轄権の決定の基準については、後見人と被後見人との間に必然的な利害の対立が存在しないため、弱者保護の観点から、被後見人の生活の本拠である住所（常居所）を原則とすることには異論はないと言って良いであろう。蓋し、後見について裁判所やその他の国家機関の関与が必要となることが格別に多く、又、被後見人の居住地における利害関係も顧慮しなければならないからである。これに対して、通則法第三五条が後見について被後見人の本国法に依るべきと定めていることから、原則として被後見人の本国に国際的裁判管轄権を認めるべきであるとする並行理論に基づく主張がなされる余地がある。しかし、少なくとも後見に関する限り、それを被後見人の本国法によって規律しようとする連結規則がそもそも再検討されるべき問題であり、それと並行させることは妥当とは言えない。迅速かつ木目細かな事務の処理を可能とする属地的後見は被後見人の住所（常居所）を基準とすることによってのみ達成され得るものである。但し、被後見人の財産がわが国に所在する場合には、被後見人本人がわが国に居住していないときであっても、その管理やそれをめぐる法律関係に限り、わが国裁判所が管轄権を有すると見て良いであろう。以上については、未成年後見の場合と成年後見の場合とに区別する必要はないであろう。尚、保佐及び補助の国際的裁判管轄権についても、上述したところが当てはまる。

第八節　相続事件

相続事件に関する国際的裁判管轄権の有無についても、民事訴訟法を参考にして、条理によって判断しなければならない。それとして、まず、原則的には、被相続人の死亡当時の住所（常居所）が所在する国が管轄権を有すると解される（同第五条第一四号参照）。又、例外的には、被相続人が住所（常居所）を有していなかったとしても、遺産が所在するときは、当該遺産に関する限り、その所在地国に管轄権があると解される（同第一五号参照）。

問題となるのは、遺産である不動産が外国に所在する場合であって、その所在地国がそれについて専属的管轄権を有するとの立場を採っている場合である。このような場合においては、現実主義の立場からは、わが国裁判所による裁判が遺産所在地国において承認・執行されることはなく、その裁判は実効性に欠けることとなるため、わが国裁判所の管轄権は否定されることとなる。しかし、遺産を動産と不動産とに区別することなく統一的に規律しようとするのがわが国国際私法の立場であるとするならば、外国に所在する不動産の相続についても、わが国裁判所は一先ず管轄権を有すると言わざるを得ないであろう。これは、身分法的側面と財産法的側面を有する法律関係に汎く見られる課題の一つである。

第九節　遺言関係事件

実務上、遺言関係事件として問題となるのは、主に、英米法系の国の国民がわが国において遺言を遺して死亡した場合において、その遺言の検認及びその遺言執行者の選任や権限に関する問題である。これは、相続について、わが国が承継主義を採っているのに対して、英米法系の諸国が清算主義を採っていることに由来している。すなわち、遺言の検認は、わが国においては偽造や変造を防ぐための検証手続であって、遺言内容の有効性とは無関係であるのに対して、英米法系の諸国に

おいては、それは実体法上の効果を伴うものであって、それにより清算手続が開始し、遺言執行者が有効な執行行為を行なうための要件となるものである。又、わが国においては、英米法系の諸国と異なり、それらの国々に見られるように、遺産について包括的な権限を有する遺言執行者が法制度として存在していない。しかし、わが国においても適応や修正によって英米法上の清算手続を可及的に遂行すべきであるとの認識が支配しているため、これらの問題についても、わが国裁判所の管轄権の基準が検討されなければならないこととなる。

遺言が被相続人の終意処分であることから、並行理論の立場に立てば、相続準拠法所属国に管轄権を認めるべきこととなる。しかし、管轄権の有無は相続の準拠法とは別個に決定されるべきとする立場が支配的であり、遺言者の死亡当時の住所（常居所）か、又は、遺産所在地がわが国に所在するときには、わが国裁判所が管轄権を有するものと解することに異論はないであろう。そのいずれの地も遺言の成立・内容について重大な利害関係を有することから、その中のいずれかを基準とすることをもって足りる。尚、遺言書の所在地は、それが遺言者の最後の住所（常居所）と一致する場合が多いと考えられるので、特にそれに基づくことが必要な場合においてのみ管轄原因として認められても良いと思われる。

第二三章　外国裁判の承認

第一節　外国判決の承認及び執行の意義

外国判決の効力をそのままわが国においても肯定しなければならないという法的拘束性は、そのための国際条約が締結されていない限り、本来、存在しないと言うことができるであろう。しかし、実際には、一定の要件の下に外国判決を承認するということが諸国において行なわれている。これは、国際協調の要請をもって説明されることもあるが、寧ろ、同一の当事者間における同一の事実関係に基づく法律問題について、それがいずれかの国の裁判所において既に判断され、そして、確定している場合には、繰り返して判断することの不経済・不公平や跛行的法律関係（身分関係）の発生を避けることが現実的な理由であると考えられる。

一口に外国判決と言われるものとしては給付判決及び形成判決がある。前者の承認は、わが国における執行を予定するものであるが、執行機関が外国判決について審理することは適当でないと考えられているわが国においては、裁判所が一定の要件を充足したものに執行判決を言い渡さなければならない。その判断の際の審理要件、すなわち、外国判決の承認要件について定めているのが民事訴訟法第一一八条である。これに対して、後者の承認には、それが外国判決をもって同国内において既に確定したときは、実体法上の効果を生じており、わが国におけるその承認によって何らかの執行を必要とするものではない。従って、外国形成判決の承認のために特別な手続を経る必要はないと考えられるが、同条の適用を主張する学説も多く、又、それについても、同条各号の全面適用、部分適用の立場に分かれているほか、他の承認要件の要否についても見解が分かれている。

第二節　民事訴訟法第一一八条の概要

民事訴訟法第一一八条は、外国裁判所の確定判決は、次の四つの要件を具備する場合に限り、わが国において効力を有すると定めている。

まず、第一の要件は、わが国の法令又はわが国が締結した条約により、外国裁判所の裁判権が否認されていないことである（同条第一号）。ここにおける裁判権は間接的裁判管轄権と言われるものであって、わが国の裁判所が事件を受理する際、わが国が裁判権を有するか否かを巡って論じられる場合の直接的裁判管轄権とは観念的に異なるものである。しかし、判例・学説においては、両者を同一の原則によって規律すべきと考えられて来た。しかし、最近では、準拠法選定のための管轄権と外国判決承認のためのそれとの機能の相違という論理的根拠、そして、外国判決によって形成された法律関係（身分関係）の国境を越えた効力の可及的な尊重という実践的根拠から、必ずしも同一に厳格に考える必要はないとする立場が有力になっているが、それは妥当な立場であると思われる。尤も、不当に拡大された原因に基づく管轄権が行使されている場合には、同条第一号の要件を具備していないと言わざるをえない。例えば、極く短期の滞在をもって管轄の基礎としたネバダ離婚のような場合である。尚、間接的裁判管轄権を直接的裁判管轄権とは別のものとして考えるとしても、それぞれの明確な基準を設定することが今後の課題として残されている。

第二の要件は、敗訴の被告が日本人であった場合には、訴訟の開始に必要な呼出若しくは命令の送達が公示送達によるものでなかったこと、又は、その者が応訴したことである（同条第二号）。これは、被告に防禦の機会が保障されていたかを問うものである。問題となるのは、被告が日本に居住していた場合である。このような場合には、被告に対しては、わが国における民事訴訟と同等の手続的保障が求められて然るべきであるところ、日本法上の有効な送達が行なわれていなかったり、日本語による訳文が添付されていなかった場合には、同条第二号の要件が具備されていないと考えられる。尚、敗訴の

被告が外国人であった場合にも、適正な手続の要請は避けられるべきではなく、本号から、それを要件として導き出しえないとしても、次に述べる要件として考慮しうる余地があると思われる。

第三の要件は、外国判決の内容及び訴訟手続がわが国の公序良俗に反していないことである（同条第三号）。そこにおける公序良俗の概念については、多くの学説は、通則法第四二条におけるそれと同様であるとしている。すなわち、それは国際私法上の公序であり、民法上のそれよりも狭く考えるべきものである。そして、それを国内公序、国際公序のいずれの立場から構成すべきかという問題が存することはここにおいても同様である。しかし、わが国裁判所が実質審理を行なう場合と、いずれかの外国において既に審理された結果について形式審査する場合とは、自ら、公序則の発動の基準にも差異が存在すると言うべきであろう。すなわち、外国判決の承認の際における公序概念は、外国判決の内容に対して、より寛大な立場から構成されるべきであると思われる。因みに、わが国の公序良俗に反するか否かの審査は、判決の主文のみならず、理由中に記載された基礎事実にも及ぶと考えるべきであると思われる。蓋し、主文のみの審査によって外国判決の公序違反を判断した場合には、本号が活用される余地は乏しく、実質的にわが国際私法上の公序良俗に反するような判決であっても承認せざるをえないこととなるからである。

尚、第二号における手続的保障の要件が極く限定的な内容になっているため、その不足を補うために本号を積極的に活用しようとする立場が多くの学説に支持されており、それとして、例えば、詐欺的手段によって取得された判決や除斥・忌避の原因がある裁判官による判決などの場合が挙げられている。しかし、これらの判決については、わが国における民事訴訟と同等の手続的保障が行なわれていないことになるから、当然に承認を拒否することができるようにも思われるが、本号の適用範囲を拡大することにより、法的に根拠付けることができることとなる。

最後に、相互の保証があることである（同条第四号）。これは、わが国における承認が問題となる判決を下した裁判所が属する国においても、わが国において行なわれると同様に、わが国の判決を承認するということである。その際、わが国の判決が承認されることに途が開かれているということに止まらず、承認の要件についても、わが国が定めているよりも厳格

なものであってはならないと考えられている。尤も、承認の要件の厳密な比較は必ずしも容易なことではない。そこで、可及的に相互の保証があると見ることが外国判決承認の制度の本来的趣旨に沿うものであることに鑑みて、承認の要件の重要な点において外国におけるそれとわが国におけるそれとが同様であれば、それをもって足りるとする考え方が支配的になって来ているようである。尚、外国判決の内容について、そこにおける事実認定や法令の解釈・適用が自国法の立場から見て正当であったか否かなどの実質的な審査を行なわないことが諸国に見られる傾向となっている。わが国においても、形成判決の承認に関連して一部の学説による反対もあるが、多数説は諸国の動向に従っている。

最後に、民事訴訟法第一一八条とは必ずしも関連するものではないが、外国判決が既に確定している内国判決と矛盾する内容であった場合について、付言しておきたい。このような場合には、外国判決が承認の要件を具備していても、内国判決が優先すると考えられる。これに対して、内国判決が確定していないときは、外国判決はそれが確定判決である限り、内国判決に優先すると考えられる。暗雲に内国判決を優先させることは、外国判決を可及的に承認する立場をとるわが国の法制を無意味なものとすると言わねばならない。内国確定判決の優先を同条第三号の公序良俗の要件をもって説明しようとする見解も見られるが、判決の抵触に関する一般的法則をもって解決することができる問題であると思われる。

第三節　民事訴訟法第一一八条と形成判決

形成判決は、それが下され、確定することによって一定の実体法上の効果が生ずるものであるため、その承認のために特別な手続は必要ではなく、従って、民事訴訟法第一一八条に定められている要件の具備は、外国形成判決の承認の場合には不問に付されるべきであるとか、あるいは、不要な要件を省くべきであるという見解が散見される。そして、判例・学説の大勢が採っている立場も、同条又は同第一号ないし第三号のみを類推適用ないし準用すべきというものになっている。これに対して、形成判決も又、判決という形式を採るものであって、手続的保障の面から見る限り、他の訴訟と異なるところは

なく、実際、形成判決と同じ機能・効果を有する確認判決からそれを区別することは非現実的であり、又、同一の事実関係に基づいて形成判決と同時に給付判決が下される場合も想定されうることなどを根拠として、形成判決の承認についても、当然に同条を全面的に適用すべきとする主張があり、その主張には相当の根拠があるように思われる。しかし、形成判決であれ、確認判決であれ、それが身分関係に関するものである場合には、できるだけ国境を越えた継続性を顧慮すべきであり、そのため、同条の適用があるとしても、それを修正した上で適用すべきとするのが相当であると考えられる場合には、そのようにされても良いのではないか。すなわち、同条第四号の相互の保証の要件は、可及的に跛行的身分関係の発生を防止しようとする目的の前には後退すべきものではないかと思われる。

同条の適用を全面的に排除すべきとする説や同条の部分的適用に止めるべきとする立場を採る一部の判例・学説が主張しているのが準拠法要件を付加することである。しかし、外国裁判所が既にその抵触法によって実質法的判断を行なっているにも拘わらず、わが国の抵触法による準拠法の選定に標準を置くことは、外国判決の承認という現に存在する訴訟法上の制度を根底から覆すこととなるものであって、支持することはできない。尤も、身分の形成は判決のみによって行なわれるものではなく、裁判外における法律行為（身分行為）によっても行なわれ得るものである。そして、このようにして外国において形成された何らかの身分関係のわが国における承認に際しては、外国確定判決の承認に関して定めている同条にその承認要件を求めなければならない理由はない。そこで、通説が承認要件として主張しているのが準拠法要件である。すなわち、わが国際私法によって選定される準拠法上、当該身分関係が有効に成立しているか否かという点を承認の可否の判決基準としようとするものである。その理由として、裁判所が下した判決においては、既に実質審理が行なわれているのに対して、裁判外の法律行為（身分行為）については、それが行なわれていないということが指摘されている。しかし、新たな身分関係の成立のためには、そのための身分行為が行なわれる地の行政官庁等の公的機関が関与する場合が多く、その際、それが管轄権を有するか否か、及び、それが属する国の国際私法による当該身分行為の準拠法の下にそれが有効に成立しているか否かについての一応の判断が行なわれていると見るべきであろう。従って、裁判外の身分行為の承認についても、準拠法要

件は不要であるとするのが、外国判決の承認について民事訴訟法第一一八条が採っている立場と整合するであろう。但し、身分行為が行なわれた地の官公庁による実質的審理を全く経ていないそれについては、同地の国際私法によって指定される準拠法の下にそれが行なわれるべきであって、わが国の国際私法によって指定される準拠法に依るべきではないと思われる。蓋し、人はいずれかの国において身分行為を行なう場合、同国の国際私法の支配の下にそれに適合するように行為することにより、有効に一定の身分関係を成立させ得るのであり、そして、又、わが国におけるその有効性の承認をも期待していると考えられるからである。外国において曲がりなりにも成立している身分関係に対して、わが国が積極的に介入して、その有効性の承認を拒否することは、国際協調の精神に反し、そして、跛行的身分関係の発生を増大させるものでしかない。この場合、わが国が採らなければならない立場は、むしろ消極的な姿勢の下に、国際公序の観点から承認を審査して、わが国の公序良俗に反するような形態における身分形成を排除するという立場の他にはなく、それは民事訴訟法第一一八条第三号の類推適用であると言うことができるであろう。

上述したところを外国離婚判決の承認に関して言えば、既に明らかなように、民事訴訟法第一一八条第一号ないし第三号の要件を類推適用し、準拠法要件は不要なものと考えるべきこととなるが、それらの要件の解釈・適用に際しては、法的安定性という渉外身分関係に本質的な要請と法廷地漁りによる不当な身分形成の阻止の要請という二つの側面から、それらを時として緩和し、又、時として厳格に解釈する必要に迫られることになるであろう。その調整は容易なことではないが、その際、常に顧慮しなければならないのが離婚保護の思想が普遍化している傾向である。離婚の有効性が再婚の有効性の前提であるため、できる限り離婚が有効に成立したものと認めるべきであり、そのような立場は、「離婚及び別居の承認に関するハーグ条約」(一九七〇年)において基本的に採られている立場である。そこにおいては、離婚判決国の管轄原因の多元化が図られており(同条約第二条)、また、承認国の実質法の適用やその国際私法によって指定される準拠法の適用は承認のための要件とはされていない(同条六条)。

他方、裁判外離婚の承認において問題となるのは、例えば、タラク離婚のように、イスラム教国法において夫の一方的な

意思表示によって成立する専制離婚である。しかし、これも離婚地の国際私法の下に有効に成立している場合には、一概にわが国の公序に反するとして退けられるべきではなく、内国との関連性の程度など具体的な事情を勘案して判断すべきではないかと思われる。

第四節　民事訴訟法第一一八条と非訟事件裁判

外国形成判決の承認において民事訴訟法第一一八条の然るべき規定の類推適用があるとされた場合、外国における非訟手続による決定についても、同条の限定的な類推適用があると考えても良いと思われるが、しかし、同条の適用はないとする説もある。いずれにしても、外国非訟事件の承認の要件として多数の説が認めているのは、裁判管轄の要件（同条第一号）及び公序の要件（同条第三号）の二つである。尚、外国における非訟手続に関する法制とわが国におけるそれとが異なる場合も想定されるが、具体的には、家事審判法第九条甲類及び乙類に列挙されているような多様な事項がそれに含まれると考えられる。上記の承認規則も個々の非訟事件の性質に従い、多少の修正が必要であると思われるので、次に、それらの中から二、三の事項について述べることとする。

まず、外国の裁判所その他の公的機関による養子の許可の承認については、基本的には、準拠法要件の具備は必要ではないが、一般的には、わが国における養子保護の思想に立脚し、又、実定法上の根拠としては、通則法第三一条第一項における養子保護条項の精神を敷衍する立場から、準拠法要件を部分的に加重し、養子側の同意等についてのみ、養子の本国法上の要件の充足を求める見解もある。

又、外国における後見人の選任等、後見に関する外国裁判の承認においても、上記の二つの要件の充足をもって足りると解される。しかし、外国における後見人の選任等を承認することにより、内国における被後見人の利益が充分に確保できることとなるかは疑問であると言うべきであろう。同様の問題は、外国において選任された遺言執行者の権限の承認の場合に

も生じる。遺言者の最後の住所又は遺産所在地が所在する国の非訟裁判は、わが国において承認されることとなるが、わが国における権限の行使の実効性の保障が必ずしもあるとは言えないという難題に直面せざるを得ないこととなるように思われるからである。

第五節　裁判外離婚の承認

わが国民事訴訟法第一一八条による承認の対象となるのは、外国裁判所の確定した判決に限られており、従って、判決離婚以外は裁判外離婚であって、その対象とはならないということになるが、一口に裁判外離婚と言われる離婚も、わが国における協議離婚を含め、実に、それには多様な形態のものが含まれている。しかしながら、その承認という側面から見る限り、一定の手続きないし官庁の関与の有無及びその程度を基準としてそれらを分類することができないわけではない。それにも拘らず、わが国においては、恐らくは官庁による許可に基づく離婚から夫による専制離婚に至るまで、それら全てが裁判外離婚という大雑把な分類で一纏めにされ、その承認のためには、わが国際私法によって離婚の準拠法を選定した上で、実質審査が必要であるとする立場が貫かれてきた。それに対して、以下のように、一九八六年英国家族法（Family Act 1986）上の立場は全く異なっており、又、ドイツ法上の立場も、わが国の場合と類似した点を有しながら、州司法行政官庁による外国離婚承認の制度が確立している。

まず、内国における離婚については、英国法及びドイツ法のいずれにおいても、全て裁判所によって言い渡されたものでなければならない。すなわち、両者においては同じく裁判外離婚は認められていない。一方、外国において行なわれた離婚の承認においては、両者の対処の姿勢はかなり異なっている。まず、前者においては、外国離婚が「手続」によっているか否かを区分した上で、それを承認するための前提として、当事者の一方とそれが行なわれた国との間に一定の紐帯（常居所、住所、国籍等）が存在しているかが問われている。そして、「手続」によらない裁判外離婚についても、当事者の双方が一

定の加重された要件を満たす限り、如何なる形態の離婚も承認されるという立場が採られている。それに対して、後者は、外国離婚が「裁判」ないし「官庁による関与」によっているか否かという基準を設定した上で、わが民事訴訟法第一一八条に似た承認規則に従い、外国裁判の承認という承認問題としての処理を行なうか、又は、ドイツ国際私法の下に選定された準拠法に基づく実質審査という連結問題としての処理を行なうべきとする立場を採っている。すなわち、前者がいわゆる管轄権主義を採っているのに対して、後者が採用しているのはいわゆる準拠法主義である。

次に、外国裁判外離婚が承認されない場合についても、英国法とドイツ法との間には明瞭な差異が認められた。前者においては、離婚のための行為が一方当事者の単独行為であるか、若しくは、当事者間の合意された行為でなくとも、それとして、世俗的若しくは宗教的な国家機関によって必要であると公認されているか、又は、単なる公証以上の某かの機能を有しているならば、当該機関によるある程度の関与をもって「手続」があったと見られている。又、「手続」によらない離婚であっても、ともかく、一定の要件の下に承認される余地が残されている。それに対して、後者においては、まず、「官庁による関与」が「本質的」でない離婚は承認の対象から外され、又、離婚の準拠法がドイツ法である場合には、私的離婚は認められず、たとえ、離婚の準拠法である外国法上有効な離婚であっても、特定の私的離婚については、内国関連性の存在を前提とするとは言え、公序則に触れることを理由としてその効力が認められない場合も考えられた。例えば、イスラム法上における夫による専制離婚等がそれである。

右のように、外国離婚に対する姿勢において、英国法とドイツ法とには決定的な差異が存在しているということが知られる。裁判所や行政官庁による「手続」ないし「本質的」な「関与」が存在する場合にもそれを承認すべきとしている点において両者には大きな違いは見られない。しかし、それらがない場合において、前者が、なお承認問題として対処しようとするのに対して、後者は、その態度を一変させて、実質審査が行なわれる連結問題として対処する。従って、後者の場合、離婚が行なわれた地の法に依れば有効である離婚も、準拠法の如何により、有効とは認められない場合のあることも考えられる。英国法の下における処理が、既得権理論に符合するかの如く、既成の身分関係の尊重に傾いているのに対して、ドイツ

法の下における処理に見られる立場は、英国法に比して言えば、自国法秩序の優先である。そのような意味において、英国法上の立場が、結果的に、解決の国際的調和に供するのに対して、ドイツ法上の立場は解決の国内的調和を目した立場に立っていると評することもできるであろう。身分関係の保護の観点から見て、英国法上の対処の仕方がそれにより良く適うことは言うまでもない。

第二四章　国際家族法の展望

平成元年の法例の改正は婚姻関係、親子関係及び総則に亘る大幅なものであり、その改正された内容も旧法例の規定における立場から一変して、今日求められている理念を踏まえた現代国際私法と呼ぶに足りるものになっていると評価することができるであろう。しかしながら、相続及び遺言については、平成一八年の改正においても着手されておらず、従来の立場が通則法においてもそのまま保持されている。それらについて改正が行なわれなかったのは、それらの事項に関する現行規定上の立場が今日も充分に妥当する内容を有すると考えられたためでないことは、本書の随所で述べられているところからも明らかであろう。近い将来、それらの規定が改正を避けることができないことは当然のことながら、平成元年において改正された画期的な諸規定についてさえも、すでに再検討されるべき点が少なからず存在している。

それでは、通則法（ないしわが国際私法）は将来如何ように変革されるべきであろうか。その指針を示しているのがほかならぬハーグ国際私法条約であることは間違いないであろう。同条約について特筆すべきことは、それが国際的立法として多方面に亘って精力的に法の統一のために貢献していることもさることながら、そこにおいて採られている立場が今日の国際私法事情を熟知した上で練られており、正しく現代感覚に溢れている点であることは否定できないであろう。しかしながら、ハーグ国際私法条約の批准について、これまでわが国は極めて消極的であるとしか言うほかはない。そのような態度が採られていることの背後には様々な理由があるものと推察されるが、それでも、やはり、わが国の国際私法事情を加味した上で、特別法として国内立法化に努めるべきであろう。

例えば、あまりにも包括的な相続準拠法の選定の方法を採っているおり、多くの論議を惹起してきた通則法第三六条は最も改正が急がれるべき規定の一つであるが、そのためにも、ハーグ国際私法条約は格好の提案をしてくれている。すなわち、一九八八年のハーグ国際私法会議第一六会期において採択された「死亡に因る財産の相続の準拠法に関する条約」がそれで

ある。そこにおいては、まず、主観的な連結、すなわち、被相続人自身の意思による準拠法の指定が優先的に考慮されており、客観的な連結はそれを補充するものとして位置付けられている点が注目されるべきであろう。人の運命はその者の意思によって決定されることが原則であり、法は人の幸福に資するために存在することによって意義深いものになることを同条約はいみじくも示唆しているように思われてならない。

当事者自治の導入は、相続や夫婦財産制などのように財産法的側面を有する問題のみならず、諸国の立法に眼を転ずれば、一九八一年オランダ国際離婚法第一条第二項及び第四項や一九九〇年のスペイン民法典第九条第二項などのように、離婚や婚姻の身分的効果などの純粋な身分法関係の問題にも拡大している。当事者の意思の尊重が、今後、益々、重要な理念となることは明らかである。そして、例えば、未成年である子の保護などのように、当事者のいずれか一方を特に優遇すべきことが普遍的に認められている場合には、必ずしも地域的な密接関連性の探求に腐心することなく、実質的にそれを実現することができる法を必須的に適用すべきとすることが、いま一つの重要な指導理念であることも既に明らかであろう。これこそが、本書が特に強調して来たことにほかならない。

今日、国際私法も又、問題解決の結果について全く無関心ではいられないということが益々支配的な立場として確立して来ている。かような情況の下にあって、共通属人法主義にのみ眼を奪われて、実現されるべき実質的利益が保証されていない抵触規則は、急速に過去のものとなりつつある。従って、わが国際私法が漸くその改正を実現したとは言え、今、又、再び改正が求めれるべき状態にあると言っても過言ではない。密接関連性の原則とともに、弱者保護の理念の下に、一定の実質的利益の実現を多元的連結、取り分け、択一的連結によって行なうというのが、ここ数年来、欧州の研究者によって指摘されてきた抵触規則のあり方であり、それはわが国においても同様であろうと思われる。そして、いま一つのあり方は、当事者意思を尊重するという意味における当事者自治の法理の適用の拡大であろう。それらによって、今後の国際私法は整備される時代を迎えると見ることができるであろう。

ここで想い起こされるのは、オーストリアの国際私法学者シュヴィント（F. Schwind）の言葉である。すなわち、「国

際私法は実質法の矯正に供するものであり、満足な結果を確保するための手段として出現するものである。」というのがそれである。正に、国際私法ないし国際家族法は、当事者にとって望ましい法を誘導することに徹することにこそ、将来の途を見い出すべきであろう。法は人を規律するものではあるが、本来、人を幸福にする使命をも負っていると言わねばならない。

付録　外国国際家族法立法

一　イタリア共和国

イタリア国際私法体系の改正（抄）

（一九九五年六月三日公布）

第一条（本法の目的）
本法は、イタリアの裁判管轄権の範囲を決定し、準拠法の選定の基準を定め、また、外国の判決及び行為の効力を規律する。

第二条（国際条約）
一　本法の規定は、イタリアに対して有効な国際条約の適用を妨げない。
二　かような条約の解釈においては、その国際的性質及びその統一的解釈の必要性を顧慮しなければならない。

第一三条（反致）
一　以下の諸規定において外国法が指定される場合には、次に掲げるとき、外国国際私法によっていずれか他の国家の法律に対して行なわれた反致は考慮される。
a　当該国家の法が反致を承諾するとき
b　反致がイタリア法に対してなされるとき
二　但し、次に掲げる場合及び規定については、第一項の適用は排除される。
a　本法の規定が、適用されるべきものとして両当事者によって行なわれた選択に基づき、外国法をその意味におけるものとして明言する場合
b　行為の方式に関する規定
c　本章第一一節の規定
三　第三三条、第三四条及び第三五条の場合においては、反致が親子関係の創設を許す法律の適用に導くときのみしか、それは考慮されない。
四　本法がいずれかの国際条約が適用されるべきであると明言する限り、反致については、当該条約によって採用された解決が従われる。

第一四条（準拠外国法の認識）
一　外国法の確定は、裁判官により、職権をもって探求される。その目的のために、裁判官は、国際条約によって定められた手段のほか、法務省を通じて入手された情報を利用することができる。但し、裁判官はまた、専門家又は専門機関に質問することができる。
二　当事者の協力をもってしても、裁判官が指定された外国法を確定するに達しない場合には、その者は、同様の規則のために定められた他の連結基準がある場合には、それが決定する法律を適用する。それがないときは、イタリア法が適用される。

第一五条（外国法の解釈及び適用）
一　外国法は、その固有の解釈の基準及び時際的適用の基準に従って適用される。

第一六条（公序）
一　外国法は、その効果が公序に反するときは、適用されない。

二　その場合において、同様の規則のために定められた他の連結基準がある場合には、それが決定する法律が適用される。それがないときは、イタリア法が適用される。

第一七条（必須的適用規定）

外国法の指定に拘わらず、イタリアの規定の対象及び目的を考慮して適用されなければならない同規定が伴う規定上の優位性は保持される。

第一八条（多数法秩序）

一　本法の規定によって指定された国家の秩序において、地域的又は人的に多数の法体系が併存するときは、準拠法は同秩序によって利用された基準に従って決定される。

二　かような基準が確認されることができないときは、事件の場合が最も密接な結び付きを示す法体系が適用される。

第一九条（無国籍者、避難民及び重国籍者）

一　本法の規定が人の本国法を指定する場合において、その者が無国籍者又は避難民であるときは、住所地国の法律、又は、それがないときは、居所地国の法律が適用される。

二　人が複数の国籍を有するときは、その者が帰属諸国家の中で最も密接な結び付きを有する国家の法律が適用される。それらの国籍の中にイタリアの国籍があるときは、それが優先する。

第二〇条（自然人の法的能力）

自然人の法的能力は、その者の本国法によって規律される。法律関係の準拠法によって規定された能力の特別要件は、同法によって規律される。

第二一条（同時死亡者）

いずれかの者の他のいずれかの者に対する継承権を確定しなければならない場合であって、それらの者のうち最初に死亡した者が確定されないときは、死亡の順位は、規律上、その順位が重要である関係を支配している法律に従って決定される。

第二二条（失踪、不在及び擬制死亡）

一　人の失踪、不在及び擬制死亡の要件及び効果は、その者の最後の本国法によって規律される。

二　次に掲げるときは、第一項に定められた事項について、イタリアの管轄権が存在する。

a　人の最後の本国法がイタリア法であったとき

b　人の最後の居所がイタリアにあったとき

c　失踪、不在又は擬制死亡の宣告が、イタリアの法秩序において法的効力を生じうるとき

第二三条（自然人の行為能力）

一　自然人の行為能力は、その者の本国法によって規律される。但し、行為の準拠法が行為能力の特別要件を規定するときは、それはその同一法によって規律される。

二　同一国に存在する者の間における契約については、契約が締結される国家の法律によって能力者と見做された者は、他方の契約当事者が契約締結の当時前者の無能力を知っていたか、又は、後者の過失によってそのことに気付かなかったときにしか、前者の本国法に由来する無能力を援用することができない。

三　単独行為については、行為が行なわれる国家の法律によって能力者と見做された者は、そのことにより、行為の本人の能力について過失なく期待した者に対する侵害が生じないと

きにしか、その者の本国法に由来する無能力を援用することができない。

四　第二項及び第三項の制限は、家族関係及び死因相続関係に関する行為、及び、行為が行なわれる国家とは別の国家に所在する不動産に対する物権に関する行為には適用されない。

第二四条（人格権）

一　人格権の存在及び内容は、主体の本国法によって規律される。但し、家族関係に由来する権利は、当該関係の準拠法によって規律される。

二　第一項に定められた権利の侵害の結果は、不法行為に対する責任の準拠法によって規律される。

第二六条（婚約）

婚約及びその違反の効果は、婚約者の共通本国法、又は、それがないときは、イタリア法によって規律される。

第二七条（婚姻の要件）

婚姻能力及び婚姻を締結するためのその他の要件は、婚約者の一方がイタリアにおいて言い渡されたか、又は、承認された裁判の効果によって取得した婚姻の自由を除き、婚姻の当時におけるそれらの者の各々の本国法によって規律される。

第二八条（婚姻の方式）

婚姻は、方式について、それが挙行地の法律又は挙行の当時における夫婦の少なくとも一方の本国法若しくはその当時における共通居所地国の法律によって有効であると考慮されるときは、有効である。

第二九条（夫婦間の身分関係）

一　夫婦の間の身分関係は共通本国法によって規律される。

二　異なる国籍又は複数の共通国籍を有する夫婦の間の身分関係は、婚姻生活が主として位置付けられる国家の法律によって規律される。

第三〇条（夫婦間の財産関係）

一　夫婦の間の財産関係はその身分関係の準拠法によって規律される。但し、夫婦は、その財産関係がそれらの者のうち少なくとも一方が国籍又はその居所を有する国家の法律によって規律されることを書面をもって合意することができる。

二　準拠法についての夫婦の合意は、選択された法律又は合意が明らかにされた地の法律によって有効であると見做されるときは、有効である。

三　外国法に服する夫婦間の財産関係の制度は、第三者がそれについて知っていたか、又は、その者の過失によって気付かなかったときにのみ、その者に対抗することができる。不動産に関する物権については、対抗することができるのは、不動産が所在する国家の法律によって規定された公示の方式が遵守された場合に限られる。

第三一条（別居及び婚姻の解消）

一　別居及び婚姻の解消は、別居及び婚姻の解消の請求の当時における夫婦の共通本国法によって規律される。但し、それがないときは、婚姻生活が主として位置付けられたとみられる国家の法律が適用される。

二　別居及び婚姻の解消が準拠外国法によって規定されていないときは、それらはイタリアの法律によって規律される。

第三二条（婚姻の無効、取消、別居及び解消に関する管轄権）

婚姻の無効及び取消、別居並びに婚姻の解消については、第

三条に規定された場合のほか、夫婦の一方がイタリア国籍の者であるか、又は、婚姻がイタリアにおいて挙行されたとき、イタリアの管轄権が存在する。

第三三条（親子関係）

一　子の身分は出生の当時における子の本国法によって決定される。

二　出生の当時において両親の一方が国籍を有する国家の法律によって嫡出であると見做された子は嫡出である。

三　子の出生の当時における本国法は、その者の身分の宣言及び異議申立の要件及び効果を規律する。両親の一方の本国法に従って確定された嫡出子の身分は、同法によってのみ争われることができる。

第三四条（準正）

一　後婚による準正は、それが生ずる当時における子の本国法又は同一の当時における両親の一方の本国法によって規律される。

二　その他の場合においては、準正は、親であって、子がその者に対して準正される者が申立の当時において国籍を有する国家の法律によって規律される。準正する親の死亡の後に効力を生ずることを予定された準正については、その死亡の当時におけるその者の国籍が考慮される。

第三五条（自然子の認知）

一　自然子の認知の要件は、出生の当時における子の本国法、又は、認知の当時における認知の本人の本国法がより有利であるときは、それによって規律される。

二　認知の方式は、それが申し立てられた国家の法律、又は、その実質を支配する法律によって規律される。

第三六条（親子間の関係）

親子間の身分関係及び財産関係は、親権を含め、子の本国法によって規律される。

第三七条（親子関係に関する管轄権）

親子関係及び親子間の身分関係については、第三条及び第九条によってそれぞれ規定された場合のほか、両親の一方又は子がイタリア国籍を有するか、又は、イタリアに居住するとき、イタリアの管轄権が存在する。

第三八条（養子縁組）

一　養子縁組の要件、創設及び取消は、養子縁組の当時における養親の本国法、又は、養親の双方の本国法がそれらの者にとって共通であるときは同法、又は、それがないときは、養親が双方とも居住者である国家の法、若しくは、それらの者の婚姻生活が主として位置付けられる国家の法によって規律される。但し、未成年者に嫡出子の身分を付与することを意図する養子縁組がイタリアの裁判官に申し立てられるときは、イタリア法が適用される。

二　いずれの場合においても、養子とされる成年者の本国法において同意が必要とされるときは、それに関する規定のもとに、同法の適用が留保される。

第三九条（養子と養親の親族の間の関係）

養子と養親又は養親の双方及びそれらの者の親族の間の身分関係及び財産関係は、養親の本国法、又は、養親の双方の本国法がそれらの者にとって共通であるときは同法、又は、それがないときは、養親が双方とも居住者である国家の法、若しくは、

それらの者の婚姻生活が主として位置付けられる国家の法によって規律される。

第四〇条（養子縁組に関する管轄権）

一　イタリアの裁判官は、次に掲げるとき、養子縁組に関する管轄権を有する。

ａ　養親の双方若しくはそれらの者の一方又は将来の養子がイタリア市民であるか、又は、イタリアに居住する外国人であるとき

ｂ　将来の養子がイタリアにおける遺棄の状態の未成年者であるとき

二　養子と養親又は養親の双方及びそれらの者の親族の間の身分関係及び財産関係については、第三条に規定された場合のほか、養子縁組がイタリア法に従って創設されたときは常に、イタリアの裁判官は管轄権を有する。

第四一条（養子縁組に関する外国裁判の承認）

一　養子縁組に関する外国裁判は、第六四条、第六五条及び第六六条の文言のもとに、イタリアにおける承認によって受け入れられる。

二　未成年者の養子縁組に関する特別法の規定は留保される。

第四二条（未成年者の保護に関する管轄権及び準拠法）

一　未成年者の保護は、いずれの場合においても、一九八〇年一〇月二四日の法律第七四二号によって批准された未成年者の保護についての官公庁の権限及び準拠法に関する一九六一年一〇月五日のハーグ条約によって規律される。

二　その条約の規定は、その本国法によって未成年者と見做された者、並びに、締約国のいずれかにその常居所が存在しない者にも適用される。

第四三条（成年者の保護）

成年の無能力者の保護措置の要件及び効果、並びに、無能力者とその者の責任を負う者の間の関係は、無能力者の本国法によって規律される。但し、暫定的かつ緊急に無能力者の人身及び財産を保護するについては、イタリアの裁判官は、イタリア法によって規定された措置を命じることができる。

第四四条（成年者の保護に関する裁判権）

一　成年の無能力者の保護措置に関するイタリアの管轄権は、第三条及び第九条によって規定された場合のほか、それらの措置が暫定的かつ緊急にイタリアに存在する無能力者の人身又は財産を保護するために必要であるとみられるときは存在する。

二　外国人の能力に関する外国の裁判が、第六六条に従い、イタリアの法秩序においてその効力を生ずるときは、イタリアの管轄権は、修正又は補充することが必要な場合において、裁判を言い渡すについて存在する。

第四五条（親族における扶養義務）

親族における扶養義務は、いずれの場合においても、一九八〇年一〇月二四日の法律第七四五号によって批准された扶養義務の準拠法に関する一九七三年一〇月二日のハーグ条約によって規律される。

第四六条（死因相続）

一　死因相続は死亡者の死亡の当時におけるその者の本国法によって規律される。

二　被相続人は、遺言の形式における明白な宣言によって、全

ての相続をその者が居住する国家の法律に服せしめることができる。その選択は、表意者が死亡の当時もはや同国に居住しないときは、効力を保持しない。イタリア市民の相続の場合においては、選択は、イタリア法が被相続人の死亡の当時イタリアに居住する遺留分権利者に付与する権利を侵害しない。

三　相続の分割は、共同分割者が共通の同意をもって相続開始地の法律、又は、いずれか若しくはいくつかの相続財産の所在地の法律を指定しない限り、相続の準拠法によって規律される。

第四七条（遺言能力）

遺言によって処分し、遺言を変更又は撤回する能力は、遺言、変更又は撤回の当時における処分者の本国法によって規律される。

第四八条（遺言の方式）

遺言は、方式について、それが、遺言者が処分を行なった国家の法律によってであれ、遺言又はその者の死亡の当時その者が有した国籍が帰属する国家の法律によってであれ、さらに、その者がその住所又はその居所を有した国家の法律によってであれ、有効であると見做されるときは、有効である。

第四九条（国家の相続）

相続の準拠法が相続権保有者の不存在において国家に相続を付与しないときであっても、イタリアに所在する相続財産はイタリア国家に帰属する。

第五〇条（相続に関する管轄権）

一　相続に関しては、次に掲げるとき、イタリアの管轄権が存在する。

a　被相続人がその死亡の当時イタリアの国籍を有したとき

b　相続がイタリアにおいて開始されたとき

c　相続財産がその経済的構成の重要な部分においてイタリアに所在するとき

d　外国に所在する不動産に関する請求を除き、被告がイタリアに住所若しくは居所を有するか、又は、その者がイタリアの管轄権を承諾したとき

e　請求がイタリアに所在する財産に係わるとき

二　オーストリア共和国

国際私法に関する連邦法（国際私法典）（抄）

（一九七八年六月一五日連邦法）

第一条（最も強い関係の原則）

一　外国との関連性を有する事実関係は、私法の点について、最も強い関係が存在する法秩序に従って判断される。

二　この連邦法に含まれた準拠法秩序についての個別規則（送致規定）は、この原則の表現とみなされるべきものである。

第二条（連結の基準となる要件の調査）

特定の法秩序への連結の基準となる事実上及び法律上の要件は、手続法規定によれば、法選択を許容する事項（第一九条、第三五条第一項）において当事者の事実の主張が真実とみなされるべき場合でない限り、職権によって確定されるものとする。

第三条（外国法の適用）

外国法が基準とされるとき、外国法は、職権により、その本来の施行領域におけると同様に適用されるものとする。

第四条（外国法の調査）

一　外国法は職権によって調査されるものとする。当事者の協力、連邦法務省の情報及び専門家の鑑定も、そのための補助手段として許される。

二　綿密な努力にもかかわらず、相当の期間内に外国法が調査されることができないときは、オーストリア法が適用されるものとする。

第五条（反致及び転致）

一　外国法秩序への送致は、その送致規定をも含む。

二　外国法秩序が反致するときは、オーストリアの実質規定（送致規定を除く法規定）が適用されるものとする。転致の場合においては、転致の考慮のもとに、それ自体さらに送致しない法秩序又は最初に反致された法秩序の実質規定が基準とされる。

三　外国法秩序が複数の部分的法秩序から構成されているときは、この外国法秩序に存在している規則が送致する部分的法秩序が適用されるものとする。かような規則がないときは、最も強い関係が存在する部分的法秩序が基準とされる。

第六条（留保条項（公序））

外国法の規定は、その適用がオーストリア法秩序の基本的価値と相容れない結果となるときは、適用されないものとする。必要な場合においては、その規定に代えて、オーストリア法のしかるべき規定が適用されるものとする。

第七条（準拠法の変更）

ある特定の法秩序への連結のために基準とされる要件の後発的変更は、すでに完成した事実に影響を与えない。

第八条（方式）

法律行為の方式は、法律行為自体と同一の法に従って判断されるものとする。ただし、法律行為が行なわれる国の方式規定の遵守をもって足りる。

第九条（自然人の属人法）

一　自然人の属人法は、人が属する国の法である。人が外国国籍とともにオーストリアの国籍をも有するときは、後者が基準とされる。他の重国籍者については、最も強い関係が存在する国の国籍が基準とされる。

二　人が無国籍であるか、又は、その国籍が明らかにされることができないときは、その属人法はその者が常居所を有する国の法である。

三　オーストリアにおいて施行されている国際協定の意味における避難民、又は、その本国に対する関係が比較的に重大な理由によって絶たれている者の属人法は、その者がその住所、それがないときは、その常居所を有する国の法である。同法の本国法への送致（第五条）は顧慮されない。

第一〇条（法人の属人法）（省略）

第一一条（法選択）

一　当事者による法選択（第一九条、第三五条第一項）は、疑わしいとき、選択された法秩序の送致規定に関わらない。

二　係属中の手続において単に黙示的な法選択は顧慮されない。

三　第三者の法的地位は後発的法選択によって侵害されない。

第一二条（権利能力及び行為能力）

人の権利能力及び行為能力はその属人法に従って判断されるものとする。

第一三条（氏）

一　人の称氏は、氏の取得がいかなる原因に基づこうとも、その者のその時の属人法に従って判断されるものとする。

二　氏の保護は、侵害行為が行なわれた国の法に従って判断されるものとする。

第一四条（死亡宣告及び死亡証明）

死亡宣告又は死亡証明の要件、効果及び取消は、失踪者の最後の知られた属人法に従って判断されるものとする。

第一五条（禁治産宣告）

禁治産宣告の要件、効果及び取消は、当人の属人法に従って判断されるものとする。

第一六条（婚姻締結の方式）

一　内国における婚姻締結の方式は、内国の方式規定に従って判断されるものとする。

二　外国における婚姻締結の方式は、婚姻当事者の各の属人法に従って判断されるものとする。但し、婚姻締結地の方式規定の遵守をもって足りる。

第一七条（婚姻締結の要件）

一　婚姻締結の要件並びに婚姻の無効及び取消の要件は、各の婚姻当事者につき、その者の属人法に従って判断されるものとする。

二　オーストリア法の範囲として有効な裁判により、婚姻が無効と宣告されているか、取り消されているか、解消されているか、又は、存在しないものと確認されているときは、婚姻当事者又は夫婦の一方若しくは双方の属人法に従えば裁判が承認されないことのみを理由として、新たな婚姻締結が禁止されるか、又は、新たな婚姻が無効と宣告されてはならない。このことは、死亡宣告又は死亡証明の場合に準用する。

第一八条（婚姻の身分上の法的効果）

一　婚姻の身分上の法的効果は、次の各号に掲げる法に従って判断されるものとする。

(1)　夫婦の共通属人法、それがないときは、夫婦の一方が保持した場合に限り、その最後の共通属人法

(2)　さもなければ夫婦の双方がその常居所を有する国の法、それがないときは、夫婦の一方が保持した場合に限り、双方がその最後の常居所を有した国の法

二　婚姻が第一項において指定された法の範囲としては成立していないが、オーストリア法の範囲として成立しているときは、その身分上の法的効果はオーストリア法に従って判断されるものとする。ただし、夫婦が、第三国とより強い関係を有し、その国の法に従えば、婚姻が同じく効果発生するときは、オーストリア法に代えてその国の法が基準とされる。

第一九条（夫婦財産制）

夫婦財産制は、当事者が明白に決定する法に従い、かような法選択がないときは、婚姻締結の当時において婚姻の身分上の法的効果について基準となる法に従って判断されるものとする。

第二〇条（離婚）

一　離婚の要件及び効果は、離婚当時における婚姻の身分上の法的効果について基準となる法に従って判断されるものとする。

二　同法に従えば婚姻が主張された事実を原因として解消され

ることができないか、又は、第一八条の連結点のいずれも存在しないときは、離婚は、離婚当時の原告配偶者の属人法に従って判断されるものとする。

第二一条（嫡出性）

子の嫡出性及びその否定の要件は、夫婦が子の出生当時、又は、婚姻がそれ以前に解消されているときは、その解消当時有した属人法に従って判断されるものとする。夫婦の属人法が異なるときは、出生当時の子の属人法が基準とされる。

第二二条（準正）

婚外子の事後婚姻による準正の要件は、父母の属人法に従って判断されるものとする。父母の属人法が異なるときは、子の準正にとってより有利な法が基準とされる。

第二三条

婚外子の嫡出宣言による準正の要件は、父の属人法に従って判断されるものとする。嫡出宣言が父の死後初めて申し立てられるときは、父の死亡当時のその属人法に従って判断されるものとする。子の属人法に従えば、子又は子が家族法的関係にある第三者の同意が必要であるときは、その限りにおいて同法も基準とされる。

第二四条（嫡出性及び準正の効果）

子の嫡出性及び準正の効果は、その属人法に従って判断されるものとする。

第二五条（非嫡出性及びその効果）

一　婚外子に対する父性の確定及び認知の要件は、その出生当時の属人法に従って判断されるものとする。ただし、確定又は認知が、出生当時の属人法に従えば許されないが、子のその後の属人法に従えば許されるときは、同法に従って判断されるものとする。父性が、それに従って確定又は認知されている法は、その否定についても基準とされる。

二　子の非嫡出性の効果は、その属人法に従って判断されるものとする。

三　婚外子の父に対する母の妊娠及び分娩と関連する請求権は、母の属人法に従って判断されるものとする。

第二六条（養子縁組）

一　養子縁組及び養子関係終了の要件は、各の養親の属人法に従って判断されるものとする。子の属人法に従えば、子又は子が家族法的関係にある者の同意が必要であるときは、その限りにおいて同法も基準とされる。

二　養子縁組の効果は、養親の属人法に従い、夫婦による養子縁組の場合においては、婚姻の身分上の法的効果について基準となる法に従い、夫婦の一方の死亡後は、他方配偶者の属人法に従って判断されるものとする。

第二七条（後見及び保佐法）

一　後見又は保佐の命令及び終了の要件並びにその効果は、被保佐人の属人法に従って判断されるものとする。

二　後見又は保佐に結びつけられたその他の問題は、それが後見又は保佐の監督自体に関する限り、後見又は保佐を監督する官庁が属する国の法に従って判断されるものとする。

第二八条（権利の死因承継）

一　権利の死因承継は、被相続人の死亡当時の属人法に従って判断されるものとする。

二　遺産の取扱がオーストリアにおいて実行されるときは、遺

産の取得及び遺産債務についての責任は、オーストリア法に従って判断されるものとする。

第二九条（遺産所在地法の適用）

第二八条第一項において指定された法に従えば遺産相続人がいないか、又は、遺産が法定相続人としての領域法人に帰属することとなるときは、そのつど、同法の代わりに、被相続人の財産がその死亡の当時所在する国の法による。

第三〇条（死因処分の有効性）

一　遺言能力及び終意処分、相続契約又は相続放棄契約の有効性についてのその他の必要条件は、被相続人の法律行為当時の属人法に従って判断されるものとする。それに従えば有効性は与えられないが、被相続人のその死亡当時の属人法に従えば与えられるときは、同法が適用される。

二　右の法律行為の撤回又は取消については、第一項が準用される。

三　オランダ王国

婚姻締結及び婚姻の有効性の承認に関する一九七八年三月一四日のハーグ条約の批准に伴う婚姻事件における抵触法規定のための一九八九年九月七日法律（婚姻抵触法に関する法律）

（オランダ官報一九八九年第三九二号）

第一条（本法の適用範囲）

本法は、婚姻当事者の国籍又は住所との関連において、いずれの法が婚姻締結の要件を支配するかの問題について選択されなければならないとき、オランダにおける婚姻の締結につき、また、外国において締結された婚姻のオランダにおける承認について適用される。本法は戸籍吏の管轄権については適用されない。

第二条（準拠法の選択）

婚姻は次に掲げるときに締結される。

a　婚姻当事者のそれぞれが、オランダ法に従い、婚姻締結の要件を満たし、かつ、それらの者たちの一方がオランダ国籍を有するか、若しくは、オランダにその者の常居所を有するとき、又は、

b　婚姻当事者のそれぞれが、その者が有する国籍が属する国家の婚姻締結の要件を満たすとき。多数の国籍の所有の場合には、あらゆる事情の考慮のもとに、婚姻当事者が最も密接に結び付けられている国家への帰属が基準とされる。

第三条（公序）

一　第二条に拘わらず、婚姻が公の秩序と相容れないこととなるときは、それは締結されることができない。それは、次に掲げるとき、いずれの場合においても該当する。

a　婚姻当事者が一五歳の年齢に達していないとき

b　婚姻当事者が血統によるか、又は、養子縁組により、互いに直系の親族又は兄弟姉妹として親族であるとき

c　婚姻当事者のいずれか一方の自由な同意がないか、又は、それらの者たちのいずれか一方の精神能力が、その者の意思を決定することができないか、若しくは、その者の意思表示の意味を理解することができないほどに障害があるとき

d　婚姻により、夫は同時に一人の妻とのみ、妻は一人の夫

とのみ結合されることができるとの規定が違反されることとなるとき

二　婚姻の締結は、婚姻当事者のいずれか一方が有する国籍が属する国家の法に従い、オランダの公序と相容れない婚姻障害がそれを妨げていることを理由に拒否されてはならない。

第四条（婚姻の方式）

方式に関しては、オランダにおける婚姻は、外国の外交官及び領事館の権能を留保のうえ、戸籍官吏により、オランダ法上の規定の考慮のもとにおいてのみ有効に締結されることができる。（注・一九九八年一二月一七日法律により改正）

第五条（外国婚姻の承認）

一　オランダ外において締結された婚姻であって、婚姻の締結が行なわれた国家の法に従って法的に有効であるか、又は、後に法的に有効になっているものは、かようなものとして承認される。

二　オランダ外において外交官又は領事官の面前において締結された婚姻であって、それらの官吏が代表する国家の法上の要件に合致するものは、婚姻の締結が行なわれた国家におけるそれが禁止されていなかったときは、法的に有効なものとして承認される。

三　第一項及び第二項の適用に際しては、送致は抵触法上の規則をも含むものとする。

四　婚姻証書がいずれかの管轄官庁によって発行されたときは、婚姻の有効性は推定されるものとする。

第六条（外国婚姻の不承認）

オランダ外において締結された婚姻の有効性の承認は、承認が公序と相容れなかったときは、第五条に拘わらず拒否されるものとする。

第七条（先決問題の承認）

第五条及び第六条は、いずれかの婚姻の有効性の承認が、他のいずれかの解決すべき問題との関連において、本問題としてであるか、又は、先決問題としてであるかを考慮することなく適用されるものとする。

第八条ないし第一〇条（省略）

婚姻の解消及び別居についての法律抵触規則に関する一九八一年三月二五日法律（離婚抵触法に関する法律）

（オランダ官報一九八一年第二八六号）

第一条

一　婚姻の解消又は別居が請求されることができるかの問題、及び、いかなる原因に基づき請求されることができるかの問題は、次に掲げる法によって解決される。

a　当事者が共通本国法を有するときは、その法

b　共通本国法がないときは、当事者の常居所地法

c　共通本国法及び同一国における常居所地法がないときは、オランダ法

二　前項の適用については、当事者の一方にとって、共通国籍国との実効的な社会的紐帯が明らかに欠ける場合は、共通本国法は存在しないものとみなされる。但し、この場合においても、当事者がともに共通本国法を選択するか、又は、当事者の一方によるこのような選択が争われなかったときは、その法が適用される。

三　当事者の一方が複数の国の国籍を有するときは、その者の本国法は、その者がその国籍を有する国であって、――全ての事情を考慮して――、その者がそれと最も強い紐帯を有する国の法とみなされる。

四　前三項に拘わらず、当事者がともにオランダ法を選択するか、又は、当事者の一方によるかような選択が争われなかったときは、その法が適用される。

第二条

一　適正な手続きに従ってオランダ王国外において取得された婚姻の解消又は別居は、それが、裁判所又はそのための権限を有する他の官庁の裁判によって生じたとき、オランダにおいて承認される。

二　オランダ王国外において取得された婚姻の解消又は別居であって、前項において定めている条件の一つ若しくはいくつかを満たさないものであっても、外国手続きにおける他方当事者が、手続き中に、明示的又は黙示的に婚姻の解消又は別居に同意したか、判決によってそれに服従したことが明らかであるときは、オランダにおいて承認される。

第三条

夫の一方的な宣告のみによってオランダ王国外において生じた婚姻の解消は、次に掲げるときでなければ承認されない。

a　この方式のもとにおける婚姻の解消が、夫の属人法に従ったものであるとき

b　夫の一方的な宣告が行なわれた地において、婚姻の解消が法的効力を有するとき、及び、

c　妻が、明示的又は黙示的に、婚姻の解消に同意したか、又は、それに服従したことが明らかであるとき

第四条――最終規定（省略）

登録パートナーシップについての法律の抵触の規律に関する二〇〇四年七月六日法律（登録パートナーシップ抵触法）

（オランダ官報二〇〇四年第三二四号）

第一章　オランダにおける登録パートナーシップの締結

第一条

一　オランダにおける登録パートナーシップの締結は、民法典第一編第八〇ａ条の諸規定に服する。

二　各パートナーのオランダにおいて登録パートナーシップを締結する能力は、オランダ法によって規律される。

三　登録パートナーシップは、方式に関し、戸籍官吏の面前においてオランダ法に一致してか、当事者のいずれも専らオランダ国籍を保有しないか、又は、特にオランダ国籍を保有しないときは、外国の外交官及び領事官が代表する国家の法律に従い、それらの者の登録パートナーシップの締結に協力する権限の留保の下においてのみ、オランダにおいて有効に締結されることができる。

第二章　外国において締結された登録パートナーシップの承認

第二条

一　締結国家の法律によれば有効に締結されたか、又は、後に有効となった登録パートナーシップは、かように見做される。

二　外国において外交官又は領事官の面前において締結された登録パートナーシップは、登録パートナーシップの締結が、

それが当該官吏が代表する国家の法律上の要件を満たしたときは、それが行なわれた国家において許容されなかったときでない限り、有効なものとして承認される。

三　第一項及び第二項の適用については、法律は本法上の法律抵触規則をも包含する。

四　登録パートナーシップの証明書が権限を有する官庁によって交付されたときは、登録パートナーシップは有効と見做される。

五　第一項及び第二項の諸規定に拘わらず、外国において締結された登録パートナーシップは、それが法律によって規律された密接な身分関係を維持し、かつ、少なくとも以下の諸基準に適う両者間の共同生活の形態に関するときにのみ、かようなものとして承認されることができる。

a　それが、その締結された場所の権限を有する官庁によって登録されたこと

b　それが、婚姻又は法律によって規律された第三者との他の全ての共同生活の形態の存在を排除すること、及び、

c　それが、パートナー間に、実質的に婚姻から生ずる義務に相当するそれを創設すること

第三条

外国において締結された登録パートナーシップは、第二条の諸規定に拘わらず、その承認が公の秩序と相容れないときは、オランダにおいて承認されない。

第四条

登録パートナーシップの有効性の承認の問題が主要問題として解決されようとも、又は、付随問題として解決されようとも、第二条及び第三条は適用される。

第三章　登録パートナーシップの身分的効果及びパートナーシップの財産制に関わらない財産的法律関係

第五条

一　オランダにおける登録パートナーシップの身分的効果は、オランダ法によって規律される。

二　外国において締結された登録パートナーシップの身分的効果は、それが締結された国家の法律上の法律抵触規則を含め、その法律によって規律される。

三　パートナーの一方が、家事の日常的管理の枠内において他方パートナーによって契約された義務の責任があるか否か、及び、いかなる範囲において責任があるかは、他方パートナー及び共同契約当事者が、義務が契約された当時、オランダにそれらの者の常居所を有したとき、オランダ法が決定する。

四　パートナーの一方が、法律行為を行なうについて、他方パートナーの同意を必要とするか否か、及び、そうであるとして、かような同意が具備しなければならない方式、同様の同意が裁判官又は他の官庁の決定によって代替されることができるか否か、並びに、かような同意の不存在の効果の如何は、他方パートナーが、法律行為が行なわれた当時、オランダにその常居所を有したとき、オランダ法が決定する。

五　第三項及び第四項の諸規定は、パートナーシップの財産制を規律する法律がいずれであろうとも、又、パートナーシップの身分的効果の準拠法がいずれであろうとも通用される。

第四章　パートナーシップの財産制

第六条

一　オランダ又は外国において締結された登録パートナーシップの財産制は、登録パートナーシップの締結前、パートナーによって指定された法律によって規律される。

二　パートナーは、登録パートナーシップを知る法律のみを指定することができる。

三　当事者によって指定された法律は、その財産の全体に適用される。

四　但し、パートナーが第一項に定められた指定を行なったとしても、又、行なわなかったとしても、それらの者は、いずれかの不動産又はそのいくつかに関し、それらの不動産が所在している場所の法律が登録パートナーシップを知ることを条件として、その法律を指定することができる。それらの者はまた、後に取得される不動産が、その所在地の法律が登録パートナーシップを知ることを条件として、その法律に服することを定めることができる。

第七条

一　登録パートナーシップがオランダにおいて締結され、かつ、パートナーが、登録パートナーシップの締結前、それの財産制の準拠法の指定を行なわなかったときは、その制度はオランダ法によって規律される。

二　登録パートナーシップが外国において締結され、かつ、パートナーが、登録パートナーシップの締結前、それの財産制の準拠法の指定を行なわなかったときは、その制度は、登録パートナーシップが締結された国家の法律抵触規則を含め、その国家の法律によって規律される。

第八条

一　パートナーは、オランダ又は外国において締結された登録パートナーシップの間に、そのパートナーシップの財産制を当時までの準拠法以外の法律に服せしめることができる。

二　パートナーは、登録パートナーシップを知る法律のみを指定することができる。

三　かようにして指定された法律は、財産の全体に適用される。

四　但し、パートナーが、第一項によるか、又は、第六条によって定められた指定を行なったとしても、あるいは、行なわなかったとしても、それらの者は、いずれかの不動産又はそのいくつかに関し、それらの不動産が所在している場所の法律が登録パートナーシップを知ることを条件として、その法律を指定することができる。それらの者はまた、後に取得される不動産が、その所在地の法律が登録パートナーシップを知ることを条件として、その法律に服することを定めることができる。

第九条

一　オランダ又は外国において締結された登録パートナーシップの財産制の本法の諸規定に従った準拠法は、パートナーの国籍又はその常居所の変更の場合にも、それらの者が他の法律を指定していない間は、そのまま適用される。

二　パートナーが外国において締結されたその登録パートナーシップの財産制に適用されるものとして有効に指定した法律は、それらの者がその国籍又はその常居所を変更するときであっても、それらの者が他の法律を指定していない間は、そのまま適用される。

第一〇条

パートナーのその登録パートナーシップの財産制に適用されるものとして指定された法律についての合意に関する要件は、その法律によって決定される。

第一一条

登録パートナーシップの財産制の準拠法の指定は明示的に定められたか、又は、登録パートナーシップの契約の諸条項から明白に生じなければならない。

第一二条

登録パートナーシップの契約は、方式に関し、それがパートナーシップの財産制の準拠国内法に従ったとしても、それが締結された場所の国内法に従ったとしても有効である。それは、常に、日付があり、かつ、両パートナーによって署名された書面の対象とならなければならない。

第一三条

明白な約定による登録パートナーシップの財産制の準拠法の指定は、指定された国内法によるにしても、その指定が行なわれる場所の法律によるにしても、登録パートナーシップの契約について定められた方式を具備しなければならない。それは常に日付があり、かつ、両パートナーによって署名された書面に書き留められなければならない。

第一四条

パートナーと第三者との間の法律関係に対する登録パートナーシップの財産制の効果は、パートナーシップの財産制の準拠法に服する。

第一五条

登録パートナーシップの財産制が外国法によって規律されるパートナーは、特に、パートナーシップの財産制がオランダ法によって規律されないことを証明する公正証書を民法典第一編第一一六条に定められた登録簿に記載させることができる。

第一六条

一　第三者が、登録パートナーシップの間に、パートナーシップの財産制が外国法によって規律されるパートナーと法律行為を行なったときは、その者は、自らも両パートナーと同様、その行為が行なわれた当時、オランダにその常居所を有したことを条件として、登録パートナーシップの終了後であっても、両パートナー間にオランダ法に従った包括的共有財産制が存在したときのごとく、その法律行為から生ずる債権を主張することができる。

二　第一項は、第三者が、法律行為を行なう当時、パートナーシップの財産制が外国法によって規律されることを知っていたか、又は、知るべきであったときは適用されない。法律行為が、第一五条に定められた行為が同条に定められた登録簿に記載されてから少なくとも二週間後に行なわれたときは、そのような場合であると見做される。

第一七条

外国に所在する財産の構成部分へのその財産の構成部分の所在国家の法律抵触規則によって指定された法律の適用が、パートナーの一方が、本法によって指定された法律が通用されたならば、その者が得なかった利益であって、他方パートナーと比べて優遇した利益を得る結果になったときは、他方パートナーは、パートナーシップの財産制の中止又は修正によるその制度の清算時に、その優越した利益につき、補償又は賠償を取得す

ることができる。

第一八条
民法典第一編第九二条第三項は、次に掲げるパートナーに対し、オランダにおいて提起された控訴への み適用される。
a 登録パートナーシップの財産制がオランダ法によって規律されるパートナー、又は、
b 本法第一六条の諸規定に従って行なわれることができる控訴が相対するパートナー

第一九条
民法典第一編第二九条は、パートナーが、その登録パートナーシップの財産制につき、前にその制度に適用された法律以外の法律を指定するときは適用されない。

第二〇条
民法典第二編第二二一条は、パートナーシップの財産制が外国法によって規律されるときも適用される。

第二一条
離婚の場合の年金の権利の公平化に関する法律第一条第七項の諸規定の留保の下に、相互の合意又は解消による登録パートナーシップの終了の場合に、パートナーが、他方パートナーによって設定された年金の権利の一部に対する権利を有するか否かを知る問題は、登録パートナーシップの財産制の準拠法によって規律される。

第五章 オランダにおける登録パートナーシップの終了

第二二条
オランダ法は、オランダにおいて締結された登録パートナーシップが相互の合意又は解消によって終了されることができるか否か、及び、いかなる事由によって終了されることができるかを決定する。

第二三条
一 オランダ法は、外国において締結された登録パートナーシップが相互の合意又は解消によって終了されることができるか否か、及び、いかなる事由によって終了されることができるかを決定する。
二 第一項の諸規定に反し、両パートナーが、それらの者が、相互の合意により、その登録パートナーシップの終了に関して締結した取り決めにおいて、登録パートナーシップが締結された国家の法律を共同して指定したときは、その法律が通用される。
三 第一項の諸規定に反し、次に掲げるときは、登録パートナーシップが締結された国家の法律が、解消によるパートナーシップの終了に適用される。
a パートナーが共同してその法律を指定したか、若しくは、パートナーの一方によるその法律の指定が争われなかったとき、又は、
b 両パートナーがその法律を指定し、かつ、両パートナーが、登録パートナーシップが締結された国家の社会と実質的関係を有するとき
四 オランダ法は、外国において締結された登録パートナーシップの相互の合意又は解消による終了につき、それに続く手続を決定する。

第六章 外国において行なわれた登録パートナーシップの終了の承認

第二四条

一　登録パートナーシップの相互の合意による終了がオランダ外において行なわれたときは、それが行なわれた国家において有効であるとき、それは承認される。

二　外国において、適正な手続を終了して取得された登録パートナーシップの解消は、それが裁判官又は他の権限を有する官庁の決定によって行なわれたとき、オランダにおいて承認される。

三　外国において取得された登録パートナーシップの解消が第二項に定められた諸要件の一つ又はいくつかを満たさないときであっても、それは、他方当事者が、外国における手続中、解消に対し、明示的又は黙示的にその同意を与えたことが明らかに見られるか、その者が、手続後、明示的又は黙示的に解消を甘受したことが明らかに見られるとき、やはりオランダにおいて承認される。

第七章　扶養義務

第二五条

オランダ又は外国において締結された登録パートナーシップに関し、登録パートナーシップの期間中及び相互の合意又は解消によるそれの終了の後における扶養義務の準拠法は、一九七三年一〇月二日の扶養義務の準拠法に関するハーグ条約（条約報告書一九七四年第八六号に公表）によって決定される。

第八章　（他の立法条文の修正）及び第九章（最終規定）（省略）

親子関係についての法律の抵触の規律に関する二〇〇二年三月一四日法律（親子関係抵触法）

（オランダ官報二〇〇二年第一五三号）

第一章　出生による親子関係

第一条

一　子とその者を出産した女子、及び、その女子と婚姻しているか、若しくは、婚姻していた男子との間の出生による親子関係の確定は、男子及び女子が有する国籍が帰属する国家の法律に依るか、又は、それがないときは、女子及び男子の双方が有するその常居所が所在する国家の法律に依るか、又は、それがないときは、子が有するその常居所が所在する国家の法律に依って規律される。

二　第一項の適用のために考慮された時点は、子の出生のそれ、又は、両親の婚姻が子の出生前に解消されたときは、婚姻解消のそれとする。

三　女子及び男子が複数の共通国籍を有するときは、第一項の適用につき、それらの者は共通国籍を有しないものと見做される。

第二条

一　第一条に定められたような親子関係の異議申立て又は否認の確認訴訟による無効は、本条に従い、その関係に適用される法律によって規律される。

二　異議申立て又は否認が、第一項に定められた法律に従えば不可能であるか、又は、すでに不可能であるとき、裁判官は、子の利益のためであり、かつ、子及び両親がその結果に対す

る共同した要求を提出する限り、第一条に定められたとは別の法律を適用するか、又は、子が出生若しくは否認の当時有したその常居所が所在する国家の法律、さらに、又は、オランダ法を適用することができる。

三　第一項又は第二項に従う準拠法がいずれであろうとも、そこにおいて目的とされている訴訟は、民法典第一編第二一二条の規定に服する。

四　母によって身分官吏へなされた子とその母と婚姻しているか、又は、婚姻していた男子との間の親子関係の異議申立ての宣言による無効は、第一条に従い、その関係に適用される法律によって規律される。かような宣言は、第一項及び第二項の諸規定を妨げることなく、母と婚姻しているか、又は、婚姻していた今なお生存する男子の同意をもって、かつ、同時に、子と他のいずれかの男子との間の親子関係が生じるか、又は、確認されることを条件としてのみ行なわれることができる。

第三条

一　いずれかの女子とその者が婚姻外において出産した子との間の親子関係の確定は、女子が有する国籍が帰属する国家の法律によって規律される。女子がオランダにその常居所を有するとき、かような関係は常に確定される。

二　第一項の適用のために考慮された時点は、子の出生のそれとする。

三　第一項及び第二項は、いかなる点においても、一九六二年九月一二日、ブリュッセルにおいて署名された自然子の母子関係の確定に関する条約の適用を妨げない。

第二章　認知による親子関係又は父子関係確認訴訟

第四条

一　いずれかの男子による子とその者自身との間の父子関係の認知による確定は、男子の子を認知する能力、及び、認知の要件に関し、男子が有する国籍が帰属する国家の法律に依って規律される。その法律に依れば、認知が不可能であるか、又は、すでに不可能であるとき、決定的であるのは、子が有するその常居所が所在する国家の法律とする。その法律によっても、認知が不可能であるか、又は、すでに不可能であるとき、決定的であるのは、子が有する国籍が帰属する国家の法律とする。その法律によっても、認知が不可能であるか、又は、すでに不可能であるとき、適用されるのは男子の常居所の国家の法律とする。

二　第一項に従う準拠法がいずれであろうとも、オランダ国籍の既婚男子がその配偶者以外の女子から生まれた子を認知する能力を有するか否かを決定するのは、オランダ法とする。

三　認知証書、及び、後の認知の記載は、第一項又は第二項に従って適用された法律を付記する。

四　第一項に従う準拠法がいずれであろうとも、認知に対する母又は子の同意は、それぞれ、母又は子が有する国籍が帰属する国家の法律によって規律される。母又は子がオランダ国籍を有するとき、適用されるのはオランダ法とする。準拠法が認知を知らないとき、それぞれ、準拠法は母又は子が有するその常居所が所在する国家の法律とする。同意の準拠法は、同意がないとき、それが裁判上の決定によって代替されることができるか否かをも決定する。

五　前諸項の適用のために考慮された時点は、認知及び同意のそれとする。

第五条

認知の無効、及び、無効の方法は、男子の子を認知する権能、及び、認知の要件に関し、第四条第一項及び第二項の諸規定に従う準拠法に依り、又、母又は子の同意に関し、第四条第四項の諸規定に従う準拠法に依って規律される。

第六条

一　男子の父子関係確認訴訟、及び、その訴訟の方法は、男子及び女子が有する国籍が帰属する国家の法律に依るか、又は、それがないとき、それらの者の双方が有するその常居所が所在する国家の法律に依るか、又は、それがないとき、子が有するその常居所が所在する国家の法律によって規律される。

二　第一項の適用のために考慮された時点は、請求の提起のそれとする。男子又は母がその時点において死亡しているときは、準拠法は、死亡の時点における共通国籍がないとき、男子及び母がその時点において有するその常居所が所在する国家の法律とするか、又は、それがないとき、子が請求提起の当時有するその常居所が所在する国家の法律とする。

三　男子及び女子が複数の共通国籍を有するときは、前諸項の適用につき、それらの者は共通国籍を有しないものと見做される。

第三章　準正による親子関係

第七条

一　子のその父若しくはその母の婚姻によるか、又は、後に取得された裁判所若しくは他のいずれかの権限を有する官庁の決定による準正は、一九七〇年一二月一〇日、ローマにおいて署名された婚姻による準正に関する条約によって規律される。

二　第一項の適用が準正へ導かないとき、親子関係は、子が有するその常居所が所在する国家の法律に従う準正によって確定されることができる。

三　父又は母がオランダ国籍を有し、かつ、婚姻が婚姻についての法律の抵触に関する法律第四条及び第五条の諸規定に従って有効に締結されなかったとき、第一項及び第二項は通用されない。

四　前諸項の適用のために考慮された時点は、父及び母の婚姻のそれ、又は、裁判所若しくは他のいずれかの権限を有する官庁の決定による親子関係の確定の場合には、要求又は裁判上の訴訟の提起のそれとする。

第四章　親子関係の内容

第八条

一　父母と子との間の親子関係の内容は、個別事項に関する諸規定を妨げることなく、父及び母が有する国籍が帰属する国家の法律に依るか、又は、それがないとき、それらの者がそれぞれ有するその常居所が所在する国家の法律に依るか、又は、それがないとき、子が有するその常居所が所在する国家の法律に依って規律される。

二　母と子との間にしか実親子関係が存在しないとき、その内容は、母及び子が有する国籍が帰属する国家の法律に依るか、又は、共通国籍がないとき、子が有するその常居所が所在する国家の法律に依って規律される。

三　男子及び女子が複数の共通国籍を有するとき、前諸項の適用につき、それらの者は共通国籍を有しないものと見做される。

第五章　外国における親子関係を確定又は変更する司法上の決定並びに事実及び法律行為の承認

第九条

一　外国において下され、かつ、親子関係を確定又は変更する全ての司法上の最終的決定は、次に掲げるときでない限り、オランダにおいて正当に承認される。

　a　裁判管轄につき、明らかに当該国家の司法的範囲と十分な密接関連性が存在しないとき、又は、

　b　その決定が明らかに確たる調査若しくは手続から生じていないとき、又は、

　c　その決定の承認が明らかに公の秩序を侵害する余地があるとき

二　決定の承認は、それがオランダ所属民に関わるときであっても、本法の諸規定に従えば適用された法律以外の法律が適用されたことを唯一の理由に、公の秩序に対する侵害として拒否されてはならない。

三　決定は、それが同一の実親子関係の確定又は変更に関するオランダ裁判官の最終的決定と相容れないとき、承認の余地がない。

四　前諸項は、第七条第一項に定められた条約の諸規定の適用をいかなる点においても妨げない。

第一〇条

一　第九条第一項b号及びc号、第二項並びに第三項は、外国において生じた事実及び法律行為であって、実親子関係を確定若しくは変更し、かつ、関係国の諸規定と合致して、いずれかの権限を有する官庁によって作成された証書へ記載されているものに類推適用される。

二　父の認知は、次に掲げるとき、いかなる場合にも、第九条第一項c号に定められた拒否の理由に該当する。

　a　それが、オランダ法によれば、子を認知する能力を与えられないこととなるオランダ所属民の行為であるとき、又は、

　b　母若しくは子の同意に関し、第四条第四項に従う準拠法によって定められた諸要件が満たされなかったとき、又は、

　c　証書が明らかに仮装の行為に関わるとき

三　前諸項は第七条第一項に定められた条約の適用をいかなる点においても妨げない。

第一一条

本法は、その発効後に確定又は変更された関係、並びに、その発効後に外国において確定又は変更された関係の承認に適用される。

第一二条及び第一三条（省略）

相続の準拠法に関する一九八九年八月一日のハーグ条約の批准に伴う相続並びに遺産の清算及び分割の抵触法規定のための一九九六年九月四日法律（相続抵触法に関する法律）

（オランダ官報一九九六年第四五七号）

第一条

相続について通用される法は、相続について通用される法に

ついて一九八九年八月一日ハーグにおいて締結された条約の規定であって、その仏文及び英文がオランダ語訳とともに官報一九九四年第四九号に公表されているものによって決定される。

第二条

一　分割されるべき遺産の権利者が、外国に所在する何らかの目的物の所在地国国際私法が指定する法のそれへの適用により、他のいずれかの権利者に対して不利に扱われるときは、それゆえ、同法に従い、他の権利者又は第三者によって取得されているその目的物は、有効に取得されたものと認められる。

二　但し、不利に扱われた権利者は、その者と有利に扱われた権利者との間における遺産分割に際し、被った不利益までは清算が行なわれることを主張することができる。清算が可能であるのは、専ら遺産価値とであるか、又は、負担の軽減によってである。

三　前諸項において、権利者とは遺産相続人、受贈者又は賦課受益者を意味する。

第三条

被相続人がその者によって予め作成された死因処分を全て撤回するときは、それは、その者によって予め行なわれた選択であって、その者の遺産の相続が服する法のそれを含むものと推定される。

第四条

一　被相続人がオランダにその者の最後の常居所を有したときは、遺産分割はオランダ法に服するものとする。特に、第一条に挙げられた条約に従って適用される法によって引用されている相続人の責任、被相続人の債務、及び、相続人がその者の責任を排除又は制限することができる条件については、オランダの規定が適用されるものとする。

二　遺産の分配が行なわれる方法は、遺産分割当事者が一致して他のいずれかの国家の法を選択しない限り、被相続人がオランダにその者の最後の常居所を有したときは、オランダ法に服する。積極財産の所在地の物権法上の要件は考慮されるものとする。

第五条

一　被相続人がオランダにその者の最後の常居所を有したときは、被相続人によって指定された清算人の任務及び権能はオランダ法に服する。

二　略式手続きにおける単独判事の権能に拘わらず、裁判所は、当事者の申立てに基づき、オランダに所在する遺産の構成部分の相続につき、第一条に挙げられた条約に従って適用される法が遵守されることを保証するために措置を講ずることができる。裁判所はそれとの関連において担保が提供されることを命じることができる。

第六条（一八六九年四月七日法律の廃止）

第七条

一　本法はその発効の時点の後に死亡する者の相続に適用される。

二　被相続人が本法の発効に先行する時点までにその者の相続に適用される法を選択した場合には、その選択が第一条に挙げられた条約の第五条の規定を満足させるときは、それは有効と見做される。

三　共同の死因処分の当事者が本法の発効に先行する時点までにその共同処分に適用される法を選択した場合には、その選択が第一条に挙げられた条約の第一一条の規定を満足させるときは、それは有効と見做される。
四　前諸項の規定に拘わらず、被相続人によって行なわれたその者の遺産に適用される法の選択、又は、かような選択の変更であって、本法の発効前に生じているものは、本法が当時かような選択を定めていないことのみを理由として無効と見做されてはならない。

四　スイス連邦

国際私法に関する連邦法（抄）

（一九八七年一二月一八日成立、一九八九年一月一日施行）

第一条　本法は、国際的関係において、次に掲げる事項を規律する。
a　スイスの裁判所又は官庁の管轄権
b　準拠法
c　外国裁判の承認及び執行の要件
d　破産及び遺産契約
e　仲裁裁判国際法上の条約は留保される。

第二条　本法が特別の管轄権を規定しないときは、被告の住所地におけるスイスの裁判所、又は、官庁が管轄権を有する。

第三条　本法がスイスにおける管轄権を規定せず、かつ、外国における手続が可能でないか、又は、許されるべきでないときは、事実関係と充分な関係を有する地におけるスイスの裁判所又は官庁が管轄権を有する。

第四条　本法がスイスにおける他の管轄権を規定しないときは、仮差押の効の訴は、スイスの仮差押地において提起されることができる。

第五条　一定の法律関係による財産法の請求権に関する現在又は将来訴訟については、当事者は裁判籍を合意することができる。合意は、書面、電報、テレックス、ファックス、又は、字句による合意の証明を可能にする他の伝達形態において行なわれることができる。別段の合意がないときは、合意された裁判所が専属的管轄権を有する。
当事者の一方がスイス法上の裁判籍を不法に奪取されるときは、裁判籍の合意は無効である。
合意された裁判所は、次に掲げるとき、その管轄権を拒否してはならない。
a　当事者の一方が、合意された裁判所のカントンにその住所、その常居所又は営業所を有するとき、又は、
b　本法に従い、スイス法が訴訟物に適用されるべきであるとき

第六条　財産法上の訴訟において、無留保の応訴は、スイスの受訴裁判所が第五条第三項に従ってその管轄権を拒否することができない限り、その管轄権を基礎づける。

第七条　当事者が仲裁可能な争訟に関して仲裁の合意を行なったときは、次に掲げるときでない限り、スイスの受訴裁判所はその管轄権を拒否する。
a　被告が無留保で手続に応訴したとき

b　裁判所が、仲裁の合意が不確実、無効又は実現不可能であることを確認するとき、又は、

c　仲裁裁判所が、仲裁手続における相手方が明らかに責を負うべき理由により、申立てられることができないとき

第八条　本訴が係属している裁判所は、本訴と反訴の間に事実上の関連性が存在するときに限り、反訴をも判断する。

第九条　同一の当事者間における同一の訴訟物に関する訴が最初に外国において係属されているときは、外国裁判所が妥当な期間内にスイスにおいて承認されることができる裁判を下すことが見込まれるべきとき、スイスの裁判所は手続を中止する。

訴がいつスイスにおいて係属されているかの確定のため、訴提起に必要な最初の手続行為の時点が基準とされる。調停手続の開始は同様にして足りる。

スイス裁判所は、スイスにおいて承認されることができる外国裁判がそれに呈示されるとき、直ちに訴を却下する。

第一〇条　スイスの裁判所又は官庁はそれが問題自体の裁判について管轄権を有していないときであっても、保全的措置を行なうことができる。

第一一条　司法共助行為は、スイスにおいてそれが行なわれるカントンの法に従って実行される。

依頼している官庁の要求に対し、外国の手続方式が外国における権利の主張の実効に必要であり、かつ、不利益を受ける者の側からの重大な理由が反対しないときは、それも適用されるか、又は、考慮されることができる。

スイスの裁判所又は官庁は、スイス法による方式が外国において承認されず、かつ、そのため、保護に値する権利の主張がそこにおいて実行されることができないときは、外国法上の方式に従った文書を発行するか、又は、申請者に宣誓させることができる。

第一二条　外国における者がスイスの裁判所又は官庁の前において期間を遵守しなければならないときは、提出が期間の最終日にスイスの外交官又は領事官で行なわれるとき、期間の遵守について足りる。

第一三条　本法の外国法への送致は、同法に従って事実関係に適用されることができる全ての規定を含む。外国法の規定の適用可能性は、それが公法的性質を有することのみによっては排除されない。

第一四条　準拠法がスイス法への反致又は他の外国法への転致を規定するときは、それは、本法がそれを規定するときに顧慮されるべきものとする。

人の身分又は家族の身分の問題において、スイス法への反致は顧慮されるべきものとする。

第一五条　本法が送致する法は、全体の事情により、事実関係が同法と僅かの関係のみを有するが、他の法とははるかにより密接な関係を有することが明らかであるときは、例外的に適用されない。

本規定は、法選択が存在するときは、適用されない。

第一六条　適用されるべき外国法の内容は、職権によって確定されるべきものとする。そのため、当事者の協力が要求されることができる。財産法上の請求の際には、証明が当事者に課せられることができる。

適用されるべき外国法の内容が確定されることができないと

きは、スイス法が適用されるべきものとする。

第一七条　外国法の規定の適用は、それがスイスの公の秩序と相容れない結果へ導くこととなるときは、排除される。

第一八条　特別の目的のため、本法によって指定された法と関係なく、強行的に適用されるべきであるスイス法の規定は留保される。

第一九条　本法によって指定される法のかわりに、強行的に適用されることを主張する他の法の規定が、スイス法の理解によって保護に値し、かつ、当事者の明らかに重要な利益がそれを要求し、かつ、事実関係がその法と密接な関係を有するときは、考慮されることができる。

かような規定が考慮されるべきであるか否かは、スイス法の理解によって妥当な裁判のため、その目的及びそれによって生じる結果に従って判断される。

第二〇条　本法の意味において、自然人は次に掲げる国にその者の住所、常居所及び営業所を有する。

a　その者の住所は、その者が継続的滞在の意図をもって滞在する国

b　その者の常居所は、その者が、期間が頭初から期限付きであっても、比較的に長い期間に亘って生活する国

c　その者の営業所は、その者の営業活動の中心が所在する国

いかなる者も同時に複数の地に住所を有することができない。人がどこにも住所を有しないときは、常居所が住所の代わりとなる。民法典の住所及び居所に関する規定は適用されない。

第二二条　自然人の国籍は、国籍が問題となる国の法に従って決定される。

第二三条　人がスイス国籍のほかに他の国籍を保有するときは、本国裁判籍の基礎づけにつき、スイス国籍のみが基準とされる。

人が複数の国籍を保有するときは、本法が別段規定しない限り、準拠法の決定につき、人が最も密接に結び付けられている国への所属が基準とされる。

人の国籍がスイスにおける外国裁判の承認の要件であるときは、その者の国籍のいずれか一つの顧慮をもって足りる。

第二四条　人が無国籍者の法的地位にする一九五四年九月二八日ニューヨーク条約の意味における無国籍者の地位に相応するか、又は、その者の本国との関係が無国籍に等しい程度に疎遠であるときは、その者は無国籍者とみなされる。

人が一九七九年一〇月五日の庇護法の意味における避難民の地位に相応するときは、それとみなされる。

本法が無国籍者又は避難民に適用されるべきであるときは、住所が国籍の代わりとなる。

第五節　外国裁判の承認及び執行

第二五条　外国裁判は、次に掲げるとき、スイスにおいて承認される。

a　裁判が下されている国の裁判所又は官庁の管轄権が根拠を有したとき

b　裁判に対していかなる通常の法的手段ももはや主張されることができないか、又は、それが最終的であるとき、及び、

c　第二七条の意味における拒否理由が存在しないとき

第二六条　外国官庁の管轄権は、次に掲げるとき、根拠を有する。

a　本法の規定がそれを規定するか、又は、かようなものがない場合には、被告が判決国にその者の住所を有したとき
b　財産法上の訴訟において、当事者が本法に従って有効な合意によって裁判を行なった官庁の管轄権に服したとき
c　財産法上の訴訟における被告が、留保することなく、応訴したとき
d　反訴の場合において、裁判を行なった官庁が本訴について管轄権を有し、かつ、本訴と反訴の間に事実上の関連性が存在するとき

第二七条　外国において下された裁判は、承認が明らかにスイスの公の秩序と相容れないこととなるとき、スイスにおいて承認されない。
外国において下された裁判は、当事者が次に掲げることを証明するときも、承認されない。
a　その者が留保することなく応訴したのでない限り、その者がその住所地法によっても常居所地法によっても正当に召喚されなかったこと
b　裁判がスイスの手続法上の重要な原則に反して実現されていること、特に、その者に審訊が拒否されていること
c　同一の当時者間の同一の訴訟物に関する訴訟が最初にスイスにおいて提起されているか、又は、スイスにおいて裁判されていること、又は、それが第三国においてより早く裁判されており、かつ、同裁判がスイスにおいて承認されることができること、
さらに、裁判は事実自体において再審されてはならない。

第二八条　第二五条ないし第二七条によって承認された許可は、利害関係を有する当事者の申立てにより、執行力を有するものとして宣言される。

第二九条　承認又は執行の申立ては、外国許可が主張されるカントンの管轄権を有する官庁に対して行なわれるべきものとする。申立てには、次に掲げるものが添付されるべきものとする。
a　裁判の完全な認証された正本
b　裁判に対して通常の法的手段がもはや主張されることができないか、又は、それが最終的なものであることの確証
c　欠席判決の場合には、敗訴した当事者が正当に、かつ、その者が自己弁護することが可能であった適時に召喚されていることが明らかになる文書
承認手続及び執行手続において、申立てに抗拒する当事者は、聴問されるべきものとする。その者はその証拠方法を主張することができる。
裁判が先決問題として主張されるときは、受理官庁は自ら承認について裁決することができる。

第三〇条　第二五条ないし第二九条は、裁判上の和解が、それが締結されている国において裁判上の裁決と同等とされる限り、それについても適用される。

第三一条　第二五条ないし第二九条は、非訟事件の裁判又は文書の承認及び執行についても同様に適用される。

第三二条　戸籍に関する外国の裁判又は文書は、カントンの監督官庁の命令に基づいて戸籍簿へ登録される。
登録は、第二五条ないし第二七条の要件が満たされているとき、許される。
当該の者は、外国の判決国において当事者の手続上の権利が

充分に保護されていることが確実でないときは、登録前に聴問されるべきものとする。

第二章 自然人

第三三条 本法が別段規定しないときは身分法上の関係については、住所地におけるスイスの裁判所又は官庁が管轄権を有する。それは住所地法を適用する。

人格の侵害による請求権については、不法行為に関する本法の規定（第一二九条以下）が適用される。

第三四条 権利能力はスイス法に服する。

人格の開始及び終了は、権利能力を前提とする法律関係の法に服する。

第三五条 行為能力は住所地法に服する。

住所の変更はひとたび取得された行為能力に及ばない。

第三六条 法律行為を行なった者は、その者がその住所地法によれば行為能力を有しなかったとしても、その者が法律行為を行なった国の法によれば行為能力を有したときは、他の当事者がその者の行為無能力を知っていたか、又は、それを知るべきであった場合でない限り、その者の行為無能力を援用することができない。

この規定は、家族法上及び相続法上の法律行為並びに不動産物件に関する法律行為には適用されない。

第三七条 スイスに住所を有する者の氏はスイス法に服する。外国に住所を有する者の氏は、住所地国の抵触法が指定する法に服する。

但し、人はその者の氏が本国法に服することを要求することができる。

第三八条 氏の変更については、申請者の住所地のスイス官庁が管轄権を有する。

スイスに住所を有しないスイス市民は、その者の本籍地のカントンの官庁に氏の変更を要求することができる。

氏の変更の要件及び効果はスイス法に服する。

第三九条 外国において生じた氏の変更は、それが申請者の住所地国又は本国において有効であるとき、スイスにおいて承認される。

第四〇条 氏は登録処理に関するスイスの原則に従って戸籍簿へ登録される。

第四一条 失踪宣告については、失踪者の最後の知られた住所地のスイスの裁判所、又は、官庁が管轄権を有する。

スイスの裁判所又は官庁は、さらに、失踪宣告について保護に値する利益が存在するとき、それについて管轄権を有する。

失踪宣告の要件及び効果はスイス法に服する。

第四二条 外国において言い渡された失踪宣告又は死亡宣告は、それが失踪者の最後の知られた住所地国又は本国において行なわれているときは、スイスにおいて承認される。

第三章 婚姻法

第一節 婚姻締結

第四三条 スイスの官庁は、新婦又は新郎がスイスに住所を有するか、又は、スイスの市民権を有するとき婚姻締結について管轄権を有する。スイスに住所を有しない婚約した外国人男女は、婚姻が男女双方の住所地国又は本国において承認されるときは、管轄権を有する官庁により、スイスにおける婚姻締結も許されることができる。

許可は、スイスにおいて言い渡されたか、又は、承認された離婚が外国において承認されないことのみによって拒否されてはならない。

第四四条　スイスにおける婚姻締結の実質的要件はスイス法に服する。

要件がスイス法によれば満たされていないときは、外国人の間の婚姻は、それが婚約した男女の一方の本国法上の要件に適合するとき、締結されることができる。

スイスにおける婚姻締結の方式はスイス法に服する。

第四五条　外国において有効に締結された婚姻は、スイスにおいて承認される。

新婦又は新郎がスイス市民であるか、又は、双方がスイスに住所を有するときは、外国において締結された婚姻は、締結がスイス法上の無効原因を回避する明らかな意図のもとに外国へ移されていないとき、承認される。

外国において有効に挙行された同性者間の婚姻は、スイスにおいては登録パートナーシップとして承認される。

第二節　婚姻の一般的効力

第四六条　婚姻における権利及び義務に関する訴又は措置については、夫婦の一方の住所地のスイスの裁判所若しくは官庁、又は、それがないときは、夫婦の一方の常居所地のそれが管轄権を有する。

第四七条　夫婦がスイスに住所も常居所も有せず、かつ、それらの者の一方がスイス市民であるときは、婚姻における権利及び義務に関する訴又は措置については、夫婦の一方の住所地又は常居所地において訴又は要求を提起することが不可能であるか、又は、期待できないとき、本籍地における裁判所又は官庁が管轄権を有する。

第四八条　婚姻における権利及び義務は、夫婦がその住所を有する国の法に服する。

夫婦が同一国にその住所を有しないときは、婚姻における権利及び義務は、事実関係がより密接な関連性を有する住所地国の法に服する。

第四七条によって本籍地におけるスイスの裁判所又は官庁が管轄権を有するときは、スイス法が適用される。

第四九条　夫婦間の扶養義務については、扶養義務の準拠法に関する一九七三年一〇月二日のハーグ条約が適用される。

第五〇条　婚姻における権利及び義務に関する外国の裁判又は措置は、それが夫婦の一方の住所地国又は常居所地国において下されているとき、スイスにおいて承認される。

第三節　夫婦財産制

第五一条　財産的法律関係に関する訴又は措置については、次に掲げる裁判所又は官庁が管轄権を有する。

a　配偶者の死亡の場合における財産法上の清算については、相続法上の清算について管轄権を有しているスイスの裁判所又は官庁（第八六条ないし第八九条）

b　婚姻の裁判上の解消又は別居の場合における財産法上の清算については、それについて管轄権を有しているスイスの裁判所（第五九条、第六〇条、第六三条、第六四条）

c　その他の場合においては、婚姻の効果に関する訴又は措置について管轄権を有しているスイスの裁判所又は官庁（第四六条、第四七条）

第五二条　財産的法律関係は夫婦によって選択された法に服する。

夫婦は、双方がその住所を有するか、又は、婚姻締結後その住所を有することとなる国の法、及び、それらの者の本国のいずれか一方の法の中から選択することができる。第二三条第二項は適用されない。

第五三条　法の選択は書面によって合意されているか、又は、夫婦財産契約によって一義的に明らかにならなければならない。その他の点において、それは選択された法に服する。法の選択は、いつでも行なわれるか、又は、変更されることができる。それが婚姻の締結後行なわれるときは、それは、当事者が別段合意しないとき、婚姻締結の時点に遡及する。

選択された法は、夫婦が他の法を選択するか、又は、法の選択を撤回するまで継続して適用される。

第五四条　夫婦が法の選択を行なわなかったときは、財産的法律関係は次に掲げる法に服する。

a　双方が同時にその住所を有する国の法、又は、その場合でないとき

b　夫婦の双方が最後に同時にその住所を有した国の法

夫婦が同時に同一国に住所を有しなかったときは、その共通本国法が適用される。

夫婦が同時に同一に住所を有せず、かつ、それらの者が共通国籍も有しないときは、スイス法上の別産制が行なわれる。

第五五条　夫婦がいずれかある国から他の国へその住所を移すときは、新しい住所地国の法が婚姻締結の時点に遡及して適用されるべきものとする。夫婦は書面による合意によって遡及を排除することができる。

住所の変更は、当事者が従前の法の継続適用を書面によって合意したか、又は、それらの者の間に夫婦財産契約が存在するときは、準拠法に影響を及ぼさない。

第五六条　夫婦財産契約は、それが夫婦財産契約の準拠法又は締結地法に適合するときは、方式上有効である。

第五七条　夫婦の一方と第三者の間の法律関係に対する夫婦財産制の効果は、同配偶者が法律関係の成立の時点においてその住所を有する国の法に服する。

第三者が法律関係の成立の時点において財産的法律関係が服した法を知っていたか、又は、知るべきであったときは、それが適用されるべきものとする。

第五八条　財産的法律関係に関する外国裁判は、次に掲げるとき、スイスにおいて承認される。

a　それが被告である配偶者の住所地国において下されているか、又は、それがそこにおいて承認されるとき

b　被告である配偶者がスイスにその住所を有しなかったことを条件として、それが原告である配偶者の住所地国において下されているか、又は、そこにおいて承認されるとき

c　それが、本法に従って適用される法が属する国において下されているか、又は、それがそこにおいて承認されるとき、又は、

d　それが不動産に関し、物の所在地において下されているか、又は、そこにおいて承認されるとき婚姻共同体の保護のための措置と関連して下されているか、又は、死亡、無効宣告、離婚又は別居の結果として下されている財産的法

律関係の裁判については、承認は、婚姻法、離婚法又は相続法に関する本法の規定（第五〇条、第六五条及び第九六条）に従って支配される。

第四節　離婚及び別居

第五九条　離婚又は別居の訴については、次に掲げる裁判所が管轄権を有する。

a　被告の住所地におけるスイスの裁判所

b　原告が一年以上スイスに居住しているか、又は、その者がスイス市民であるときは、その者の住所地におけるスイスの裁判所

第六〇条　夫婦がスイスに住所を有せず、かつ、それらの者の一方がスイス市民であるときは、夫婦の一方の住所地において訴を提起することが不可能であるか、又は、期待できないとき、婚姻の離婚又は別居の訴につき、本籍地における裁判所が管轄権を有する。

第六一条　離婚及び別居はスイス法に服する。

夫婦が共通の外国国籍を有し、かつ、それらの者の一方のみがスイスに住所を有するときは、それらの者の共通本国法が適用されるべきものとする。

外国の共通本国法によれば離婚が許されていないか、又は、非常に厳格な要件のもとにおいてのみ許されているときは、夫婦の一方がスイス市民でもあるか、又は、スイスに二年以上居住しているとき、スイス法が適用されるべきものとする。

第六〇条に従って本籍地におけるスイスの裁判所が管轄権を有するときは、それはスイス法を適用する。

第六二条　離婚訴訟又は別居訴訟が係属しているスイスの裁判所は、訴の判断に対するその管轄違いが明らかでないか、又は、確定力を有するものとして確定されていない限り、保全措置を行なうことができる。保全措置はスイス法に服する。本法の夫婦の扶養義務に関する規定（第四九条）、親子関係の効力に関する規定（第八二条及び第八三条）及び未成年者保護に関する規定（第八五条）は留保される。

第六三条　離婚又は別居の訴について管轄権を有するスイスの裁判所は、その付随的効果の規律についても管轄権を有する。

離婚又は別居の付随的効果は離婚の準拠法に服する。本法の氏に関する規定（第三七条ないし第四〇条）、夫婦の扶養義務に関する規定（第四九条）、夫婦財産制に関する規定（第五二条ないし第五七条）、親子関係の効力に関する規定（第八二条及び第八三条）及び未成年者保護に関する規定（第八五条）は留保される。

第六四条　スイスの裁判所は、離婚又は別居に関する裁判の補充又は変更の訴につき、それがそれを自ら言い渡したか、又は、それが第五九条若しくは第六〇条に従って管轄権を有するとき、管轄権を有する。本法の未成年者保護に関する規定（第八五条）は留保される。

別居判決又は離婚判決の補充又は変更は離婚の準拠法に服する。本法の氏に関する規定（第三七条ないし第四〇条）、夫婦の扶養義務に関する規定（第四九条）、夫婦財産制に関する規定（第五二条ないし第五七条）、親子関係の効力に関する規定（第八二条及び第八三条）及び未成年者保護に関する規定（第八五条）は留保される。

第六五条　離婚又は別居に関する外国裁判は、それが夫婦の一方の住所地国、常居所地国又は本国において下されているか、又は、それがそれらの国のいずれかにおいて承認されるとき、スイスにおいて承認される。

但し、裁判が夫婦のいずれも帰属しないか、又は、原告である配偶者のみが帰属する国において下されているときは、それは、次に掲げるときにのみ、スイスにおいて承認される。

a　訴訟開始の時点において少なくとも夫婦の一方が同国に住所又は常居所を有し、かつ、被告である配偶者がスイスにその住所を有しなかったとき

b　被告である配偶者が、留保することなく、外国の裁判所の管轄に服したとき、又は、

c　被告である配偶者が裁判のスイスにおける承認に同意しているとき

第三a章　登録パートナーシップ

第六五a条　第三章の諸規定は、第四三条第二項及び第四四条第二項を除き、登録パートナーシップに準用される。

第六五b条　パートナーがスイスに住所を有せず、かつ、それらのいずれもスイス人でないときは、登録地のスイス裁判所は、パートナーの一方の住所地の裁判所に訴えが提起されることができないか、若しくは、申立てが提出されることができないとき、又は、それらが提起されることが公正に要求されることができないときは、登録パートナーシップの解消に関する訴え又は申立てについて裁判権を有する。

第六五c条　第三章による準拠法が、登録パートナーシップ適用される規定を知らないときは、スイス法が、第四九条の留保の下に適用される。

第五二条第二項によって指定された法に加えて、パートナーは、パートナーシップが登録された国の法を選択することができる。

第六五d条　外国判決又は措置は、次に掲げるとき、スイスにおいて承認される。

a　それらが、パートナーシップが登録された国で下されたとき、及び

b　第三章の諸規定に従い、スイスにおいて裁判権が認められる外国において、訴えが提起あれることができないか、若しくは、申立てが提出されることができないとき、又は、それらが提起されることが公正に要求されることができないとき

第四章　親子法

第一節　血統による親子関係の成立

第六六条　親子関係の確定又は否認の訴については、子の常居所地、又は、母若しくは父の住所地における。スイスの裁判所が管轄権を有する。

第六七条　父母がスイスに住所を有せず、かつ、子がスイスに常居所を有しないときは、母若しくは父の住所地又は子の常居所地において親子関係の確定又は否認の訴を提起することが不可能であるか、又は、期待できないとき、母若しくは父のスイスの本籍地における裁判所が訴について管轄権を有する。

第六八条　親子関係の成立並びにその確定又は否認は子の常居所地法に服する。

但し、母も父も子の常居所地国に住所を有しないが、父母と

子が同一の国籍を有するときは、その共通本国法が適用されるべきものとする。

第六九条　親子関係の成立、確定又は否認の準拠法の決定については、出生の時点が基準とされる。

但し、親子関係の裁判上の確定又は否認の場合において、子の重要な利益が要求されるときは、訴訟提起の時点が基準とされる。

第七〇条　親子関係の確定又は否認に関する外国許可は、それが子の常居所地国、その本国、又は母若しくは父の住所地国若しくは本国において下されているとき、スイスにおいて承認される。

第二節　認知

第七一条　認知の受け入れについては、子の出生地又は常居所地における スイスの官庁、並びに、母若しくは父の住所地又は本籍地における官庁が管轄権を有する。

血統が法的に重大である訴訟手続中に認知が行なわれるときは、訴訟担当裁判官も認知を受け入れることができる。

認知の取消しについては、親子関係の確定又は否認について管轄権を有する裁判所（第六六条及び六七条）と同一の裁判所が管轄権を有する。

第七二条　スイスにおける認知は、子の常居所地法、その本国法、母若しくは父の住所地法又は本国法に従って行なわれることができる。認知の時点が基準とされる。

スイスにおける認知の方式はスイス法に服する。認知の取消しはスイス法に服する。

第七三条　外国において行なわれた子の認知は、それが子の常居所地法、その本国法、母若しくは父の住所地法又は本国法によって有効であるとき、スイスにおいて承諾される。

認知の取消しに関する外国裁判は、それが第一項に述べられた国のいずれかにおいて下されているとき、スイスにおいて承認される。

第七四条　外国において行なわれた準正の承認については、第七三条が同様に通用される。

第三節　養子縁組

第七五条　養子をする者又は養子をする夫婦の住所地におけるスイスの裁判所又は官庁が、養子縁組を言い渡す管轄権を有する。

養子縁組の取消については、親子関係の確定又は否認について管轄権を有する裁判所（第六六条及び第六七条）と同一の裁判所が管轄権を有する。

第七六条　養子をする者又は養子をする夫婦がスイスに住所を有せず、かつ、それらの者のいずれかがスイス市民であるときは、その住所地において養子縁組を実行することが不可能であるか、又は、期待できないとき、本籍地における裁判所又は官庁が養子縁組について管轄権を有する。

第七七条　スイスにおける養子縁組の要件はスイス法に服する。

養子をする者又は養子をする夫婦の住所地又は本国における養子縁組が承認されず、かつ、それによって子に重大な不利益が生じることとなることが明らかになるときは、官庁は当該国法上の要件をも考慮する。その場合においても承認が確実なものとみられないときは、養子縁組は言い渡されてはならない。

スイスにおいて言い渡された養子縁組の取消はスイス法に服

する。外国において言い渡された養子縁組は、取消原因がスイス法によっても存在するときにのみ、スイスにおいて取り消されることができる。

第七八条　外国の養子縁組は、それが養子をする者又は養子をする夫婦の住所地国又は本国において言い渡されているとき、スイスにおいて承認される。

スイス法の意味における親子関係と異なる重要な効力を有する外国の養子縁組又は同様の行為は、創設国においてそれに相応する効力のみを有するものとしてスイスにおいて承認される。

第四節　親子関係の効力

第七九条　父母と子の間の関係に関する訴、特に子の扶養に関する訴については、子の常居所地、又は、被告である父母の一方の住所地若しくはそれがないときは常居所地におけるスイスの裁判所が管轄権を有する。

本法の氏に関する規定（第三三条、第三七条ないし第四〇条）、未成年者保護に関する規定（第八五条）及び相続権に関する規定（第八六条ないし第八九条）は留保される。

第八〇条　子も被告である父母の一方もスイスに住所又は常居所を有せず、かつ、それらの者のいずれかがスイス市民であるときは、本籍地における裁判所が管轄権を有する。

第八一条　第七九条及び第八〇条によって管轄権を有するスイスの裁判所は、次に掲げる請求権についても裁決する。

a　子の扶養のための立て替え金を給付した官庁の請求権

b　扶養及び出生によって生じた費用の補償を求める母の請求権

第八二条　親子間の関係は子の常居所地法に服する。

但し、母も父も子の常居所地国に住所を有しないが、父母と子が同一の国籍を有するときは、その共通本国法が適用されるべきものとする。

本法の氏に関する規定（第三三条、第三七条ないし第四〇条）、未成年者保護に関する規定（第八五条）及び相続権に関する規定（第九〇条ないし第九五条）は留保される。

第八三条　親子間の扶養義務については、扶養義務の準拠法に関する一九七三年一〇月二日のハーグ条約が適用される。

条約が扶養及び出生によって生じた費用の補償を求める母の請求権を規律しない限り、それが同様に適用される。

第八四条　親子間の関係に関する外国裁判は、それが、子がその常居所を有するか、又は、被告である父母の一方がその住所若しくは常居所を有する国において下されているとき、スイスにおいて承認される。

本法の氏に関する規定（第三九条）、未成年者保護に関する規定（第八五条）及び相続権に関する規定（第九六条）は留保される。

第五章　後見及びその他の保護措置

第八五条　未成年者の保護については、スイスの裁判所又は官庁の管轄権、準拠法及び外国の裁判又は措置の承認に関し、未成年者の保護の領域の官庁の管轄権及び準拠法に関する一九六一年一〇月五日のハーグ条約が適用される。

条約は、成年者、又は、スイス法によってのみ未成年である者、並びに、締約国のいずれかに常居所を有しない者につき、同様に適用される。

スイスの裁判所又は官庁は、さらに、人又はその昔の財産の

保護のために不可欠であるとき、管轄権を有する。

第六章　相続法

第八六条　遺産手続及び相続法上の訴訟については、被相続人の最後の住所地におけるスイスの裁判所又は官庁が管轄権を有する。

領域内の不動産について専属的管轄権を規定する国の管轄権は留保される。

第八七条　被相続人が外国に最後の住所を有するスイス市民であったときは、外国の官庁がその者の遺産を取り扱わない限り、本籍地におけるスイスの裁判所又は官庁が管轄権を有する。

それは、外国に最後の住所を有するスイス市民が、終意処分又は相続契約により、スイスに所在するその財産又はその全遺産をスイスの管轄権又はスイス法のもとにおいたときは、常に管轄権を有する。第八六条第二項は留保される。

第八八条　被相続人が外国に最後の住所を有する外国人であったときは、外国の官庁がスイスに所在する遺産を取り扱わない限り、物の所在地におけるスイスの裁判所又は官庁がそれについて管轄権を有する。

財産が複数の地に所在するときは、最初に受理したスイスの裁判所又は官庁が管轄権を有する。

第八九条　外国に最後の住所を有する被相続人がスイスに財産を遺すときは、物の所在地におけるスイスの官庁は財産価値の暫定的保護のために必要な措置を命じる。

第九〇条　スイスに最後の住所を有する者の遺産はスイス法に服する。

但し、外国人は終意処分又は相続契約によって遺産をその本国法のいずれかのもとにおくことができる。この従属は、その者が死亡の時点においてもはや同国に帰属しなかったか、又は、その者がスイス市民となっているときは、中止する。

第九一条　外国に最後の住所を有する者の遺産は、住所地国の抵触法が指定する法に服する。

第八七条によって本籍地におけるスイスの裁判所又は官庁が管轄権を有するときは、被相続人が終意処分、又は、相続契約において明らかにその最後の住所地を留保しなかった限り、外国に最後の住所を有するスイス人の遺産はスイス法に服する。

第九二条　遺産の準拠法は、何が遺産に帰属するか、誰がいかなる範囲においてそれについて権利を有しているか、誰が遺産の債務を負うか、いかなる法的方法及び措置が許されるか、及び、いかなる要件のもとにそれが申し立てられることができるかを決定する。

個々の措置の実行は管轄官庁の所在地法に従って支配される。特に保全措置及び遺言の執行を含む遺産の清算は同法に服する。

第九三条　終意処分の方式については、終意処分の方式の準拠法に関する一九六一年一〇月五日のハーグ条約が適用される。

同条約は他の死因処分の方式についても同様に適用される。

第九四条　人は、その者が処分の時点において住所地法若しくは常居所地法又はその本国のいずれかの法によって処分能力を有しているときは、死因による処分を行なうことができる。

第九五条　相続契約は契約締結の当時における被相続人の住所地法に服する。

被相続人が契約において全遺産をその本国法のもとにおくときは、それが住所地法に代わって適用される。

相互の死因処分は、それぞれの処分者の住所地法又はそれらの者によって選択された共通本国法に従わなければならない。

方式及び処分能力に関する本法の規定（第九三条及び第九四条）は、継続して留保される。

第九六条　遺産に関する外国の裁判、措置及び文書並びに外国において開始された遺産による権利は、次に掲げるとき、スイスにおいて承認される。

ａ　それが被相続人の最後の住所地国又はその者が選択した法が属する国において行なわれたか、発行されたか、又は、確定されているとき、又は、それがそれらの国のいずれかにおいて承認されるとき、又は、

ｂ　それが不動産に関するものであり、かつ、それが所在する国において行なわれたか、発行されたか、又は、確定されているとき、又は、それがそこにおいて承認されるとき

いずれかの国がその領域内に所在している被相続人の不動産について専属的管轄権を要求するときは、その裁判、措置及び文書のみが承認される。

被相続人の財産が所在する国の保全措置は、スイスにおいて承認される。

五　スペイン

民法典（抄）　（一九七四年）

第五節　国家領域内に併存する民事法秩序の適用範囲

第一三条

一（序章の適用範囲）

序章の規定は、それらが、法律及びその適用のための一般規定、並びに、夫婦財産制に関する規定を除く第一編第四章の規定の効力を定める限りにおいて、スペイン全域で一般的かつ直接に適用される。（注・婚姻法）

二（特別法及び地域法の適用範囲）

そのほかの場合においては、県又は領域で施行されている特別法又は地域法が遵守される。各の県又は領域においてその特別規定に従うものがないときは、補充法として民法典による。

第一四条

一（従属法の決定）

一般民事法、又は、特別法若しくは地域法のいずれに従属するかは、民事上の地域帰属身分により決定される。

二（民事上の地域帰属身分の決定）

一般法の領域、又は、特別法若しくは地域法の領域のいずれに民事上の地域帰属身分を有するかは、両親が有すると同一の地域帰属身分に従う。ただし、かようにして取得された民事上の地域帰属身分が出生地のものでないときは、成年に達した後又は親権解除の後一年以内に、戸籍吏の面前で出生地のそれを選択することができる。

三（民事上の地域帰属身分の取得）

民事上の地域帰属身分は、以下の事由により取得される。

(1)　本人の表明により、その意思に基づくものであるときは常に、二年間に亘る居住。

(2)　居住期間中において反対の表明がない限り、一〇年間に

亘る継続的居住。双方の表明は戸籍原簿に登載され、再度なされることを要しない。

(3)（妻及び子の民事上の地域帰属身分）

妻は夫の地位に従う。親権が解除されていない子は、その父の地位に従う。父がないときは、その母の地位に従う。

(4)（民事上の地域帰属身分の不明）

疑わしいときは、出生地に相応する民事上の地域帰属身分が優先する。

第一五条

一（国籍取得時の民事上の地域帰属身分）

スペイン国籍の取得は、民事上の一般的地域帰属身分を伴う。ただし、外国人が前条に従って、民事上の地域帰属身分を取得するため必要とされる期間に亘り、特別法又は地域法の領域に居住するとき、及び、帰化手続において、特別法又は地域法の地域帰属身分を選択するときは、この限りではない。

二（国籍回復時の民事上の地域帰属身分）

スペイン国籍の回復は、当事者がその喪失の当時有していた民事上の地域帰属身分を伴う。

三（特別的立法又は地域的立法の内部における人的帰属）

当該領域の特別的立法又は地域的立法の内部において、民事上固有又は隔絶した特殊性を有する区域又は地区への人的帰属は、本条及び前条の諸規定による。

第一六条

一（スペイン領域内における法律の抵触）

国家領域内において、相異なる民事立法の併存により生じうる法律の抵触は、次の特則とともに、第四節に含まれる諸規定に従って解決される。

(1) 属人法は、民事上の地域帰属身分により決定される。

(2) 性質決定、指定及び公序に関する第一二条第一項、第二項及び第三項の規定は適用されない。

二（寡婦の財産権）

アラゴン法令集に定められた寡婦の財産権は、この法令集の夫婦財産制に従う夫婦に対して、後にその民事上の地域帰属身分を変更するときといえども、相続法が規定する法定遺留分を除いて帰属する。

将来の寡婦の財産権は、かような権利が認められる領域内に所在していない財産を有償で善意取得した者に対して、その契約がこの領域外で締結されたときは、譲渡人の夫婦財産制を確認することがなくとも、異議を唱えることができない。

寡婦の用益権もまた、死亡配偶者がその死亡の当時アラゴンの民事上の地域帰属身分を有するときは、残存配偶者に帰属する。

六　中華人民共和国

中華人民共和国相続法（抄）（一九八五年一〇月一日施行）

第三六条　中国公民が中華人民共和国外にある遺産を相続するか、又は中華人民共和国内にある外国人の遺産を相続するときは、動産については被相続人の住所地の法律を適用し不動産については不動産所在地の法律を適用する。

外国人が中華人民共和国内にある遺産を相続するか、又は中華人民共和国外にある中国公民の遺産を相続するときは、動産については被相続人の住所地の法律を適用し、不動産については不動産所在地の法律を適用する。

中華人民共和国と外国が条約、協定を結んでいるときは、条約、協定に従って処理する。

中華人民共和国民法通則（抄）（一九八七年一月一日施行）

第八条　中華人民共和国の領域内における民事活動については、中華人民共和国の法律を適用するが、法律が別に定めているときはこの限りではない。

市民に関する本法の規定は、中華人民共和国の領域内の外国人、無国籍者に適用するが、法律が別に定めているときはこの限りではない。

第一五条　市民は、その戸籍所在地である居所を住所とし、常居所が住所と一致しないときは、常居所を住所とみなす。

第一四二条　渉外民事関係の法律適用については、本章の規定に従って決定する。

中華人民共和国が締結又は参加する国際条約と中華人民共和国の民事法とが異なる規定を有するときは、国際条約の規定を適用する。但し、中華人民共和国が留保を声明した条款についてはこの限りではない。

中華人民共和国の法律及び中華人民共和国が締結又は参加する国際条約に規定がないときは、国際的慣例を適用することができる。

第一四三条　中華人民共和国市民が外国に定住するとき、その者の民事上の行為能力については、定住国の法律を適用することができる。

第一四七条　中華人民共和国市民と外国人の結婚については、婚姻締結地法を適用し、離婚については、事件を受理した裁判所の所在地法を適用する。

第一四八条　扶養については、被扶養者と最も密接な関係を有する国家の法律を適用する。

第一四九条　遺産の法定相続は、動産については被相続人の死亡当時の住所地法を適用し、不動産については不動産所在地法を適用する。

第一五〇条　本章の規定に従って外国の法律又は国際的慣例を適用するときは、中華人民共和国の社会公共の利益に違背してはならない。

中華人民共和国渉外民事関係法律適用法（抄）

（二〇一〇年一〇月二八日可決）

第一条　渉外民事関係の法律の適用を明確にし、渉外民事争議を合理的に解決し、当事者の合法的権益を保護するため、本法を制定する。

第二条　渉外民事関係へ適用する法律は、本法に依って確定する。その他の法律に、渉外民事関係の法律の適用につき、別に特別の規定があるときは、その規定に依る。

本法およびその他の法律に、渉外民事関係の法律の適用につき、規定がないときは、当該渉外民事関係に最も密接な関係がある法律を適用する。

第三条　当事者は、法律の規定に依り、渉外民事関係へ適用す

る法律を明示的に選択することができる。

第四条　中華人民共和国の法律に、渉外民事関係につき、強行規定があるときは、当該強行規定を直接的に適用する。

第五条　外国の法律の適用が中華人民共和国の社会公共の利益を侵害することとなるときは、中華人民共和国の法律を適用する。

第六条　渉外民事関係へ外国の法律を適用して、当該国の異なる区域が異なる法律を実施するときは、当該渉外民事関係に最も密接な関係がある区域の法律を適用する。

第七条　訴訟の時効については、関連する渉外民事関係へ適用すべき法律を適用する。

第八条　渉外民事関係の性質決定については、法院地の法律を適用する。

第九条　渉外民事関係へ適用する外国の法律は、当該国の法律適用法を含まない。

第十条　渉外民事関係へ適用する外国の法律は、人民法院、仲裁機構または行政機関によって調査する。当事者が外国の法律の適用を選択するときは、当該国の法律を提供しなければならない。

外国の法律を調査できないか、または、当該国の法律に規定がないときは、中華人民共和国の法律を適用する。

・・・・・

第十九条　本法に依って国籍国の法律を適用して、自然人が二個以上の国籍を保有するときは、常居所を有する国籍国の法律を適用し、国籍を保有する国のいずれにも常居所がないときは、その者に最も密接な関係がある国籍国の法律を適用する。自然人が無国籍か国籍不明であるときは、その者の常居所地の法律を適用する。

第二十条　本法に依って常居所地の法律を適用して、自然人の常居所地が不明であるときは、その者の現在の居所地の法律を適用する。

第二十一条　結婚の要件については、当事者の共通常居所地の法律を適用し、共通常居所地がないときは、共通国籍国の法律を適用し、共通国籍がなく、一方の当事者の常居所地または国籍国において婚姻を締結するときは、婚姻締結地の法律を適用する。

第二十二条　結婚の手続が、婚姻締結地の法律、一方の当事者の常居所地の法律または国籍国の法律に適合するときは、いずれも有効とする。

第二十三条　夫婦の身分的関係については、共通常居所地の法律を適用し、共通常居所地がないときは、共通国籍国の法律を適用する。

第二十四条　夫婦の財産的関係につき、当事者は、協議により、一方の当事者の常居所地の法律、国籍国の法律または主要な財産の所在地の法律の適用を選択することができる。当事者が選択しなかったときは、共通常居所地の法律を適用し、共通常居所地がないときは、共通国籍国の法律を適用する。

第二十五条　父母と子との身分的および財産的関係については、共通常居所地の法律を適用し、共通常居所地がないときは、一方の当事者の常居所地の法律または国籍国の法律のうち、弱者の権益の保護に有利である法律を適用する。

第二十六条　協議離婚につき、当事者は、協議により、一方の

当事者の常居所地の法律または国籍国の法律の適用を選択することができる。当事者が選択しなかったときは、共通常居所地の法律を適用し、共通常居所地がないときは、共通国籍国の法律を適用し、共通国籍がないときは、離婚手続を処理する機関の所在地の法律を適用する。

第二十七条　訴訟離婚については、法院地の法律を適用する。

第二十八条　養子縁組の要件および手続については、養親および養子の常居所地の法律を適用する。養子縁組の効力については、養子縁組当時の養親の常居所地の法律を適用する。養子縁組関係の解消については、養子縁組当時の養子の常居所地の法律または法院地の法律を適用する。

第二十九条　扶養については、一方の当事者の常居所地の法律、国籍国の法律または主要な財産の所在地の法律のうち、被扶養者の権益の保護に有利である法律を適用する。

第三十条　監護については、一方の当事者の常居所地の法律または国籍国の法律のうち、被監護人の権益の保護に有利である法律を適用する。

第三十一条　法定相続については、被相続人の死亡当時の常居所地の法律を適用する。但し、不動産の法定相続については、不動産の所在地の法律を適用する。

第三十二条　遺言の方式が、遺言者の遺言作成当時若しくは死亡当時の常居所地の法律、国籍国の法律または遺言の行為地の法律に適合するときは、遺言はいずれも成立するものとする。

第三十三条　遺言の効力については、遺言者の遺言作成当時若しくは死亡当時の常居所地の法律または国籍国の法律を適用する。

第三十四条　遺産の管理等の事項については、遺産の所在地の法律を適用する。

第三十五条　遺産を相続する者がいないときの帰属については、被相続人の死亡当時の遺産の所在地の法律を適用する。

・・・・・

第五十一条　《中華人民共和国民法通則》第百四十六条および第百四十七条、《中華人民共和国継承法》第三十六条が本法の規定と一致しないときは、本法を適用する。

七　中華民国

渉外民事法律適用法（抄）（二〇一〇年五月二六日総統令）

第一条（適用範囲）

渉外民事について本法が規定していないときは、その他の法律の規定を適用する。その他の法律が規定していないときは、法理による。

第二条（国籍の積極的抵触）

本法に依って当事者の本国法を適用しなければならず、かつ、当事者が多数の国籍を有するときは、その者の関係が最も密接な国籍によってその者の本国法を決定する。

第三条（国籍の消極的抵触）

本法に依って当事者の本国法を適用しなければならず、かつ、当事者が国籍を有しないときは、その者の住所地法を適用する。

第四条（当事者の住所地法）

一　本法に依って当事者の住所地法を適用しなければならず、

かつ、当事者が多数の住所を有するときは、その者の関係が最も密接な住所地法を適用する。

二　当事者の住所が不明なときは、その者の居所地法を適用する。

三　当事者が多数の居所を有するときは、その者の関係が最も密接な居所地法を適用する。居所が不明なときは、現在地法を適用する。

第五条（多数法国法）

本法に依って当事者の本国法を適用するとき、もしも、その国内の法律が地域又はその他の理由によって不同であるときは、当該国家の法律適用に関する規定により、それが適用しなければならない法律を決定する。当該国家の法律適用に関する規定が不明であるときは、当該国家の当事者との関係が最も密接な法律を適用する。

第六条（反致）

本法に依って当事者の本国法を適用するとき、もしも、その者の本国法に依り、当該法律関係がその他の法律に依って決定されるべきときは、当該その他の法律を適用しなければならない。但し、その者の本国法又は当該その他の法律に依り、中華民国の法律を適用しなければならないときは、中華民国の法律を適用する。

第七条（法律回避）

渉外民事の当事者が中華民国の法律の強行規定又は禁止規定を回避するときは、なお、当該強行規定又は禁止規定を適用する。

第八条（外国法適用の制限）

本法によって外国法を適用するときは、もしも、その適用の結果が中華民国の公共の秩序又は善良の風俗に違背するとき、これを適用しない。

・・・・・

第四五条（婚約の成立及び効力の準拠法）

一　婚約の成立は、その各当事者の本国法に依る。但し、婚約の方式は、当事者の一方の本国法又は婚約締結地法に依って決定するときも、有効とする。

二　婚約の効力は、婚約当事者の共通本国法に依る。共通本国法がないときは、共通住所地法に依る。共通住所地法がないときは、婚約当事者との関係が最も密接な地の法律に依る。

第四六条（婚姻の成立要件の準拠法）

婚姻の成立は、それぞれ当該当事者の本国法に依る。但し、結婚の方式は、当事者の一方の本国法又は挙行地法に依るときも、有効とする。

第四七条（婚姻の効力の準拠法）

婚姻の効力は、夫婦の共通本国法に依る。共通本国法がないときは、共通住所地法に依る。共通住所地法がないときは、夫婦の婚姻との関係が最も密接な地の法律に依る。

第四八条（夫婦財産制の準拠法）

一　夫婦財産制は、夫婦が書面をもってその一方の本国法又は住所地法の適用を合意するとき、その合意によって定められた法律に依る。

二　夫婦が前項の合意をしていないか、又は、その合意が前項の法律に依って無効であるとき、その夫婦財産制は夫婦の共通本国法に依る。共通本国法がないときは、共通住所地法に

依る。共通住所地法がないときは、夫婦の婚姻との関係が最も密接な地の法律に依る。

三　前二項の規定は、夫婦の不動産につき、もしも、その所在地法に依れば特別の規定に従わなければならないとき、これを適用しない。

第四九条（善意の第三者の保護の準拠法）

夫婦財産制について外国法を適用しなければならず、かつ、夫婦が中華民国に在るその財産について善意の第三者と法律行為を行うとき、その夫婦財産制の当該善意の第三者に対する効力に関しては、中華民国の法律に依る。

第五〇条（離婚及びその効力の準拠法）

離婚及びその効力は、協議の当時又は起訴の当時の夫婦の共通本国法に依る。共通本国法がないときは、共通住所地法に依る。共通住所地法がないときは、夫婦の婚姻との関係が最も密接な地の法律に依る。

第五一条（子の身分の準拠法）

子の身分は、出生の当時の当該の子、その母又はその母の夫の本国法によれば嫡出子となるとき、嫡出子とする。但し、婚姻関係が子の出生前に既に解消したときは、出生の当時の当該子の本国法、婚姻関係の解消の当時のその母又はその母の夫の本国法に依れば、嫡出子となるとき、嫡出子とする。

第五二条（準正の準拠法）

非嫡出子の実父が実母と結婚したとき、その身分は実父の実母との婚姻の効力が適用されるべき法律に依る。

第五三条（非嫡出子の認知の成立及び効力の準拠法）

一　非嫡出子の認知は、認知の当時の認知する者又は認知される者の本国法に依って認知が成立するとき、その認知は成立する。

二　前項の認知される者が胎児であるときは、その母の本国法を胎児の本国法とする。

三　認知の効力は、認知する者の本国法に依る。

第五四条（養子縁組の成立及び終了の準拠法）

一　養子縁組の成立及び終了は、それぞれ当該養親養子の本国法に依る。

二　養子縁組及びその終了の効力は、養親の本国法に依る。

第五五条（親子の法律関係の準拠法）

父母と子の間の法律関係は、子の本国法に依る。

第五六条（監護の準拠法）

一　監護は、被監護人の本国法に依る。但し、中華民国に住所又は居所を有する外国人が次に掲げる情況の一を有するときは、その監護は中華民国の法律に依る。

一　被監護人の本国法によれば、監護人を置かなければならない原因があるが、監護の職務を行う者がいないとき

二　被監護人が中華民国において監護の宣告を受けたとき

二　補助の宣告の補助については、前項の規定を準用する。

第五七条（扶養の準拠法）

扶養は、扶養権利者の本国法に依る。

第五八条（相続の準拠法）

相続は、被相続人の死亡の当時の本国法に依る。但し、中華民国の法律によれば中華民国国民が相続人となるべきとき、その者は、中華民国に在る遺産につき、これを相続することができる。

第五九条（相続人不存在の遺産の準拠法）

外国人が死亡したときは、中華民国に遺された財産につき、もしも、前条に依って適用すべき法律が相続人不存在の財産とするとき、中華民国の法律に依ってこれを処理する。

第六〇条（遺言の準拠法）

一　遺言の成立及び効力は、成立の当時の遺言者の本国法に依る。

二　遺言の撤回は、撤回の当時の遺言者の本国法に依る。

第六一条（遺言の作成及び撤回の方式の準拠法）

遺言及びその撤回の方式は、前条に依って定められた適用すべき法律の外、次に掲げるいずれかの法律に依ってこれを行うこともできる。

一　遺言の作成地法

二　遺言者の死亡の当時の住所地法

三　遺言が不動産に関するときは、当該不動産の所在地法

八　ドイツ連邦共和国

国際私法の新規則のための法律（抄）

（一九八六年七月二五日法律（改正前法律））

第三条　送致の総則

一　外国法との牽連性を有する事実の場合においては、次の規定が、いかなる法秩序が適用されるべきかを決定する（国際私法）。実質規定への送致は、国際私法の法規を除き、準拠法秩序の法規を指示する。

二　国際法上の合意における規則は、それが直接的適用の国内法となっている限り、本法の規定に優先する。ヨーロッパ共同体の法活動における規則には及ばない。

三　第三節及び第四節における送致が人の財産をいずれかの国の法のもとにおく場合、それは、その国に所在せず、かつ、それが所在する国の法によれば特別の規定に服する物には係わらない。

第四条　反致及び転致、法の分立

一　他の国の法に送致されるときは、そのことが送致の意味と矛盾しない限り、その国際私法も適用されるものとする。他の国の法がドイツ法に反致するときは、ドイツ実質規定が適用されるものとする。

二　当事者がいずれかの国の法を選択することができる場合、当事者は実質規定のみに送致することができる。

三　準拠法を指摘することなく、複数の部分法秩序を有する国の法に送致されるときは、その国の法が、いずれの部分法秩序が適用されるべきかを決定する。かような規則が欠けているときは、事実関係が最も密接に結びつけられている部分法秩序が適用されるものとする。

第五条　属人法

一　人が属する国の法に送致され、かつ、その者が複数の国に属するときは、その者が、特にその常居所又はその生活の経過によって最も密接に結びつけられている国の法が適用されるものとする。人がドイツ人でもあるときは、その法的地位が優先する。

二　人が無国籍であるか、又は、その国籍が確定されることが

できないときは、その者がその常居所、又は、これがないときには、その居所を有する国の法が適用されるものとする。
三　人がその居所又はその常居所を有する国の法に送致され、不完全な行為能力を有する者が法定代理人の意思なく、居所を変更するときは、その変更のみでは他の法の適用に至らない。

第六条　公序

他の国の法規は、その適用が明らかにドイツ法の本質的原則と相容れない結果に至るときは、適用されないものとする。適用が基本権と相客れないとき、それは、特に適用されないものとする。

第七条　権利能力及び行為能力

一　人の権利能力及び行為能力は、人が属する国の法に服する。そのことは、行為能力が婚姻締結によって拡大される場合にも妥当する。
二　一度獲得された権利能力又は行為能力は、ドイツ人としての法的地位の取得又は喪失によって妨げられない。

第八条　禁治産宣告

内国にその常居所、又は、これがないときは、その居所を有する外国の国民は、ドイツ法に従って禁治産者とされることができる。

第九条　死亡宣告

死亡宣告、死亡及び死亡時点の確定並びに生存推定及び死亡推定は、失踪者が現存する情報に従ってなお生存していた最後の時点においてその者が属する国の法に服する。失踪者がその時点において外国の国民であったときは、その者は、正当な利益が存するとき、ドイツ法に従って死亡を宣告されることができる。

第一〇条　氏

一　人の氏は人が属する国の法に服する。
二　夫婦は、内国における婚姻締結に際し、戸籍吏に対する宣言により、次の各号に掲げる法に従い、婚姻締結後に称すべきその氏を選択することができる。
(1)　第五条第一項に拘わらず、夫婦の一方が属する国の法
(2)　夫婦の一方がその常居所を内国に有するときは、ドイツ法
三　親権者は、戸籍吏に対し、次の各号に掲げる法に従い、子が称すべき氏を決定することができる。
(1)　第五条第一項に拘わらず、父母の一方が属する国の法
(2)　父母の一方がその常居所を内国に有するときは、ドイツ法
(3)　氏を付与している者が属する国の法
出生の登録後になされた表示は、公に認証されなければならない。
四　婚姻が内国において締結されず、かつ、少なくとも一方がドイツ人でない夫婦が共通の家族の氏を称しないときは、次の各号に掲げるとき、夫婦は、民法典第一三五五条第二項第一文に従い、婚姻の氏についての宣言を行なうことができる。
(1)　夫婦の一方がその常居所を内国に有するとき、又は
(2)　ドイツ法が婚姻の一般的効力につき基準となるとき第三項第二文が準用される。
五　両親がドイツ人でないときは、共同の嫡出子の出生の登録

前に、その法定代理人は、次の各号に掲げる法に従い、戸籍吏に対し、子が家族の氏を保持することを決定することができる。

(1) 第五条第一項にかかわらず、両親の一方が属する国の法、又は

(2) 両親の一方がその常居所を内国に有するときは、ドイツ法

六　非嫡出子は、両親の一方又は氏を授ける者が属する国の法に従っても氏を保持することができる。

第一一条　法律行為の方式

一　法律行為は、それが、その対象が形成している法律関係に対して適用されるべき法、又は、それが行なわれる国の法の方式要件を充たすとき、方式上有効である。

二　異なる国に在る者の間において契約が締結されるときは、契約は、それがその対象が形成している法律関係に適用されるべき法、又は、同国のいずれかの法の方式要件を充たすとき、方式上有効である。

三　契約が代理人によって締結されるときは、第一項及び第二項の適用に際し、代理人が在る国が基準とされる。

四　不動産に対する物件又は不動産の利用権を対象とする契約は、不動産所在地国法に従えば、契約締結地及び契約が服する法を顧慮することなく同国の方式に関する強行規定が適用されるべきである限り、同規定に服する。

五　物に対する権利を基礎づけるか、又は、かような権利を自由に処理する法律行為は、それがその対象が形成している法律関係に適用されるべき法の方式要件を充たすときにのみ、方式上有効である。

第一二条　契約の他方当事者の保護

契約が同一国に在る者の間において締結されるときは、同国の法の実質規定に従えば権利能力、行為能力及び行動能力を有する自然人は、契約締結に際し、その者の権利無能力、行為無能力及び行動無能力を契約の他方当事者が知っていたか又は知るべきであったときにのみ、外国の法の実質規定によるその者の権利無能力、行為無能力、行動無能力を援用することができる。そのことは、家族法上及び相続法上の法律行為並びに他の国に所在する不動産に関する処分については妥当しない。

第一三条　婚姻締結

一　婚姻締結の要件は、各の婚姻当事者につき、その者が属する国の法に服する。

二　同法に従えば要件が欠けるときは、次の各号に掲げるときに限り、ドイツ法が適用される。

(1) 婚姻当事者の一方が内国にその常居所を有するか、又は、ドイツ人であるとき

(2) 婚姻当事者が要件の充足のために期待できる処置を行なったとき、及び、

(3) 婚姻締結を拒否することが婚姻締結の自由と相容れないとき。特に、婚姻当事者の前婚は、その存在がここにおいて下されたか又は承認された裁判によって除かれているか、又は、婚姻当事者の配偶者が死亡を宣告されているとき、障害とならない。

三　婚姻は、内国においては、ここにおいて定められた方式においてのみ締結されることができる。双方ともドイツ人でな

い婚姻当事者間の婚姻は、婚姻当事者の一方が属する国の政府によって合法的に授権された者の面前においても、同国の法に従って定められた方式において締結されることができる。かように締結された婚姻の合法的に授権された者によって管理される身分登録簿への登録の認証謄本は、婚姻締結の完全な証拠となる。

第一四条　婚姻の一般的効力

一　婚姻の一般的効力は、次の各号に掲げる法に服する。

(1)　夫婦の双方が属する国の法、又は、夫婦の一方がなお属するときは、夫婦の双方が婚姻中最後に属した国の法、さもなければ、

(2)　夫婦の双方がその常居所を有する国の法、又は、一方がなおその常居所を有するときは、夫婦の双方が婚姻中最後にその常居所を有した国の法、補助的に、

(3)　夫婦がともに別の方法で最も密接に結びつけられている国の法

二　夫婦の一方が複数の国に属するときは、他方もそれらの国の一つに属する場合、夫婦は、第五条第一項に拘わらず、同国の法を選択することができる。

三　第一項第一号の要件が存在せず、かつ、次の各号に掲げるとき、夫婦はその一方が属する国の法を選択することができる。

(1)　夫婦のいずれもが、夫婦の双方がその常居所を有する国に属しないとき、又は、

(2)　夫婦が同一国にその常居所を有しないとき

夫婦が共通国籍を取得するとき、法選択の効力は終了する。

四　法選択は公正証書に作成されなければならない。それが内国において行なわれないときは、それが選択された法又は法選択地の婚姻契約の方式要件に適合するとき、そのことをもって足りる。

第一五条　財産制

一　婚姻の財産法的効力は、婚姻締結に際して婚姻の一般的効力について基準となる法に服する。

二　夫婦は、その婚姻の財産法的効力につき、次の各号に掲げる法を選択することができる。

(1)　夫婦の一方が属する国の法

(2)　夫婦の一方がその常居所を有する国の法、又は、

(3)　不動産については所在地法

三　第一四条第四項が準用される。

四　被追放者及び避難民の夫婦財産制に関する法律の規定には及ばない。

第一六条　第三者保護

一　婚姻の財産法的効力が他の国の法に服し、かつ、夫婦の一方が内国にその常居所を有するか、又は、ここにおいて事業を営むときは、民法典第一四一二条が準用されるものとする。外国の法定財産制は約定財産制と等しい。

二　内国において行なわれる法律行為に対して民法典第一三五七条、ここに所在する動産に対して同第一三六二条、ここにおいて営まれる営利行為に対して同第一四三一条、第一四五六条は、同規定が善意の第三者にとって外国法よりも有利な場合、準用されるものとする。

第一七条　離婚

一　離婚は、離婚訴訟の係属の開始の当時において婚姻の一般的効力について基準となる法に服する。婚姻が同法に従えば解消されることができないときは、離婚を求めている配偶者がその時点においてドイツ人であるか、又は、婚姻締結の際にドイツ人であったとき、離婚はドイツ法に服する。

二　婚姻は内国においては裁判所を通じてのみ離婚されることができる。

三　扶養補償は第一項第一文に従って適用されるべき法に服する。扶養補償は、離婚訴訟の係属の開始の当時において夫婦が属する国のいずれかの法がそれを知るときにのみ実行される。扶養補償が同法に従えば行なわれることができないときは、次の各号に掲げるとき、それは夫婦の一方の申立てに基づいてドイツ法に従って実行される。

(1)　他方配偶者が婚姻中に内国の扶養期待権を取得したとき、又は、

(2)　婚姻の一般的効力が、婚姻中の一時期の間、扶養補償を知る法に服したとき

但し、その実行が、内国において経過していない期間も双方の経済的状態を考慮し、公平に反しない場合に限る。

第一七a条　婚姻住居及び家財

内国に所在する婚姻住居及び家財の利用権、並びに、それに関連する立入禁止、接近禁止及び接触禁止は、ドイツ実質規定に服する。

第一七b条　登録生活パートナーシップ

一　登録生活パートナーシップの創設、一般的及び財産法的効力、並びに、廃止は、その登録が行なわれている国の実質規定に依る。生活パートナーシップの扶養法上及び相続　法上の効果については、一般規定に従って基準となる法を適用する。それに従い、法律上の扶養料請求権又は法定相続権が認められないときは、その限りにおいて、第一文を　準用する。年金調整は第一文に従った準拠法が適用される。(以下省略)

二　(省略)

三　同一の者の間に異なる国における登録生活パートナーシップが存在するときは、最後に創設された共同生活関係は、その創設の時から、第一項に規定された効力及び効果についての基準となる。

四　外国において登録された生活パートナーシップの効力は、民法典の規定及び生活パートナーシップ法に従って規定するもの以上には及ばない。

第一八条　扶養

一　扶養義務については、扶養権利者のその時の常居所において行なわれている法の実質規定が適用されるものとする。同法に従えば権利者が義務者からいかなる扶養も受けることができないときは、双方がともに属する国の法の実質規定が適用されるものとする。

二　第一項第一文又は第二文によって適用されるべき法に従えば権利者が義務者からいかなる扶養も受けることができないときは、ドイツ法が適用される。

三　傍系親族又は姻族の間の扶養義務の場合には、義務者は、権利者の請求に対し、双方がともに属する国の法、又は、共通国籍がないとき、義務者の常居所地において行なわれている法の実質規定に従えばかような義務が存在しないことの異

議を唱えることができる。

四　離婚がここにおいて言い渡されているか、又は、承認されているときには、離婚した夫婦間の扶養義務及びその義務に関する裁判の変更につき、離婚の準拠法が基準となる。このことは、婚姻紐帯の解消を伴わない別居の場合、及び、無効又は不成立を宣言された婚姻の場合にも行なわれる。

五　権利者も義務者もドイツ人であり、かつ、義務者がその常居所を内国に有するときは、ドイツ法が適用されるものとする。

六　扶養義務に適用されるべき法は、特に次の各号に掲げる事項について決定する。

(1)　権利者が扶養を請求することができるか否か、いかなる範囲において請求することができるか、及び、誰に対して請求することができるか

(2)　誰が扶養手続の開始のための権利を有するか、及び、開始につき、いかなる期限が認められるか

(3)　公的任務を代表している組織が、それが服する法に従い、それが権利者にもたらした給付につき、それに帰属している求償請求権を主張するときは、扶養義務者の求償義務の範囲

七　扶養料の算定に際しては、適用すべき法が何らか別段定めるときであっても、権利者の必要性及び扶養義務者の経済状態が考慮される。

第一九条　血統

一　子の血統は子の常居所地法による。父子関係、母子関係はまた、それぞれの親が属する国の法に服することができる。母が婚姻しているときは、血統はまた出生時の第一四条第一項による婚姻の一般的効力が服す法によっても定めることができる。婚姻がその前に死亡によって解消したときは、解消の時が基準となる。

二　父母が婚姻していないとき、妊娠に基づく父の母に対する義務は、母の常居所地法に服する。

第二〇条　血統の否認

血統は、それによって仮定が生じるいずれの法律によっても否認されることができる。子はいつでもその常居所地法によって血統を否認できる。

第二一条　親子関係の効力

親子間の法律関係は子の常居所地法に服する。

第二二条　養子縁組

養子縁組は、養親が縁組の当時属する国の法に服する。夫婦の一方又は双方による養子縁組は、第一四条第一項に従い、婚姻の一般的効力について基準となる法に服する。

第二三条　同意

子及び子が家族法関係にある者の嫡出宣言、氏の付与、準正又は養子縁組の要件及び同意の付与は、さらに子が属する国の法に服する。

子の福祉のため必要とされる限り、同法に代えてドイツ法が適用されるものとする。

第二四条　後見及び保佐

一　後見及び保佐の開始、変更及び終了並びに法定の後見及び保佐の内容は、被後見人又は被保護者が属する国の法に服する。第八条による禁治産の場合においては、後見はドイツ法

に従って命じられることができる。それらの措置に代えて、民法典第一九一〇条による保佐が命じられることもできる。

二　誰が問題に関与するかが確定されないため、又は、関与者が他の国に在るために保佐が必要なときは、問題について基準となる法が適用されるものとする。

三　暫定的措置並びに命じられた後見及び保佐の内容は、命じている国の法に服する。

第二五条　死亡による権利承継

一　死亡による権利承継は、被相続人がその死亡の当時属した国の法に服する。

二　被相続人は、内国に所在する不動産につき、死因処分の方式のもとにドイツ法を選択することができる。

第二六条　死因処分

一　終意処分は、それが同一の証書において複数の者によって作成されるときも、それが次の各号に掲げる法の方式要件に適合するとき、その方式に関して有効である。

(1)　第五条第一項に拘わらず、被相続人がその終意処分を行なった当時又はその死亡当時属した国の法

(2)　被相続人が終意処分を行なった地の法

(3)　被相続人がその終意処分を行なった当時又はその死亡の当時その住所又は常居所を有した地の法

(4)　不動産が問題とされる場合には、それが所在する地の法、又は、

(5)　死亡による権利承継について適用されるべきか、又は、処分の当時適用されるべきこととなる法被相続人がある特定の地に住所を有したか否かは、その地において行なわれている法が規律する。

二　第一項は、従前の終意処分を撤回する終意処分に対しても適用されるものとする。撤回は、それが、撤回された終意処分が第一項に従って有効であった法秩序中のいずれかに適合したときも、その方式に関して有効である。

三　被相続人の年齢、国籍又は他の人的資格に関し、終意処分のために許された方式を制限する規定は、方式に付属するものとみなされる。終意処分の有効性のために必要な証人が有しなければならない資格についても同様である。

四　第一項ないし第三項は他の死因処分について準用する。

五　その他、死因処分の作成の有効性及びそれによる拘束は、処分の当時において死亡による権利承継に適用されるべきこととなる法に服する。一度獲得された遺言能力は、ドイツ人としての法的地位の取得又は喪失によって妨げられることはない。

九　ハンガリー共和国

国際私法に関する国民議会幹部会法規命令（抄）

（一九七九年第一三号、一九七九年七月一日施行）

法規命令の目的及び適用範囲

第一条　この法規命令の目的は、平和的な国際関係の促進のため、次に掲げる事項を定めることにある。

一　民事法上、家族法上又は労働法上の法律関係において、外国人、外国の資産、又は、外国法（以下、渉外的要素という）

が役割を演じ、かつ、複数の国の法律が適用されることができるとき、いずれの国の法律が適用されなければならないか。

二　渉外的要素を含む訴訟において、いずれの管轄規則及び手続規則にもとづくべきか。

第二条　この法規命令は、国際条約によって規律されている問題には適用されない。

法律上の性質決定

第三条　一　準拠法の決定に際し、訴訟の範囲内で決定すべき事実又は法律関係の法律上の性質決定について争いがあるときは、ハンガリー法上の規定及び概念についての解釈規則に従って行なわれる。

二　ある法律制度が、ハンガリー法上知られていないか、又は、――内容的に相違するといえども――他の名称のもとに知られており、かつ、ハンガリー法の解釈規則によっても定義されることができないときは、法律上の性質決定に際し、外国法も、それがかような法律制度を規律している限り、顧慮される。

準拠法による反致

第四条　この法規命令によって外国法が適用されるべきときは、当該問題を直接に規律する外国法の規定が基準とされる。ただし、外国法が、その問題について、ハンガリー法へ反致するときは、――その規定に従って――ハンガリー法が適用される。

外国法の内容の確定

第五条　一　裁判所又は他の官庁は、それに知られていない外国法について、職権をもって調査する。必要な場合においては、それは、鑑定を受け、また、当事者によって提出された証明をも顧慮しなければならない。

二　法務省は、裁判所又は他の官庁の照会に対し、外国法について情報を与える。

三　外国法の内容が確かめられないときは、ハンガリー法が適用される。

相互主義

第六条　一　法律上他に規定されていない限り、外国法の適用は相互主義に依拠しない。

二　法規が、外国法の適用を相互主義に依拠させているときは、相互主義は、反対の証明があるまで、存在するものとみなされる。法規が相互主義の証明を要求しているときは、法務大臣は、相互主義の存在につき、裁判所及び他の官庁を拘束する宣言を行なう。

外国法の不適用

第七条　一　外国法の適用は、それがハンガリーの公の秩序に反することとなる限り、顧慮されない。

二　外国法の適用は、外国の社会的・経済的制度がハンガリーのそれと相違するという理由のみによっては排除されない。

三　適用されない外国法に代えて、ハンガリー法が適用されなければならない。

第八条　一　外国法は、それが、当事者が――本来の準拠法を回避するため――策謀又は詐欺的行為によって惹起した渉外的要素へ連結（詐欺的連結）するときは、適用されてはならない。

二　詐欺的連結の場合においては、この法規命令によって、本来基準とされている法律が適用される。

第九条　当事者が、この法規命令による準拠外国法が適用されてはならないことを共同して申し立てるときは、ハンガリー法ないしは——法律選択が可能である場合には——選択された法律が適用される。

権利主体としての自然人

第一〇条　一　自然人の権利能力、行為能力及び一般的身分並びに専属的権利は、その属人法によって判断される。

二　専属的権利の侵害によって派生する請求権には、権利侵害地においてその当時基準とされる法律が適用される。ただし、損害賠償又は回復に関し、ハンガリー法の適用が被害者にとってより有利であるときは、請求権はこの法律によって判断されなければならない。

第一一条　一　自然人の属人法とは、その者がその国民である国の法律である。国籍の変更は、従前の身分にも、それに基づいている権利及び義務にも関わらない。

二　ある者が複数の国籍を有し、かつ、それらのうちの一つがハンガリーのものであるときは、その属人法はハンガリー法である。

三　複数の国籍を有し、そのうちのいずれもハンガリーのものでない者の属人法、並びに、無国籍者の属人法は、その者がその住所を有する領域が属する国の法律、又は、その者がハンガリーにも住所を有するときは、ハンガリー法である。外国に複数の住所を有する者の属人法は、その者が最も密接な関係を有する国の法律によって決定される。

四　その属人法が、前三項によって決定されることができず、かつ、いかなる住所も有しない者の属人法は、その常居所地によって決定される。複数の常居所地のうちの一つをハンガリーに有する者の属人法は、ハンガリー法によって決定される。

第一二条　一　住所とは、人がそこに永続的に、又は、定住する意思をもって居住する地をいう。

二　常居所とは、人がそこに定住の意思なく、長年に亘って居住する地をいう。

第一三条　ハンガリーにおいて庇護権を享受している自然人の属人法については、ハンガリー法が基準とされる。

この法規命令は、従前の身分にも、それに基づく権利及び義務にも関わらない。

第一四条　一　私人の経済活動並びにその生産及び商業（以下、経済という）上の資格については、経済活動が認可されている領域が属する国の法律が適用される。

二　経済活動の認可が必要でないか、又は、活動が複数の国において認可されたときは、経済上の資格には、経済的活動の主たる業務管理がその本拠を有する領域が属する国の法律が適用される。

第一五条　一　外国国民又は無国籍者の権利能力、行為能力、その身分及び財産が関係する権利並びにその義務には、——いかなる法規も他に規定していない限り——内国人の場合と同じ規則が適用される。

　その属人法によれば行為能力がないか、又は、行為能力が制限されている者であって、ハンガリー国民でない者は、ハンガリーにおいて日常生活上通常必要な範囲で行なった財産法上の業務における法律行為につき、その者がハンガリー法

上の基準によれば行為能力がある限り、行為能力があるものとみなされる。

二　その属人法によれば行為能力がないか、又は、行為能力が制限されているが、ハンガリー法によれば行為能力があることとなる者であって、ハンガリー国民でない者は、その者の他の財産法上の業務における法律行為についても、法律行為の法律効果がハンガリーにおいて生ずべきときは、行為能力があるものとみなされる。

第一六条　一　死亡宣告又は失踪宣告並びに死亡の確定については、失踪者の属人法が基準とされる。

二　ハンガリー裁判所が、内国の法益のため、ハンガリー国民でない者に死亡宣告若しくは失踪宣告をなすか、又は、その者の死亡を確定する限り、ハンガリー法が適用される。

第三六条　一　相続の法律関係は、被相続人の死亡当時その属人法であった法律によって判断されるものとする。

この法律は、相続財産の買取り又は相続期待財産の処分がいかなる範囲まで可能であるかの問題についても、基準とされる。

二　終意処分は、死亡当時、被相続人の属人法であった法律によって判断されるものとする。死因処分及びその撤回は、それが、ハンガリー法、又は、次に掲げる法律に適合するときは、方式上有効である。

a　作成地ないしは撤回地においてその当時行なわれている法律、又は、

b　終意処分の作成当時、その撤回当時、又は、被相続人の死亡当時、その属人法であった法律、又は、

c　終意処分の作成当時、その撤回当時、又は、被相続人の死亡当時、被相続人の住所地又は常居所地において行なわれていた法律、又は、

d　不動産に関連する終意処分の場合においては、有体物の法律

婚姻及びその有効性

第三七条　一　婚姻の実質的有効要件は、婚姻締結当時における婚姻当事者の共通属人法によって判断されるものとする。婚姻当事者の属人法が婚姻締結当時異なる場合においては、婚姻当事者双方の属人法によってその実質的要件が与えられているときにのみ、婚姻は有効である。

二　婚姻締結の形式的有効要件には、婚姻締結当時その地において行なわれている法律が適用される。

三　婚姻当事者の双方がハンガリー国民であるときは、それらの者は、閣僚会議が在外公館に対して婚姻締結に必要な協力行為の権限を授与したことを条件として、外国において、ハンガリーの在外公館によって婚姻を締結することができる。かような婚姻はハンガリーにおいて締結された婚姻とみなされる。

四　婚姻締結及びその有効性についての規定は、婚姻の存在又は不存在の確定にも準用される。

第三八条　一　ハンガリー国民でない者がハンガリーにおいて婚姻を締結しようとするときは、その者は、その属人法によればいかなる障害も婚姻締結を妨げていないことを証明しなければならない。正当な場合においては、法務大臣は証明を免除することができる。

二　ハンガリー法によれば除去できない障害が婚姻締結を妨げているときは、婚姻はハンガリーにおいて締結されることができない。

三　ハンガリー国民又はハンガリーに居住している無国籍者が、外国において婚姻を締結しようとするときは、行政上の任務について権限を有する首都、コミクート、又は、コミクートから独立した都市の評議会の執行委員会の専門機関は、ハンガリー法によればいかなる障害も婚姻締結を妨げていないことについて証明書を発行する。

四　ハンガリー国民の住所が外国にあるときは、ハンガリーの在外公館が証明書を発行する。

夫婦の身分的法律関係及び財産的法律関係

第三九条　一　――夫婦の称氏、扶養又は夫婦財産制に関する取決めのような――夫婦の身分的法律関係及び財産的法律関係については、裁判当時夫婦の共通属人法である法律が適用される。

二　夫婦の属人法が裁判当時異なるときは、それに代えて、最後の共通属人法が適用され、これがないときは、夫婦がその最後の共通住所を有した領域が属する国の法律が適用される。

三　夫婦がいかなる共通住所も有しなかったときは、事件を受理する裁判所又は他の官庁が帰属する国の法律が適用される。

四　属人法の変更は、従前の属人法によって生じている称氏にも、また、扶養又は夫婦財産制に関する取決めのような、それによって有効に成立した財産的法律効果にも関わらない。

婚姻の解消

第四〇条　一　婚姻の解消についての要件は、裁判所への訴状の提出当時夫婦の属人法である法律によって判断されるものとする。

二　夫婦の属人法が訴状の提出当時異なるときは、夫婦の一方がハンガリー国民である限り、ハンガリー法が適用され、その他の場合においては、夫婦がその最後の共通住所を有した領域が属する国の法律が適用される。

三　当事者がいかなる共通住所も有しないときは、事件を受理する裁判所又は他の官庁が帰属する国の法律が適用される。

第四一条　婚姻の解消についての準拠外国法は、次に掲げる例外をもって適用される。

a　外国法が婚姻の解消を排除するとき、又は、婚姻の解消についての要件が、外国法によれば欠けていても、ハンガリー法によれば与えられているときもまた、婚姻は解消される。

b　外国法によれば絶対的解消原因が存在する場合であっても、婚姻生活が完全かつ回復不可能なまでに破綻しているか否かが調査される。

c　婚姻の解消は、過失を根拠とされてはならない。

家族法上の地位

第四二条　一　父性又は母性の確定、並びに、父性推定の裁判に際しては、子の出生当時のその属人法が適用される。

二　父による子の認知は、認知当時の子の属人法によって判断され、受胎されたがなお出生していない子の認知は、認知当時の母の属人法によって判断されるものとする。

三　認知は、それがハンガリー法又は認知の地においてその当

時行なわれている法律によれば方式上有効であるときは、方式上の理由によって無効とみなされてはならない。

養子縁組

第四三条　一　養子縁組の要件は、養子縁組当時における養子をする者及び養子にされる者の属人法をともに顧慮して判断されるものとする。

二　ハンガリー国民は、ハンガリー後見官庁の許可をもってのみ、ハンガリー国民でない者を養子にすることができる。

三　ハンガリー国民でない者は、ハンガリー後見官庁の承認をもってのみ、ハンガリー国民を養子にすることができる。

四　後見官庁は、養子縁組がハンガリー法において定められた要件にも適合するときにのみ、それを許可ないし承認しなければならない。

第四四条　一　養子縁組の法律効果、養子縁組の終了、及び、それから生じている法律効果には、養子縁組当時ないし養子縁組の終了当時における養子をする者の属人法が適用される。

二　養子をしている夫婦の属人法が、養子縁組当時ないし養子縁組の終了当時異なるときは、養子縁組の法律効果及びその終了には、次に掲げる法律が適用される。

a　夫婦の最後の共通属人法、又は、これがないときは、

b　養子縁組当時ないしその終了当時、夫婦がその最後の共通住所を有していた領域が属する国の法律、又は、これがないときは、

c　事件を受理する裁判所又は他の官庁が帰属する国の法律

親子間の法律関係

第四五条　一　特に、子の称氏、収容、教育権、家族への受入れ、その法定代理、その扶養、及び、その財産の管理のような親子間の家族法上の関係には、――親に対する扶養を除いて――子の属人法が適用される。

二　この規定は、父性の確定のないまま存在している子に対する扶養義務にも準用される。

子にとってより有利な法律の適用

第四六条　ハンガリー国民、又は、ハンガリーに居住している子の家族法上の地位、ないしは、その者とその親との間に存在している関係、並びに、子に対する扶養には、ハンガリー法が子にとってより有利であるときは、これが適用される。

親族の扶養

第四七条　親族相互の扶養義務の要件、その範囲及びその方法は、扶養権利者の属人法によって判断されるものとする。

後　見

第四八条　一　後見人の選任、及び、後見の終了についての要件には、被後見人の属人法が適用される。

二　後見人がいかなる範囲において後見の義務を負っているかは、後見人の属人法によって決定されるものとする。

三　――後見人の財産管理又は決算報告の義務のような――後見人と被後見人との間の法律関係には、後見人を選任した官庁が帰属する国の法律が適用される。ただし、被後見人がハンガリーに居住しているときは、ハンガリー法が被後見人にとってより有利である限り、これが適用される。

保　護

第四九条　一　保護には、後見に関する規定が準用される。

二　その業務の管理を阻止されている者の代理及び暫定的保護

には、保護人を選任している官庁が帰属する国の法律が適用される。

暫定的命令

第五〇条　ハンガリーに居住しているハンガリー国民でない者の収容、扶養又は保護のため、いかなる猶予も許さない措置がなされるべきときは、ハンガリー法が適用される。

第五四条　ハンガリー裁判所又は他のハンガリー官庁は、この法規命令がハンガリー裁判所又は官庁の国際的裁判管轄権を排除していない全ての事件を受理する権利を有する。

専属的裁判管轄権

第五五条　ハンガリー裁判所又は他のハンガリー官庁は、次に掲げる手続については、専属的裁判管轄権を有する。

ａ　ハンガリー国民の身分に関する手続であって、そのような事件において下された外国裁判所又は他の外国官庁の裁判がこの法規命令によれば承認されないもの

ｂ　ハンガリーの不動産に関する手続

ｃ　ハンガリーに所在するハンガリー人たる被相続人の遺産に関する手続

ｄ　ハンガリー国家又はハンガリー国家権力機関若しくは国家行政機関に対する手続

ｅ　外交上の代表者として活動しているか、又は、他の理由によって裁判権に服していないハンガリー国民に関する手続であって、国際条約に基づくか、又は、相互主義のため、その者に対して外国において提起されることができないもの

ｆ　内国において発行された有価証券又は証書の無効宣言のための手続

ｇ　ハンガリーの産業上の権利保護の権利の付与、範囲及び消滅に関する手続

裁判管轄権の排除

第五六条　ハンガリー裁判所又は他のハンガリー官庁の裁判管轄権は、——この法規命令が他に規定していない限り——次に掲げる手続については、排除される。

ａ　外国国家又は外国の国家権力機関若しくは国家行政機関に対する手続

ｂ　外交上の代表者として活動しているか、又は、他の理由によって裁判権に服していない外国国民に関する手続であって、国際条約に基づくか、又は、相互主義のため、その者に対して内国において開始されることができないもの

ｃ　外国の産業上の権利保護の権利の付与、範囲及び消滅に関する手続

ｄ　ハンガリー裁判所又は他のハンガリー官庁の裁判管轄権が特別の法規によって排除されている事件

第五七条　一　ハンガリー裁判所又は他のハンガリー官庁は、外国国家又は外国の国家権力機関若しくは国家行政機関に対し、又は、外交上の代表者としてハンガリーにおいて活動しているか、若しくは、他の理由によって裁判権に服していない外国国民に対して提起される手続については、外国国家が明らかに免除特権を放棄したとき、受理することができる。

二　免除特権の放棄の場合においては、ハンガリー裁判所又は他のハンガリー官庁の裁判管轄権は、その法律関係から生じている反訴にも及ぶ。

三　かようにして外国国民に対して争って取得された判決は、外国国家が執行についても明らかに免除特権を放棄したときにのみ、執行されることができる。

第五八条　一　ハンガリー国民でない者の間の身分関係に関する訴訟については、当事者の一方がハンガリーにその住所を有するときは、――保護の訴訟を除いて――ハンガリー裁判所は受理することができる。

二　ハンガリー裁判所は、内国の法益のため必要なとき、その属人法がハンガリー法でない者にも死亡若しくは失踪の宣告をなすか、又は、その死亡を確定することができる。

第五九条　一　ハンガリー裁判所は、ハンガリー国民でない者がハンガリーにその住所を有するとき、その者を保護に付すか、ないしは、保護を廃止することができる。ハンガリー後見官庁はその者に保護人を選任するか、又は、保護人を解任することができる。

二　ハンガリー後見官庁は、ハンガリー国民でない者が後見又は保護のもとにあり、かつ、ハンガリーにその住所又は常居所が所在するとき、その収容、その扶養及びその保護に必要な措置をとることができる。

第六〇条　一　ハンガリー後見官庁は、ハンガリー国民でない者であって、その行為の識別を阻止された者のため、代理人又は各個の場合の保護人を選任することができる。

二　ハンガリー後見官庁は、ハンガリーに居住しているハンガリー国民でない者のため、収容、扶養又は保護について猶予できない必要な措置をなすことができる。

第六一条　裁判所及び後見官庁は、その措置につき、当事者を管轄する外国官庁に遅滞なく報告する。措置はその官庁による反対の命令があるまで有効である。

裁判管轄権の合意

第六二条　一　国際経済の領域における契約からの訴訟の場合につき、当事者は、書面により、内国裁判所若しくは外国裁判所又は仲裁裁判所の裁判管轄権を合意することができる。

二　合意が専属的裁判管轄権に該当するときは、他の通常裁判所又は仲裁裁判所は、その事件を受理してはならない。

一〇　フランス

民法典（抄）　（一八〇四年）

第三条

警察及び安寧に関する法律は、領土内に居住する全ての者を拘束する。

不動産は、外国人によって所有されたものも、フランス法によって規律される。

人の身分及び能力に関する法律は、フランス人が外国に在っても、その者を規律する。

……

第三一〇条

離婚及び別居は、次に掲げるとき、フランス法に依る。

一　夫婦の双方がフランス国籍を有するとき

二　夫婦の双方がフランスの領域にその住所を有するとき

三　フランス裁判所が、離婚又は別居の裁判をすることにつ

き、裁判管轄権を有する場合において、いかなる外国法も自ら立法管轄権を認めていないとき

・・・・・

第五一五条の七の一

登録パートナーシップの成立要件及び効力、並びに、その解消の原因及び効力は、その登録を処理した官庁が帰属する国家の実質規定に服する。

一一　ベルギー王国

国際私法典（抄）　（二〇〇四年七月一六日法律）

第一条　規定事項（省略）

第二条　目的

国際条約、欧州連合法又は特別法中に含まれた規定の適用の留保の下に、本法は、民事及び商事に関し、国際的状況において、ベルギー裁判所の管轄権、準拠法の決定、並びに、外国裁判及び公署証書のベルギーにおける効力の要件を規律する。

第三条　国籍

一　自然人がいずれかの国家の国籍を保有するか否かの問題は、その国家の法によって規律される。

二　二つ又は多数の国籍を保有する自然人の国籍への本法によって行なわれた準拠は、全て、次に掲げる国籍を指示する。

(1)　ベルギー国籍がそれらの国籍の中に存在するときは、同国籍

(2)　その他の場合には、特に常居所を考慮の上、情況の全体により、その者が最も密接な関係を有する国家の国籍

三　法律又はベルギーを拘束する国際条約により、無国籍者又は難民の身分を有する自然人の国籍への本法によって行なわれた準拠は、全て、常居所への準拠によって代用される。

四　国籍を確証することができない自然人の国籍への本法によって行なわれた準拠は、全て、常居所への準拠によって代用される。

第四条　住所及び常居所

一　本法の適用に際し、住所は次の通りに解される。

(1)　自然人が、主として、ベルギーにおいて住民登録簿、外国人登録簿又は仮登録簿上に登録されている場所

(2)　法人がベルギーにおいてその定款上の本拠を有する場所

二　本法の適用に際し、常居所は次の通りに解される。

(1)　自然人が、いかなる登録もなく、かつ、滞在又は居住する許可と関係なくとも、主として居住した場所。その場所の決定については、特にその場所との継続的関係又はそのような関係を結ぶ意思を示す身分的、若しくは職業的性質の状況が考慮される。

(2)　法人がその主たる事務所を有する場所

三　本法の適用に際し、法人の主たる事務所は、特に指揮の中心、並びに、取引又は活動の中心、及び、補助的に、定款上の本拠を考慮して決定される。

第五条　被告の住所又は常居所に基づく国際管轄権

一　本法が別段に規定する場合を除き、被告が請求開始の当時ベルギーに住所を有するか、又は、その常居所を有するとき、ベルギー裁判所は管轄権を有する。

複数の被告がいるときは、それらの一人がベルギーに住所を有するか又はその常居所を有するときは請求が被告を外国におけるその住所又はその常居所の裁判所の外へ召喚するためにのみ提起されたものでない限り、ベルギー裁判所は管轄権を有する。

二　ベルギー裁判所は、ベルギーに住所も常居所も有しない法人の副次的事務所が請求開始の当時ベルギーに所在するとき、その事務所の経営に関する全ての請求を裁判する管轄権をも有する。

第六条　国際管轄権の任意的拡張

一　当事者が、ベルギー法により、それらの者がその権利を自由に処分する事項について、権利関係を原因として生じたか、又は生ずべき紛争を裁判するため、ベルギー裁判所又はその一つの管轄権を有効に合意したときは、ベルギー裁判所のみが管轄権を有する。

本法が別段に規定する場合を除き、被告が出頭するベルギーの裁判官は、出頭が管轄権を争うことを主たる目的とする場合でない限り、その者に対して提起された請求を裁判する管轄権を有する。

二　但し、第一項に定められた場合において、情況の全体から、訴訟がベルギーといかなる重要な関係も呈示しないことになるときは、裁判官はその管轄権を拒否することができる。

第七条　国際管轄権の任意的排除

当事者が、ベルギー法により、それらの者がその権利を自由に処分する事項について、権利関係を原因として生じたか又は生ずべき紛争を裁判するため、外国裁判所又はその一つの管轄権を有効に合意し、かつ、ベルギーの裁判官が受理するときは、外国裁判がベルギーにおいて承認若しくは執行されることができないことが予見可能であるか、又は、ベルギー裁判所が第一一条によって管轄権を有する場合でない限り、ベルギーの裁判官は裁決を延期しなければならない。外国裁判が本法によって承認されることができるときは、ベルギーの裁判官は却下する。

第八条　保証又は訴訟参加の請求及び反訴請求

いずれかの請求を裁判する管轄権を有するベルギー裁判所は、次に掲げる請求を裁判する管轄権をも有する。

一　保証又は訴訟参加の請求であって、それが呼び出された者を通常管轄権を有する裁判所の外へ召喚するためにのみ提起されたものでない限り、その請求

二　本訴が基づく事実又は行為から派生する反訴請求

第九条　国際的関連

ベルギー裁判所がいずれかの請求を裁判する管轄権を有するときは、訴訟が別個に判断されたならば相容れなくなる解決を避けるため、それらの請求を同時に予審し、かつ、判断すべき利益が存在する程度に密接な関係によってその請求と結び付けられている請求を裁判するについても、それは管轄権を有する。

第一〇条　暫定的及び保全的措置並びに執行措置

本法により、ベルギー裁判所が実体を裁判する管轄権を有しないときであっても、緊急の場合には、ベルギー裁判所は請求開始の当時ベルギーに在る者若しくは財産に関する暫定的又は保全的措置及び執行措置をとる管轄権をも有する。

第一一条　国際的管轄権の例外的付与

本法の他の規定に拘わらず、訴訟がベルギーとの密接な関係

を呈示し、かつ、外国における手続が不可能であることを示すか、又は、請求が外国において提起されることを合理的に要求されることができないときは、ベルギー裁判所は例外的に管轄権を有する。

第一二条　国際的管轄権の審査

受理裁判官は職権をもってその国際的管轄権を審査する。

第一三条　国内的管轄権

ベルギー裁判所が本法によって管轄権を有するときは、事物管轄権及び土地管轄権は、第二三条に定められた場合を除き、訴訟法典又は特別法の関連規定によって決定される。

但し、土地管轄権を基礎付けることを認める規定がないときは、管轄権は国際的管轄権に関する本法上の諸規定によって決定される。それらの規定が土地管轄権を決定することを許さないときは、請求はブリュッセル地区の裁判官の前へ提起されることができる。

第一四条　国際的訴訟係属

請求が外国裁判所に係属し、かつ、外国裁判がベルギーにおいて承認又は執行されることができることが予見されるときは、同一目的物及び同一原因を有する同一当事者間の請求を二番目に受理したベルギーの裁判官は、外国裁判の言い渡しまで裁決することを延期することができる。ベルギーの裁判官は裁判の適正な運営の要請を考慮する。外国裁判が本法によって承認されることができるときは、ベルギーの裁判官は却下する。

第一五条　外国法の適用

一　本法によって指定された外国法の内容は裁判官によって確定される。

外国法は外国において認められた解釈に従って適用される。

二　裁判官がその内容を確定することができないときは、その者は当事者の協力を要求することができる。

その者が然るべき期間に外国法の内容を確定することが明らかに不可能であるときは、ベルギー法が適用される。

第一六条　反致

本法の意味において、かつ、特別規定の留保の下に、いずれかの国家の法とは、その国家の国際私法規則を除いた法規と理解される。

第一七条　多数法体系

一　本法が二つ又は多数の法体系を包含する国家の法を指定するときは、それらのいずれも、準拠法の決定の目的のため、国家の法として見做される。

二　自然人が国籍を保有する国家の法へ行なわれた指定は、第一項の意味において、その国家において施行されている規則によって指定された体系、又は、かような規則がないときは、その者が最も密接な関係を有する体系を指す。

二つ又は多数の人的に異なる部類の準拠法の体系を包含する国家の法へ行なわれた指定は、第一項の意味において、その国家において施行されている規則によって指定された体系、又は、かような規則がないときは、法律関係が最も密接な関係を有する体系を指す。

第一八条　法律詐欺

人が自由にその権利を処分しない事項の準拠法の決定については、本法によって指定された法の適用を回避する目的のみにおいて形成された事実及び行為は考慮されない。

第一九条　例外条項

一　本法によって指定された法は、情況の全体により、状況が他のいずれかの国家と非常に密接な関係を呈示するのに、それが、指定された法が帰属する国家と非常に希薄な関係しか有しないことが明らかであるときは、例外的に適用されてはならない。その場合には、当該他国家の法が適用される。

第一項の適用の際には、特に次に掲げることが考慮される。

――準拠法の予見可能性の要請、及び、

――係争関係が、その関係がその形成当時に関係を呈示した国家の国際私法規則に従って合法的に形成された情況

二　本法の規定に従った当事者による準拠法選択の場合、又は、準拠法の指定が同法の内容に根拠を置くときは、第一項は適用されない。

第二〇条　適用可能性の特別規則

本法の規定は、抵触法規によって指定された法が何であれ、法律によるか、又は、その明白な目的を理由として、国際的状況を規律しようとするベルギー法上の強行的又は公の秩序の規則の適用を侵害しない。

本法によるいずれかの国家の法の適用の際には、状況が密接な関係を呈示する他国の法に従い、同国の強行的又は公の秩序の規定が抵触法規によって指定された法に拘わらず適用される限りにおいて、それらの規定に効力が与えられることができる。効力がそれらの規定に与えられなければならないか否かを決定するについては、それらの性質及びそれらの目的、並びに、それらの適用又はそれらの不適用から生ずる結果が考慮される。

第二一条　公の秩序の例外

本法によって指定された外国法規定の適用は、それが明らかに公の秩序と両立しえない効果を生ずる限りにおいて斥けられる。

その両立不可能性は、特に状況のベルギー法秩序との結合の強さ、及び、その外国法の適用が生ずる効果の重要性を考慮して評価される。

外国法の規定がその両立不可能性のために適用されないときは、同法、又は、必要な場合には、ベルギー法の他の適当な規定が適用される。

第二二条　外国裁判の承認及び執行力の宣言

一　裁判が下された国家において執行力を有する外国裁判は、第二三条に定められた手続に従い、全部又は部分的にベルギーにおいて執行力を有するものと宣言される。

外国裁判は、第二三条に定められた手続に依らなくとも、全部又は部分的にベルギーにおいて承認される。

承認が付帯的にベルギー裁判所に申し立てられたときは、ベルギー裁判所はそれを裁判する管轄権を有する。

裁判は、それが第二五条の要件に反しないときにのみ、承認されるか、又は、執行力を有するものと宣言されることができる。

二　利害関係を有する全ての者、並びに、人の身分に関し、検事は、第二三条に定められた手続に従い、裁判が全面的若しくは部分的に承認されるか若しくは執行力を有するものと宣言されなければならないこと、又は、それがなされることができないことを確認させることができる。

三　本法において、次に掲げる語句は、次のことを意味する。

⑴　裁判という語句は、裁判権を行使する官庁によって下された全ての裁判をいう。
⑵　承認とは、権利について外国において決定されたことを確定することをいう。

第二三条　承認又は執行力の宣言のための管轄権及び手続

一　第一二一条に定められた場合を除き、第一審裁判所が、外国裁判の承認又は執行力の宣言に関する請求を裁判する管轄権を有する。

二　第三一条に定められた場合を除き、管区として管轄権を有する裁判所は、被告の住所又は常居所のそれとする。ベルギーにおける住所又は居所がないときは、その裁判所は執行地のそれとする。

裁判の承認に関する請求が第一項に指定された裁判所に提起されることができないときは、請求者はその住所地又はその常居所地の裁判官に提起することができる。ベルギーにおける住所又は居所がないときは、その者はブリュッセル地区の裁判所に提起することができる。

三　請求は裁判法典第一〇二五条ないし第一〇三四条に定められた手続に従って提起され、かつ、開始される。請求者は、裁判所の管区における住所を選択しなければならない。裁判官は速やかに裁決する。

四　通常の上訴の対象となることができるか、又は、それの対象となる外国裁判は、仮執行の措置を講じることができる。裁判官はそれを担保の設定に従わせることができる。

五　執行を認める裁判に対する上訴について定められた期間の間、及び、それについて裁決されるまでは、裁判法典第一〇二九条に反し、執行が請求される当事者の財産に関する保全措置のみが行なわれることができる。執行を認める裁判はその措置を行なうことの承認を含む。

第二四条　承認又は執行力の宣言のための提出すべき書類

一　外国裁判の承認を求めるか、又は、執行力の宣言を請求する当事者は、次に掲げるものを提出しなければならない。
⑴　裁判の謄本であって、それが作成された国家の法に従い、その真正に必要な諸要件を備えるもの
⑵　欠席裁判については、裁判が下された国家の法に従い、審理開始の書面若しくは相当する書面が欠席当事者に送達又は通達されたことを証明する書類の原本若しくは原文と相違ないことを証された複写
⑶　裁判が下された国家の法に従い、それが執行できること、及び、送達又は通達されたことを証明する性質の全ての書類

二　第一項に記された書類の提出がないときは、裁判官は、相当する書類を提出若しくは受理するための期間を付与するか、又は、十分に明らかであるとみられるときは、それを免除することができる。

第二五条　承認又は執行力の宣言の拒絶事由

一　外国裁判は、次に掲げるとき、承認されず、かつ、執行力を宣言されない。
⑴　承認又は執行力の宣言の効果が、明らかに公序と相容れないとき。なお、その相容れないことは、特に状況のベルギーの法秩序との結び付きの強さ、及び、かくして生じた効果の重さを考慮して評価される。

(2) 防御権が侵害されたとき
(3) 裁判が、本法によって指定された法の適用を回避する目的のみにおいて、人が自由にその権利を処分しない事項において取得されたとき
(4) 第二三条第四項に反することなく、それが下された国家の法に従い、それがさらに通常の上訴の対象となることができるとき
(5) それが、ベルギーにおいて下された裁判、若しくは、外国において以前に下された裁判と両立することができず、かつ、ベルギーにおいて承認されることができるとき
(6) ベルギーにおける同一当事者間の同一物に関する請求の開始後、さらに係属中、請求が外国において開始されたとき
(7) ベルギー裁判所のみが、請求を裁判する管轄確を有するとき
(8) 外国裁判所の管轄権が、被告の存在、若しくは、その裁判所が帰属する国家における訴訟と直接的関係を有しない財産のみに基礎が置かれたとき、又は、
(9) 承認若しくは執行力の宣言が、第三九条、第五七条、第七二条、第九五条、第一一五条及び第一二一条に定められた拒絶事由の一つに反するとき
二 いずれの場合にも、外国裁判は実質的再審理の対象となることはできない。

第二六条 外国裁判の証拠力
一 外国裁判は、それが下された国家の法に従い、それがその真正に必要な要件を充足するときは、ベルギーにおいて、裁判官によって行なわれた確認を証明する。外国の裁判官によって行なわれた確認は、それが明らかに公の秩序と両立しえない効果を生じる限りにおいて斥けられる。
二 外国の裁判官によって確認された事実の反証は、全ての訴訟を通じて提出されることができる。

第二七条 外国公署証書の承認及び執行力
一 外国公署証書は、その有効性が、特に第十八条及び第二一条を考慮して、本法による準拠法に従って証明されるときは、いかなる手続にも頼ることなく、ベルギーにおいて全ての官庁によって承認される。
証書は、それが作成された国家の法に従い、その真正に必要な要件を充足しなければならない。
第二四条が必要な限りにおいて適用されることができる。官庁が証書の有効性を承認することを拒絶するときは、第一二一条を妨げることなく、第二三条に定められた手続に従い、上訴が第一審裁判所へ提起されることができる。
二 外国公署証書は、それが作成された国家において執行できるときは、ベルギーにおいて、第一審裁判所により、第二三条に定められた手続に従い、かつ、第一項に定められた要件の審査の後、第一二一条を妨げることなく、執行できるものと宣言される。
三 外国の裁判官の面前において締結された和解は、それが締結された国家において執行できるときは、ベルギーにおいて、公署証書と同一の要件の下に執行できるものと宣言されることができる。

第二八条 外国公署証書の証拠力

一　外国公署証書は、それが次に掲げる諸要件を同時に充足するときは、ベルギーにおいて、それを作成した外国官庁によって確認された事実を証明する。

(1)　証書の形式を規律する本法上の要件、及び、

(2)　それが作成された国家の法に従い、その真正のために必要な要件

外国官庁によって行なわれた確認は、それが明らかに公の秩序と両立しえない効果を生じる限りにおいて斥けられる。

二　外国官庁によって確認された事実の反証は、全ての訴訟を通じて提出されることができる。

第二九条　外国裁判及び公署証書の事実上の効果

外国裁判又は外国公署証書の存在は、その承認、その執行力の宣言又はその証拠力に必要な要件の審査なく、ベルギーにおいて考慮されることができる。

第三〇条　認証

一　外国裁判又は外国公署証書は、ベルギーにおいて、原本又は複写の全体又は抜粋として提出されるために認証されなければならない。

認証は、署名の真実性、証書の署名者が行動した資格、及び、場合により、証書に付されている官印若しくは証印の同一性のみを証明する。

二　認証は、次に掲げる者によって行なわれる。

(1)　裁判若しくは証書が下されたか若しくは作成された国家において信任状を付与されたベルギーの外交官又は領事館員

(2)　それがいないときは、外国の外交官又は領事館員であって、同国におけるベルギーの利益を代理する者

(3)　それがいないときは、外務大臣

三　国王が認証の方法を決定する。

第三一条　身分及び能力に関する外国裁判及び公署証書の付記及び転記

一　身分に関する外国公署証書は、第二七条第一項に定められた要件の審査の後においてのみ、身分証書の欄外付記の対象となるか、又は、身分登録簿に転記されるか、又は、住民登録簿、外国人登録簿若しくは仮登録簿への記載のための基礎に供することができる。

外国裁判の付記又は転記は、第二四条及び第二五条、並びに、場合により、第三九条、第五七条及び第七二条に定められた要件の審査の後においてのみ行なわれることができる。

受託者が付記又は転記を行なうことを拒絶するときは、第二三条に定められた手続に従い、上訴が、登録簿が管掌される地区の第一審裁判所へ提起されることができる。

二　審査は証書又は登録簿の受託者によって実行される。

法務大臣は、第一項に定められた要件の統一的適用を確保することを目した指針を設定することができる。

証書又は登録簿の受託者は、第一項に定められた要件の判断の当時、重大な疑いがある場合には、意見のため、必要な際に補足的審査を行なう検察官へ証書又は裁判を転送することができる。

三　国王は、第一項に定められた要件を充足する裁判及び証書がベルギー人又はベルギーに居住する外国人に関わるときは、それらの登録簿の内容の様式を考案し、かつ、決定すること

ができる。

第三二条 身分及び能力に関する国際的管轄権

本法が別段に規定する事項を除き、ベルギー裁判所は、本法上の総則によって定められた場合におけるほか、次に掲げるとき、人の身分又は能力に関する全ての請求について裁判する管轄権を有する。

(1) その者が請求開始の当時ベルギーにその常居所を有するとき、又は、

(2) その者が請求開始の当時ベルギー人であるとき

第三三条 親権、後見及び無能力者の保護に関する国際的管轄権

ベルギー裁判所は、本法上の総則及び第三二条に定められた場合に、親権若しくは後見、成人の無能力の決定又は無能力者の保護に関する全ての請求について裁判する管轄権を有する。

ベルギー裁判所は、請求がベルギーに所在する財産に関するとき、本法上の総則及び第三二条に定められた場合のほか、無能力者の財産の管理に関する全ての請求について裁判する管轄権を有する。

ベルギー裁判所は、それが婚姻無効、離婚又は別居の請求を受理するとき、親権、及び、両親とそれらの者の満一八歳以下の子との身分関係における権利の行使に関する全ての請求についても、裁判する管轄権を有する。

緊急の場合には、ベルギー裁判所は、ベルギーに在る者に関し、状況が求める措置を講じる管轄権をも有する。

第三四条 身分及び能力の準拠法

一 本法が別段に規定する事項を除き、人の身分及び能力は、その者が国籍を保有する国家の法によって規律される。

但し、能力は、外国法がベルギー法の適用へ導くとき、ベルギー法によって規律される。

第一項及び第二項による準拠法に従って取得された能力は、国籍の変更の効果によって喪失されない。

二 いずれかの法律関係に固有の無能力は、その関係の準拠法によって規律される。

第三五条 親権、後見及び無能力者の保護の準拠法

一 親権及び後見、並びに、成年者の無能力の決定、及び、無能力者の身上若しくは財産の保護は、親権の決定、後見の開始又は保護措置の採用を生ぜしめる事実の当時、その者がその常居所を有する領域が帰属する国家の法によって規律される。常居所の変更の場合には、未だ親権又は後見の責任を負わせられていない者の権限の下におけるそれの決定は、新しい常居所の国家の法によって規律される。

親権又は後見の実行は、子が、その実行が求められる当時、その常居所を有する領域が帰属する国家の法によって規律される。

二 第一項において指定された法が、人又はその財産が必要とする保護を確保することを許さないときは、人が保有する国籍が帰属する国家の法が適用される。

準拠外国法によって定められた措置を講ずることが、物理的又は法的に不可能であることが判明するときは、ベルギー法が適用される。

第三六条 氏及び名の国際的管轄権

ベルギー裁判所は、本法上の総則によって定められた場合に

おけるほか、人が請求開始の当時ベルギー人であるか又はベルギーにその常居所を有するとき、その者の氏又は名を決定することを目的とする全ての請求を裁判する管轄権を有する。

ベルギー官庁は、人が請求開始の当時ベルギー人であるとき、その者の氏又は名を変更することを目的とする全ての請求を裁判する管轄権をも有する。

第三七条　氏及び名の決定の準拠法

人の氏及び名の決定は、その者が保有する国籍が帰属する国家の法によって規律される。人の氏及び名に関する国籍変更の効果は、その者の新しい国籍の国家の法によって規律される。

第三八条　氏又は名の変更の準拠法

自由意思の行為又は法律の効果に依る人の氏又は名の変更は、その者が変更の当時保有する国籍が帰属する国家の法によって規律される。

夫婦の一方が保有する国籍が帰属する国家の法が、その者に婚姻の際に氏を選択することを許すときは、戸籍官吏は婚姻証書にその氏を記載する。

第三九条　外国において生じた氏又は名の決定又は変更

人の氏又は名の決定又は変更に関する外国裁判若しくは行政決定は、第二五条に定められた拒絶事由の存在のほか、次に掲げるとき、ベルギーにおいて承認されない。

(1)　自由意思の行為による変更の場合には、取得された氏が、人が同様に保有する国籍が帰属する欧州連合の加盟国家において適用される氏の決定に関する規則に従っていない限り、その者が変更の当時ベルギー人であったとき、又は、

(2)　氏又は名の決定が、その者がその決定の当時ベルギー人であって、ベルギー法に従っていないとき、又は、

(3)　その他の場合には、その決定又はその変更が、その者が保有する国籍が帰属する国家において承認されないとき

第四〇条　不在の国際的管轄権

ベルギー裁判所は、次に掲げるとき、第五条を除き、本法上の総則によって定められた場合におけるほか、不在証明又はその効果の決定の全ての請求を裁判する管轄権を有する。

(1)　行方不明者がその失踪の当時ベルギー人であったか若しくはベルギーにその常居所を有していたとき、又は、

(2)　その請求が請求開始の当時ベルギーに所在する不在者の財産に関するとき

第四一条　不在の準拠法

不在は、人がその失踪の当時保有した国籍が帰属する国家の法によって規律される。

不在者の財産の暫定的管理は、その者がその失踪の当時平常的に居住した領域が帰属する国家の法、又は、その法がそれを行なうことを許さないときは、ベルギー法によって規律される。

第四二条　婚姻関係の国際的管轄権

ベルギー裁判所は、次に掲げるとき、婚姻又はその効果、夫婦財産制、離婚又は別居、その他の本法の総則規定によって定められた場合における事項に関する全ての請求を裁判するための管轄権を有する。

(1)　共同請求の場合には、夫婦の一方が請求開始の当時ベルギーにその常居所を有するとき

(2)　夫婦の最後の共通常居所が請求開始の前一二箇月以内にベルギーに所在したとき

(3)　原告である配偶者が請求開始の当時少なくとも一二箇月以前からベルギーにその常居所を有するとき、又は、

(4)　夫婦が請求開始の当時ベルギー人であるとき

第四三条　婚姻及び離婚の管轄権の拡張

ベルギー裁判所は、次に掲げる全ての請求を裁判するための管轄権をも有する。

(1)　ベルギーにおいて下された別居に関する裁判を離婚へ転換するか、又は、ベルギーにおいて下された婚姻、離婚若しくは別居の効果に関する裁判を再審理しようとするもの

(2)　検察官により、かつ、婚姻がベルギーにおいて挙行されたか、又は、夫婦の一方が請求開始の当時ベルギー人であるか若しくはベルギー人にその常居所を有するときは、その有効性に関し、申し立てられたもの

第四四条　ベルギー官庁の婚姻を挙行する管轄権

婚姻は、挙行の当時、婚姻当事者の一方がベルギー人であるか、ベルギーに住所を有するか、又は、三箇月以上前からベルギーにその常居所を有するときは、ベルギーにおいて挙行されることができる。

第四五条　婚約の準拠法

婚約は、次に掲げる法によって規律される。

(1)　婚姻当事者の双方が婚約の当時それらの常居所を有する領域が帰属する国家の法

(2)　同一国家の領域上に常居所がないときは、婚姻当事者の双方が婚約の当時国籍を保有する国家の法

(3)　その他の場合には、ベルギー法

第四六条　婚姻形成の準拠法

第四七条の留保の下に、婚姻の有効性の要件は、夫婦のそれぞれにつき、その者が婚姻挙行の当時国籍を保有する国家の法によって規律される。

第一項によって指定された法の規定の適用は、その規定が同性者の婚姻を禁止するときは、同性の者たちの一方が、かような婚姻を許容する法が帰属する国家の国籍を保有するか、又は、その領域上にその常居所を有する限り斥けられる。

第四七条　婚姻挙行の方式の準拠法

一　婚姻挙行に関する方式は、婚姻が挙行される領域が帰属する国家の法によって規律される。

二　その法は、特に次に掲げる事項を決定する。

(1)　婚姻に先立つ宣言及び公告が同国家において要求されるか否か、及び、その方法の如何

(2)　婚姻証書が同国家において作成かつ記載されなければならないか否か、及び、その方法の如何

(3)　宗教的権威の前において挙行された婚姻が法的効果を有するか否か、及び、その方法の如何

(4)　婚姻が代理人によって実行されることができるか否か、及び、その方法の如何

第四八条　婚姻の効果の準拠法

一　第四九条ないし第五四条の留保の下に、婚姻の効果は、次に掲げる法によって規律される。

(1)　夫婦の双方が、その効果が援用されるとき、又は、援用された効果がいずれかの法律行為に影響を及ぼす場合には、それが行なわれたとき、それらの常居所を有する領域が帰属する国家の法

(2) 同一の国家の領域上に常居所がないときは、夫婦の双方が、その効果が援用されるとき、又は、援用された効果がいずれかの法律行為に影響を与える場合には、それが行なわれたとき、国籍を保有する国家の法

(3) その他の場合には、ベルギー法

二　第一項において指定された法は、特に次に掲げる事項を決定する。

(1) 同居及び貞操の義務

(2) 夫婦の婚姻費用の分担

(3) 夫婦のそれぞれによる収入の収受及びその割当て

(4) 夫婦間の契約及び無償譲与の許容性、並びに、それらの撤回

(5) 夫婦の一方による他方の代理の方法

(6) 夫婦の一方によって行なわれた行為であって、家族の利益に影響を与えるものの他方に対する有効性、並びに、かような行為の同者に対する損害惹起の結果の賠償

三　第一項及び第二項に反して、家族の主たる住居に使用される不動産が存在する領域が帰属する国家の法は、夫婦の一方によるその不動産又はそれに備わる動産に関する権利の行使を規律する。

第四九条　夫婦財産制の準拠法の選択

一　夫婦財産制は夫婦によって選択された法によって規律される。

二　夫婦は次に掲げる法の中の一つのみを指定することができる。

(1) 夫婦が婚姻挙行後最初にそれらの常居所を設定する領域が帰属する国家の法

(2) 夫婦の一方が選択の当時その常居所を有する領域が帰属する国家の法

(3) 夫婦の一方が選択の当時国籍を保有する国家の法

第五〇条　準拠法選択の方法

一　準拠法の選択は、婚姻の挙行前又は婚姻中に行なわれることができる。それは前の選択を変更することができる。

二　選択は第五二条第一項に従って実行されなければならない。それは夫婦の財産の全体を対象としなければならない。

三　夫婦によって実行された選択から生ずる準拠法の変更は、将来についてのみ効力を有する。夫婦は、第三者の権利を侵害することなく、それを別なように処分することができる。

第五一条　選択がないときの準拠法

夫婦による準拠法の選択がないときは、夫婦財産制は、次に掲げる法によって規律される。

(1) 夫婦の双方が婚姻挙行後最初にそれらの常居所を設定する領域が帰属する国家の法

(2) 同一の国家の領域上に常居所がないときは、夫婦の双方が婚姻挙行の当時国籍を保有する国家の法

(3) その他の場合には、婚姻が挙行された領域が帰属する国家の法

第五二条　夫婦財産制の選択の方式の準拠法

夫婦財産制の選択は、方式に関し、それが選択当時の夫婦財産制の準拠法に依ろうとも、それが行なわれた領域が帰属する国家の法に依ろうとも有効である。それは少なくとも日付があり、かつ、夫婦双方によって署名された書面の対象とならなけ

ればならない。

夫婦財産制の変更は、変更が実行される領域が帰属する国家の法によって定められた方式に従って行なわれる。

第五三条　夫婦財産制の準拠法の範囲

一　夫婦財産制の準拠法は、第五二条を妨げることなく、特に次に掲げる事項を決定する。

(1)　準拠法の選択に関する合意の有効性

(2)　婚姻契約の許容性及び有効性

(3)　夫婦財産制の選択の可能性及び範囲

(4)　夫婦が制度を変更することができるか否か、かつ、その方法の如何、並びに、新しい制度が遡及的に影響を及ぼすか否か、又は、夫婦がそれを遡及的に影響を及ぼさせることができるか否か、

(5)　財産の構成及び管理権の帰属

(6)　夫婦財産制の解消及び清算並びに分割の規則

二　取り分の構成及び帰属の方法は、財産が分割の当時所在する領域が帰属する国家の法によって規律される。

第五四条　第三者の保護

一　夫婦財産制の第三者に対する対抗力は、制度の準拠法によって規律される。

但し、第三者及びその者が債権者である夫婦が、債務発生の当時同一の国家の領域上にそれらの常居所を有したときは、次に掲げる場合でない限り、その国家の法が適用される。

(1)　夫婦財産制の準拠法によって定められた公示若しくは登記の要件が充たされた場合、又は、

(2)　第三者が債務発生の当時夫婦財産制を知っていたか、若しくは、その方の過失のみによってそれを知らなかった場合、又は、

(3)　不動産物権につき、不動産が所在する領域が帰属する国家の法によって定められた公示の規則が遵守された場合

二　夫婦財産制の準拠法は、家事又は子の教育上の必要のため、夫婦の一方によって締結された債務が、他方配偶者を拘束するか否か、かつ、その方法の如何を決定する。

但し、第三者及びその者が債権者である夫婦が、債務発生の当時同一の国家の領域上にそれらの常居所を有したときは、その国家の法が適用される。

第五五条　離婚及び別居の準拠法

一　離婚及び別居は、次に掲げる法によって規律される。

(1)　夫婦の双方が請求開始の当時それらの常居所を有する領域が帰属する国家の法

(2)　同一国家の領域上に常居所がない場合には、夫婦の一方が、請求開始の当時それらの最後の共通常居所が所在した領域が帰属する国家の領域上にその常居所を有するとき、その国家の法

(3)　最後の共通常居所が所在した国家の領域上に夫婦の一方の常居所がない場合には、夫婦の双方が請求開始の当時国籍を保有する国家の法

(4)　その他の場合にはベルギー法

二　但し、夫婦は離婚又は別居の準拠法を選択することができる。

それらの者は、以下に掲げる法の中の一つのみを指定することができる。

(1)　双方が請求開始の当時国籍を保有する国家の法
(2)　ベルギー法

その選択は最初の出頭の際に表明されなければならない。

三　第一項において指定された法の適用は、同法が離婚制度を知らない限り斥けられる。その場合には、第一項によって補助的に定められた基準に応じて指定された法の適用が行なわれる。

第五六条　離婚及び別居の準拠法の範囲

離婚及び別居の準拠法は、特に次に掲げる事項を決定する。

(1)　別居の許容性
(2)　離婚若しくは別居の原因及び要件、又は、共同請求の場合には、表明の方法を含め、合意の要件
(3)　夫婦の身分、扶養料及び財産、並びに、夫婦が責任を負う子に関する措置についてのそれらの者の間における合意の義務
(4)　婚姻関係の解消、又は、別居の場合には、その関係の弛緩の範囲

第五七条　外国における夫の意思に基づく婚姻の解消

一　外国において作成された証書であって、妻が同等の権利を有することなく、婚姻を解消する夫の意思を証明するものは、ベルギーにおいて承認されてはならない。

二　但し、かような証書は、次に掲げる累積的要件の審査後、ベルギーにおいて承認されることができる。

(1)　証書が、それが作成された国家のいずれかの裁判所によって承認されたこと
(2)　承認の当時、夫婦のいずれも婚姻解消のその方式を知らない法が帰属する国家の国籍を保有しなかったこと
(3)　承認の当時、夫婦のいずれも婚姻解消のその方式を知らない法が帰属する国家における常居所を有しなかったこと
(4)　妻が確実な方法により、かつ、強制なしに婚姻の解消を承諾したこと
(5)　第二五条に定められたいかなる拒絶事由も承認に反対しないこと

第五八条　「共同生活関係」の観念

本法の意味において、「共同生活関係」の語句は、いずれかの官公庁による登録の原因となり、かつ、同棲者間に婚姻に相当する関係を創設しない共同生活の状態をいう。

第五九条　共同生活関係の国際的管轄権

第四二条は共同生活関係に関する全ての請求に類推適用される。

共同生活関係の締結の登録は、当事者が締結当時ベルギーに共通常居所を有するときにのみ、ベルギーにおいて行なわれることができる。

共同生活関係の中止の登録は、関係の締結がベルギーにおいて登録されたときにのみ、ベルギーにおいて行なわれることができる。

第六〇条　共同生活関係の準拠法

共同生活関係は、それが初めて登録を生ぜしめた領域が帰属する国家の法によって規律される。

同法は、特に関係の創設要件、当事者の財産に関する関係の効果、並びに、関係の中止の原因及び要件を決定する。

第五四条は類推適用される。但し、指定された法が共同生活

関係を知らないときは、関係が登録された領域が帰属する国家の法の適用が行なわれる。

第六一条　親子関係の国際的管轄権

ベルギー裁判所は、本法上の総則によって定められた場合におけるほか、次に掲げるとき、父子関係又は母子関係の創設又は確認に関する全ての請求を裁判する管轄権を有する。

(1)　子が請求開始の当時ベルギーにその常居所を有するとき

(2)　父子関係若しくは母子関係を求められるか若しくは争われる者が、請求開始の当時ベルギーにその常居所を有するとき、又は、

(3)　子及び父子関係若しくは母子関係を求められるか若しくは争われる者が、請求開始の当時ベルギー人であるとき

第六二条　親子関係の準拠法

一　いずれかの者の父子関係若しくは母子関係の創設及び確認は、その者が子の出生の当時、又は、その創設が任意的行為の結果として生じるときはその行為の当時、国籍を保有する国家の法によって規律される。

本条によって指定された法が、かような承諾の要求を定めないときは、子の承諾の要求及び条件、並びに、その承諾の表明の方法は、その者がその承諾の当時その常居所を有する領域が帰属する国家の法によって規律される。

二　本法による準拠法に従い、幾人かの同性の者に対して、親子関係の紐帯が有効に確定されるときは、法律の結果として当然に生じる親子関係を規律する法が、その親子関係に対する認知行為の効力を決定する。法律の結果として当然に生じるいくつかの親子関係の間における衝突がある場合には、指定された諸法の中、状況が最も密接な関係を呈示する国家の法が適用される。

本法による準拠法に従い、幾人かの同性の者により、子が有効に認知されるときは、最初の認知を規律する法が、その認知に対する後の認知の効力を決定する。

第六三条　親子関係の準拠法の範囲

第六二条による準拠法は、特に次に掲げる事項を決定する。

(1)　親子関係の紐帯を探索するか、又は、確認することを許される者

(2)　親子関係の紐帯の証明の責任及び対象、並びに、証明方法の決定

(3)　身分占有の要件及び効果

(4)　訴訟提起の期限

第六四条　認知の方式の準拠法

認知の証書は、第六二条第一項第一文による親子関係の準拠法によるか、それが作成される領域が帰属する国家の法によって定められた方式に従って作成される。

第六五条　認知を認める管轄権

認知の証書は、次に掲げるとき、ベルギーにおいて作成されることができる。

(1)　作成者が証書作成の当時ベルギー人であるか、ベルギーに住所を有するか、若しくは、その常居所を有するとき

(2)　子がベルギーにおいて出生しているとき、又は、

(3)　子が証書作成の当時ベルギーにその常居所を有するとき

第六六条　養子縁組の国際的管轄権

本法上の総則に反して、ベルギー裁判所は、養親、養親の一

方又は養子が請求開始の当時ベルギー人であるか、又は、ベルギーにその常居所を有するときにのみ、養子縁組を言い渡す管轄権を有する。

ベルギー裁判所は、第一文に定められた条件の下にか、又は、養子縁組がベルギーにおいて創設されたとき、先に存在する親子関係の紐帯を断絶することを効果として有しなかった養子縁組の完全な養子縁組への転換を宣言する管轄権を有する。

ベルギー裁判所は、第一文に定められた条件の下にか、又は、養子縁組がベルギーにおいて創設されたとき、養子縁組の取消しを宣言する管轄権を有する。

ベルギー裁判所は、第一文に定められた条件の下にか、養子縁組がベルギーにおいて創設されたときか、又は、養子縁組を創設する裁判がベルギーにおいて承認されたか若しくは執行できるものと宣言されたとき、養子縁組の再審を宣言する管轄権を有する。

第六七条　養子縁組の創設の要件の準拠法

民法典第三五七条の適用を妨げることなく、養親子関係の創設は、養親又は養親の一方及び他方がその当時国籍を保有する国家の法によって規律される。

養親が同一国家の国籍を保有しないときは、養親子関係の創設は、一方及び他方がその当時それらの常居所を有する領域が帰属する国家の法、又は、同一国家における常居所がないときは、ベルギー法によって規律される。

但し、裁判官が、外国法の適用が明らかに養子の優越した利益を侵害することになり、かつ、養親又は養親双方が明らかにベルギーと密接な関係を有するものと考えるときは、その者はベルギー法を適用する。

第六八条　承諾の準拠法

民法典第三五八条の適用を妨げることなく、養子及びその両親又は法定代理人の承諾並びにその承諾の表明方法は、養子が養子縁組のための移動の直前、又は、かような移動がないときは養子縁組の当時、その常居所を有する領域が帰属する国家の法によって規律される。

但し、第一文による準拠法がかような承諾の必要性を定めないか、又は、養子縁組の制度を知らないとき、ベルギー法が養子の承諾を規律する。

第六九条　養子縁組の創設方法の準拠法

ベルギーにおける養子縁組の創設方法はベルギー法によって規律される。

養子縁組の証書が、それが締結された国家の法に従い、外国において作成され、かつ、その法が司法手続の必要性を定めるときは、それは、ベルギー法によって定められた手続に従い、ベルギーにおいて遂行されることができる。

第七〇条　養子縁組によって創造された紐帯の性質

第六七条による準拠法は、養子縁組によって創造された紐帯の性質、及び、養子がその生来の家族に属することを止めるか否かを決定する。

第七一条　養子縁組の転換、取消し及び修正の準拠法

一　民法典第三五九条の二の適用を妨げることなく、養子縁組の転換は、第六七条ないし第六九条による準拠法によって規律される。

二　養子縁組の取消しは第六七条ないし第六九条による準拠法

によって規律される。但し、連結の要素は、養子縁組の創設の当時におけるその具体化に応じて評価される。

三　養子縁組の再審はベルギー法によって規律される。

第七二条　外国において創設された養子縁組の承認

本法の諸規定に反して、養子縁組の創設、転換、取消し、再審又は無効に関する外国裁判又は公署証書は、民法典第三六五条の一ないし第三六六条の三の諸規定が遵守されなかったとき、及び、同法典第三六七条の一に定められた裁判がその法典第三六七条の二に従って登録されない限り、ベルギーにおいて承認されない。

第七三条　扶養義務の国際的管轄権

一　ベルギー裁判所は、本法上の総則に定められた場合のほか、次に掲げるとき、扶養義務に関する全ての請求を裁判する管轄権を有する。

(1)　扶養権利者が請求開始の当時ベルギーにその常居所を有するとき、又は、

(2)　扶養権利者及び扶養義務者が請求開始の当時ベルギー人であるとき

二　人の身分に関する訴訟に付帯する請求に関するときは、その訴訟を裁判する管轄権を有するベルギーの裁判官は、扶養の請求を裁判する管轄権をも有する。

第七四条　扶養義務の準拠法

一　扶養義務は、権利者がそれが求められる当時その常居所を有する領域が帰属する国家の法によって規律される。

但し、扶養義務者が、扶養権利者及び扶養義務者が扶養義務が求められる当時国籍を保有する国家の領域上にその常居所を有するときは、扶養義務はその国家の法によって規律される。

二　第一項において指定された法が扶養権利者に扶養料を受ける権利を認めないときは、夫婦間におけるか又は未成年の子に対する扶養義務は、扶養権利者及び扶養義務者がそれが求められる当時国籍を保有する国家の法によって規律される。その法が扶養料を受ける権利を認めないときは、ベルギー法が適用されることができる。

第七五条　扶養料に関する契約

一　血族、婚姻又は姻族の関係から派生する扶養料に関する契約は、当事者の選択の下に、それらの者の一方がその選択の当時国籍を保有するか、又は、それらの者の一方がその当時その常居所を有する領域が帰属する国家の法によって規律される。

二　選択がないときは、契約は、扶養権利者がその契約締結の当時その常居所を有する領域が帰属する国家の法によって規律される。

但し、それは、扶養義務者が、その締結の当時、扶養権利者及び扶養義務者がその当時保有する国籍が帰属する国家の領域上にその常居所を有するときは、その国家の法によって規律される。

三　契約は、方式が第一項及び第二項による準拠法か、それが締結された領域が帰属する国家の法に依るときは、方式に関して有効である。

第七六条　扶養義務の準拠法の範囲

一　扶養義務の準拠法は、特に次に掲げる事項を規律する。

(1)　扶養権利者がいかなる程度において、又、誰に対して扶養料を請求することができるか。
(2)　誰が扶養訴訟を提起することを認められるか、又、それを提起するについての期限はいかなるものか。
(3)　扶養料は変更されることができるか、又、いかなる条件の下にそれが変更されることができるか。
(4)　扶養料を受ける権利の消滅原因
(5)　扶養権利者への扶養料を供与した者がその償還を請求するときは、扶養義務者の義務の限度
二　扶養権利者に弁済した第三者のための扶養権利者の権利の代位は、第一項第五号を妨げることなく、第三者のその扶養権利者に弁済する義務の準拠法によって規律される。

第七七条　相続の国際的管轄権
ベルギー裁判所は、第五条を除く本法上の総則によって定められた場合におけるほか、次に掲げるとき、相続に関する全ての請求を裁判する管轄権を有する。
(1)　故人がその死亡の当時ベルギーにその常居所を有したとき、又は、
(2)　請求がその開始の当時ベルギーに所在した財産について提起されるとき

第七八条　相続の準拠法
一　相続は、故人がその死亡の当時その常居所を有した領域が帰属する国家の法によって規律される。
二　不動産の相続は、不動産が所在する領域が帰属する国家の法によって規律される。
但し、外国法が、故人がその死亡の当時その常居所を有した領域が帰属する国家の法の適用に導くときは、その国家の法が適用されることができる。

第七九条　相続の準拠法の選択
人はその相続の全体を一定の国家の法に服せしめることができる。指定は、その者が指定若しくは死亡の当時その国家の国籍を保有したか、又は、その国家の領域上にその常居所を有したときにのみ効力を有する。但し、その指定は、相続人から、第七八条による準拠法がその者に保証する遺留分に対する権利を剥奪することを結果として有してはならない。指定及びその撤回は、死因処分の方式を備える意思表示において表明されなければならない。

第八〇条　相続の準拠法の範囲
一　相続の準拠法は、特に次に掲げる事項を決定する。
(1)　相続開始の原因及び時期
(2)　生存配偶者の権利、並びに、相続の開始から生じるそれに関する他の権利を含め、相続人及び受遺者の適格性
(3)　国家の適格性
(4)　相続人廃除及び相続欠格の原因
(5)　死亡に基づく処分の実質的有効性
(6)　処分可能な配分額、遺留分、及び、死亡を原因として処分することの自由に対する他の制限
(7)　相続人及び受遺者の権利の性質及び範囲、並びに、故人によって課せられた責任
(8)　第二項を妨げることのない承認又は放棄の条件及び効果
(9)　処分するか、又は、受取ることの無能力の特別原因
(10)　恵与の持戻し及び減殺、並びに、相続分の計算における

その考慮

二　相続の承認又は放棄は、その対象となる財産が死亡の当時所在する領域が帰属する国家の法が特別な方式を要求するときは、その法によって定められた方法に従って行なわれる。動産は故人の死亡の当時における常居所地に所在するものと見做される。

第八一条　分割の方法

具体的相続分の構成及び分配の方法は、財産が分割の当時所在する領域が帰属する国家の法によって規律される。

第八二条　相続の管理及び移転

一　相続の管理及び移転は、第七八条及び第七九条による相続の準拠法によって規律される。

第一文に反して、財産の管理又は移転は、その財産が所在する領域が帰属する国家の法がその国家の官庁の関与を要求するときは、その法によって規律される。

二　第一項によって相続を管理する資格を与えられた者の権限は、ベルギーにおいて下されたか又は承認された裁判によって付与されたそれを妨げない。

第八三条　死因処分の方式

遺言による処分及びその撤回の方式は、一九六一年一〇月五日ハーグにおいて締結された遺言による処分の方式についての法律の抵触に関する条約による準拠法によって規律される。

その条約の適用は他の死因処分に拡大される。

第八四条　死因処分の解釈

死因処分及びその撤回の解釈は、第七九条に従い、処分者によって選択された法によって規律される。その選択は明示的であるか、又は、処分若しくはその撤回の確実な方法から結果として生じなければならない。

選択がないときは、解釈は処分若しくはその撤回が最も密接な関係を呈示する国家の法によって規律される。反証がない限り、証書は処分者が処分若しくはその撤回の当時その常居所を有した領域が帰属する国家と最も密接な関係を呈示するものと推定される。

一二　マカオ

民法典（抄）　（一九九九年八月三日マカオ政府法令）

第一三条（非本地居住民の法律上の地位）

非本地居住民はマカオ居住民と同等の民事上の権利を享有する。但し、法律が別段に定める場合は除く。

第一四条（性質決定）

いずれかの法律に準拠法の地位を与えるときは、当該法律の若干の規定のみを適用する。それらの規定は、その内容及び当該法律中に備えられた効能に基づき、抵触規則が及ぶ範疇の制度を構成する規定でなければならない。

第一五条（マカオ以外の法律の指定―一般原則）

一　抵触規定がマカオ以外の法律を指定するときは、反対の規定がない限り、当該法律の域内法のみを適用する。

二　本章の規定の効力のため、域内法系とは実質法を意味し、また、抵触規則を含まないものとする。

第一六条（反致）

一　しかし、マカオ抵触規則が指定する法律の抵触法が別の法律を援用し、また、当該法律が自らを当面の場合を規律するための準拠法と認めるときは、当該法律の内国法を適用しなければならない。

二　抵触規則が指定する法律の抵触法がマカオの域内法を援用するときは、マカオの域内法が適用する規律となる。

第一七条（反致を許容しない場合）

一　前条の規定を適用すれば、第一五条の規定に従い、元来有効であるか、若しくは、効力を生ずる法律行為が、無効であるか、若しくは、効力を生じなくなるか、又は、元来正当な身分状態を不当な身分状態にすることになるときは、前条の規定を適用しない。

二　当事者が適用する法律を指定することを許容される場合において、当事者が既に法律を指定したときもまた、前条の規定を適用しない。

第一八条（多数法の法律体系）

一　準拠法として指定された法律体系が、地域的又は人的要因により、多数の法制を併存するときは、いずれの法制を適用するかが指定されていない場合において、当該体系が使用する基準に従って準拠法を決定する。

二　それらの基準を確定できないときは、当面の情況とより密接に関連する法制を適用する。

第一九条（法律詐欺）

元来適用すべき準拠法を避けるため、詐欺の意図をもって創出した事実情況又は法律情況については、抵触規則を適用するとき、当該情況を考慮に入れてはならない。

第二〇条（公序）

一　抵触規則が指定するマカオ以外の法律規定の適用が、明らかに公の秩序と相反することになるときは、それらの規定を適用しない。

二　かような場合においては、当該準拠外地法中におけるより適当な規定を適用するか、又は、マカオ域内法の規定を補充適用しなければならない。

第二一条（直接適用規定）

マカオの法律中の規定が、その特定の対象及び目的に基づき、強行的に適用されるべきときは、次節の規定に従って指定されるマカオ以外の法律規定に優先する。

第二二条（適用する法律の解釈及び探知）

一　適用を指定するマカオ以外の法律については、それが所属する法制の範囲内において、当該法制が定める解釈規則に従って解釈を行なわなければならない。

二　適用する法律の内容を探知することができないときには、補充適用する準拠法を採用しなければならない。事実要素又は法律要素を確定し、適用する法律を指定することができないときもまた、同様に処理しなければならない。

第二三条（船舶又は航空機における行為）

一　属地法が準拠法となるときは、港又は飛行場以外における船舶又は航空機において行なわれた行為については、登録地法を適用する。

二　軍用船舶及び飛行機については、所属国の領土又は所属地区領域の一部と見做す。

第二四条（属人法の範囲）

人の身分状況、人の能力、親族関係及び相続は、全て、関係者本人の属人法の規律を受ける。但し、本節が定める制限は除く。

第二八条（成年又は親権解除）

従前の属人法規定に従って取得した成年の身分又は親権の解除は、属人法の変更の影響を受けない。

第二九条（監護及び類似の範疇）

行為無能力者の属人法は、監護及びその他の関係する行為無能力者を保護する類似の範疇について適用する。

第三〇条（属人法の確定）

一　属人法は人の常居所地法とする。

二　人の実際の固定した生活の本拠の所在地は、人の常居所地と見做される。

三　前各項の効力のため、マカオを常居所地とすることは、いかなる行政手続きによっても決められない。但し、マカオの居住民身分証を受領する権利を有する者はマカオ地区の常居住民と推定する。

四　人の常居所地が二つ以上の地であり、それらの中の一つがマカオであるときは、マカオ地区の法律を属人法とする。

五　常居所地がないときは、人の生活とより密接な関連を有する地の法を属人法とする。

六　しかし、表意者の国籍国法に従い、当該国において行なわれた法律行為は、当該法律が自らを準拠法と認める限り、マカオにおいて承認される。

七　表意者が所属する国籍国が多数の法制を併存し、また、表意者の常居所地が当該国に所在し、かつ、当該常居所地の法律が自らを当面の関係を規律する準拠法と認めるときは、前項の規定を適用しない。

第四八条（婚姻締結又は婚姻契約締結の能力）

婚姻当事者の婚姻締結又は婚姻契約締結の能力は、それらの者の各自の属人法の規律を受ける。当該属人法はまた、関係締結者の意思の欠缺又は瑕疵を確定する制度のための準拠法とする。

第四九条（婚姻の方式）

一　婚姻の方式は、婚姻締結地法の規律を受ける。但し、次項の規定の適用に影響を及ぼさない。

二　マカオにおいては、双方の外国人は、それらの者の中のいずれか一方の国籍国の法律が定める方式に従い、関係する領事官の面前において婚姻しなければならない。

第五〇条（夫婦間の関係）

一　夫婦間の関係は、双方の共通常居所地法の規律を受ける。但し、次条が定める場合は除く。

二　夫婦が同一の常居所地を有しないときは、家庭生活とより密接な関連を有する地の法を適用する。

第五一条（婚姻前契約及び財産制）

一　婚姻前契約の実質及び効力、並びに、法定又は約定財産制の実質及び効力は、全て、婚姻締結当時における婚姻当事者の常居所地法に従って定める。

二　婚姻当事者が同一の常居所地を有しないときは、婚姻後の最初の共通居所地を適用する。

三　適用する法律がマカオ以外の法律であり、かつ、婚姻当事者の中の一方の常居所地がマカオ地区に所在するときは、本

法典が許容するいずれかの財産制を採用することを約定しなければならない。

第五二条（婚姻後契約及び財産制の変更）

一　当面の婚姻後契約の許容性、内容及び効力、並びに、夫婦がそれらの者の法定又は約定財産制を変更することの許容性、変更の内容及び効力は、全て、第五〇条が定める準拠法に従って規律を受ける。

二　いかなる場合においても、新しい契約は第三者を侵害する遡及的効力を有してはならない。

第五三条（離婚）

離婚については、第五〇条の規定を適用する。

第五四条（親子関係の成立）

親子関係の成立については、親子関係における父又は母の当該関係の確定日の属人法を適用する。

第五五条（父母と子の関係）

一　父母と子の関係は父母の共通常居所地法の規律を受ける。共通常居所地がないときは、子の属人法の規律を受ける。

二　実父母の中の一方のみと親子関係を確定するときは、その者の属人法を適用する。実父母の中の一方が既に死亡したときは、なおも生存する者の属人法が準拠法となる。

第五六条（養子縁組の親子関係）

一　養子縁組の親子関係の成立については、養親の属人法を適用する。

但し、第二項及び第三項の規定の適用に影響を及ぼさない。

二　夫婦が共同して養子縁組を行なうか、又は、養子が養親の配偶者の子であるときは、夫婦の共通常居所地法が準拠法となる。共通常居所地がないときは、養親の家庭生活とより密接な関連を有する地の法が準拠法となる。

三　事実婚の状況のもとに生活する両当事者が共同して養子縁組を行なうか、又は、養子が養親が事実婚関係を有する者の子であるときは、必要な調整を経た前項の規定を適用する。

四　養親と養子の関係、並びに、養子と実親族の関係は、全て、養親の属人法の規律を受ける。このほか、前条の規定もまた第二項及び第三項が指示する場合において適用される。

第五七条（認知又は養子縁組の特別要件）

被認知者又は養子の属人法が、認知時又は縁組時に、被認知者又は養子の同意を得なければならないことを認知又は縁組の要件とすることを定めるときは、それを遵守しなければならない。

第五八条（事実婚の準拠法）

一　事実婚の要件及び効力は、事実婚関係を有する双方当事者の共通常居所地法の規律を受ける。

二　共通常居所地がないときは、関係する情況とより密接な関連を有する地の法を適用する。

第五九条（相続の準拠法）

相続は被相続人の死亡当時の属人法の規律を受ける。当該法又は、遺産管理人及び遺言執行者の権限を確定する準拠法となる。

第六〇条（処分能力）

一　死因処分の作成、変更又は撤回の能力、並びに、処分者の年齢によって処分において要求される特別の方式は、処分者の意思表示作成当時の属人法の規律を受ける。

二　処分を行なった後に新しい属人法を取得した者は、従前の属人法の規定に従い、当面の処分を撤回するために必要な能力を保持する。

第六一条（処分の解釈――意思の欠缺及び瑕疵）

次に列挙した事項は、被相続人の意思表示作成当時の属人法によって規律される。

a　関係条項及び処分の解釈。但し、別の法律によって規律することを明確に指示又は黙示した場合は除く。

b　意思の欠缺及び瑕疵

c　共同遺言又は相続契約を行なうことの可否。但し、相続契約において第五一条及び第五二条の規定を適用することに影響を及ぼさない。

第六二条（方式）

一　死因処分及びその撤回又は変更は、その方式が行為地法の規定に適合するか、又は、被相続人の意思表示作成当時若しくは死亡当時の属人法の規定に適合するか、さらに、又は、行為地法の抵触規則が引用する法律の規定に適合する場合においては、全て、有効とする。

二　しかし、被相続人の意思表示作成当時の属人法が、行為が外地において行なわれたとしても、なおも特定の方式を遵守しなければ無効であるか、又は、効力を発生しないと定める場合においては、それを遵守しなければならない。

一三　ロシア連邦

民法典第三部を施行する連邦法（抄）

（二〇〇一年一一月二六日）

第一一六八条　外国人を含むか又は他の渉外的要素を伴う民事法関係の準拠法の決定

一　法律関係の目的が外国に所在する場合をも含み、外国の自然人若しくは法人を含むか、又は、他の渉外的要素を伴う民事法関係の準拠法は、ロシア連邦の国際条約、本法典、その他の法律（第三条第二項）、及び、ロシア連邦において認められた慣習によって決定される。

特に国際商事仲裁の準拠法の決定規則は、国際商事仲裁に関する法律によって定められる。

二　本条第一項に従い、準拠法を決定することができないときは、渉外的要素を伴う民事法関係と最も密接な関連性を有する法が適用される。

三　ロシア連邦の国際条約が一定の法律関係を対象とする実質規定を含むときは、完全に実質規定によって規律された局面への抵触規則の適用は排除される。

第一一八七条　準拠法の決定のための法概念の性質決定

一　準拠法の決定のため、法概念の性質決定は、それについて法律が別段に定めていない限り、ロシア法に従って行なわれる。

二　準拠法を決定するために性質決定すべき法概念がロシア法によって知られていないか、又は、他の名称のもとにか、若

しくは、他の内容をもって知られており、かつ、ロシア法に従った解釈によって定義されることができないときは、その性質決定のため、外国法が利用されることができる。

第一一八八条　多数の法制度を有する国の法の適用

多数の法制度が併存する国の法が指定されるときは、同国法に従って決定された法制度が適用される。同国法に従い、適用されるべき法制度を決定することができないときは、関係が最も密接な関連性を有すると考えられる制度が適用される。

第一一八九条　相互性

一　ロシア法が関係外国における同類の関係へ適用されないときであっても、外国法の適用が法律によって相互性の留保のもとにしか規定されていない場合を除き、外国法はロシア連邦において適用される。

二　外国法の適用が相互性の条件に服するときは、その条件は反証があるまで充足されているものと見做される。

第一一九〇条　反致

一　本章の諸規定から生じる全ての外国法の指定は、本条第二項に定められた場合を除き、実質法の指定であり、また、関係国の抵触規則の指定ではないものとして考えられる。

二　外国法によって行なわれた反致は、それがロシア法に対して行なわれ、かつ、自然人の法的身分（第一一九五条ないし第一二〇〇条）に関するときに認められることができる。

第一一九一条　外国法の内容の確定

一　外国法の適用のため、裁判官は、関係外国における公式な解釈、長年の実務及び現実の学説に従い、その規則の内容を確定する。

二　外国法規の内容を確定するため、裁判官は、手続規則に従い、ロシア連邦法務省並びにロシア連邦又は外国における全ての資格のある機関の援助及び説明を要求することができる。また、裁判官は鑑定人を任命することができる。

訴訟当事者は、それらの者がその要求又は異議申立を根拠付けるために主張する外国法規の内容を確定する文書を提出し、また、その法規の内容の確定における他のあらゆる手段により、裁判官を援助することができる。

要求が企業活動の当事者による営業に関係するときは、裁判官は外国法規の内容の証明をその者の負担とすることができる。

三　本条に従って試みられた努力に拘わらず、外国法規の内容が相当の期間内に確定されないときは、ロシア法が適用される。

第一一九二条　強行法規の適用

一　本章の諸規定は、準拠法が何であるかに拘わらず、ロシア連邦の立法上の強行法規が含む指示、又は、それが特に民事法関係に含まれた者の合法的な権利及び利益の保護のために帯びる特別な重要性を理由として、その関係を規律するそれの適用を侵害しない。

二　本章の諸規定による一定の国の法の適用の際には、裁判官は、準拠法が何であるかに拘わらず、規律すべき関係と密接な関連性を有する他のいずれかの外国法に従い、同法上の強行法規がその関係に必要であるときは、その強行法規を考慮することができる。その場合においては、裁判官はその強行法規の目的及び性質並びにその適用又その不適用の結果を考

慮するものとする。

第一一九三条　公序による留保

本章の諸規定によって指定された外国法の規則は、その適用の結果が明らかにロシア連邦の法秩序（公序）の基本に反することになるときは、例外的に適用されない。その場合においては、ロシア法の相当する規則が必要なものである限り適用される。

外国法の規則を適用することの拒否は、関係外国の法律、政治又は経済制度とロシア連邦の法律、政治、経済制度との間の単なる相違に基づいてはならない。

第一一九四条　報復

ロシア連邦政府は、報復として、ロシアの自然人及び法人の財産権及び非財産権に対する特別な制限が存在する国家の自然人及び法人の財産権及び非財産権に対する制限を設けることができる。

第一一九五条　自然人の属人法

一　自然人の属人法は、その者が国籍を有する国の法とする。

二　ロシア国籍の者が同時に外国国籍を有するときは、その者の属人法はロシア法とする。

三　外国人がロシア連邦にその者の住所を有するときは、その者の属人法はロシア法とする。

四　いずれかの者が複数の外国国籍を有するときは、その者がその住所を有する国の法がその属人法として考えられる。

五　無国籍者の属人法は、その者がその住所を有する国の法とする。

六　避難民の属人法は受入国の法とする。

第一一九八条　自然人の氏名の準拠法

自然人のその氏名の取得、使用及び保護の権利は、本法典又は他の法律がそれについて別段に定めていない限り、その属人法によって決定される。

第一一九九条　後見及び保佐の準拠法

一　未成年者、行為無能力の成年者、又は、制限された行為能力を有する成年者の後見、又は、保佐の開始又は解除は、保護された者の属人法に従って宣告される。

二　後見人（又は保佐人）の後見（又は保佐）を引受ける義務は、その職務について指名された者の属人法に服する。

三　後見人（又は保佐人）と後見（又は保佐）に付された者との間の関係は、後見人（又は保佐人）を指名した管轄官庁が帰属する国の法によって規律される。

第一二〇〇条　不在又は死亡推定の宣告の準拠法

自然人の不在又は死亡推定の宣告がロシア連邦において言い渡されるときは、それはロシア法に服する。

第一二二四条　相続の準拠法

一　相続は、本条の以下の諸規定の留保のもとに、被相続人の最後の住所地国の法によって規律される。

不動産の相続は、財産の所在国の法によって規律される。ロシア連邦における公の登録簿へ記載された不動産の相続は、ロシア法によって規律される。

二　不動産に関してであっても、遺言によって処分する能力、及び、遺言を撤回する能力、並びに、遺言又は撤回の方式は、処分者が遺言の作成又はその撤回の当時その住所を有する国の法によって規律される。但し、遺言又はその撤回は、その

方式が遺言作成又は撤回の地の法、又は、ロシア法によって定められた要件を充足するときは、方式の不備のために無効とされてはならない。

家族法典（抄）　（一九九五年一二月八日）

第一五六条　ロシアの領域において挙行された婚姻

一　ロシアの領域において挙行された婚姻の方式及び手続きは、ロシアの立法に服する。

二　ロシアの領域において挙行された婚姻の実質的要件は、婚姻に対する障害に関する本法典第一四条によって定められた要件の遵守を条件として、婚姻の当時における夫婦各人の本国法に服する。

三　人がロシア国籍と同時に他のいずれかの外国の国籍を保有するときは、婚姻の要件はロシア法に服する。人が複数の外国国籍を保有するときは、その者はそれらの国家の中のいずれかの法律を選択することができる。

四　無国籍者によってロシアの領域において挙行された婚姻の実質的要件は、その者がその住所を有する国家の法律に服する。

第一五七条　大使館及び領事館において挙行された婚姻

一　外国に居住するロシア国民の間の婚姻は、ロシアの大使館及び領事館において挙行されるものとする。

二　ロシアの領域において外国の大使館及び領事館において挙行された外国人の間の婚姻は、夫婦が、婚姻の挙行の当時、大使又は領事の派遣国家の国籍を保有していたときは、相互主義の条件のもとに、ロシアにおいて承認される。

第一五八条　ロシアの領域外において挙行された婚姻の承認

一　ロシアの領域外において挙行地国の立法に従って挙行されたロシア国民の間の婚姻、及び、ロシア国民と外国人又は無国籍者の間の婚姻は、本法典第一四条によって定められた障害の留保のもとに、ロシアにおいて承認される。

二　ロシアの領域外において挙行地国の立法に従って挙行された外国人の間の婚姻は、ロシアにおいて承認される。

第一五九条　ロシアの領域及び領域外において挙行された婚姻の無効

ロシアの領域又はロシアの領域外において挙行された婚姻の無効は、法典第一五六条及び第一五八条に従って適用されるべき法律に服する。

第一六〇条　離婚

一　ロシアの領域におけるロシア国民と外国人又は無国籍者の間の離婚並びに、外国人の間の離婚は、ロシアの立法によって規律される。

二　外国に居住するロシア人は、外国に居住するその配偶者の国籍がいずれのものであろうとも、ロシア裁判所において、その者との婚姻の解消を請求する権利を有する。ロシアの立法に従い、離婚が身分登録所において取得されることができるときは、婚姻はロシアの大使館又は領事館において解消されることができる。

三　外国において、外国の立法に従い、かつ、その立法によって権限を有する機関において取得されたロシア国民と外国人又は無国籍者の間の離婚は、ロシアにおいて承認される。

四　外国において、外国の立法に従い、かつ、その立法によっ

て権限を有する機関において取得された外国人の間の離婚は、ロシアにおいて承認される。

第一六一条　夫婦の身分的権利義務及び財産的権利義務

一　夫婦の身分的権利義務及び財産的権利義務は、夫婦がその共通住所を有する国家の法律、又は、共通住所がないときは、それらの者がその最後の共通住所を有した国家の法律に服する。共通住所を有しなかった夫婦の身分的権利義務及び財産的権利義務は、ロシアの領域においてはロシアの立法に服する。

二　共通国籍も共通住所も有しない夫婦は、それらの者の婚姻契約又は扶養料給付契約から生じるそれらの者の権利及び義務に適用されるべき法律を選択することができる。婚姻契約又は扶養料給付契約において選択された法律がないときは、本条第一項の規定が適用される。

第一六二条　親子関係及び父性否認

一　親子関係及び父性否認は、子の出生の当時におけるその本国法に服する。

二　ロシアの領域における親子関係及び父性否認の立証の手続きはロシア法に服する。ロシアの立法に従い、親子関係が身分登録所において確定されることができる場合には、子の両親は、それらの者の中の一方がロシア国籍を保有するときは、親子関係の確定につき、ロシアの大使館及び領事館に申し立てる権利を有する。

第一六三条　両親と子の権利及び義務

両親と子の権利及び義務は、両親のその子に対する扶養義務を含め、それらの者がその共通住所を有する国家の法律に服する。子と両親の共通住所がないときは、両親と子の権利及び義務は、子が国籍を保有する国家の法律に服する。両親と子の間の扶養料又は他のあらゆる義務に関する要求は、原告が要求するときは、子がその住所を有する国家の法律に服することもできる。

第一六四条　成年者たる子及び他の家族構成員の扶養義務

成年者たる子のその両親に対する扶養義務、並びに、他の家族構成員の扶養義務は、利害関係者が共通住所を有する国家の法律に服する。共通住所がないときは、それらの義務は、扶養料を要求する者が国籍を保有する国家の法律に服する。

第一六五条　養子縁組

一　外国人又は無国籍者によってロシアの領域において行なわれたロシア国籍を保有する子の養子縁組並びにその解消は、養子縁組又はその解消のための申立ての当時、養親が国籍を保有する国家の法律（無国籍者による子の養子縁組の場合においては、その者がその住所を有する国家の法律）に服する。

外国人又は無国籍者によってロシアの領域においてロシア国籍の子の養子縁組を実現させるためには、本法典第一二四条ないし第一二六条及び第一二九条ないし第一三二条の規定が遵守されなければならない。

ロシア国民によってロシアの領域において外国国籍の子の養子縁組を実現させるためには、子の法定代理人の同意、及び、子が国籍を保有する国家の権限を有する機関の同意、並びに、子の同意の要件が同国の立法によって要求されるときは、それがあることが必要である。

二　養子縁組の結果、ロシアの立法及び国際条約によって定め

られた子の権利が侵害される危険に晒される場合には、養親の国籍に拘わらず、養子縁組は同意されてはならず、また、すでに行なわれた養子縁組は裁判所によって無効と認められなければならない。

三　ロシア国籍を保有し、かつ、ロシアの領域外に居住する子の養子縁組であって、養親が国籍を保有する外国の権限を有する機関によって確定されたものは、子又はその両親（それらの者の中の一方）が外国への出発前に居住していたロシアの領域におけるロシアの行政区域の行政部の権限を有する機関の同意を条件として、ロシアにおいて承認される。

第一六六条　外国家族法規定の内容の確定

一　外国家族法規定の適用にあたっては、裁判所又は身分登録官吏及び他の機関は、当該外国におけるその公式解釈、適用上の実務及び学説に従い、その規定の内容を確定する。

外国家族法規定の内容を確定するため、裁判所、身分登録官吏及び他の機関は、定められた規則に従い、ロシア法務省及び他の権限を有する機関に諮問するか、又は、専門家に助力を求めることができる。

利害関係者は、その者がその請求又は異議の申立ての証拠立てのために援用する外国家族法規定の内容を立証する書類を提出する権利、又は、裁判所、身分登録官吏及び他の機関に対し、他のあらゆる方法をもって外国家族法規定の内容の確定に協力する権利を有する。

二　外国家族法規定の内容が、本条第一項に従って利用された手段にも拘わらず確定されないときは、ロシアの法律が適用される。

第一六七条　外国家族法規定の適用の制限

外国家族法規定は、その適用がロシアの法秩序上の原則（公序）に反する場合においては適用されない。その場合においてはロシア法が適用される。

条約

外国法令索引

静岡家裁熱海出張所昭和49年5月29日審判（家27巻5号155頁）……78, 260
京都家裁昭和55年2月28日審判（家月33巻5号90頁）……78, 260
京都家裁昭和55年3月31日審判（家月33巻5号97頁）……78, 260
富山家裁昭和56年2月27日審判（家月34巻1号80頁）……16, 54
那覇家裁昭和56年7月31日審判（家月34巻11号54頁）……140, 144
札幌家裁昭和57年1月11日審判（家月35巻7号98頁）……259
名古屋家裁昭和58年11月30日審判（家月36巻11号138頁）……15, 138
札幌家裁昭和59年3月7日審判（家月37巻1号139頁）……259

外国判例

オーストリア最高裁判所1968年7月11日判決……155
オランダ最高裁判所1997年2月27日判決……104
西ドイツ連邦憲法裁判所1971年5月4日決定……75, 158
西ドイツ連邦憲法裁判所1983年2月22日決定……76
西ドイツ連邦憲法裁判所1985年1月8日決定……76
西ドイツ連邦憲法裁判所1985年3月12日決定……77
西ドイツ連邦通常裁判所1964年2月12日決定……75
西ドイツ連邦通常裁判所1966年7月14日決定……75
西ドイツ連邦通常裁判所1972年4月19日決定……76, 158
西ドイツ連邦通常裁判所1973年2月28日判決……156
西ドイツ連邦通常裁判所1974年10月30日判決……156
西ドイツ連邦通常裁判所1975年3月19日判決……156
西ドイツ連邦通常裁判所1976年2月4日判決……156
西ドイツ連邦通常裁判所1977年2月23日決定……76
西ドイツ連邦通常裁判所1977年10月26日決定……159
西ドイツ連邦通常裁判所1979年5月16日判決……156
西ドイツ連邦通常裁判所1982年12月8日決定……76
西ドイツ連邦通常裁判所1983年6月8日決定……76
西ドイツ連邦通常裁判所1984年1月11日判決……76
ベルリン高等裁判所1970年11月9日決定……156
スイス連邦裁判所1968年7月11日判決（Cardo 判決）……83, 158
フランス破棄院民事部1978年4月5日判決……97
フランス破棄院民事部1984年1月24日判決……97
フランス破棄院1959年5月12日判決（Bisbal 判決）……207
フランス破棄院1953年4月17日判決（リヴィエール判決）……80

Dal Bosco 判決……158
Paiano 判決……159
Re Marshall, Barclays Bank Ltd. v. Marshall and Others……157
Re Valentine's Settlement……158
Re Wilby……157
Re Wilson, Grace v. Lucas and Others……157
Schwebel v. Ungar……159

判例索引

最高裁判所

最高裁昭和39年３月25日大法廷判決（民集18巻３号186頁）…………284, 287, 288, 289
最高裁昭和39年４月９日第一小法廷判決（家月16巻８号78頁）……………………288
最高裁昭和49年12月24日判決（民集28巻10号2152頁）……………………135, 282
最高裁昭和50年６月27日第二小法廷判決（家月28巻４号83頁）……………………143
最高裁昭和52年３月31日第一小法廷判決（民集31巻２号365頁）……………………79, 143
最高裁昭和56年10月16日第二小法廷判決（民集35巻７号1224頁）……………………291
最高裁昭和59年７月20日第二小法廷判決（民集38巻8号1051頁）……………………140, 144
最高裁平成８年６月24日第二小法廷判決（民集50巻７号1451頁）……………………287, 288
最高裁平成12年１月27日第一小法廷判決（民集54巻1号1頁）……………………148
最高裁平成19年３月23日第二小法廷決定（民集61巻２号619頁）……………………216

高等裁判所

東京高裁昭和54年７月３日判決（判時939号37頁）……………………148
大阪高裁平成17年５月20日決定（判時1919号107頁）……………………216
東京高裁平成18年９月29日決定（民集61巻２号671頁）……………………216

地方裁判所

京都地裁昭和31年７月７日判決（家月8巻7号59頁）……………………29
福岡地裁昭和33年１月14日判決（下民９巻１号15頁）……………………15, 137
大阪地裁昭和39年３月17日判決（判タ162号197頁）……………………15, 137
札幌地裁昭和43年４月16日判決（下民19巻３・４号3190頁）……………………113
静岡地裁昭和46年２月12日判決（民集22巻１・２号160頁）……………………15, 137
東京地裁昭和48年４月26日判決（判時721号66頁）……………………148
東京地裁昭和48年10月26日判決（家月26巻７号73頁）……………………113
東京地裁昭和56年２月27日判決（判時1010号85頁）……………………140, 144
浦和地裁昭和58年12月12日判決（判例集未登載）……………………22
東京地裁昭和59年３月27日判決（家月37巻１号153頁）……………………291
東京地裁昭和59年３月28日判決（判時1141号102頁）……………………113
東京地裁昭和61年６月20日中間判決（判時1196号87頁）……………………291
京都地裁昭和62年９月30日判決（判時1275号107頁）……………………15, 137
名古屋地裁昭和62年12月23日判決（判時1282号143頁）……………………22
大阪地裁昭和63年４月１日判決（家月42巻３号101頁）……………………113
京都地裁平成４年12月９日判決（判タ831号122頁）……………………113
福岡地裁平成5年10月７日判決（判タ831号258頁）……………………23
福岡地裁平成8年３月12日判決（判タ940号250頁）……………………23
東京地裁平成11年11月４日判決（判タ1023号267頁）……………………287

家庭裁判所

大阪家裁昭和37年８月22日審判（家月15巻２号163頁）……………………15, 137
東京家裁昭和43年２月５日審判（家月20巻９号116頁）……………………259
名古屋家裁昭和49年３月２日審判（家月26巻８号94頁）……………………140, 144

【ら　行】

【ま　行】

【や　行】

【な　行】

【は　行】

【た　行】

事項索引

著者紹介

笠原　俊宏（かさはら　としひろ）

昭和 23 年 6 月 9 日大阪市浪速区霞町に生まれる
昭和 46 年　中央大学法学部法律学科卒業
現　　在　東洋大学法学部教授
　　　　　弁護士（マリタックス法律事務所）
著　　書『国際私法立法総覧』（平成元年、冨山房）
　　　　『国際家族法要説』（初版・平成 3 年、高文堂出版社）
　　　　『日本国际家族法』（李旺教授訳・平成 18 年、中国政法大学出版社）
　　　　『日本法の論点　第一巻』（編著・平成 23 年、文眞堂）
　　　　『日本法の論点　第二巻』（編著・平成 24 年、文眞堂）ほか

国際家族法新論（補訂版）

平成二一年一月二〇日　第一版第一刷発行
平成二二年七月　一日　第一版補訂版第一刷発行
平成二五年七月一〇日　第一版補訂版第三刷発行

検印省略

著　者　笠原俊宏
発行者　前野　弘
〒162-0041 東京都新宿区早稲田鶴巻町五三三
発行所　株式会社　文眞堂
電　話　〇三―三二〇二―八四八〇番
FAX　〇三―三二〇三―二六三八番
振　替　〇〇一二〇―二―九六四三七番

組版　モリモト印刷
印刷　モリモト印刷
製本　イマヰ製本所

http://www.bunshin-do.co.jp

定価はケース裏に表示してあります
ISBN978-4-8309-4686-8　C3032